O jeito certo de errar
jeito certo de errar
certo errar jeito de
de certo errar jeito
errar jeito certo de

Como as falhas
nos ensinam
a prosperar

O jeito certo de errar

Como as falhas nos ensinam a prosperar

Amy C. Edmondson

Tradução de
Paula Diniz

Copyright © Amy Edmondson, 2023
Todos os direitos reservados.

TÍTULO ORIGINAL
Right Kind of Wrong : How The Best Teams Use Failure to Succeed

PREPARAÇÃO
Rafael Caldeira-Maia

REVISÃO
Mariana Gonçalves
Rodrigo Rosa

DIAGRAMAÇÃO
Kátia Regina Silva | editorîarte

DESIGN DE CAPA
Harry Haysom

ADAPTAÇÃO DE CAPA
Victor Gerhardt | CALLIOPE

CIP-BRASIL. CATALOGAÇÃO-NA-FONTE
SINDICATO NACIONAL DOS EDITORES DE LIVROS, RJ

E26j

Edmondson, Amy C., 1959-
 O jeito certo de errar : como as falhas nos ensinam a prosperar / Amy C. Edmondson ; tradução de Paula Diniz. – 1. ed. – Rio de Janeiro: Intrínseca, 2024.
 352p. ; 23 cm.

 Tradução de: Right kind of wrong: why learning to fail can teach us to thrive
 Inclui índice
 ISBN 978-85-510-0962-8

 1. Fracasso (Psicologia). 2. Aprendizagem organizacional – Aspectos psicológicos. 3. Desenvolvimento pessoal. I. Diniz, Paula. II. Título.

24-92987.   CDD: 158.1
                             CDU: 159.947

Gabriela Faray Ferreira Lopes – Bibliotecária – CRB-7/6643

[2024]
Todos os direitos desta edição reservados à
EDITORA INTRÍNSECA LTDA.
Av. das Américas, 500, bloco 12, sala 303
22640-904 – Barra da Tijuca
Rio de Janeiro – RJ
Tel./Fax: (21) 3206-7400
www.intrinseca.com.br

Para Jack e Nick
Com amor eterno e admiração crescente

Não tenho medo de tempestades,
pois elas me ensinam a navegar.

— **Louisa May Alcott**

Sumário

Prólogo 11
Introdução 15

PARTE UM:
O cenário das falhas

CAPÍTULO 1: Em busca do jeito certo de errar 33
CAPÍTULO 2: Eureca! 59
CAPÍTULO 3: Errar é humano 95
CAPÍTULO 4: A tempestade perfeita 131

PARTE DOIS:
Praticando a ciência de falhar bem

CAPÍTULO 5: Já conhecemos o inimigo 171
CAPÍTULO 6: Contextos e consequências 201
CAPÍTULO 7: Compreensão de sistemas 227
CAPÍTULO 8: Prosperando como um ser humano falível ... 259

Agradecimentos 293
Notas 297
Índice remissivo 337

Prólogo

Era junho de 1993. Eu estava sentada na antiga mesa de madeira da minha sala, no décimo quinto andar do edifício William James Hall, na Universidade Harvard, onde fui aluna do então recém-lançado programa de Ph.D. em comportamento organizacional. Inclinei-me para a frente, olhando mais de perto a pequena tela em preto e branco do meu computador grande da Apple.* No canto da mesa, encostada na parede, havia uma pilha de papéis com os resultados da pesquisa que apliquei em dois hospitais próximos para avaliar o trabalho em equipe. Seis meses antes, centenas de enfermeiros e médicos tinham preenchido os formulários de pesquisa, o que criou uma amostra de como suas respectivas equipes trabalhavam. Analisei os dados e descobri que algumas delas eram muito melhores atuando em conjunto que outras. Era então o momento de descobrir quantos erros estavam cometendo. Minha mão segurava o pequeno disquete que continha os dados tão esperados sobre erros na administração de medicação cometidos por cada equipe, coletados com meticulosidade por enfermeiros nesse período de seis meses. Eu só precisava realizar a análise estatística para verificar se os dados dos formulários das equipes se correlacionavam aos dados dos erros dos hospitais.

Isso aconteceu pouco antes do meu primeiro grande fracasso ao longo de uma pesquisa.

Logo, eu me pegaria pensando, não pela primeira vez, que talvez o Ph.D. não fosse para mim. Meus sentimentos em relação à pós-graduação eram ambivalentes. Admirava quem fazia contribuições significativas para o mundo sem contar com a ajuda e a vantagem de ter um diploma de pós-graduação. Achava

---

*O mesmo modelo (Computador Desktop Macintosh Classic, 1989) que hoje faz parte da coleção permanente do Museu de Arte Moderna de Nova York: https://www.moma.org/collection/works/142222.

que ser inteligente e engenhoso era o suficiente para ser capaz de traçar um caminho único e realizar um trabalho que fizesse a diferença na prática. Mas, uma década depois de eu me formar na faculdade, tive que admitir a derrota.

É verdade que grande parte dessa década foi criativa e, a depender da perspectiva, invejável. Trabalhei como engenheira-chefe para Buckminster Fuller, o visionário inventor da cúpula geodésica. Acabei por trocar a engenharia pelo desenvolvimento organizacional após um encontro casual com o fundador de uma empresa de consultoria e logo fiquei fascinada pelas organizações (e suas falhas!). Trabalhei com algumas das maiores e mais antigas empresas dos Estados Unidos. No fim dos anos 1980, conheci gerentes da indústria automobilística do país. Eles percebiam que os clientes queriam carros eficientes e de alta qualidade, como as então recentes importações do Japão, mas não conseguiam submeter suas empresas gigantes a uma reformulação para fabricá-los. Para onde quer que eu olhasse, gerentes atenciosos lamentavam a incapacidade de adaptação de sua companhia a mudanças evidentes para atender às necessidades de uma nova realidade. Eu gostava muito do trabalho. Meu sentimento de derrota surgiu quando concluí que, sozinha, não avançaria mais nesta carreira. Para ser mais eficiente no meu novo campo de comportamento organizacional e gestão, eu teria que voltar a estudar. Depois, talvez pudesse contribuir de maneira significativa para o objetivo que aos poucos tomava forma na minha mente: *auxiliar no aprendizado de pessoas e organizações para que pudessem prosperar em um mundo em constante mudança.*

Eu não tinha ideia de como estudar isso nem de como contribuir para mudar o modo como organizações operavam. No entanto, parecia um problema que valia a pena ser resolvido, e eu acreditava que poderia aprender com professores de psicologia e comportamento organizacional e, de alguma forma, encontrar uma maneira de fazer a diferença na compreensão — e na transformação — das dinâmicas que dificultam o aprendizado e prosperidade de pessoas e instituições.

Recém-ingressa no Ph.D. e interessada em investigar como as organizações aprendem, fiquei feliz em aceitar o convite para me juntar a uma equipe de pesquisadores que estudava erros de medicação na Escola de Medicina Harvard. Esse projeto me ajudaria a aprender a conduzir pesquisas inéditas. Você já deve ter ouvido de algum professor do ensino básico que os erros são uma fonte crucial de aprendizado. E os erros relativos à medicação, como qualquer pessoa que já esteve em algum hospital sabe, são numerosos e têm consequências.

Porém, de repente, isso deixou de ser um começo auspicioso para uma carreira de pesquisadora. Eu não tinha conseguido comprovar a minha hipótese. Previra que um melhor trabalho em equipe levaria a um número menor de erros de medicação, os quais eram mensurados por pesquisadores na área de enfermagem que passavam diversas vezes por semana em determinados hospitais para revisar os prontuários dos pacientes e conversar com os enfermeiros e médicos de lá. Os resultados, no entanto, sugeriam que equipes melhores tinham taxas de erro *mais altas*, e não mais baixas. Eu não estava apenas errada; estava completamente errada.

Perdi a esperança de publicar um artigo sobre minhas descobertas e comecei a questionar mais uma vez a minha capacidade como pesquisadora. A maioria de nós sente vergonha dos próprios fracassos. É mais provável que os escondamos do que aprendamos com eles. Não é porque organizações cometem erros que logo em seguida vêm o aprendizado e o progresso. Como eu estava envergonhada por conta do erro, fiquei com receio de conversar com meu orientador.

Após alguns dias, essa descoberta surpreendente — esse fracasso — me conduziria com gentileza para novos insights, dados e projetos de pesquisa de acompanhamento que salvaram e mudaram o curso da minha carreira acadêmica. Eu publicaria um trabalho de pesquisa do primeiro estudo[1] chamado "Learning from Mistakes Is Easier Said Than Done" [Não é tão fácil aprender com os erros, em tradução livre], um precursor de grande parte da minha produção acadêmica posterior — e um tema que atravessa toda a minha vida profissional e este livro.

Eu também começaria a entender como, ao longo do percurso, o sucesso de um pesquisador *demanda* falhas. Quando não falhamos, não exploramos um novo território. Desde aqueles primeiros dias, começava a tomar forma, lá no fundo da minha mente, uma compreensão de termos como *erro*, *falha*, *fracasso* e *infortúnios*. Agora posso compartilhar essa descoberta.

Introdução

O sucesso consiste em ir de fracasso em fracasso sem perder o entusiasmo.

— Winston Churchill

A noção de que pessoas e organizações devem aprender com as falhas é bem popular e até parece óbvia. Mas a maioria de nós não consegue absorver as lições valiosas que as falhas podem proporcionar. Costumamos protelar a tarefa árdua de refletir sobre o que fizemos de errado. Às vezes, relutamos em admitir que, antes de tudo, falhamos. Sentimos vergonha de nossas falhas e somos rápidos em identificar as dos outros. Negamos, negligenciamos e nos afastamos de coisas que dão errado — ou culpamos as circunstâncias e outras pessoas. Mais cedo ou mais tarde, toda criança aprende a se esquivar da culpa ao apontar o dedo para outro alvo. Com o tempo, isso se torna um hábito. Pior, esses hábitos nos fazem evitar metas ou desafios difíceis em que corremos o risco de falhar. O resultado é a perda de inúmeras oportunidades para aprender e desenvolver novas habilidades. Essa combinação perniciosa de psicologia humana, socialização e recompensas institucionais torna o domínio da ciência de falhar bem muito mais desafiador do que deveria.

É impossível calcular o tempo e os recursos desperdiçados devido à nossa incapacidade de aprender com as falhas. Na mesma intensidade, é difícil medir as consequências emocionais. A maioria desvia do caminho para evitar a falha, o que nos tira a possibilidade de aventura, de conquistas e até do amor.

Este livro trata da dificuldade de colocar em prática o nosso aprendizado com os possíveis fracassos no dia a dia e nas instituições que construímos.

Também aborda de que forma podemos melhorar. Como mencionei antes, não só estudei sobre erros e falhas como também cometi muitos deles e tive que aprender antes a como me sentir melhor em relação a ser tão falível. Não sou nem capaz de contabilizar quantos artigos meus foram rejeitados pelos periódicos mais relevantes. Meu carro já enguiçou na estrada e passei uma noite insone pensando na falta de manutenção preventiva. No primeiro ano da faculdade, há um bom tempo, não passei em uma prova de cálculo multivariável. Perdi jogos importantes da Liga Infantil e decepcionei meus dois filhos. A lista continua. *E ela não para*. Para aceitar as minhas falhas e ajudar os outros a fazer isso, decidi recorrer à ciência.

Acredito que parte de ser bem-sucedido em explorar as falhas para obter as recompensas — e, o mais importante, evitar ao máximo as piores falhas — começa com a compreensão de que nem todas elas surgem da mesma forma. Como veremos, algumas podem ser chamadas de ruins. Por sorte, a maioria também é evitável. Outras são genuinamente boas. Trazem descobertas importantes que melhoram a vida e o mundo. Para não causar a impressão errada, tive minha cota de falhas ruins, em paralelo com algumas boas.

Este livro oferece uma tipologia que ajuda a diferenciar o "jeito certo de errar" das falhas que devemos nos esforçar para evitar. Você também vai aprender a pensar de modo diferente sobre si e sobre seus erros, a reconhecer contextos em que eles são passíveis de ocorrer e a compreender o papel dos sistemas — competências cruciais para dominar a ciência de falhar bem. Conheceremos algumas pessoas que dominam a prática das falhas provenientes de diferentes áreas, países e até séculos. Como os exemplos deles deixam evidente, aprender com o erro requer força emocional e habilidade. E isso exige aprender a conduzir experimentos cuidadosos, categorizar as falhas e reunir lições valiosas acerca de todos os seus tipos.

As estruturas e lições deste livro são o resultado direto dos meus 25 anos como pesquisadora acadêmica em psicologia social e comportamento organizacional. Nessa função, entrevistei pessoas e coletei dados de pesquisas e de outras fontes em corporações, órgãos governamentais, startups, escolas e hospitais. Ao conversar com centenas de pessoas nessas instituições variadas — gerentes, engenheiros, enfermeiros, médicos, CEOs e funcionários da linha de frente —, comecei a ver padrões que geraram uma nova tipologia de falhas, bem como uma série de boas práticas para gerenciar e aprender com elas.

Voltemos ao início desta longa jornada, que começou com a minha participação em um estudo pioneiro sobre erros na administração de medicação em hospitais.

É mais fácil falar do que aprender com os erros

Perplexa, me sentei e encarei a tela do computador, que com toda a certeza exibia minha falha em buscar evidências que sustentassem a minha hipótese de estudo. A primeira coisa que pensei foi: *como vou admitir para o meu orientador e para os médicos que lideram o estudo que estou totalmente errada?* Passei centenas de horas desenvolvendo o instrumento de pesquisa, em reuniões quinzenais com médicos e enfermeiros que registravam erros de medicação em dois hospitais próximos. De tempos em tempos, pedalava aos tropeços para chegar logo ao hospital depois de algum profissional da saúde relatar um erro importante, e fazia entrevistas para identificar as causas subjacentes do erro. Fiquei encarregada de coletar os dados dos erros médicos e fui autorizada a pedir a centenas de médicos e enfermeiros ocupados que preenchessem o meu questionário. Eu me senti culpada por ter tomado o tempo precioso deles e envergonhada pelo meu fracasso.

Uma das pessoas com quem eu teria que falar sobre o fracasso era o dr. Lucian Leape, um cirurgião-pediatra que passou a se concentrar no estudo sobre erros médicos mais tarde em sua carreira. Com mais de 1,80 metro, cabelos brancos e sobrancelhas grossas, Lucian era intimidador e, ao mesmo tempo, parecia a figura gentil de um tio. Também era determinado. O objetivo de pesquisa para o estudo maior era simples: medir a taxa de erros de medicação em hospitais.

Naquela época, pouco se sabia sobre a frequência com que os erros aconteciam, e Lucian e seus colegas recebiam uma bolsa de auxílio financeiro dos Institutos Nacionais da Saúde (NIH, na sigla em inglês) para descobrir isso. Além desse objetivo, inspirado por algumas pesquisas na área de aviação que mostravam que um melhor trabalho em equipe na cabine de pilotos resultava em voos mais seguros, Lucian se perguntava se isso poderia ser verificado também nos hospitais.

A pesquisa no campo da aviação que inspirou Lucian não pretendia analisar o trabalho em equipe, e sim a fadiga dos profissionais na cabine. Foi outra hipótese fracassada. Uma equipe de pesquisadores da NASA, liderada pelo ex-especialista em fatores humanos H. Clayton Foushee, realizou um experimento para testar os efeitos da fadiga sobre as taxas de erro.[2] Eram vinte duplas; dez foram designadas para a condição "pós-expediente" ou "fadiga". Essas equipes "voaram" no simulador como se fosse a última etapa de um período de três dias nas operações das linhas aéreas de curta distância onde trabalhavam. As equipes fadigadas já haviam voado três turnos diários de oito a dez horas. Esses turnos incluíam pelo menos cinco decolagens e pousos, às vezes até oito. As outras dez equipes (a situação "pré-expediente", bem descansada) "voaram" no simulador após pelo menos dois dias de folga. Para elas, era como se fosse a primeira etapa de um turno de três dias.

Os simuladores proporcionam um espaço seguro para o aprendizado. Os pilotos que entrevistei dizem que o equipamento parece uma cabine de pilotagem de verdade e que sentem medo quando algo dá errado. Mas erros em um simulador não derrubam um avião. Isso o torna um ótimo ambiente para refletir sobre o que deu errado, de modo a aperfeiçoar as habilidades necessárias para transportar com segurança centenas de passageiros em voos reais. Esses mesmos recursos também tornam o simulador uma ótima ferramenta de pesquisa. Embora nunca seja ético escalar de forma aleatória pilotos cansados para conduzir voos reais de transporte de passageiros não há problema em conduzir o experimento em um simulador.

Para a surpresa de Foushee, ele descobriu que as equipes que tinham acabado de passar vários dias voando juntas (as equipes fadigadas) tiveram um desempenho *melhor* do que aquelas descansadas. Como esperado, os *indivíduos* cansados cometeram mais erros do que os colegas descansados, mas, como trabalharam juntos em vários voos, cometeram menos erros *enquanto equipes*. Ao que pareceu, eles foram capazes de trabalhar bem juntos, identificando e corrigindo os erros uns dos outros durante todo o voo, o que evitou incidentes sérios. Em essência, os pilotos fadigados formaram bons times depois de trabalharem juntos por alguns dias. Em contraste, os pilotos descansados, não familiarizados uns com os outros, não funcionaram tão bem como equipe.

Essa descoberta surpreendente sobre a importância do trabalho em grupo na cabine de pilotagem ajudou a promover uma revolução no transporte aéreo de passageiros[3] chamada "gerenciamento de recursos de tripulação" (CRM, na sigla em inglês), parcialmente responsável pela segurança extraordinária das viagens aéreas. Esse trabalho formidável é um dos muitos exemplos do que eu chamo de "ciência de falhar bem".

A pesquisa sobre tripulações de cabine teve início na década de 1980 e incluiu o trabalho de J. Richard Hackman, professor de psicologia de Harvard, que estudou a interação entre pilotos, copilotos e navegadores[4] em aviões civis e militares para entender o que equipes eficientes tinham em comum. A pesquisa de Hackman com a tripulação de cabine atraiu a atenção de Lucian Leape. Ao notar um paralelo entre o trabalho de alto risco das tripulações de cabine e o dos médicos em hospitais, Lucian ligou para Richard a fim de saber se ele estaria disposto a ajudá-lo com o estudo sobre erros de medicação. Sem tempo para se comprometer com o projeto, Richard sugeriu que eu, sua aluna de doutorado, poderia pôr a mão na massa. Foi assim que me vi debruçada sobre minhas descobertas, tomada pela ansiedade.

Eu esperava tomar a pesquisa sobre aviação como base para acrescentar outra pequena descoberta à literatura acerca da eficiência de equipes. A pergunta que direcionava a pesquisa era simples: um bom trabalho em grupo no hospital resulta em menos erros? A ideia era replicar as descobertas da aviação nesse novo contexto. E daí se não fosse uma grande descoberta? Na posição de aluna novata na pós-graduação, eu não estava tentando descobrir a pólvora, apenas desejava satisfazer um requisito do programa. Seria ótimo se fosse simples, sem surpresas.

Um pequeno número de enfermeiros faria o trabalho árduo de acompanhar as taxas de erro ao longo de seis meses nas enfermarias do hospital — eles conversariam com médicos e outros enfermeiros e revisariam os prontuários dos pacientes várias vezes por semana. Minha função era apenas distribuir no primeiro mês do estudo, que tinha duração de seis meses, um questionário para mensurar o trabalho em equipe nessas alas hospitalares. Eu teria que esperar pacientemente a coleta de dados para comparar os dois conjuntos de informações e relacionar as medidas da minha equipe aos dados coletados ao longo dos seis meses completos. Eu tinha o "questionário de diagnóstico de equipes" de Hackman pronto[5] para começar a medir a eficiência das equipes. Com os médicos e enfermeiros do grupo de pesquisa, modifiquei a redação do instrumento para incluir vários itens que avaliassem diferentes aspectos do trabalho em equipe, como "Os integrantes desta unidade se importam muito com isso e trabalham em conjunto para torná-la uma das melhores do hospital" e "Os integrantes desta unidade compartilham uns com os outros conhecimentos e experiência", ou o item com uma frase negativa, "Algumas pessoas nesta unidade não assumem a parcela justa da carga de trabalho geral". As opções de resposta variavam de "concordo totalmente" a "discordo totalmente". Calculei as respectivas médias das respostas individuais a esses itens para avaliar a qualidade do trabalho em equipe. Em seguida, tirei a média de novo para calcular as pontuações de cada grupo. Cinquenta e cinco por cento das pesquisas distribuídas foram devolvidas, e os dados mostraram muita variação entre as equipes. Algumas pareciam mais eficientes que outras. Até aí tudo bem.

Será que essas diferenças iriam prever uma propensão a cometer erros?

À primeira vista, tudo parecia certo. Logo percebi uma correlação entre as taxas de erro e a eficiência da equipe e, melhor ainda, que essa correlação era estatisticamente significativa. Para quem nunca fez um curso de estatística, isso era um bom sinal e me tranquilizava.

Em seguida, porém, olhei com mais atenção! Ao me aproximar da tela do computador, notei que a correlação estava na direção *errada*. Os dados diziam o oposto do que eu havia previsto. Equipes melhores pareciam ter taxas de erro mais altas, e não mais baixas. Minha ansiedade aumentou, o que provocou um embrulho no estômago.

Embora eu ainda não soubesse, meu projeto de pesquisa, que não era mais simples, estava gerando uma falha inteligente que levaria a uma descoberta inesperada.

Surpresas, muitas vezes disfarçadas de más notícias para a hipótese inicial de um pesquisador, são comuns em pesquisas. Como eu logo descobriria, ninguém consegue permanecer muito tempo na profissão de cientista se não suporta falhar. Histórias de descobertas não encontram seu *fim* nos erros; estes são o trampolim para o sucesso. O que não faltam são citações populares a respeito: muitas delas estão espalhadas ao longo deste livro — e por bons motivos. Esses tipos de falhas informativas, mas ainda assim *indesejadas*, são o *jeito certo de errar*.

Errar em um território novo

Essas falhas são "inteligentes",[6] como sugeriu Sim Sitkin, meu colega e professor da Universidade Duke, ainda em 1992, porque envolvem uma reflexão cuidadosa, não causam danos desnecessários e geram aprendizado útil que aprimora o nosso conhecimento. Apesar das conversas animadas sobre celebrar as falhas[7] no Vale do Silício e no mundo todo, as falhas inteligentes são as únicas que de fato valem a pena comemorar. Também conhecidas como falhas boas, elas ocorrem com mais incidência no campo da ciência, em que as taxas de falha em um laboratório bem-sucedido podem ser de 70% ou mais. Falhas inteligentes também são frequentes e essenciais em projetos de inovação de empresas — parte da invenção de um novo utensílio popular de cozinha, por exemplo. A inovação bem-sucedida só é possível como resultado de insights após perdas progressivas ao longo do percurso.

Na ciência, assim como na vida, falhas inteligentes não podem ser previstas. Um encontro com uma pessoa desconhecida arranjado por um amigo em comum pode terminar em uma noite tediosa (um fracasso), mesmo que o amigo tivesse boas razões para acreditar que um ia gostar do outro. Quer seja uma pequena falha inteligente (um encontro entediante), quer seja uma grande (um estudo clínico fracassado), devemos aceitar esse tipo de falha como parte da jornada confusa em um novo terreno, que pode nos levar a uma vacina responsável por salvar pessoas ou a um parceiro de vida.

Falhas inteligentes proporcionam novos conhecimentos valiosos e levam a descobertas. Ocorrem quando a experimentação é necessária simplesmente porque não se tem conhecimento das respostas de antemão. Talvez não se tenha defrontado com uma situação específica antes, ou talvez alguém esteja realmente na linha de frente da descoberta na área de pesquisa. Desenvolver medicamentos, lançar um modelo de negócios radical, criar um produto inovador ou testar as reações dos clientes em um mercado totalmente novo são tarefas que exigem falhas inteligentes para que se progrida e alcance o sucesso. *Tentativa e erro* é uma expressão comum para o tipo de experimentação necessária nesses ambientes, mas é inadequada. *Erro* implica que havia uma maneira "certa" de fazer algo. Falhas inteligentes não são erros. Este livro vai explicar essa e outras distinções fundamentais necessárias se quisermos aprender a fazer bom uso das falhas.

Solucionando o quebra-cabeça

Naquele dia, no edifício William James Hall, ao olhar para o fracasso exibido na tela do Mac antigo, tentei pensar com objetividade, deixar de lado a ansiedade que ficava cada vez mais intensa conforme eu imaginava o momento em que eu, uma simples aluna de pós-graduação, teria que dizer ao estimado Richard Hackman que estava errada, que os resultados do experimento na aviação não se mantinham na área de saúde. Talvez essa ansiedade tenha me forçado a pensar mais a fundo, a repensar o que meus resultados podiam significar.

Será que as equipes melhores *de fato* cometeram mais erros? Pensei na necessidade de comunicação entre médicos e enfermeiros em prol de um cuidado livre de erros nesse trabalho perpetuamente complexo e personalizado. Esses profissionais da saúde precisavam pedir ajuda, verificar repetidas vezes as doses, levantar preocupações sobre as ações uns dos outros. Eles tinham que coordenar tudo rapidamente, sem poder pensar muito. Não fazia sentido que um bom trabalho em equipe (e eu não duvidava da veracidade dos dados da minha pesquisa) levasse a mais erros.

Por quais outras razões equipes melhores poderiam ter taxas de erro mais altas?

E se essas equipes tivessem criado um ambiente de trabalho melhor, no qual as pessoas sentissem que poderiam se manifestar? E se esse ambiente facilitasse falar de maneira aberta e honesta sobre o erro? Errar é humano. Erros acontecem — de fato, a questão é identificá-los, admiti-los e corrigi-los. De repente, pensei que talvez as boas equipes não *cometessem* mais erros, mas apenas os *relatassem* mais. A conduta vai na contramão da perspectiva amplamente aceita de erro como indicativo de incompetência, o que leva as pessoas em todos os lugares a não admitirem a ocorrência deles (ou negar a responsabilidade por eles). Isso desestimula a análise sistemática dos erros, que nos permite aprender com esses dados. Essa percepção acabou me levando à descoberta da segurança psicológica e da importância dela no mundo atual.

Uma coisa era ter esse insight; comprová-lo era algo bem diferente. Quando levei a ideia a Lucian Leape, a princípio ele a encarou com extremo ceticismo. Eu era a novata da equipe. Todos os outros eram formados em medicina ou em enfermagem e tinham conhecimento profundo sobre o cuidado ao paciente, algo que eu nunca alcançaria. Meu sentimento de fracasso se intensificou diante da rejeição dele à ideia. Era compreensível que Lucian me lembrasse da minha ignorância naqueles momentos de tensão. Eu estava sugerindo um viés de relato entre as equipes, questionando efetivamente um objetivo principal do estudo geral — fornecer uma boa estimativa das taxas *reais* de erro no atendimento hospitalar. Mas o ceticismo dele acabou sendo um presente. Isso me forçou a redobrar meus esforços para pensar quais dados adicionais poderiam estar disponíveis para embasar a minha interpretação (nova e ainda sem uma base mais robusta) dos resultados errados.

Duas ideias me ocorreram. Em primeiro lugar, devido ao foco geral do estudo no erro, quando revisei o questionário da equipe a fim de adaptar a redação para o trabalho hospitalar, adicionei um novo item: "Se você cometer um erro nesta unidade, ele não será usado contra você." Felizmente, o item se correlacionou às taxas de erro detectadas; quanto mais as pessoas acreditavam que o ato de cometer um erro não seria usado contra elas, maior era a taxa de detecção de erros na unidade! Seria uma coincidência? Eu achava que não. Pesquisas posteriores mostrariam que esse item faz uma notável predição a respeito de se as pessoas iriam se manifestar em grupo. Isso, em conjunto com várias outras análises estatísticas secundárias, foi totalmente consistente com minha nova hipótese. *Quando as pessoas acreditam serem culpadas pelos erros, relutam em denunciá-los.* Óbvio, eu mesma senti na pele!

Em segundo lugar, minha meta era obter uma leitura objetiva sobre a possibilidade de existirem diferenças evidentes no ambiente de trabalho entre esses grupos, apesar de todos estarem no mesmo sistema de saúde. No entanto, eu não poderia fazer isso sozinha, pois era parcial na pesquisa e queria encontrar tais diferenças.

Ao contrário de Lucian Leape, com seu ceticismo inicial, Richard Hackman logo reconheceu a plausibilidade do meu novo argumento. Com o apoio de Richard, contratei um assistente de pesquisa,[8] Andy Molinsky, para estudar com cuidado cada um dos grupos de trabalho sem preconcepções. Andy não sabia quais unidades tinham mais erros nem quais tinham pontuado melhor no questionário da equipe. Ele também desconhecia a minha nova hipótese. Na terminologia de pesquisa, sua observação seria em *dupla-ocultação*. Simplesmente pedi a ele que tentasse entender como era trabalhar em cada unidade. Então Andy analisou cada uma durante vários dias, observando em silêncio como as pessoas interagiam e entrevistando enfermeiros e médicos nos intervalos para aprender mais sobre o ambiente de trabalho e como ele diferia entre as unidades. Andy anotou suas observações, incluindo as que diziam respeito ao que as pessoas falaram sobre trabalhar em suas respectivas unidades.

Sem qualquer sugestão minha, Andy relatou que as unidades hospitalares do estudo pareciam locais de trabalho muito diferentes entre si. Em algumas, as pessoas falavam abertamente sobre os erros. Andy citou que enfermeiros diziam coisas como "haverá algum grau de erro"; portanto, um "ambiente não punitivo" é essencial para um bom cuidado ao paciente. Em outras unidades, parecia quase impossível falar de forma aberta sobre erros. Os enfermeiros explicaram que cometê-los significava "se meter em problemas" ou "ser julgado". Eles relataram se sentirem depreciados, "como se eu fosse uma criança", por algo que tenha dado errado. O relato de Andy soou como música para os meus ouvidos. Era exatamente o tipo de variação no ambiente de trabalho que eu suspeitava que pudesse existir.

Mas será que essas diferenças do ambiente podiam ser correlacionadas às taxas de erro coletadas com tanta meticulosidade pelos pesquisadores da área de saúde? Resumindo: sim. Pedi a Andy que classificasse as equipes que ele estudou da mais *aberta* — a palavra que ele usou para explicar suas observações — para a menos. Para nossa grande surpresa, a lista dele se correlacionava quase com perfeição às taxas de erro detectadas. Isso significava que a medida da taxa de erro do estudo era falha: quando as pessoas se sentiam incapazes de revelar erros, muitos deles permaneciam ocultos. Combinadas, essas análises secundárias sugeriam que era provável que minha interpretação da descoberta inesperada estava correta. Meu momento eureca foi este: equipes melhores provavelmente não *cometem* mais erros, mas conseguem discuti-los mais.*

Descobrindo a segurança psicológica

Muito mais tarde, usei o termo *segurança psicológica*[9] para capturar essa diferença no ambiente de trabalho e desenvolvi um instrumento para medi-la. Assim, criei um subcampo de pesquisa em comportamento organizacional. Hoje, mais de mil artigos científicos em áreas que vão desde a da educação, passando pela dos negócios até a da saúde, mostraram que equipes e organizações com maior segurança psicológica[10] têm melhor desempenho, um índice menor de burnout e, na área de medicina, uma taxa menor de mortalidade de pacientes. E por quê?

---

*Observe que neste estudo não foi possível avaliar as taxas de erro *reais*; as taxas de erro detectadas foram descobertas como uma medida necessariamente enviesada devido às diferenças quanto à segurança psicológica descobertas nas unidades.

Porque a segurança psicológica ajuda as pessoas a assumirem os riscos interpessoais necessários para alcançar a excelência em um mundo interdependente que está em rápida transformação. Quando as pessoas trabalham em contextos psicologicamente seguros, sabem que as perguntas são estimadas, as ideias são bem-vindas e as falhas e os erros podem ser discutidos. Nesses ambientes, conseguem se concentrar no trabalho sem ficar aprisionadas ao que os outros podem pensar delas. Sabem que a possibilidade de estarem erradas não será um golpe fatal para a própria reputação.

A segurança psicológica desempenha um papel poderoso na ciência de falhar bem. Permite que as pessoas peçam ajuda quando estão sobrecarregadas, o que ajuda a eliminar falhas evitáveis; auxilia-as a relatar — e, portanto, a corrigir — erros a fim de evitar resultados piores; e possibilita que se experimente maneiras ponderadas de encontrar novas descobertas. Pense nas equipes das quais você fez parte no trabalho, na escola, nos esportes ou na sua comunidade. É provável que esses grupos tenham variado em relação à segurança psicológica. Talvez em alguns casos você se sentisse completamente à vontade para mencionar uma nova ideia ou para discordar de um líder de equipe, ou até para pedir ajuda quando precisasse. Em outros, você pode ter sentido que, antes de se expor, era melhor se conter — esperar e ver o que aconteceria, ou o que outras pessoas fariam e diriam. Essa diferença agora é chamada de "segurança psicológica". Em minha pesquisa, descobri que a segurança psicológica é uma característica emergente do grupo — não uma questão de personalidade. Isso significa que a percepção de que é seguro se manifestar no trabalho não depende do fato de uma pessoa ser extrovertida ou introvertida. Na verdade, a relação que se estabelece é com a forma como os indivíduos ao seu redor reagem às coisas que você e os outros dizem e fazem. Quando um grupo tem maior segurança psicológica, é provável que seja mais inovador, faça um trabalho de maior qualidade e desfrute de melhor desempenho, em comparação a um com baixa segurança psicológica. Uma das razões mais importantes para esses resultados diferentes é que as pessoas em equipes que dispõem de segurança psicológica podem admitir seus erros. São equipes de que se espera a franqueza. Nem sempre é agradável, e com certeza nem sempre é confortável, trabalhar em equipes desse tipo por causa das conversas difíceis que surgem às vezes. Em uma equipe, a segurança psicológica é praticamente sinônimo de um ambiente de aprendizagem. Todos cometem erros (somos todos falíveis), mas nem todos estão inseridos em um grupo onde se sentem à vontade para falar sobre isso. E é difícil para as equipes aprender e ter um bom desempenho sem isso.

Qual é o jeito certo de errar?

Você pode achar que o jeito certo de errar é simplesmente cometer a menor falha possível. Grandes falhas são ruins, e pequenas falhas são boas. Mas a dimensão das falhas não está de fato relacionada a como se aprende a distingui-las, ou a como se avalia o valor delas. Falhas boas são aquelas que nos trazem informações novas e valiosas que apenas *não poderiam ter sido obtidas de outra maneira*.

Todo tipo de falha traz oportunidades de aprendizado e aperfeiçoamento. Para evitar desperdiçá-las, precisamos de uma combinação de habilidades emocionais, cognitivas e interpessoais. Isso será explicado neste livro de uma forma que, espero, facilite sua aplicação imediata.

Antes de prosseguirmos, porém, vamos a algumas designações. Defino falha como um resultado que se desvia daqueles desejados, seja não ganhar uma esperada medalha de ouro, seja o derramamento de milhares de toneladas de petróleo bruto de um navio-petroleiro no oceano em vez da chegada com segurança a um porto, ou uma startup que declara falência ou até um peixe que seria servido no jantar, mas que cozinhou demais. Em suma, a falha é um insucesso.

Em seguida, defino *erros* (sinônimo de *deslizes*) como desvios não intencionais de padrões preestabelecidos, tais como procedimentos, regras ou políticas. Colocar o cereal na geladeira e o leite no armário é um erro. Um cirurgião que opera o joelho esquerdo de um paciente que lesionou o joelho direito cometeu um erro. O importante sobre erros e deslizes é que eles não são intencionais. Alguns erros podem ter consequências relativamente pequenas — é inconveniente guardar os cereais na geladeira, e o leite no armário pode estragar — enquanto outros, como o paciente que passou por uma cirurgia no joelho errado, têm sérias repercussões.

Por fim, as *violações* ocorrem quando um indivíduo se desvia intencionalmente das regras. Se alguém derramar um líquido inflamável em um pano qualquer, acender um fósforo e jogá-lo na entrada de uma casa de forma deliberada, é considerado um incendiário e terá violado a lei. Se alguém se esquecer de armazenar do jeito apropriado um pano encharcado de líquido inflamável e ele começar a pegar fogo, terá cometido um erro.

Todos esses termos podem ser tão carregados de emoção que ficamos tentados a apenas dar as costas e fugir. Mas, ao fazê-lo, perdemos a jornada intelectualmente (e emocionalmente) satisfatória de aprender a dançar conforme a falha.

Falha ruim, falha boa

Talvez você seja uma das muitas pessoas que, no fundo, acreditam que a falha seja algo ruim. Você já ouviu a nova retórica sobre aceitar as falhas, mas acha difícil levar isso a sério no dia a dia. Talvez você também acredite que aprender com as falhas seja bastante simples: basta refletir sobre o que fez de errado (não ter se esforçado o suficiente na aula de matemática, ter conduzido o barco para muito próximo das pedras) e fazer melhor da próxima vez, seja estudando mais, seja se certificando de que tenha os mapas mais recentes para navegar com precisão. Essa abordagem encara a falha como algo vergonhoso e, na maioria das vezes, sendo culpa de quem falha.

Essa crença é tão amplamente difundida quanto equivocada.

Em primeiro lugar, falhar nem sempre é ruim. Hoje não duvido que minha falha em encontrar respaldo para a simples hipótese de pesquisa que guiou meu primeiro estudo foi a melhor coisa que já aconteceu na minha carreira como pesquisadora. É óbvio que, naquele momento, não parecia ser o caso. Eu me sentia envergonhada e tinha medo de que meus colegas não me mantivessem na equipe. Meus pensamentos se voltaram para o que eu faria após abandonar a pós-graduação. Essa reação inútil aponta para o motivo pelo qual cada um de nós deve aprender a respirar fundo, repensar e formular novas hipóteses. Essa simples tarefa de autogestão faz parte da ciência de falhar bem.

Em segundo lugar, aprender com as falhas não é tão fácil quanto parece.

No entanto, podemos aprender a fazer isso bem. Se quisermos ir além das lições superficiais, precisamos abandonar algumas crenças culturais desatualizadas, além das noções estereotipadas de sucesso. Precisamos nos aceitar como seres humanos falíveis e partir desse ponto.

Roteiro para a jornada

Este livro oferece recursos que, espero, ajudarão você a pensar, falar e falhar de uma maneira que lhe permita trabalhar e viver com mais alegria.

A Parte 1 apresenta uma estrutura de tipos de falhas. O Capítulo 1 oferece conceitos-chave na ciência das falhas, seguido por três capítulos que descrevem os três arquétipos da falha: inteligente, básica e complexa. Entender essa taxonomia proporcionará uma compreensão mais profunda de mecanismos de falhas e do que significa falhar bem. Isso vai ajudar você a desenvolver os próprios experimentos para seguir além dos limites, sejam eles impostos por você ou não. Compartilharei as melhores práticas relacionadas a cada tipo de falha — para aprender com elas e também evitar o que for possível. A pesquisa desse cenário vai de fato ajudar você a adotar os bons tipos de falha e, ao mesmo tempo, se aperfeiçoar na habilidade de aprender com eles.

Falhas inteligentes, o tópico do Capítulo 2, são as "falhas boas" necessárias para o progresso — as pequenas e as grandes descobertas que promovem a ciência, a tecnologia e nossa vida. Os pioneiros, responsáveis por fazer algo inédito, sempre enfrentarão problemas inesperados. A chave é aprender com esses erros, em vez de negá-los ou se sentir mal por causa deles, desistir ou fingir que algo deveria ter sido de outra forma.

O Capítulo 3 investiga as *falhas básicas*, as de mais fácil compreensão e as mais evitáveis. Causadas por erros e deslizes, as falhas básicas podem ser evitadas com cautela e acesso a conhecimento relevante. Cometer o deslize de enviar para o chefe um e-mail que deveria ser destinado à sua irmã é uma falha básica. Sim, alguns podem chamá-la de catastrófica, mas é básica. As checklists são apenas uma das ferramentas[11] que você vai aprender para reduzir as falhas básicas.

Por mais perniciosas que as falhas básicas possam ser, *falhas complexas*, descritas no Capítulo 4, são os verdadeiros monstros que pairam sobre nosso trabalho, nossa vida, nossas instituições e sociedades. Falhas complexas *não têm uma, e sim múltiplas causas* e muitas vezes incluem uma pitada de azar também. Essas intercorrências sempre estarão conosco devido à incerteza e à interdependência inerentes enfrentadas em nosso dia a dia. É por isso que identificar pequenos problemas antes que eles saiam do controle e se transformem em uma falha complexa mais substancial vira uma capacidade crucial no mundo moderno.

A Parte 2 apresenta meu pensamento mais recente sobre *autoconsciência, consciência situacional* e *consciência sistêmica* — e como essas capacidades se cruzam com os três tipos de falha. Será uma oportunidade de nos aprofundarmos em táticas e hábitos que permitem que as pessoas pratiquem a ciência de falhar bem no trabalho e na vida. O Capítulo 5 explora a *autoconsciência* e seu papel crucial na ciência das falhas. Nossa capacidade humana de autorreflexão contínua, humildade, honestidade e curiosidade nos impulsionam a buscar padrões que forneçam insights sobre nosso comportamento. O Capítulo 6 aborda a *consciência situacional* e o aprendizado de interpretar determinado cenário quanto ao seu potencial de falhas. Você terá uma noção de quais situações representam um acidente iminente, de modo a ajudar a evitar falhas desnecessárias. O Capítulo 7 analisa a *consciência sistêmica*. Vivemos em um mundo repleto de sistemas complexos, em que nossas ações desencadeiam consequências não intencionais. Mas aprender a ver e apreciar esses sistemas — digamos, família, organização, natureza ou política — nos ajuda a evitar muitas falhas.

Essas ideias e estruturas se juntam para nos ajudar a responder à pergunta, no Capítulo 8, *de como prosperar sendo um ser humano falível*. Todos nós somos falíveis. A questão é se, e como, usamos esse fato para criar uma vida plena e repleta de aprendizado infinito.

PARTE 1

O CENÁRIO DAS FALHAS

CAPÍTULO 1

Em busca do jeito certo de errar

Somente aqueles que ousam falhar muito
podem realizar coisas imensas.

— Robert F. Kennedy

Em 6 de abril de 1951, o dr. Clarence Dennis, cirurgião cardiovascular de 41 anos, estava operando[12] Patty Anderson, de 5 anos, em um centro cirúrgico de última geração. A cirurgia não estava indo bem. O desejo de Dennis de salvar a criança, que havia sido diagnosticada com uma rara cardiopatia congênita, era intenso e urgente. Pelo vidro de observação, vários de seus colegas do Hospital Universitário em Minnesota assistiram Dennis conectar sua nova máquina de circulação extracorpórea à garotinha. Projetada para tomar o lugar dos pulmões e do coração do paciente durante a cirurgia, a máquina até então só havia sido testada em cães em um laboratório. Extremamente complexa, a máquina exigia a assistência de dezesseis pessoas durante o procedimento; seus discos rotatórios serviam como pulmões; uma bomba realizava as funções cardíacas; e os inúmeros tubos atuavam como vasos responsáveis pela circulação sanguínea por todo o corpo. Dennis era um dos pouquíssimos cirurgiões precursores na década de 1950 determinados a descobrir uma forma de operar com sucesso o coração de um paciente vivo. Naquela época, um dos obstáculos que pareciam intransponíveis era conter o sangue que jorrava em profusão após o acesso ao interior do coração de um paciente. Afinal, a função do coração é bombear sangue, e isso ele faz bem. Outro desafio era realizar uma cirurgia delicada em um coração que ainda batia. Costurar um órgão perfeitamente imóvel já era bastante desafiador. No entanto, parar o coração para facilitar o procedimento interromperia o fluxo sanguíneo pelo corpo, sem o qual o paciente não poderia sobreviver. A complexa máquina de Dennis tentava resolver esses problemas que a princípio pareciam intratáveis.

Às 13h22, Dennis ordenou que sua equipe interrompesse a circulação do coração de Patty e ligasse a máquina. É fácil imaginar toda a equipe prendendo a respiração ao mesmo tempo que a primeira incisão era feita.

Então algo inesperado aconteceu. Quando o cirurgião perfurou a câmara superior direita do pequeno coração, o sangue — e havia muito sangue — inundou a área ao redor do órgão, e a equipe não conseguiu aspirar rápido o suficiente. Havia algo de muito errado. A incisão revelou que o diagnóstico original estava incorreto. Patty não tinha apenas um orifício no coração, como os médicos pensavam, e sim vários na região central. Nenhum dos cirurgiões tinha visto algo parecido com essa anomalia. Dennis e sua equipe suturaram o mais rápido que puderam, dando onze pontos no orifício maior, mas o sangramento persistiu, deixando a equipe sobrecarregada, o que obscureceu o campo de visão e impossibilitou um reparo completo. Depois de quarenta minutos, eles desconectaram a garotinha da máquina, mas Dennis demorou mais 43 minutos para admitir a derrota. Patty morreu um dia antes de completar 6 anos.

Um mês depois, Dennis tentou outra vez, operando, junto de um colega, a paciente de 2 anos Sheryl Judge, enquanto Clarence Walton "Walt" Lillehei, de 32 anos, que mais tarde seria chamado de "o pai da cirurgia de coração de peito aberto", observava. Sheryl havia sido diagnosticada com um defeito no septo atrial — uma única abertura na parede entre as duas câmaras superiores do coração. Mais uma vez, essa anomalia congênita, se não tratada, logo seria fatal para a criança.

Quando o cirurgião abriu o coração dela, um problema diferente ocorreu: o ar começou a vazar dos vasos coronários e a bloquear o fluxo sanguíneo. Um dos técnicos (que, mais tarde, descobriu-se estar com um resfriado leve) deixara o reservatório de sangue limpo da máquina secar, o que bombeou o paciente com ar e envenenou o cérebro, coração e fígado. As consequências foram devastadoras. Oito horas depois, Sheryl Judge foi a óbito. Nesse caso, um trágico exemplo de erro humano — no que ainda era um território extremamente desconhecido — manchou os resultados das tentativas dos cirurgiões de ultrapassar os limites da possibilidade médica.

A maioria de nós tem dificuldade de refletir sobre essas falhas devastadoras. Podemos até nos indignar com a ideia de experimentos que têm implicações de vida ou morte. No entanto, para esses pacientes, passar por essa cirurgia era a última esperança. Ao adotarmos um distanciamento maior, podemos apreciar que a maioria dos milagres médicos que hoje são comuns — incluindo a cirurgia de peito aberto em vasos e válvulas doentes — já foi o sonho impossível dos pioneiros da medicina. Como o cardiologista dr. James Forrester escreveu: "Na medicina, aprendemos mais com nossos equívocos do que com nossos sucessos. O erro expõe a verdade."[13] Mas a veracidade da declaração de Forrester, por si só, não é suficiente para fazer com que transitemos com mais facilidade pelos dolorosos efeitos colaterais das falhas. Precisamos de uma dose maior de ajuda para superar as barreiras emocionais, cognitivas e sociais para falhar bem.

Por que é tão difícil falhar bem?

Falhar bem é difícil por três razões: *aversão, confusão* e *medo*. Aversão se refere a uma resposta emocional instintiva à falha. A confusão surge quando não temos acesso a uma estrutura simples e prática para distinguir os tipos de falha. O medo vem do estigma social atrelado à falha.

Na vida cotidiana, a maioria de nós nunca enfrentará os tipos de falha de alto risco que Clarence Dennis experimentou, mas, ainda assim, aprender com "os profissionais de elite em cometer falhas", como Dennis, pode ser elucidador — assim como assistir a equipes esportivas profissionais pode ajudar e inspirar o atleta de fim de semana. Ainda que você não seja um pioneiro na área médica ou um atleta de alta performance, é útil entender o que eles enfrentam e superam para avançar em seu ofício. Se Robert F. Kennedy, cuja citação abre este capítulo, estava certo ao afirmar que grandes realizações exigem grandes falhas, a maioria de nós tem trabalho a fazer.

Embora a primeira cirurgia cardíaca de peito aberto bem-sucedida não tenha ocorrido naquele dia de abril em Mineápolis, dez mil cirurgiões em seis mil centros em todo o mundo realizam hoje mais de dois milhões desse tipo de procedimento médico[14] responsável por salvar vidas todo ano — em geral utilizando uma versão recente, sofisticada e simplificada da máquina de circulação extracorpórea de Dennis. O médico e sua equipe só realizariam sua primeira operação bem-sucedida com a máquina quatro anos depois, e isso ocorreria no SUNY Downstate Medical Center, em Nova York. Durante esses quatro anos, Dennis e outros cirurgiões continuaram lidando com falhas nessas primeiras máquinas, mas as buscas por outras maneiras inovadoras de resolver os problemas irritantes da cirurgia cardíaca também tiveram vários graus de falhas (em paralelo a alguns pequenos sucessos).

Aversão: uma resposta emocional espontânea à falha

Falhar nunca é divertido, e em nenhum lugar isso é tão verdadeiro quanto nos hospitais, onde a vida e a morte estão em jogo. Mas mesmo nossas falhas comuns — nossos equívocos, as coisas sem importância que fazemos de errado, as pequenas derrotas quando esperávamos a vitória — podem ser surpreendentemente dolorosas e difíceis de aceitar. É tropeçar na calçada; fazer um comentário que não surtiu o efeito esperado em uma reunião; ser a última criança escolhida para o time em uma partida de futebol amador. Com certeza, são pequenas derrotas, mas, para muitos de nós, machuca de verdade.

De forma racional, sabemos que as falhas e derrotas são parte inevitável da vida, uma fonte certeira de aprendizado e até mesmo um requisito para o progresso. Mas, como a pesquisa em psicologia e neurociência revelou, nossas emoções nem sempre acompanham o entendimento lúcido e racional. Diversos estudos mostram que processamos informações negativas[15] e positivas de forma diferente. Pode-se dizer que ficamos sobrecarregados com um "viés de negatividade".[16] Recebemos informações "ruins", incluindo pequenos erros e falhas, mais rapidamente do que informações "boas". Temos mais dificuldade em deixar de lado os pensamentos ruins em comparação aos bons. Lembramos das coisas negativas que nos acontecem de forma mais vívida e por mais tempo do que as positivas. Prestamos mais atenção ao feedback negativo do que ao positivo. As pessoas interpretam expressões faciais negativas com mais rapidez do que as positivas. Resumindo, ruim é mais forte do que bom.[17] Isso não quer dizer que concordamos com algo negativo ou o valorizamos mais, e sim que o percebemos mais.

Por que somos tão sensíveis a informações e críticas negativas? Bem, elas parecem ter oferecido uma vantagem de sobrevivência aos primeiros seres humanos, quando a ameaça de rejeição da tribo poderia significar a morte. Isso nos deixou desproporcionalmente sensíveis a ameaças, mesmo às meramente interpessoais de não sermos bem-vistos pelos outros. Muitas das ameaças interpessoais que hoje detectamos no nosso dia a dia não são de fato prejudiciais, mas estamos programados para reagir, até mesmo de forma exagerada, a elas. Também sofremos do que o célebre psicólogo Daniel Kahneman chamou de "aversão à perda"[18] — uma tendência a superestimar as perdas (de dinheiro, posses ou até de status social) em comparação a vitórias equivalentes. Em um estudo, os participantes receberam uma caneca de café[19] e depois foram informados de que podiam vendê-la. Para se desfazerem da caneca, os participantes exigiram uma compensação duas vezes maior do que o valor que estavam dispostos a pagar para adquiri-la. É, sim, irracional. E profundamente humano. Não queremos perder; não queremos fracassar. A dor de falhar, mesmo em atividades simples, é mais proeminente em termos emocionais do que o prazer de ser bem-sucedido.

A aversão à falha é real. Racionalmente, sabemos que todos cometemos erros; que vivemos em um mundo complexo onde as coisas vão dar errado, mesmo quando damos o nosso melhor; sabemos que devemos perdoar a nós mesmos (e aos outros) ao falharmos. Mas a falha e a culpa estão ligadas de forma inextricável na maioria das famílias, organizações e culturas.

Um amigo da Holanda me contou pouco tempo atrás uma história que destaca a experiência universal de se esquivar da culpa — e como isso se pronuncia logo cedo.

O carro pequeno de Sander estava no conserto, e a oficina lhe emprestou um BMW grande. No trajeto até a oficina para devolver o carro emprestado, Sander levaria os filhos à escola. Após deixar o filho mais velho, ele levou o de 3 anos para a creche. Com pressa, Sander seguiu com o carro em uma rua estreita, que ficou ainda mais apertada devido aos carros estacionados paralelos à calçada. E de repente, *bum*! O espelho retrovisor do BMW no lado do passageiro, onde a criança estava sentada no banco traseiro, colidiu com um carro estacionado. Não se passou nem um segundo, e o menino olhou assustado para o pai e gritou: "Eu não fiz nada!"

É possível rir da impossibilidade de uma criança de 3 anos no banco traseiro ser culpada pelo dano a um retrovisor lateral do carro danificado. Evidentemente, seu instinto de fugir da culpa supera qualquer possibilidade de assumi-la. No entanto, a história ilustra como esse instinto está tão enraizado. Mesmo quando há pouca coisa em jogo, o reflexo de evasão de culpa frustra o aprendizado. E isso não se restringe à infância. Sydney Finkelstein, professora da Universidade de Dartmouth que estudou grandes falhas em mais de cinquenta empresas,[20] descobriu que os funcionários que ocupavam cargos mais altos na hierarquia administrativa eram mais propensos a culpar outros fatores além de si mesmos em comparação aos que detinham menos poder. Embora seja estranho, aqueles com mais poder parecem sentir que têm menos controle. Cai por terra o aforismo "a responsabilidade é minha",[21] popularizado pelo ex-presidente dos Estados Unidos Harry Truman.

Por mais irônico que seja, nossa aversão às falhas aumenta a probabilidade de que as cometamos. Quando não admitimos ou apontamos pequenas falhas, permitimos que elas se tornem maiores. Quando alguém adia contar ao chefe sobre um problema que poderia atrapalhar um projeto importante — e talvez fazer com que se perca um prazo para o cliente —, um pequeno problema potencialmente solucionável pode se tornar uma falha maior e que gera mais consequências. Da mesma forma, em nossa vida, quando não admitimos alguma dificuldade, não recebemos a ajuda de que precisamos. Nossa aversão às nossas falhas também nos deixa vulneráveis a sentir alívio quando alguém erra. Logo ficamos felizes por não sermos nós. Podemos experimentar uma sensação automática, embora fugaz, de superioridade. Pior, podemos ser rápidos em julgar as falhas dos outros. Na sala de aula da Harvard Business School, quando abordo estudos de caso ampliados sobre falhas significativas — uma das duas missões fracassadas do ônibus espacial da NASA, por exemplo —, um terço dos alunos expressa raiva, às vezes até indignação, com o fato de que a instituição possa ter permitido que essas falhas tenham ocorrido.

É humano sentir raiva e culpa, mas não serve como estratégia para nos ajudar a evitar e aprender com a falha. Para mim e meus alunos, as falhas complexas do programa de ônibus espaciais da NASA são fascinantes. Tento fazer bom uso delas para ajudar aqueles de nós que não são cientistas de foguetes — ou gerentes de operações grandes, complexas e de alto risco — a aprender indiretamente (com uma mente aberta e imensa humildade em relação aos desafios que a NASA enfrentou) sobre como evitar certos tipos de falha em nossa vida.

Uma das estratégias mais importantes quando se trata de evitar falhas complexas é enfatizar a preferência por conversas francas e que aconteçam o quanto antes com a família, a equipe ou a organização. Em outras palavras, faça com que seja psicologicamente seguro ser honesto em relação a algo pequeno antes que o problema se transforme em uma falha maior. Muitas das grandes falhas organizacionais estudadas por mim poderiam ter sido evitadas se as pessoas tivessem sentido abertura para falar mais cedo sobre suas preocupações preliminares.

Curiosamente, nossa aversão vale tanto para pequenas falhas quanto para grandes. Queremos nos sentir bem com nós mesmos (não por acaso um elemento importante da saúde mental), e queremos obter conquistas. Não são apenas os cirurgiões nutrindo sonhos ambiciosos de salvar vidas que têm essa esperança. Queremos que nossos filhos ingressem na faculdade e tenham sempre férias divertidas. No entanto, na realidade, dizemos coisas das quais nos arrependemos, empresas e produtos fracassam, nossos filhos passam por dificuldades e as férias incluem conflitos e desilusões. Examinar nossas falhas com cuidado é desagradável em termos emocionais e diminui nossa autoestima. Se formos deixados por conta própria, aceleraremos ou evitaremos por completo a análise de falhas.

Ainda me lembro de como me senti humilhada quando não consegui entrar para o time de basquete do ensino médio. No dia seguinte aos testes, o treinador apresentou duas listas em uma folha de papel. À esquerda, estavam os nomes de quem tinha sido aceito na equipe — muitas das minhas amigas e colegas de classe. À direita, quem tentara e não conseguira. Havia apenas um nome: o meu. E foi justo isso que fez com que a situação tenha sido tão constrangedora. Eu não queria analisar por que não conseguira fazer parte da equipe, e com certeza não queria me aprofundar nos sentimentos desagradáveis que isso evocava. Não que eu achasse que era habilidosa, mas doeu ser a única jogadora rejeitada. E não surpreende que eu não tenha morrido por causa dessa rejeição. Mas também não dediquei muito tempo para aprender a lição.

Os atletas em geral têm uma compreensão relativamente elucidada da relação entre fracasso e sucesso. Como o astro canadense de hóquei no gelo Wayne Gretzky disse: "Você perde 100% das chances que não aproveita."[22] O treinamento esportivo e a competição têm uma implicação natural de aceitar e aprender com várias falhas como parte da aquisição do domínio de algo. A estrela do futebol e medalhista de ouro olímpica Abby Wambach ressalta que o ato de falhar significa que você ainda está "no jogo".[23] Ao discursar na cerimônia de formatura de 2018 no Barnard College, em Nova York, Wambach incentivou os formandos a se utilizarem das falhas como "combustível".[24] Ela explicou que "não se deve se envergonhar da falha, e sim ser impulsionado por ela. A falha é o combustível de maior octanagem para a vida".

Surpreendente — e revelador —, no entanto, é o estudo que descobriu que os atletas que ficaram em terceiro lugar em um evento olímpico, o que lhes garantiu, portanto, uma medalha de bronze, parecem mais felizes e *menos* propensos a sentir o peso da derrota[25] do que aqueles que terminaram em segundo e receberam uma medalha de prata.

Por que os atletas olímpicos medalhistas de prata no estudo se sentiram como se tivessem fracassado enquanto os medalhistas de bronze experimentaram um pouco do sucesso? Segundo os psicólogos, isso é causado pelo "pensamento contrafactual"[26] — a tendência humana de enquadrar os acontecimentos em termos de "e se" ou "se ao menos". Os medalhistas de prata, desapontados por não terem conquistado o primeiro lugar no pódio, classificaram seu desempenho como um fracasso em relação à conquista do ouro. Aqueles que ficaram em terceiro lugar consideraram o resultado um sucesso — ganharam uma medalha nas Olimpíadas! Eles tinham bastante consciência da facilidade com que poderiam ter perdido a chance de ter a glória de subir no pódio olímpico e voltar para casa sem medalha alguma.

Os medalhistas de bronze haviam *reformulado* o resultado — a perda passou a ser um ganho.[27] Esse reenquadramento simples — e cientificamente válido — proporcionou a eles alegria em vez de arrependimento. Como aprenderemos neste livro, a forma com que formulamos ou *re*formulamos a falha tem muito a ver com nossa capacidade de falhar bem. Reformular a falha é a habilidade que nos ajuda a superar nossa aversão espontânea a ela e traz melhoria para a nossa vida.

Começa com a vontade de olhar para si — não para se envolver em uma extensa autocrítica ou para elencar as falhas individuais, mas para se tornar mais consciente das tendências universais que decorrem da forma como estamos conectados e somos compostos pela maneira como somos socializados. Não se trata de ruminação — um processo de repetição de pensamento negativo que não é produtivo — ou autoflagelação. Mas pode significar um olhar para alguns dos hábitos idiossincráticos. Sem isso, é difícil experimentar práticas que nos ajudem a pensar e agir de forma diferente.

De acordo com pesquisas na área de psicologia clínica,[28] falhas na vida podem desencadear sofrimento emocional, ansiedade e até depressão. No entanto, algumas pessoas são mais resilientes do que outras. O que as torna diferentes? Em primeiro lugar, são menos propensas a buscar o perfeccionismo e se ater a padrões irreais. Se você espera fazer tudo com perfeição ou vencer todas as competições, ficará desapontado ou até mesmo angustiado quando isso não acontecer. Em contrapartida, se você espera tentar o seu melhor e aceita que pode não conseguir tudo o que deseja, é provável que tenha uma relação mais equilibrada e saudável com as falhas.

Em segundo lugar, as pessoas resilientes atribuem características mais positivas[29] sobre os acontecimentos do que aquelas que ficam ansiosas ou deprimidas. A forma como explicam as falhas para si mesmas é equilibrada e realista, em vez de exagerada e marcada pela vergonha. Se você achar que não conseguiu o emprego que desejava devido a um processo seletivo muito acirrado ou por preferências idiossincráticas da empresa, é mais provável que se recupere da decepção do que se pensar: *Não sou bom o suficiente para a vaga*. Martin Seligman, psicólogo da Universidade da Pensilvânia, estudou o estilo atribucional ao longo de muitos anos e revolucionou a "psicologia positiva"[30] na década de 1990. Seligman mudou o foco de sua pesquisa na área de patologia e passou a estudar os pontos fortes dos seres humanos que permitem que indivíduos e comunidades prosperem. Em particular, ele estudou como as pessoas elaboram explicações positivas ou negativas a respeito dos acontecimentos da vida. Por sorte, formar atribuições positivas é uma habilidade que pode ser desenvolvida. Por exemplo, quando você não foi selecionado para a vaga de emprego que queria, talvez um bom amigo o tenha ajudado a reformular a situação para pensar nela de forma construtiva. Se você usar esse aprendizado nas experiências seguintes, estará no caminho de uma relação mais saudável com as falhas.

Observe que as atribuições saudáveis em relação às falhas não apenas permanecem equilibradas e racionais como também levam em consideração as maneiras — pequenas ou grandes — por meio das quais você pode ter contribuído para o que aconteceu. Talvez você não tenha se preparado o suficiente para a entrevista. E não precisa se martirizar ou se esconder de vergonha. Muito pelo contrário; trata-se de desenvolver a autoconsciência e a confiança para continuar a aprender, fazendo as mudanças necessárias para melhorar da próxima vez.

Cada um de nós é um ser humano falível, que vive e trabalha com outros seres humanos falíveis. Mesmo que nos esforcemos para superar nossa aversão emocional às falhas, falhar de forma eficiente não é um processo automático. Também precisamos de ajuda para reduzir a confusão criada pela conversa superficial sobre as falhas que, em especial, ocorre de forma desenfreada quando o assunto é empreendedorismo.

A confusão se dá porque nem toda falha é igual!

Embora "falhe rápido, falhe com frequência" tenha se tornado um mantra do Vale do Silício destinado a celebrar as falhas, e as festas corporativas que comemoram as falhas e os currículos de fracasso tenham se tornado populares, grande parte da discussão em livros, artigos e podcasts é simplista e superficial — mais retórica do que real. Por exemplo, é óbvio que nenhuma empresa deve comemorar o fato de ter um gerente de fábrica cuja linha de montagem de automóveis falha com frequência. Isso também vale para os cirurgiões cardíacos de hoje. Não é à toa que ficamos confusos!

Felizmente, essa confusão pode ser reduzida com facilidade quando compreendemos os três tipos de falha e como eles são afetados pelas diferenças de contexto. Por exemplo, em algumas situações, o conhecimento bem desenvolvido sobre como alcançar os resultados desejados faz com que as rotinas e os planos em geral se desenvolvam como o esperado, como seguir uma receita de bolo ou coletar o sangue dos pacientes em um laboratório. Chamo isso de "contextos consistentes". Em outras situações, estamos em um território totalmente novo — somos obrigados a experimentar para ver o que funciona. Os cirurgiões cardíacos pioneiros que conhecemos no início deste capítulo estavam nitidamente em um novo terreno, e a maioria de suas falhas era do tipo inteligente. Outros exemplos de *contextos novos* incluem desenvolver um novo produto ou descobrir como obter máscaras de proteção para milhões de pessoas durante uma pandemia mundial.

As falhas são mais prováveis em novos contextos do que consistentes, então não nos importamos com elas, certo? Errado. A amígdala — aquela pequena parte do cérebro responsável por ativar uma resposta de luta ou fuga[31] — detecta ameaças, não importa o contexto. Da mesma forma, é possível se surpreender ao descobrir que a reação emocional negativa às falhas, independentemente do nível de perigo *real*, pode ser semelhante. Mas uma simples tipologia de distinção das falhas pode nos ajudar a fazer atribuições saudáveis sobre elas e neutralizar o sequestro da amígdala.

Além de contextos novos e consistentes, todos nós nos encontramos com frequência em *contextos variáveis* — aqueles momentos em que há conhecimento para lidar com uma situação, mas a vida traz algo inesperado. Por exemplo, médicos e enfermeiros que trabalham na emergência de um hospital, por mais experientes ou calejados que sejam, podem encontrar pacientes que apresentem um conjunto de sintomas nunca vistos, como ocorrido nos primeiros dias da pandemia do vírus da Covid-19. Os pilotos devem estar preparados para voar em condições climáticas inesperadas. Em nosso cotidiano, passamos por situações em que temos amplo conhecimento prévio, mas ainda enfrentamos alguma incerteza. Os professores mais experientes nunca sabem de antemão quais desafios terão diante de uma nova turma. Se você se mudar para outro lugar ou aceitar um novo emprego, nunca terá certeza se vai ou não se encaixar — mesmo que tenha conversado com as pessoas e tentado aprender sobre a cultura do local. Até você chegar, há uma previsão informada, e não uma garantia, sobre como será.

Ao longo dos anos, estudei pessoas que trabalham em linhas de montagem de fábricas (contexto consistente), pesquisa corporativa e laboratórios de desenvolvimento (contexto novo) e salas de cirurgia cardíaca (contexto variável). Percebi que diferentes contextos organizacionais preparam o terreno[32] para diferentes expectativas em relação às falhas, conforme descrito na Tabela 1.1 na próxima página. No entanto, embora o senso comum diga que as pessoas devem ter uma resistência menor a falhas em um laboratório do que em uma linha de produção, nem sempre isso é verdade. Ninguém gosta de falhar. Ponto-final.

A maioria de nós não se detém para desafiar as próprias respostas emocionais espontâneas aos acontecimentos da vida. Mas é possível aprender a fazer isso em prol de mais aprendizado e alegria para si. Imagine que você se junte a uma equipe de tênis do seu bairro, na expectativa de se divertir e melhorar suas habilidades. No início, você cometerá muitos erros e não vai conseguir devolver muitas das rebatidas de seus oponentes. E como você deve se sentir? Desanimado? Lógico que não. Você se força a lembrar que está apenas tentando melhorar em uma nova atividade. Quando começamos a ensinar os filhos adolescentes a dirigir, de preferência em um grande estacionamento vazio, não gritamos com eles por engatarem a marcha à ré ou por desligar o carro por engano. Em vez disso, com um tom encorajador, falamos sobre o que aconteceu e o que fazer da próxima vez. Seja na família ou em um grupo social de que você gosta, ter conversas mais honestas e lógicas sobre expectativas e decepções é libertador. E como veremos no Capítulo 5, é possível aprender as habilidades cognitivas de que precisamos para processar as falhas de forma produtiva, e não dolorosa.

A correlação entre o tipo de contexto e o tipo de falha é substancial (é evidente, por exemplo, que laboratórios científicos e falhas inteligentes andam lado a lado) —, mas o contexto e o tipo de falha não estão 100% alinhados. Uma falha básica pode acontecer em um laboratório quando um cientista usa o produto químico errado — o que resulta no desperdício de materiais e tempo. Da mesma forma, uma falha inteligente ocorre em uma linha de montagem quando uma sugestão ponderada de melhoria de processo acaba não funcionando como o esperado. No entanto, avaliar o papel do contexto ajuda a antecipar os tipos de falhas que têm muita probabilidade de acontecer, como exploraremos no Capítulo 6.

Nossa confusão sobre a falha dá origem a políticas e práticas que não têm lógica. Por exemplo, em abril de 2020, ao me reunir com executivos seniores em uma grande empresa de serviços, ouvi a explicação de que o ambiente de negócios vigente fazia com que a falha temporariamente "ultrapassasse os limites".

TABELA 1.1: **Implicações do contexto para a falha**

Contexto	Consistente	Variável	Novo
Exemplo	Linha de montagem de veículos	Sala de cirurgia	Laboratório científico
Estado do conhecimento	Bem desenvolvido	Conhecimento bem desenvolvido, vulnerável a acontecimentos inesperados	Limitado
Incerteza	Baixa	Média	Alta
Tipo de falha mais comum	Falha básica	Falha complexa	Falha inteligente

Compreensivelmente preocupados com um clima econômico cada vez mais desafiador devido a uma pandemia mundial, esses líderes empresariais queriam que tudo corresse da melhor maneira possível. De modo geral, estavam sendo sinceros quanto ao desejo de aprender com as falhas, mas revelaram que o entusiasmo a respeito delas era aceitável quando os tempos eram bons; quando o futuro parecia incerto, buscar o sucesso infalível era mais imperativo que nunca.

Essas pessoas inteligentes e bem-intencionadas precisavam repensar as falhas. Em primeiro lugar, precisavam analisar o contexto. A necessidade de aprender com as falhas com rapidez é mais fundamental em tempos de incerteza e turbulência, em parte porque as falhas são mais prováveis! Em segundo, embora incentivar as pessoas a minimizarem falhas básicas e complexas possa ajudá-las a se concentrar, abraçar as falhas inteligentes continua sendo essencial para o progresso em qualquer setor. Em terceiro lugar, elas precisavam entender que o resultado mais provável da proibição da falha não seria a perfeição, e sim não ouvir sobre as falhas que ocorreram. Quando não se apontam as pequenas falhas — digamos, um erro contábil —, elas podem se transformar em falhas maiores, como prejuízos financeiros significativos.

No trabalho que realizei em empresas, encontrei esse problema com frequência suficiente para constatar que se trata de um erro comum. O instinto de incentivar as pessoas a desempenharem o seu melhor em tempos difíceis é compreensível. É tentador acreditar que, se nos precavermos, podemos evitar as falhas por completo. Mas isso também está equivocado. A relação entre esforço e sucesso é imperfeita. O mundo ao nosso redor muda com frequência e continua a nos apresentar novas situações. Os planos mais bem-feitos encontram problemas em um contexto incerto. Mesmo quando as pessoas trabalham duro e estão comprometidas em fazer o que é certo, a falha é sempre possível em um novo cenário. Lógico, às vezes elas são causadas por pessoas descuidadas ou que não se esforçam o bastante, mas mesmo o trabalho árduo pode resultar em falhas quando as circunstâncias são novas e diferentes ou quando surge algum acontecimento inesperado. Por fim, e de maneira mais perversa, às vezes a mais pura sorte permite que se dê conta do recado com tranquilidade e se obtenha sucesso.

Uma turbulência, como uma pandemia mundial, provoca um grau extremo de incerteza e mudança. Mas, mesmo antes de a Covid-19 dominar o noticiário, a interdependência do mundo em que vivemos e trabalhamos já incluíra a incerteza e a mudança como parte de nossa vida havia muito tempo. Nossa interdependência — ser dependente dos outros para alcançar algum objetivo (incluindo o de continuar a existir) — nos torna vulneráveis. Nunca conseguimos saber com certeza o que os outros vão fazer e que outros sistemas dos quais dependemos poderão desmoronar. O conselho de Helmuth von Moltke, estrategista militar alemão do século XIX, foi interpretado como "Nenhum plano sobrevive ao contato com o inimigo".[33] Quando levamos em consideração nossa interdependência, somos forçados a nos tornar mais vigilantes e atenciosos ao esperar o inesperado.

Agora, considere o que acontece quando executivos seniores, ou pais e mães, afirmam inequivocamente que falhar está fora de cogitação, que apenas *bons* resultados são aceitáveis. As falhas não deixam de acontecer: apenas são empurradas para debaixo do tapete. De forma involuntária, os executivos de serviços financeiros com quem conversei acabavam tentando evitar transmitir más notícias. Esse não era o objetivo deles: a meta era incentivar a excelência. Mas é da natureza humana esconder a verdade quando está evidente que seu compartilhamento acarretará punição ou até mesmo reprovação. O medo da rejeição é a terceira barreira para praticar a ciência de falhar bem.

Medo interpessoal: estigma e rejeição social

Além da aversão emocional e da confusão cognitiva, há um medo profundamente enraizado de não ser bem-visto pelos outros. Isso é mais do que uma mera preferência. O medo induzido pelo risco de rejeição social remonta à nossa herança evolutiva, quando a rejeição poderia literalmente significar permanecer vivo ou morrer de fome ou exposição a perigos variados. Nosso cérebro moderno não consegue distinguir entre o medo da rejeição como irracional na maioria dos ambientes e medos mais racionais, como o de um ônibus que segue descontrolado em sua direção. Pesquisas de Matthew Lieberman e Naomi Eisenberger, da UCLA, mostram que muitos dos circuitos do cérebro para dores sociais e físicas se sobrepõem.[34]

O medo ativa a amígdala,[35] como já observado, o que induz a resposta de luta ou fuga, em que a "fuga" não significa necessariamente sair correndo, e sim fazer o que é possível para evitar ser malvisto. Quando o coração acelera ou a palma das mãos fica suada antes de falarmos em uma reunião importante, sobretudo em uma situação em que estamos nos sentindo julgados ou criticados, isso se deve às respostas automáticas da amígdala. Esse mecanismo de sobrevivência no cérebro nos ajudou a fugir de tigres-dentes-de-sabre em tempos pré-históricos, mas hoje muitas vezes nos leva a reagir com exagero a estímulos inofensivos e a nos esquivar de assumir riscos construtivos. A resposta ao medo, desenvolvida para proteger,[36] pode ser contraproducente no mundo moderno se nos impede de assumir os pequenos riscos interpessoais essenciais para falar ou tentar coisas novas.

Em primeiro lugar, o medo inibe o aprendizado.[37] Pesquisas mostram que o medo consome recursos fisiológicos e os desvia de partes do cérebro que gerenciam a memória de trabalho e processam novas informações. Em uma palavra: aprendizado. E isso inclui aprender com o erro. É difícil dar o seu melhor quando se está com medo. E é ainda mais difícil aprender com as falhas porque essa é uma tarefa que exige um alto grau de cognição.

Em segundo lugar, o medo impede que se fale a respeito de outras falhas. A tarefa interminável de autoapresentação nos tempos atuais exacerbou essa antiga tendência do ser humano. Na era das mídias sociais, a pressão para parecer bem-sucedido nunca foi tão grande. Estudos mostram que os adolescentes de hoje,[38] em particular, estão obcecados em apresentar uma versão higienizada da própria vida, em constante verificação de "likes" e sofrimento emocional devido a todo tipo de comparação e desprezo, real ou percebida. Nossa reação emocional a uma rejeição percebida é a mesma que a real, porque é nossa interpretação a respeito de uma situação que molda nossa resposta emocional. Não são apenas as crianças que se preocupam. Seja na realização profissional, seja na capacidade de atração ou na inclusão social, manter as aparências pode parecer tão necessário para os já adultos quanto respirar. Descobri que a verdadeira falha é acreditar que os outros gostarão mais de nós se estivermos livres de falhas. Na realidade, apreciamos e gostamos de pessoas genuínas e interessadas em nós, e não daquelas com uma aparência impecável.

Em minha pesquisa, acumulei uma quantidade razoável de evidências de que a segurança psicológica é especialmente útil em ambientes onde o trabalho em equipe, a resolução de problemas ou a inovação é necessária para realizar o trabalho. A segurança psicológica — um ambiente em que você não teme a rejeição por estar errado — é o antídoto para o medo interpessoal[39] que nos impede de falhar bem. A falha está em segundo plano na maioria dos estudos de segurança psicológica.[40] Isso ocorre porque a segurança psicológica nos ajuda a fazer e dizer as coisas que nos permitem aprender e progredir em nosso mundo incerto e em constante mudança. Esse fator interpessoal — uma coisa tão "suave" — acabou sendo crucial para prever o desempenho da equipe em ambientes desafiadores, desde os principais centros médicos acadêmicos e empresas da Fortune 500 até a família.

Você já trabalhou em uma equipe em que o risco de as pessoas pensarem mal a seu respeito por pedir ajuda ou admitir o erro em relação a algo não o preocupava? Talvez acreditasse que as pessoas se apoiavam e se respeitavam e que todas buscavam fazer o melhor possível. Nesse caso, é provável que você não tenha tido medo de fazer perguntas, admitir erros e experimentar ideias não comprovadas. Minha pesquisa mostrou que ambientes psicologicamente seguros ajudam as equipes a se esquivarem de falhas evitáveis. E as ajuda a buscar as falhas inteligentes. A segurança psicológica reduz as barreiras interpessoais em relação a falhar bem, para as pessoas poderem assumir novos desafios com menos medo — para podermos tentar ter sucesso e sermos mais sábios quando não conseguirmos. Acredito que esse seja o jeito certo de errar.

No entanto, poucas instituições dispõem de segurança psicológica suficiente para que os benefícios de aprender com as falhas sejam plenamente obtidos. Entrevistei gerentes em lugares muito diferentes, como hospitais e bancos de investimento, e todos admitem estar dilacerados: como eles podem responder de forma construtiva a falhas sem incentivar o desempenho negligente? Se as pessoas não forem responsabilizadas por falhas, o que as levaria a dar o melhor de si no trabalho? Pais e mães fazem a mesma pergunta.

Essas preocupações são consequência de uma falsa dicotomia. Uma cultura que torna seguro falar sobre as falhas pode coexistir com padrões altos, conforme ilustrado na Figura 1.1. Isso é tão verdadeiro nos círculos familiares quanto no ambiente de trabalho.

A segurança psicológica não é sinônimo de "vale-tudo". Um ambiente de trabalho pode ser psicologicamente seguro e ainda assim gerar a expectativa de que as pessoas tenham um desempenho excelente ou cumpram com os prazos. Uma família pode estar psicologicamente segura e ter a expectativa de que todos lavem a louça e levem o lixo para fora. É possível criar um ambiente onde franqueza e transparência parecem viáveis: uma atmosfera honesta, desafiadora e colaborativa.

FIGURA 1.1: A relação entre segurança psicológica e padrões na ciência das falhas

Eu diria que insistir em padrões altos sem segurança psicológica é uma receita para a falha — e não do tipo bom. As pessoas ficam mais propensas a errar (mesmo em coisas que sabem fazer bem) quando estão estressadas. Da mesma forma, quando temos uma dúvida a respeito de como fazer algo, mas não nos sentimos capazes de perguntar a alguém, corremos o risco de nos depararmos com uma falha básica. Além disso, ao encontrarem falhas inteligentes, as pessoas precisam se sentir seguras o suficiente para contar aos outros sobre elas. Essas falhas úteis deixam de ser "inteligentes" quando acontecem pela segunda vez.

Talvez você tenha pensado que, em contextos nos quais a confiança é alta, como em uma linha de montagem, é possível ter sucesso sem segurança psicológica. A princípio, haverá menos falhas. Mas como hoje a confiança não é a regra, reduzir o medo interpessoal desestigmatizando as falhas é importante para a maioria. A aprendizagem acontece melhor quando somos desafiados *e* estamos psicologicamente seguros para experimentar e falar abertamente sobre isso quando as coisas não funcionam como esperávamos. Não é só o próprio aprendizado com as falhas que importa; é também a sua disposição de compartilhar essas lições com os outros.

Em suma, nossa aversão às falhas, a confusão sobre os tipos de falha e o medo da rejeição se combinam para tornar a prática da ciência de falhar bem mais difícil do que de fato precisaria ser. O medo dificulta pedir ajuda abertamente para evitar um erro, assim como nos envolvermos em uma conversa honesta que nos possibilite aprender com um experimento fracassado. Na falta de vocabulário e lógica para distinguir falhas básicas, complexas e inteligentes, é mais provável que mantenhamos nossa aversão a todas elas. Felizmente, a reformulação, o discernimento e a segurança psicológica podem nos ajudar a destravar, conforme resumido na Tabela 1.2.

TABELA 1.2: **Superando as barreiras que nos impedem de falhar bem**

Por que falhamos em falhar	O que ajuda
Aversão	Reformulação para construir atribuições saudáveis
Confusão	Uma estrutura para discernir os tipos de falha
Medo	Segurança psicológica

Uma variedade de causas das falhas

Em uma primeira análise, parece haver uma tensão entre o compromisso com a excelência e a tolerância. Mas vamos considerar um espectro hipotético de razões para falhar,[41] como descrevi na Figura 1.2. Em uma das extremidades, encontramos má conduta ou sabotagem (infringir uma lei ou violar um procedimento de segurança, por exemplo); na outra, encontramos um experimento preparado com cuidado, mas que falha (algo que é parte da rotina dos cientistas). Fica evidente que nem todas as falhas são causadas por atos que podem ser responsabilizados. Algumas são completamente louváveis.

Quando alguém sabota de propósito um processo ou viola uma prática de segurança, a responsabilização é apropriada. Mas, para além disso, você enfrenta um julgamento que só pode ser feito com base em mais informações sobre o contexto. Por exemplo, não prestar atenção na tarefa pode ser causa de responsabilização. Mas e se essa pessoa estivesse dominada pela fadiga depois de ser obrigada a trabalhar dois turnos seguidos? Nesse caso, talvez desejemos culpar o gerente que montou o cronograma dos turnos, em vez do funcionário que adormeceu, mas precisaríamos saber mais antes de ter certeza de quem ou o que falhou no processo.

FIGURA 1.2: Um espectro de causas das falhas

À medida que percorremos o espectro em direção ao louvável, responsabilizar alguém se torna cada vez mais ilógico! Incapacidade? Todos nós já fomos novatos em diversas atividades. Ninguém anda de bicicleta pela primeira vez sem cair. A menos que alguém tenha executado com intenção um procedimento perigoso antes de receber treinamento, é difícil responsabilizar a *incapacidade*.

Nessa mesma linha, algumas tarefas são desafiadoras demais para um desempenho confiável e desprovido de falhas. Considere uma ginasta olímpica que não consegue executar um salto mortal impecável na trave de equilíbrio. Culpável? Lógico que não. É um dos movimentos mais desafiadores da ginástica.[42] A atleta começa de pé, executa um mortal para trás estendido com uma torção completa no meio e aterrissa de pé na trave. Os principais competidores podem conseguir executar o movimento nos treinos com perfeição, e ainda assim não o reproduzir em uma competição importante.

À medida que continuamos por todo o espectro, a incerteza dá origem a falhas inevitáveis. Quando um amigo marca um encontro para você com uma pessoa desconhecida, não há como ter certeza de que vai dar certo. Se você concordar em ir e o encontro for um fracasso, nem você, nem seu amigo merecem ser responsabilizados. Por fim, a falha resultante de uma experimentação bem elaborada gera novos conhecimentos. É louvável. As falhas dos cirurgiões pioneiros nos primórdios da cirurgia aberta são evidentemente louváveis. Essas falhas foram pilares inevitáveis na trajetória para o milagre de hoje.

Conduzi o seguinte experimento mental com plateias do mundo todo: "Deem uma olhada no espectro Culpável-Louvável: Qual das possíveis causas da falha você considera culpável?"

As respostas variam. Alguns afirmam que apenas a sabotagem pode ser considerada culpável. Outros concordam que a desatenção também deve ser. Por outro lado, outros reconhecem no mesmo instante que as pessoas podem ter sido colocadas em situações difíceis em que não eram responsáveis pela distração. Para mim, não importa *onde* a linha é traçada. O que importa é traçá-la e depois refletir sobre sua resposta à seguinte pergunta: "Qual porcentagem das falhas em sua organização ou família pode ser considerada culpável?" Descobri que a maioria das pessoas, ao pensar nisso com cuidado, chega a um pequeno número: talvez 1% a 2%.

Em seguida, faço a pergunta mais importante: "Quantas dessas falhas são *tratadas* como culpáveis por aqueles que são importantes na sua organização ou vida?"

Nesse caso, as pessoas apontam (após uma pausa pesarosa ou uma risada) uma taxa de 70% a 90%. Ou, às vezes, respondem: "Todas elas!" A infeliz consequência dessa lacuna entre uma avaliação racional da culpa e a resposta espontânea dos responsáveis é que as falhas — em nossa vida, nossa casa e nosso local de trabalho — são ocultadas com muita frequência. Essa é uma das maneiras pelas quais perdemos o acesso às lições que a falha proporciona.

Alcançando o sucesso por meio das falhas

Já deve estar evidente que nem todos falham em falhar. Os cirurgiões cardíacos pioneiros, como Walt Lillehei e Clarence Dennis, foram incrivelmente bem-sucedidos em usar a falha para promover o método de salvar vidas ao qual dedicaram toda a carreira. Na busca por mudar para sempre o cenário da cirurgia, Lillehei e Dennis competiram em uma corrida que até então, como escreve G. Wayne Miller, o biógrafo de Lillehei, "havia gerado apenas cadáveres".[43] Quase todas essas mortes resultaram do que poderíamos chamar de "'novas' falhas" — que ocorrem como parte de uma jornada para atingir uma meta que nunca foi alcançada. Inovações como a máquina de circulação extracorpórea, desenvolvida para remover o dióxido de carbono do sangue do paciente e bombear o sangue recém-oxigenado de volta à artéria, eram partes necessárias dessa jornada.

Ao observar Dennis operar em 1951, o dr. Lillehei estava determinado a progredir[44] rumo ao sucesso. Ao longo dos anos seguintes, obstinado, procurou oportunidades para avançar a ciência. Ele também enfrentaria falhas dolorosas ao longo do caminho.

Em 2 de setembro de 1952, no Hospital Universitário, o dr. F. John Lewis, assistido por Lillehei, tentou a hipotermia[45] como meio de facilitar a estabilidade do paciente. Por um milagre, Jacqueline Jones, de 5 anos, sobreviveu. Sucesso? Embora Lillehei e outros médicos tenham continuado a ser bem-sucedidos em cirurgias com hipotermia, o tempo tão limitado em que um paciente poderia ser mantido a uma temperatura tão baixa — dez ou doze minutos — impossibilitava procedimentos cirúrgicos mais longos e complexos. Um sucesso de curta duração. Em 26 de março de 1954, Lillehei, mais uma vez na sala cirúrgica do Hospital Universitário, conectou fisicamente um bebê, Gregory Glidden, nascido com um orifício entre as câmaras inferiores do coração, ao sistema circulatório do pai. A intenção era manter a criança viva enquanto Lillehei operava o pequenino coração da criança. No outono de 1953, e depois em janeiro de 1954, Lillehei conectara os sistemas circulatórios de dois cães, o que permitiu que o cão doador servisse como suporte de vida para o cão paciente durante a cirurgia aberta. Chamada de "circulação cruzada", essa nova técnica foi a ideia inspirada de Lillehei. Se uma grávida podia manter o coração do bebê funcionando através das ligações entre as veias e artérias dos dois, será que uma conexão semelhante, mas induzida de forma artificial, funcionaria fora do útero? Até então a abordagem funcionara, mantendo os pacientes caninos vivos durante procedimentos cirúrgicos delicados. Mas então as apostas chegaram a outro nível. Às 8h45, o pai de Gregory, Lyman, foi levado para o centro cirúrgico. Da artéria femoral de Lyman saiu o sangue recém-oxigenado de seu coração, que foi bombeado para o bebê Gregory através de uma cânula inserida nas veias cavas superior e inferior para levar sangue ao coração. Lillehei abriu o coração de Gregory, localizou o defeito do septo ventricular (DSV), uma abertura do tamanho de uma moeda de dez centavos, e o corrigiu.

Gregory sobreviveu à operação, mas morreu em 6 de abril de 1954, pouco menos de duas semanas depois, de pneumonia.

Nenhum dos experimentos que acabaram por revolucionar a cirurgia cardíaca ocorreu sem uma extensa reflexão sobre benefícios e riscos. Cada um era cientificamente rigoroso. No entanto, houve falhas. Algumas vezes, um diagnóstico pré-cirúrgico se mostrou falho. Em outras ocasiões, a cirurgia teve uma intercorrência porque os médicos ainda não eram qualificados o suficiente. A maioria das falhas ocorreu porque uma hipótese estava errada. Em todos os casos, os inovadores exploravam um novo terreno sem o auxílio de um mapa — determinados a chegar ao seu destino. Ao longo do caminho, precisaram explicar a diversos pais, cônjuges e filhos por que um ente querido havia morrido em um mar de sangue. Pode-se dizer que todos — cirurgiões, pacientes e suas famílias — estavam errando do jeito certo. Sabiam da possibilidade das falhas com consequências graves. Cada operação e inovação cirúrgica que falhou proporcionou uma oportunidade de se aprender algo que poderia acarretar um eventual sucesso.

O primeiro triunfo de Lillehei,[46] que ocorreu logo após a cirurgia de Gregory, foi uma cirurgia de circulação cruzada em Annie Brown, uma menina de 4 anos, que estava conectada a seu pai, Joseph. Duas semanas depois, Lillehei realizou uma coletiva de imprensa com a adorável menina, que estava saudável e viveria até a idade adulta. No entanto, como tantas vezes acontece, o caminho do fracasso para o sucesso não seguiu uma linha reta. Logo após a cirurgia de Annie Brown, seis dos sete pacientes pediátricos de Lillehei morreram em cirurgias semelhantes. Do mesmo modo preocupante, um dos pais sofreu morte cerebral decorrente de um erro na circulação cruzada. Operar uma criança cuja única esperança de vida era uma cirurgia arriscada era uma coisa. Mas pôr um voluntário adulto saudável em risco era muito mais difícil de tolerar.

A máquina de circulação extracorpórea provou ser a solução mais viável para os problemas enfrentados em uma cirurgia de peito aberto. Inventado pelo dr. John Gibbon, aprimorado por Clarence Dennis e depois desenvolvido em colaboração com Thomas Watson na IBM, o equipamento reduziu gradualmente a taxa de mortalidade em cirurgias cardíacas[47] para 10% em 1957. O risco de morte atual estimado nesse tipo de cirurgia[48] é de cerca de 2% a 3%.

A inovação nunca termina

Em 1998, meio século após esses fracassos e sucessos nos centros cirúrgicos, tive a chance de estudar uma inovação moderna em cirurgia cardíaca.[49] Um dos meus colegas de Harvard aprendera sobre uma nova tecnologia para conduzir de forma menos invasiva essa cirurgia responsável por salvar vidas. Na maioria das cirurgias cardíacas, incluindo as realizadas na década de 1950, os cirurgiões tinham primeiro que cortar longitudinalmente o tórax do paciente, dividindo o esterno. Essa técnica, chamada de "esternotomia mediana", fornece acesso ao coração, e ainda é recorrente na prática atual. É eficaz, mas pode levar a uma recuperação longa e dolorosa.

A nova tecnologia de que meu colega me falou foi desenvolvida para permitir que o cirurgião realizasse um reparo por meio de uma pequena incisão entre as costelas e deixasse o esterno intacto, com a promessa de uma recuperação mais rápida e menos dolorosa. A desvantagem? Uma curva de aprendizado substancial para toda a equipe do centro cirúrgico. Para os cirurgiões, operar em um espaço menor e mais restrito no corpo não era uma mudança tão grande quanto se poderia imaginar. O campo de visão foi reduzido, porém, a delicada sutura na cirurgia cardíaca permaneceu relativamente inalterada. No entanto, para o restante da equipe, esse novo procedimento não foi fácil de aprender.

Dos dezesseis departamentos de cirurgia cardíaca que meus colegas e eu estudamos, apenas sete aderiram à nova tecnologia. Os outros nove a testaram em algumas poucas cirurgias, mas depois a abandonaram. A diferença mais importante nos grupos que obtiveram sucesso foi a liderança do cirurgião — não a habilidade, o nível de experiência ou tempo de serviço. Quando iniciamos o estudo, achávamos que os centros médicos renomados das universidades tinham maior probabilidade de sucesso do que os hospitais comunitários menos conhecidos. Estávamos enganados.

O desafio que todas essas equipes enfrentaram foi mais interpessoal que técnico. A inovação desafiou a estrutura hierárquica tradicional das salas de cirurgia, onde o cirurgião em geral dava as ordens. Os cirurgiões que praticavam a nova técnica passaram a depender do restante da equipe do centro cirúrgico para coordenar aspectos do procedimento e manter fixo um clampe do balão dentro da artéria do paciente como forma de restringir o fluxo sanguíneo para o coração. A tendência de o balão se deslocar fazia com que a equipe tivesse que monitorar sua localização por meio de imagens de ultrassom para fazer ajustes.

No entanto, a menos que as pessoas se sentissem psicologicamente seguras a ponto de se manifestar, essas atividades eram difíceis de executar. Por exemplo, pedir ao cirurgião para fazer uma pausa enquanto o balão era reposicionado era inédito e difícil para a maioria dos enfermeiros. Os cirurgiões tinham que ouvir os outros membros da equipe com mais frequência, e com mais intensidade, do que nas cirurgias tradicionais, em que eram os que mais falavam.

Os inovadores bem-sucedidos em nosso estudo reconheceram que precisavam *liderar* de forma diferente. Tinham que garantir que todos no centro cirúrgico pudessem falar de forma aberta e imediata sobre o que era necessário para que o procedimento desse certo. Quando meus colegas e eu analisamos as equipes que persistiram em dominar a nova abordagem, descobrimos que todas praticaram algumas atividades especiais que refletem as principais práticas na ciência de falhar bem.

Em primeiro lugar, essas equipes eliminaram riscos desnecessários para os pacientes ao conduzir testes do novo procedimento com animais em laboratório, ao falar com abertura e proatividade sobre o que faziam e ao refletir enquanto trabalhavam juntos. Além disso, recorriam de imediato ao procedimento tradicional (a esternotomia mediana) se tivessem alguma preocupação durante a cirurgia.

Em segundo lugar, essas equipes expulsaram o medo da sala de cirurgia. Como? Os cirurgiões foram explícitos em relação à jornada de aprendizado que estava por vir. Eles enfatizaram o propósito da inovação — a melhoria da qualidade de vida e uma chance de ajudar os pacientes a ter uma recuperação mais rápida. Os cirurgiões informaram a todos da equipe que a contribuição de cada um era fundamental para que o novo procedimento funcionasse. Dessa forma, desenvolveram um espaço de segurança psicológica para que todos se manifestassem. Como nem todos os cirurgiões fizeram isso, não foi possível testar *prospectivamente* a relação entre segurança psicológica e inovação bem-sucedida. No início do estudo, eu não sabia quais locais teriam sucesso em inovar e quais não conseguiriam. Mais tarde, eu concluiria que as equipes que trabalharam para desenvolver a segurança psicológica superaram as que não o fizeram.

Em terceiro lugar, em suas conversas explícitas e reflexivas sobre como as coisas seguiam *durante* os procedimentos, as equipes bem-sucedidas certificavam-se de que não havia confusão em relação ao que estava acontecendo. Nessa fase mais madura da cirurgia cardíaca, é provável que as falhas encontradas tenham sido mais no sentido de trocar rápido do procedimento minimamente invasivo para o tradicional. Ou apenas a desistência completa da nova tecnologia — um fracasso, mas não com risco de vida. Embora nove das dezesseis equipes que estudamos não tenham conseguido inovar, nossos dados mostram que nenhum paciente morreu nas muitas centenas de cirurgias minimamente invasivas registradas. Ao evitar danos que pudessem ser prevenidos, cada equipe que estudamos praticava de maneira cuidadosa a ciência de falhar bem.

Praticando a ciência de falhar bem

Em geral, as falhas nunca serão divertidas, mas com a prática do uso de novas ferramentas e insights elas podem se tornar menos dolorosas e será mais fácil aprender com elas. Nossa aversão instintiva à falha, a confusão sobre suas diferentes formas e o medo da rejeição nos mantêm paralisados. A saída começa com a reformulação da falha — assim como fizeram tantos medalhistas olímpicos de bronze — e com a definição de expectativas realistas. Desde os pequenos contratempos que enfrentamos no nosso cotidiano às mortes trágicas que ocorreram nos primeiros dias da cirurgia de peito aberto, falhas são uma parte inevitável do progresso. Isso vale tanto para nossa vida pessoal quanto para as instituições vitais que moldam a sociedade. É por isso que é tão importante — e, em última análise, tão gratificante — dominar a ciência da falha. Cada um dos capítulos a seguir traz ideias e práticas fundamentais para ajudá-lo a fazer exatamente isso.

CAPÍTULO 2

Eureca!

Eu não falhei. Apenas encontrei
dez mil maneiras que não funcionam.

— Atribuído a Thomas A. Edison

Embora a maioria de nós estejamos familiarizados com o conceito de DNA — os ácidos nucleicos que determinam muito do que somos —, poucos tentaram manipular esses minúsculos compostos químicos naturais para aprimorar sua aplicação em terapias que salvam vidas ou nanotecnologias revolucionárias. É nisso que a dra. Jennifer Heemstra trabalha, junto a outros integrantes de seu bem-sucedido laboratório de pesquisa na Universidade Emory.

Na fronteira de qualquer campo científico, estabelecer uma hipótese ponderada porém não fundamentada por dados é o jeito certo de errar. Os cientistas, junto de inventores como James West, que veremos mais adiante neste capítulo, não ficam muito tempo em seus campos de estudo se não tolerarem as falhas. Eles intuem o valor que a falha inteligente traz. Seria uma mentira afirmar que essas falhas não são decepcionantes, porque são, sim. No entanto, assim como os medalhistas olímpicos de bronze, cientistas e inventores aprendem maneiras saudáveis de aceitar as falhas.

E a dra. Heemstra é uma cientista que não apenas pratica esse pensamento saudável como também o propaga, tanto para os alunos de seu laboratório quanto em posts, artigos e vídeos.

No verão de 2021, eu me reuni certo dia com ela pelo Zoom. Os cientistas estão entre os praticantes mais resilientes e atenciosos da falha inteligente, e eu queria aprender mais com Jen sobre o desenrolar desse tipo de falha. Quando perguntei se tinha uma história predileta a respeito de alguma falha, ela levantou as mãos com rapidez, as palmas abertas voltadas para mim. "A falha faz parte da ciência e não é um julgamento", diz ela. Seu sorriso caloroso e receptivo ameaçou explodir dos confins da tela pequena. Ela gosta de dizer a seus alunos de laboratório: "Vamos falhar o dia todo." Segundo ela, chefes de laboratórios científicos precisam normalizar as falhas. Com uma estimativa de que os experimentos falham 95% das vezes, Jen acrescenta: "Nove em cada dez vezes as pessoas se estapeiam sem necessidade."

É muito sofrimento.

A menos que, como Jen, você aprecie a diferença entre falhas culpáveis e louváveis. Falhas inteligentes são louváveis porque são tijolos necessários para a descoberta.

A dra. Heemstra chegou a essa avaliação de forma honesta. Ela diz que se tornou cientista porque seu professor de ciências do oitavo ano lhe disse que não era boa em ciências. Jen cresceu em Orange County, na Califórnia, e, quando os amigos a convidaram para participar de uma Olimpíada de Ciências na década de 1990, ela aceitou — não porque tinha esperança de ser bem-sucedida, e sim porque precisava dos créditos de uma atividade extracurricular. Lá, Jen descobriu que não apenas gostava como também se destacava em geologia. O instrutor acabou por garantir a inscrição dela nos cursos de ciências avançadas de nível universitário no ensino médio. Seu fracasso inicial como estudante de ciências a levou a desenvolver uma motivação intrínseca. Em vez de estudar para obter as notas (um motivador extrínseco, se alguma vez houve um), ela memorizava os nomes das pedras, as classificava e as colocava em caixas de ovos porque, segundo ela, era "o máximo". Após assistir ao lançamento do filme distópico de ficção científica *Gattaca: A experiência genética*, acabou influenciada a se formar em química.[50] A primeira mulher a ser professora titular no departamento de química em Emory demonstra ainda hoje um prazer intrínseco em trabalhar — e também torce por seus alunos.

Vestida naquela tarde com um blazer azul, ela poderia muito bem estar pronta para se dirigir a um auditório cheio de alunos após nossa reunião, ou, com a mesma facilidade, tirar o blazer e sair para dar uma corrida. Diversos bonecos de vários modelos que ela coleciona enfeitavam as prateleiras as suas costas. Jen apontou para um e disse que ele se chamava Steve, em homenagem a um aluno de Ph.D., Steve Knutson, que usou um reagente químico chamado "glioxal"*[51] para reagir com nucleotídeos em RNA de cadeia simples. Quando perguntei a relevância disso (o que demonstra minha relativa ignorância em química), Jen respondeu "Aha!" e explicou que o laboratório estava em êxtase por causa dos inúmeros caminhos de pesquisa e desenvolvimento que o glioxal possibilitaria. Além da solicitação de medicamentos terapêuticos de liberação gradual ou controlada,[52] o grupo de pesquisa inventou uma espécie de ferramenta científica para outros químicos que trabalham em biologia sintética ou pesquisa, de modo a controlar diferentes circuitos genéticos.

E quanto às falhas? Ao que parece, mesmo alguém tão confortável com as falhas quanto Jennifer Heemstra começa, é óbvio, a contar uma história de fracasso pelo fim — o resultado bem-sucedido —, o que só reforça o quanto é difícil conversar sobre falhas.

Jen parou para pensar. Com uma fala rápida, ela explicou que, ao tentar desenvolver um método para isolar certos RNAs, eles perceberam que isso não aconteceria quando o RNA fosse dobrado ou de cadeia dupla. Portanto, o primeiro problema foi esmiuçar o RNA, um passo necessário para fazer com que uma proteína se ligasse. Steve começou a realizar experimentos. A adição de um novo reagente (um ingrediente usado para causar uma reação química) que já estava no laboratório funcionaria?

Não funcionou.

O sal ajuda o RNA a dobrar. E se ele experimentasse privar o RNA de sal? Também não funcionou. Steve ficou decepcionado, mas não desesperado, como ele poderia ter ficado se Jen não tivesse se esforçado tanto para criar no laboratório um ambiente onde o foco está na aprendizagem e na descoberta.

Como ela explicou: "Indivíduos com alto desempenho não estão acostumados a cometer erros. É importante aprender a rir de si mesmo, ou erraremos por termos muito receio de tentar."

A paixão que ela nutre pelo papel central que a falha desempenha na pesquisa científica[53] levou Heemstra a escrever sobre como os alunos, e em especial as

---

*Glioxal é um composto orgânico muito usado para ligar outros elementos/compostos químicos em experimentos científicos.

mulheres, podem ser desencorajados com facilidade a seguir carreira na ciência, afirmando em uma postagem no antigo Twitter: "As únicas pessoas que nunca cometem erros e nunca experimentam o fracasso são aquelas que nunca tentam." Mas, na verdade, as falhas de Steve não foram deslizes.

Deslizes são desvios de práticas conhecidas e acontecem quando o conhecimento sobre como alcançar determinado resultado já existe, mas não é usado, como na época em que Jen era aluna de graduação e coletava dados estranhos simplesmente porque estava usando a pipeta de forma incorreta. O uso adequado da pipeta logo gerou dados que faziam sentido. Ela também riu dessa história, e explicou que tenta criar uma cultura de laboratório onde as pessoas possam "rir e normalizar deslizes bobos".

O fato de a proteína não ter se ligado ao DNA de cadeia dupla, embora isso tenha ocorrido no RNA de cadeia simples, não foi, no entanto, um "deslize bobo". Foi o resultado indesejado de um experimento guiado por hipóteses. Uma falha, sim, mas uma falha inteligente — e uma parte inevitável do fascinante trabalho da ciência. O mais importante é que essa falha auxiliaria o experimento seguinte.

Evidentemente, havia mais a aprender sobre como desdobrar o RNA. Steve voltou à literatura e encontrou um artigo escrito por bioquímicos japoneses na década de 1960, publicado em uma revista científica alemã, que detalhava o uso de glioxal em outras aplicações não relacionadas. Ele começou a se perguntar sobre o uso de glioxal e montou um experimento com o composto.

Eureca! Com alguns ajustes, o glioxal permitiu que ele aprisionasse e reaprisionasse os ácidos nucleicos e restaurasse a função total. Embora não fosse um anúncio digno de aparecer em letras garrafais em um outdoor da Times Square, para os cientistas Jen e Steve era motivo de comemoração e, melhor ainda, levaria a novas perguntas de pesquisa. A trajetória deles mostra como o sucesso em um novo território depende da disposição de sustentar o jeito certo de errar — o jeito inteligente.

Quando a falha é inteligente

O que faz uma falha ser inteligente? Aqui estão quatro atributos principais: ocorre em um novo território; o contexto apresenta uma oportunidade crível para avançar em direção a um objetivo desejado (seja uma descoberta científica, seja uma nova amizade); é informado pelo conhecimento disponível (pode-se dizer "guiado por hipóteses"); e, por fim, a dimensão da falha é pequena a ponto de ainda fornecer insights valiosos. Cabe decidir a dimensão, e o contexto importa. O que uma grande empresa pode se dar ao luxo de arriscar em um projeto-piloto pode ser maior do que o que você pode se dar ao luxo de arriscar em um novo empreendimento na vida pessoal. O objetivo é usar o tempo e os recursos com sabedoria. Um atributo adicional é que as lições aprendidas com as falhas são usadas para orientar os próximos passos.

Com esses critérios em mente, qualquer pessoa pode vivenciar algo e se sentir bem com os resultados, mesmo quando ficar aquém de um sucesso esperado. A falha é inteligente porque resulta de um experimento bem planejado, e não de um procedimento aleatório ou descuidado. E, por fim, se não refletirmos sobre o que aconteceu a fim de aprender o máximo possível com isso, os recursos utilizados na falha são perdidos, e as lições, desperdiçadas.

Thomas Edison é considerado um dos maiores inventores da história. Com 1.093 patentes e um impacto enorme no mundo moderno provocado por suas invenções tangíveis (luz elétrica, gravação de som, comunicação de massa, filmes, para citar alguns exemplos), Edison também criou o primeiro laboratório de pesquisa, em Menlo Park, Nova Jersey. A lâmpada incandescente foi inventada lá, e o laboratório é o modelo para os departamentos de P&D das empresas de hoje — um ambiente e um processo para que desenvolvedores, cientistas, engenheiros e outros colaborem em novas invenções. Muito já se escreveu sobre Edison,[54] mas o que eu mais admiro é como ele celebrou a necessidade de falhar ao longo do percurso, se o objetivo é progredir em qualquer campo.

Minha história predileta de Edison, que tem várias versões, retrata um ex-assistente de laboratório expressando empatia e consternação quanto ao período aparentemente interminável de falhas de um inventor que buscava obter resultados enquanto desenvolvia um novo tipo de bateria de armazenamento. A famosa réplica de Edison — ou uma versão dela — foi usada para abrir este capítulo. Segundo um relato, Edison, com um sorriso no rosto, virou-se para seu ex-assistente e explicou que, não, na verdade, ele tinha milhares de "resultados"[55] — e cada um era uma descoberta valiosa em relação ao que não funcionaria. É indiscutível que Edison operava em um novo território e buscava oportunidades. Pode-se inferir que seus experimentos eram embasados e dimensionados de forma adequada. O fato de ele nunca ter desistido, o que fez suas falhas inteligentes acabarem por levá-lo ao sucesso, é em si inspirador para todos nós.

Não é necessário manter esses quatro critérios como um teste decisivo e rígido. Pense neles como um guia útil para distinguir falhas inteligentes de outros tipos. Evidentemente, não se trata de distinções nítidas entre sim e não, mas de uma decisão individual. Por exemplo, depende de você, não de mim ou de qualquer outra pessoa, buscar uma oportunidade que vale a pena caso ela se apresente. O que espero é que você possa usar a estrutura para pensar sobre quando e por que uma falha leva a descobertas — e, portanto, traz valor — na vida pessoal ou na profissional. Analisemos algumas falhas inteligentes (e quem é o responsável por essas falhas) — em uma variedade de configurações — para ter uma ideia melhor de cada critério.

Novo território

Desde cedo, Jocelyn Bell Burnell[56] se viu em lugares onde ninguém jamais estivera literal e figurativamente.

Na Irlanda do Norte da década de 1940, era incomum que uma menina expressasse o desejo de enveredar no campo da ciência em vez de se preparar para um futuro apenas como esposa e mãe. No entanto, a jovem Jocelyn Bell ficou consternada na escola quando os meninos foram enviados ao laboratório para aprender sobre substâncias químicas e experimentos, enquanto as meninas foram enviadas à cozinha para aprender ciências domésticas. Ela foi para casa e reclamou com o pai e a mãe, que, felizmente, levaram a sério o interesse da filha pela ciência e convenceram a escola a mudar sua política. Jocelyn, então, se tornou uma das três meninas autorizadas a frequentar as aulas de ciências. Ela se apaixonou pela astronomia ao ler um dos livros do pai (arquiteto, ele ajudou a projetar o Planetário Armagh, na Irlanda). Na faculdade, ela era a única mulher da classe; a sala de aula era nova e, infelizmente, um território instável — outros alunos costumavam cumprimentá-la com assobios e vaias. Talvez suas experiências como uma estranha no ninho, uma pioneira na ciência, tenham preparado Jocelyn para notar o que ninguém mais tinha visto.

Em 1967, era aluna de pós-graduação em astronomia na Universidade de Cambridge, e ela entrou em um projeto de pesquisa para ajudar a construir e depois operar um enorme radiotelescópio e analisar os dados coletados — cerca de 30 metros por dia de linhas para cima e para baixo em papel milimetrado. Antony Hewish, o professor responsável pelo projeto, estava à procura de quasares, aqueles centros luminosos de galáxias que geram enormes quantidades de ondas de rádio. Certo dia, enquanto olhava para os gráficos de dados, Jocelyn Bell observou um sinal que não conseguia explicar. Nas palavras dela: "Eu não deveria estar vendo algo assim. Eu queria entender o que era aquilo."[57]

Ela levou o problema ao professor, que, a princípio, ignorou suas preocupações. Ele sustentava que as linhas anormais eram fruto de "interferência" ou que talvez ela tivesse montado o telescópio do jeito errado. Mas Jocelyn Bell acreditava ter visto algo digno de uma investigação contínua. Por isso, foi mais a fundo na pesquisa para tentar desvendar o quebra-cabeça, ampliando a parte do gráfico em questão para examinar os sinais de rádio com mais afinco. Quando ela apresentou os dados visuais ampliados para Hewish, ele também reconheceu que os sinais indicavam algo novo. Como Jocelyn Bell explicou mais tarde: "Isso deu início a um projeto de pesquisa totalmente novo.[58] (...) O que é isso? Como estamos recebendo esse sinal curioso?"

A curiosidade de Jocelyn Bell em um território novo e incerto — e o trabalho que impulsionou seus experimentos com Hewish no Mullard Radio Astronomy Observatory — acabou por levar à descoberta dos primeiros pulsares, que foi laureada com o Prêmio Nobel.[59] O Nobel, aliás, não incluiu Jocelyn Bell entre seus ganhadores.

A vida e o trabalho nos colocam em novos territórios o tempo todo. O novo pode se traduzir como uma novidade para todo um campo profissional, ou simplesmente para você, como em um esporte, uma mudança de carreira ou um primeiro encontro. Se você joga golfe, é quase certo que o primeiro encontro entre o taco e a bola será considerado um fracasso. De modo mais significativo, a maioria dos grandes acontecimentos da vida, como sair da casa dos pais ou se mudar, leva-nos a um novo patamar. Isso vale para acontecimentos felizes da vida, como se casar, e para os tristes, como perder um familiar.

Inventores ou cientistas como Edison, Heemstra e Jocelyn Bell navegam por territórios novos para todos. O desafio do novo território é que, seja qual for o domínio, não há como procurar a resposta on-line e usá-la para evitar as falhas.

Se estiver interessado em criar um pensamento original, é necessário se afastar do já conhecido. Os cientistas com certeza estudam o trabalho de seus antecessores e colegas para garantir que uma pergunta já não tenha sido respondida, mas isso não evita que uma falha surja em novas áreas. Ao começar em um novo emprego, é possível obter informações de amigos, de gerentes de recrutamento ou de avaliações on-line a respeito dos empregadores, mas quando você inicia no novo trabalho, de fato, conhece novos colegas, participa de reuniões nas quais o dia a dia é discutido e pode descobrir aspectos da situação que não esperava. Se o emprego não der certo, não necessariamente será porque você não fez a sua parte. A pessoa que o contratou e com quem você esperava trabalhar pode ser transferida de forma inesperada para outro setor, e o novo chefe pode ter expectativas distintas. Para que uma falha se qualifique como inteligente, nenhuma receita, projeto ou guia de instruções pode ter existido para resolver o problema ou mapear com precisão e antecedência o novo terreno.

Uma característica crucial do novo território é a incerteza — seja você pai ou mãe pela primeira vez, seja um novato no primeiro emprego. Isso faz parte do risco que se assume ao tentar algo novo. Não é possível prever com precisão o que vai acontecer.

Mary e Bill cresceram juntos em Nova York, nas décadas de 1930 e 1940, em um bairro cuja comunidade era muito unida. As crianças jogavam bola na rua (sem supervisão e hora marcada) e os pais conversavam casualmente nos quintais. No verão de 1953, quando Mary e Bill estavam de volta a Nova York depois de se formarem na faculdade, parecia natural que Bill arranjasse um encontro para Mary com um amigo de quem ele estava confiante que ela iria gostar — o irmão de sua namorada. Mas Mary, que mais tarde se tornaria minha mãe, estava cética — não apenas em relação a um encontro com uma pessoa que não conheceu de antemão como também aos critérios de Bill.

Mais ou menos um ano antes, ela teve uma experiência ruim com um homem de quem Bill achou que ela iria gostar. Como era comum na década de 1950, quando havia universidades para pessoas do mesmo sexo, minha mãe se uniu a outras jovens do Vassar College em uma viagem de ônibus para curtir um fim de semana repleto de eventos, jantares, danças e festividades com os jovens de Princeton. O encontro dela para o fim de semana? Um dos amigos de Bill. O amigo bebia demais, falava apenas de si e era muito "pra frente", como disse minha mãe mais tarde. Na opinião dela, o fim de semana foi uma perda de tempo. Um fracasso. Até mesmo ficar no campus de Vassar para estudar teria sido mais divertido. Bill já estivera enganado antes, e minha mãe tinha pouca confiança de que essa nova escolha seria alguém de quem ela gostaria. Temia que seguir o conselho dele a levasse a outro encontro fracassado. Mas também não queria ser muito apressada e logo rechaçar o gosto do amigo. Não tinha como saber com certeza.

Oportunidade significativa

Uma falha inteligente ocorre como parte do que você acredita ser uma oportunidade de avançar rumo a um objetivo valioso. Jen Heemstra e Steve Knutson buscavam uma descoberta científica que esperavam resultar em um artigo importante em um dos principais periódicos — eles quase conseguiam visualizar o título do artigo no currículo. Portanto, era muito decepcionante que estivessem errados (a princípio). Jocelyn Bell viu — e depois teve que convencer seu professor — uma oportunidade de identificar algo novo sobre o sistema solar, mesmo que ela não tivesse certeza do que poderia ser. Minha mãe queria conhecer alguém com quem ficaria para sempre. Encontrar um parceiro para a vida, abrir um novo negócio ou fazer uma descoberta científica pode ser uma oportunidade significativa. Mas não precisa ser grandiosa. Tentar uma nova receita que parece deliciosa se qualifica como uma falha inteligente quando acaba tendo um gosto horrível.

Experimentar a falha inteligente é um aprendizado que começa cedo. Uma criança que dá os primeiros passos está no caminho certo de fazer exatamente isso. Mas, no ensino fundamental, muitas pessoas começam a acreditar que obter as respostas certas é a única atividade valorizada. É por isso que currículos criteriosos em ciência, tecnologia, engenharia e matemática que criam oportunidades para os alunos praticarem a falha inteligente enquanto dominam o assunto são tão valiosos. O Brighton College, uma escola mista independente em Brighton, Inglaterra, levou isso a sério. A filosofia de lá, conforme descrita por Sam Harvey, diretor do currículo de design e tecnologia, diz que "a criatividade dos alunos não é limitada, nós os incentivamos a criar, experimentar e testar suas ideias".[60] Em outras palavras, a praticar a falha inteligente.

Foi assim que cinco adolescentes britânicos do Brighton College viram uma oportunidade não apenas de avançar no trabalho escolar, como também de resolver um problema real: a lesão não intencional nas mãos ao cortar um abacate.[61] Depois que um de seus colegas cortou a mão por acidente com uma faca enquanto abria um abacate, os cinco adolescentes de 13 e 14 anos, encorajados pela professora Sarah Awbery, criaram um protótipo de utensílio de corte para abrir o abacate com segurança e remover o caroço. O Avogo, como os adolescentes nomearam sua invenção, era uma entre mais de duas mil inscrições em um concurso, e ganhou o prêmio Design Ventura do London Design Museum em 2017 na categoria de Escolas Independentes. Mais tarde, os alunos arrecadaram dinheiro para fabricar o Avogo[62] através do site de financiamento coletivo Kickstarter. Novo território. Oportunidade significativa.

O Brighton College é só um exemplo de como ensinar aos jovens os hábitos e o mindset da falha inteligente. Exposições práticas em museus infantis que, por exemplo, dão às crianças a oportunidade de colocar uma bola em uma rampa e formular hipóteses sobre qual das várias direções ela pode tomar e onde pode cair oferecem a prática inicial do jeito certo de errar. A brincadeira faz parte do espírito da falha inteligente. Nem sempre tem que ser ruim.

Faça seu dever de casa

Falhas inteligentes começam com a preparação. Nenhum cientista quer perder tempo ou material em experimentos que foram conduzidos antes e que falharam. Faça seu dever de casa. A falha inteligente clássica é guiada por hipóteses. Se você dedicou um tempo a pensar no que pode acontecer, tem motivos para acreditar que pode estar certo sobre o que acontecerá. Thomas "Tom" Eisenmann, meu colega de Harvard, um especialista em empreendedorismo, acha que muitas startups falham porque faltou fazer o dever de casa inicial. Por exemplo, a Triangulate, uma startup de site de relacionamento, correu para lançar ofertas totalmente funcionais que não atendiam a nenhuma necessidade do mercado. Ansiosos para lançar logo a plataforma, os fundadores pularam a etapa da pesquisa — entrevistas com clientes para sondar as necessidades não atendidas. Por dar pouca importância a essa preparação fundamental, a empresa pagou caro.[63] Tom atribui essa falha comum, em parte, ao "mantra 'falhe rápido'",[64] que dá muita ênfase à ação, o que prejudica a preparação. Além disso, embora possa parecer óbvio, depois de fazer o dever de casa, você deve prestar atenção ao que ele revela.

Veja a história da Crystal Pepsi, um refrigerante lançado às pressas em 1992 em resposta a uma tendência do mercado que favorece bebidas translúcidas e descafeinadas. Por que não oferecer uma bebida que fosse as duas coisas, e em uma garrafa transparente para destacar seu apelo? Logo no início, os cientistas da Pepsi identificaram um enorme problema sem solução em relação à proposta do novo produto: bebidas transparentes em garrafas transparentes se deterioram com facilidade e logo adquirem um sabor terrível. Os primeiros relatórios dos engarrafadores confirmaram que isso era um problema. Na pressa de colocar o item nas prateleiras, os executivos de marketing ignoraram esses indicadores. Não surpreende se você nunca tiver ouvido falar desse refrigerante. Crystal Pepsi ficou conhecida na história do desenvolvimento de produtos[65] como um dos maiores fracassos de produtos inéditos de todos os tempos.

Jocelyn Bell só pôde notar que algo estava errado com os dados que coletou por causa de sua qualificação prévia em física e radioastronomia. Alguém que não tivesse esse conhecimento só teria visto linhas irregulares. Mas Bell conseguiu afirmar com confiança: "Eu não deveria estar vendo algo assim.[66] Queria entender o que era aquilo." Essas duas frases revelam seu alto nível de preparação. Se ela não tivesse feito o dever de casa, não teria os recursos necessários para perceber o inesperado. Somente com um modelo mental embasado sobre o que *deve* acontecer é possível observar e saber o que é uma anomalia.

Os cinco adolescentes britânicos — Pietro Pignatti Morano Campori, Matias Paz Linares, Shiven Patel, Seth Rickard e Felix Winstanley — se muniram de conhecimento ao analisar os cortadores de abacate anteriores. Segundo eles, "nós estabelecemos a rotina diária do que pensávamos que um entusiasta do design poderia enfrentar (...) Exploramos uma variedade de produtos que já existem[67] para ajudar no preparo de frutas e legumes. Muitos deles eram grandes e complicados, e queríamos criar um design elegante e cheio de estilo. Experimentamos diferentes designs de ganchos e depois estávamos prontos para testar de verdade o nosso design". O aluno de Jen, Steve Knutson, recorreu à literatura científica para adquirir o máximo de conhecimento possível sobre o problema que tentava resolver *antes* de investir tempo e compostos químicos em um novo experimento — mesmo que isso significasse ir atrás de um artigo obscuro da década de 1960.

Como Jocelyn Bell exemplificou, o desejo de entender *por que* o inesperado aconteceu, ou de antecipar o que vai acontecer em um novo experimento, é igualmente importante. Os jardineiros, por exemplo, querem entender por que a mesma muda pode crescer melhor em um local do que em outro. Será o solo? O período de incidência do sol? O horário de irrigação? Ou algo totalmente diferente? Os professores se perguntam por que alguns alunos acham mais difícil aprender. Podemos ter curiosidade a respeito de quais desafios, oportunidades e experiências nos aguardam quando começamos em um novo emprego ou nos mudamos. Nós, seres humanos, somos curiosos por natureza, mas, com o tempo, corremos o risco de perder nossa motivação para compreender coisas novas. E é difícil aprender se você já sabe.

É por isso que pessoas de fora de qualquer sistema existente (uma família, uma empresa, um país) trazem uma nova perspectiva tão valiosa. Eles sabem que não sabem! O engenheiro e inventor Bishnu Atal se lembra de como era frustrante falar com a família na Índia quando chegou aos Estados Unidos em 1961 para trabalhar na Bell Labs. Ele se perguntava por que a recepção de áudio do telefone era tão ruim. Era difícil compreender até conversas simples. E por que as chamadas internacionais eram tão caras? Essas perguntas mantiveram Atal e seus colegas da Bell Labs ocupados pelos vinte anos seguintes. A curiosidade de Atal acabou por levar ao desenvolvimento[68] da "codificação preditiva linear", hoje o método utilizado em mais larga escala no processamento da fala. A tecnologia desenvolvida pelo grupo permite que se realizem chamadas baratas e sem ruídos para pessoas em quase qualquer lugar do mundo.

Simplifique

Após alguma persistência do amigo Bill, Mary acabou concordando com o encontro arranjado. Mas, dessa vez, minha mãe, pragmática, intuiu como mitigar o risco. O acordo era não passar um fim de semana inteiro com o amigo de um amigo. Nem precisava ser uma noite inteira. Ela concordou em se encontrar com ele para tomar um drinque. No máximo, perderia algumas horas e arriscaria ter uma experiência chata ou insatisfatória. Ela estava disposta a tentar, já que o investimento de tempo e energia era mínimo.

Mary e o amigo de Bill, Bob, se deram bem logo de cara. Acabaram se casando — e o homem inteligente, sério e gentil que ela conheceu naquela noite se tornaria o meu pai. Mais do que isso, um raio, ou o Cupido, caiu duas vezes no mesmo lugar. Meu tio Bill se casou com a mulher com quem estava namorando, a irmã do meu pai, que mais tarde seria minha amada tia Joan.

Como as falhas consomem tempo e recursos, é inteligente usar os dois de forma criteriosa. Falhas também podem ameaçar reputações. Uma forma de mitigar o custo reputacional da falha é experimentá-la a portas fechadas. Se já experimentou um novo e ousado estilo de roupa para ver se combina com você, é provável que tenha feito isso em um provador de uma loja. Da mesma forma, a maioria dos departamentos de inovação e laboratórios científicos é privativa, e cientistas e designers de produtos tentam todos os tipos de estrepolia sem plateia.

Assim que fica evidente que os projetos não estão funcionando, encerrá-los é outro recurso que os inovadores usam para limitar a dimensão e o custo da falha. Para as equipes de projeto, é tentador insistir na missão impossível. Tentador, mas um desperdício. Na maioria dos projetos de inovação, pessoas inteligentes e motivadas poderiam ser mais bem empregadas no empreendimento arriscado seguinte. Não é fácil reconhecer, em tempo real, quando se está depositando um bom dinheiro em algo que não vale a pena — e é por isso que acredito que analisar o progresso deve ser um "trabalho em equipe". É preciso estar disposto a solicitar informações de pessoas que têm diferentes perspectivas sobre o projeto. Para superar a falácia dos "custos irrecuperáveis", isso ajuda a mudar o incentivo padrão (para continuar), de modo que as pessoas possam se sentir bem em dizer que é hora de parar. Astro Teller, chefe da empresa de inovação radical chamada X, na Alphabet (empresa-mãe do Google), dá bônus de falha aos funcionários[69] que admitem que um projeto não está funcionando. Ele entende que não se trata mais de uma falha inteligente quando há indícios fortes de que um projeto está fadado ao fracasso.

Quando W. Leigh Thompson, então diretor científico da empresa farmacêutica Eli Lilly, lançou as "festas das falhas"[70] na década de 1990, seu objetivo era honrar os riscos ponderados tão necessários para o avanço da ciência. No entanto, também é importante que ele tenha entendido que esses rituais ajudavam os cientistas a reconhecerem as falhas em tempo hábil, o que liberava recursos para o que viria em seguida. Ele estava tentando minimizar a quantidade de falhas! Eu acrescentaria a isso que uma "festa" fez com que outras pessoas no departamento aprendessem sobre falhas, para evitar repeti-las — outra prática recomendada para manter o custo com falhas o mais baixo possível. Espero que já esteja nítido que uma falha inteligente não é mais inteligente se ocorrer uma segunda vez.

Outra prática recomendada para minimizar a falha ao máximo é desenvolver projetos-piloto inteligentes para testar novas ideias antes do lançamento em grande escala de uma inovação. E eles fazem sentido: realizar pequenos testes com algo novo para evitar falhas grandes, caras e visíveis. Mas muitas vezes essa boa ideia dá errado na prática: um projeto-piloto a princípio bem-sucedido vem seguido de um grande fracasso no lançamento da inovação para todos os clientes. Isso acontece quando os líderes da empresa não reconhecem como seus incentivos favorecem o sucesso irrestrito, o que inibe a falha inteligente. As pessoas são naturalmente motivadas a ter seus projetos bem-sucedidos, incluindo os projetos-piloto, e incentivos formais e informais reforçam esse desejo. Como resultado, os responsáveis por um projeto fazem tudo que está ao alcance para encantar o pequeno grupo de clientes participantes, mesmo que isso exija recursos ou funcionários extras para deixar tudo em ordem. Infelizmente, o lançamento em grande escala do novo produto ou serviço, ao não operar mais no contexto idealizado do projeto-piloto, não tem um bom desempenho. Estudei sobre uma empresa de telecomunicações que teve um caso de fiasco vergonhoso e caro[71] depois de lançar um projeto perfeito de uma nova tecnologia. O projeto-piloto da empresa fracassou ao ter sucesso (em vez de ter sucesso ao fracassar)! Ao não fazer o trabalho de descobrir as vulnerabilidades que precisavam ser corrigidas antes de um lançamento em grande escala, o projeto-piloto falhou com a empresa e seus clientes.

A solução é criar incentivos que motivem os projetos-piloto a não terem sucesso, e sim a falhar bem. Um projeto-piloto eficaz errou do jeito certo muitas vezes e está repleto desses erros — inúmeras falhas inteligentes, cada uma gerando informações valiosas. Para desenvolver um projeto-piloto inteligente em sua organização, deve-se responder que sim às seguintes perguntas:

1. O projeto-piloto está sendo testado em circunstâncias típicas (ou, melhor ainda, desafiadoras) (em vez de ideais)?
2. O objetivo do projeto-piloto é aprender o máximo possível (não para demonstrar aos executivos seniores o valor da inovação)?
3. Está evidente que as avaliações de remuneração e desempenho não se baseiam em um resultado bem-sucedido para o projeto-piloto?
4. Foram feitas alterações explícitas após o resultado do projeto-piloto?

Vamos revisar. Para ser inteligente, uma falha deve ocorrer em um novo território, em busca de um objetivo valioso, com preparação adequada e mitigando os riscos (e investir o mínimo necessário para aprender). Atendidos esses critérios, resumidos na Tabela 2.1, quando você tenta algo e não funciona, é uma falha inteligente. Agora é hora de aprender o máximo que puder com isso.

TABELA 2.1: **Como saber se uma falha é inteligente**

Atributo	Perguntas de diagnóstico
Ocorre em um novo território	As pessoas já sabem como alcançar o resultado que busco? É possível encontrar uma solução de outra maneira, para evitar que haja falhas?
Guiado por oportunidades	Existe uma oportunidade significativa que valha a pena buscar? Que objetivo espero alcançar? Vale a pena correr o risco de falhar?
Informado por conhecimento prévio	Fiz meu dever de casa? Antes de experimentar, tenho o conhecimento relevante disponível? Formulei uma hipótese bem pensada sobre o que poderia acontecer?
O menor risco possível	Eu mitiguei os riscos de agir em um novo território ao desenvolver um experimento que é o menor possível, mas ainda é informativo? A ação planejada tem a "dimensão certa"?
Bônus: você aprendeu com isso!	Aprendi as lições com as falhas e descobri como usá-las daqui para a frente? Compartilhei em larga escala esse conhecimento para evitar que a mesma falha ocorresse de novo?

Aprenda o máximo que puder

Mais de cinquenta anos depois do encontro arranjado dos meus pais, as pessoas passaram a usar a internet para conseguir o que são essencialmente encontros em que uma pessoa não conhece a outra. Foi assim que Amy Webb, que aos 30 anos já estava no caminho de uma carreira de sucesso que ela chamou de "futurista quantitativa"[72] — bem-sucedida a ponto de a revista *Forbes* listá-la como uma das cinquenta "Mulheres que estão Mudando o Mundo" —, se viu entrando de modo um tanto arrogante em um site de relacionamentos e criando um perfil para encontrar um parceiro.[73] Ela se descreveu no site como uma "jornalista, palestrante e pensadora premiada" que passou "doze anos trabalhando com mídia digital e agora aconselha várias startups, varejistas, agências governamentais e organizações de mídia (...) em todo o mundo". Quando perguntada sobre o que gostava de fazer para se divertir, ela listou JavaScript e monetização.

Um de seus poucos encontros foi um jantar com um profissional de TI. No restaurante, ele pediu vários itens listados e não listados no cardápio: aperitivos, entradas e diversas garrafas de vinho. Durante todo o encontro, não parava de chegar pratos à mesa. A conversa era chata. Quando a conta chegou, ele se levantou, disse que ia ao banheiro e nunca mais voltou! Webb pagou uma conta equivalente a um mês do seu aluguel na época.

É óbvio que foi um fracasso. E ela estava determinada a aprender com ele. Naquela noite, Amy reformulou o fracasso como algorítmico. O algoritmo para encontros que a plataforma usou ao dar *match* havia falhado com ela. Ou ela falhara. Mas como, exatamente, o algoritmo funcionava? Amy elaborou um experimento extenso para descobrir o que dera errado.

O objetivo era coletar dados. Seu método foi criar dez perfis masculinos fictícios on-line que contivessem as principais qualidades do homem com quem ela queria se casar: inteligente, bonito, engraçado, dedicado à família e disposto a viajar para locais distantes. Então ela esperou para ver que tipo de mulher esses homens desejáveis atrairiam. Para não ser descoberta, ela se comunicava o mínimo possível com seus entrevistados. Ao inserir os dados coletados em planilhas do Excel, Amy também analisou os perfis das mulheres mais populares do site.

Com seus novos conhecimentos, ela realizou um segundo experimento, agora fazendo o contrário em seu novo perfil que, embora genuíno, era o que ela chamou de "otimizado" para o novo ecossistema de namoro virtual. Ao ter aprendido que era mais do que seu currículo, ela se descreveu como "divertida" e "aventureira". Esperava vinte e três horas até responder a qualquer mensagem. Webb postou novas fotos usando roupas que revelavam o seu corpo. O segundo perfil foi um sucesso estrondoso. Ela encontrou, conheceu, namorou e se casou com o homem que se tornou o amor de sua vida e o pai de sua filha. Amy afirma que o sucesso se deve à quebra do código algorítmico que o site usava. Mas ela não teria decifrado esse código se não estivesse disposta a aprender com o fracasso e perseverar.

Dedicar tempo a aprender com o que deu errado é muitas vezes o aspecto mais constrangedor da falha inteligente. Nem todos podemos ficar tão alegres quanto Thomas Edison. Não é só você que sofre uma decepção ou fica com vergonha, e é fácil querer afastar esses sentimentos. É por isso que é importante reformular e resistir à culpa e se esforçar para ser curioso. É natural ser vítima de uma análise egocêntrica que nos afasta da descoberta. "Eu tinha razão, mas alguém no laboratório deve ter alterado alguma coisa." Mas o verdadeiro desejo de aprender com a falha nos obriga a confrontar os fatos de forma mais completa e racional. Devem-se evitar também análises superficiais, do tipo "Não funcionou. Vamos tentar outra coisa", pois isso gera uma ação aleatória em vez de cautelosa. Por fim, evite a resposta simplista "Farei melhor da próxima vez", que contorna o aprendizado real. É necessário parar e pensar com cuidado sobre o que deu errado a fim de informar o ato seguinte. (Ou decidir abandonar a oportunidade, que é em si valiosa.) A Tabela 2.2 mostra algumas das maneiras pelas quais o ato de aprender com as falhas é minimizado em nossa vida e como fazer melhor.

Analisar os resultados com cuidado para determinar por que uma falha aconteceu é fundamental. Foi o fato de usar um composto químico errado? Então a falha é básica, não inteligente. A hipótese foi bem pensada, mas estava errada? Então é uma falha inteligente. Analise com cautela. Pergunte o que deu errado. E por quê. É *aprender* com a falha que leva, em última análise, à eureca. Aprender a falhar começa com a programação e a organização: reconhecer uma oportunidade em um novo território; fazer seu dever de casa e elaborar pequenos experimentos que economizem tempo e recursos. Não é função dos filósofos. Requer um viés para ação — ação iterativa.

TABELA 2.2: **Práticas para aprender com as falhas**

Evite	Não fale	Tente
Ignorar a análise	*Vou me esforçar mais da próxima vez.*	Pensar com cuidado sobre o que deu errado e quais fatores podem ter causado isso.
Análise superficial	*Não funcionou. Vou tentar outra coisa.*	Analisar o que as diferentes causas das falhas sugerem sobre o que se deve tentar em seguida.
Análise egocêntrica	*Eu estava certo, mas algo ou alguém estragou tudo.*	Investigar para entender – e aceitar – a própria contribuição (pequena ou grande) para a falha.

Um viés para ~~ação~~ iteração

Uma falha inteligente é um episódio com começo e fim. Uma *estratégia de falha inteligente*, praticada por inventores, cientistas e departamentos de inovação em todo o mundo, une várias falhas inteligentes para progredir rumo a metas valiosas. Quando experimentamos, esperamos que nossas hipóteses estejam corretas. Mas devemos *agir* para ter certeza. Você pode experimentar um novo penteado em vez de um composto químico para separar o RNA, mas nada substitui a ação. Na maioria dos casos, sua ação exigirá uma ação seguinte para acompanhar a anterior. Se você tivesse lido os primeiros rascunhos deste capítulo, teria deparado com uma situação caótica! A disposição de enfrentar as problemáticas e confiar na melhoria iterativa — com amplo acesso a uma lixeira (eletrônica ou física) — permite que um livro tome forma e seja impresso. Em qualquer empreendimento incerto, um viés de ação faz você começar, mas o progresso exigirá iteração.

Quando meus filhos eram mais novos, passávamos os fins de semana com neve nas encostas da montanha Wachusett, em Massachusetts. O aprendizado dos meus filhos para manobrar o esqui com cada vez mais habilidade e desenvoltura — sem mencionar a velocidade — fazia parte da diversão. Desde cedo, meu filho mais novo parecia intuir a necessidade de melhoria contínua. Certa vez, com cerca de 8 anos, enquanto ainda aprendia a esquiar, Nick me pediu para vê-lo descer a encosta. Com muito zelo, olhando para o alto da colina em uma tarde de início de inverno, fiquei lá embaixo e observei uma pequena figura vestindo uma parca vermelha que passava com cuidado aos solavancos e outros esquiadores que seguiam em velocidade. Quando ele me alcançou e perguntou "Como eu fui?", respondi como imagino que muitos pais e mães fariam, entusiasmada: "Você se saiu muito bem!" A reação dele me desarmou. Em vez do sorriso radiante que eu esperava, ele parecia intrigado. Vi a decepção nos olhos dele quando me perguntou: "Você pode me dizer o que fiz de errado para eu poder melhorar?" A psicóloga Carol Dweck chama isso de "mindset de crescimento"[74] e é raro, ainda mais quando as crianças crescem sendo elogiadas a cada passo que dão. Ao longo do tempo, a maioria delas internaliza a crença na inteligência fixa e na capacidade natural. Talvez porque Nick tivesse um irmão mais velho que parecia naturalmente capaz de fazer tantas coisas melhor, ele tinha um apetite incomum por feedback honesto. Ele saboreava o jeito certo de errar. Para ele, cada rodada era uma oportunidade de melhorar.

Se você está se perguntando se eu, no papel de mãe, fiz alguma coisa certa para moldar essa postura, só posso dizer que estava familiarizada com muita profundidade com a pesquisa de Carol e fiz o meu melhor para comentar sobre os processos ("Estou impressionada com a forma como você está usando as cores") em vez dos resultados ("Que pintura bonita!"). Mas não naquele momento específico na pista de esqui. Ao analisar agora, eu poderia ter dito: "Você estava controlando a velocidade e parecia estar se divertindo. Se dobrar os joelhos um pouco mais e mantiver o peito voltado para baixo, sua postura vai melhorar."

Aprender com a falha inteligente pode ser um processo lento, seja na vida, seja diante da tecnologia que molda nosso mundo. Às vezes, leva décadas e várias pessoas aproveitam as falhas umas das outras. Veja o semáforo, uma invenção que passou por uma jornada de sinal verde e vermelho[75] muito parecida com o tráfego que agora controla. Inventado pelo gerente ferroviário John Peake Knight e instalado em Londres em 1868, o sistema era alimentado por lâmpadas a gás e exigia que um policial ficasse ao lado dele e operasse os sinais. Um mês depois, um policial "ficou gravemente ferido quando um vazamento na tubulação de gás fez com que uma das luzes explodisse em seu rosto". Os semáforos foram declarados um perigo para a saúde pública, e o projeto parou. Quarenta anos depois, quando os automóveis chegaram às estradas, a necessidade de haver semáforos passou a ser mais premente. Tentaram-se várias iterações nos Estados Unidos ao longo das primeiras décadas do século XX, e o primeiro semáforo elétrico[76] — patenteado por James Hoge, cujo design incluía as palavras iluminadas *stop* (pare) e *move* (ande) — foi instalado em Cleveland, Ohio, em 1914. Mas coube ao inventor e empresário Garrett Morgan melhorar as iterações anteriores[77] com uma ideia em 1923, responsável por chegar a um conceito de semáforo mais próximo do que temos hoje.

Segundo relatos, Morgan testemunhou um acidente espetacular[78] em um cruzamento no centro de Cleveland, onde já se usava um semáforo. Ele observou que a falha eram as luzes que mudavam de "pare" para "ande" e vice-versa sem qualquer intervalo entre elas, não dando tempo de reação aos motoristas. A invenção de Morgan, que ele patenteou e cujos direitos vendeu para a General Electric, era um sinal automatizado com uma luz de aviso provisória — o precursor do sinal amarelo atual.

Outras vezes, o prazo para a experimentação é relativamente curto, ainda que haja alguns fracassos iterativos pelo caminho até o sucesso. Veja a história de Chris Stark, que queria encontrar um uso para as maçãs que caíam das árvores[79] e eram desperdiçadas todo outono na Nova Inglaterra. Talvez fazer tortas de maçã? Não seria uma solução viável porque o número de tortas que qualquer pessoa pode comer ou armazenar é limitado.

Molho de maçã? O mesmo problema.

Ele achou que a sidra de maçã era viável porque o líquido poderia ser armazenado com facilidade e usado para muitos fins.

E então era partir para a ação. Ele projetou um tambor com parafusos para perfurar as maçãs. Mas como girar o dispositivo? Primeiro, ele prendeu uma coroa de bicicleta. Não deu certo, porque exigia mais esforço do que as pessoas estavam dispostas a fazer. Em seguida, ele conectou o tambor a uma bicicleta velha e usou a força do pedal. Isso também não deu certo; a corrente voou, o que tornou a operação perigosa. Na tentativa número três, Stark prendeu uma bicicleta ergométrica a uma plataforma, tornando-a estacionária, o que era o charme na construção de seu "exersidrador".

É fundamental prestar atenção aos resultados com cuidado para determinar por que houve falhas. Foi uma simples questão de uma mistura química? Então a falha é básica, e não inteligente. Se você tinha uma hipótese que estava errada, lembre-se de não ficar muito decepcionado, e sim curioso. Por que estava errada? O que você não percebeu? Pratique para que você se preocupe mais com as novas informações que as falhas trouxeram do que com o fato de estar errado.

O consolo é saber que foi uma falha inteligente! Mas as lições das falhas inteligentes não se revelam sozinhas. Reserve um tempo para diagnosticar a falha com cuidado. Pergunte-se: o que eu esperava que acontecesse? E o que de fato aconteceu? O que pode explicar a diferença? Isso pode ser trabalhoso, mas sempre aponta para um caminho melhor, pois deixa evidente o que se deve tentar em seguida.

Mestres da falha inteligente

Quem pratica a falha inteligente particularmente bem? Os cientistas, como vimos. Os inventores, é óbvio. Além disso, chefs famosos e líderes de equipes de inovação de uma empresa, só para citar alguns exemplos. Apesar das diferenças superficiais, aqueles que dominam a prática das falhas têm muito em comum, e esses atributos podem ser copiados por qualquer um de nós.

Tudo começa com a curiosidade. Aqueles que dominam a prática de falhar parecem ser impulsionados pelo desejo de entender o mundo ao seu redor — não por meio da contemplação filosófica, e sim da interação com ele. Testam as coisas, experimentam. Eles estão dispostos a agir! Isso os torna vulneráveis às falhas ao longo do percurso — às quais parecem extraordinariamente tolerantes.

Motivado pela curiosidade

O pai de James West queria que ele fizesse faculdade de medicina. Um médico nunca ficaria sem emprego porque sempre há pessoas doentes necessitadas. No cargo de assistente de vagão e membro do sindicato de ferroviários chamado "Brotherhood of Sleeping Car",[81] Samuel West contou ao filho sobre as pessoas afro-americanas que tinham doutorado, mas que trabalhavam com ele porque não conseguiam encontrar nenhum emprego em suas respectivas áreas de conhecimento. A mãe de James, Matilda West, que deixou de ensinar matemática no ensino médio para trabalhar no Langley Research Center como um dos "computadores humanos" que usavam lápis, réguas de cálculo e máquinas de somar para calcular os números que lançariam foguetes e astronautas no espaço, foi demitida desse emprego por seu ativismo[82] na Associação Nacional para o Progresso de Pessoas de Cor (NAACP, na sigla em inglês). É evidente que uma carreira na ciência, mesmo na NASA, era arriscada para um afro-americano. Ganhar a vida como médico era o risco mais próximo possível de zero.

No entanto, apesar dos desejos e avisos do pai, James se formou em física na Universidade Temple. Talvez as duas coroações púrpura[83] que recebeu por seu serviço militar na Guerra da Coreia sinalizassem um gosto pelo risco, mas seu fascínio pela maneira como o mundo material funcionava era evidente desde cedo. Como tantos futuros engenheiros, quando criança, ele era um terror com a chave de fenda e costumava desmontar as coisas para ver como funcionavam. Para grande desgosto dos adultos, James não montava tudo de novo. Certa vez, ele desmontou o relógio de bolso do avô e extraiu todas as 107 peças.[84]

Uma das histórias de falhas favoritas de West é sobre o antigo rádio[85] que ele consertou quando tinha cerca de 8 anos. Ao que parece, nenhum dos adultos de sua família grande e unida estava lá para garantir que ele não se metesse em confusão naquela tarde quando, sozinho, diante do rádio quebrado e com as ferramentas em mãos, ele futucou o aparelho até achar que estava consertado. Sua casa em Farmville, na Virgínia, como muitas casas na década de 1930, tinha apenas uma tomada elétrica em cada cômodo — para a lâmpada no teto. West subiu na barra de apoio da cama para conectar o fio desgastado. Ele encostou na tomada e de repente ouviu um zumbido alto.

Então percebeu que a mão estava presa ao teto.

O que o chocou mais do que a corrente elétrica em si que atravessava seu corpo (o irmão mais velho entrou na sala e o derrubou no chão) foi a natureza e a causa dessa falha. O rádio antigo era um território novo para ele. Fazê-lo tocar música proporcionava uma oportunidade crível de avanço. A preparação consistia em todos os outros itens, mecânicos e eletrônicos, os quais ele já havia investigado. Aos 8 anos, ele achava que mitigar o risco se limitava a saber se o rádio transmitiria som. No entanto, como pode acontecer em qualquer falha inteligente, ocorreu uma consequência não intencional. O que fez com que sua mão ficasse presa ao teto? Por que isso aconteceu? Ele se sentiu compelido a descobrir como a eletricidade funcionava.

Oito décadas depois, com mais de 250 patentes em seu nome, incluindo uma pela coinvenção do microfone de eletreto que fornece o som em nossos smartphones, James West refletiu sobre a curiosidade insistente que sentiu naquele dia — uma força essencial para suas descobertas posteriores: "Por que a natureza se comporta dessa maneira? Quais são os parâmetros convincentes em torno da maneira como a natureza se comporta? E como posso entender melhor os princípios físicos[86] com os quais estou lidando?" Quando dividi o palco com West em uma conferência em 2015, os minúsculos microfones bege que cada um de nós usava para palestrar no auditório naquele dia tinham sido inventados por ele. Em 1957, ele se candidatou a uma vaga de estágio publicada em um quadro de avisos da universidade para trabalhar na Bell Labs, famosa por suas muitas invenções inovadoras, com destaque para o transistor. A Bell Labs o convidou no verão e, de forma um tanto arbitrária, o designou para o departamento de pesquisa acústica, a fim de trabalhar com um grupo que tentava determinar o intervalo de milissegundos entre o momento em que ouvimos um som no ouvido mais próximo do som e quando o ouvimos no mais distante (conhecido como tempo de atraso interaural[87]). O problema eram os fones de ouvido. Com 2,5 centímetros de diâmetro, apenas algumas pessoas podiam ouvir o som que reproduziam. Isso levou a um problema secundário: a dificuldade de encontrar sujeitos suficientes para testar. A missão para o novato foi objetiva: "O que você pode fazer para ajudar este grupo[88] a ser capaz de medir o tempo de atraso interaural de mais pessoas?"

West foi à biblioteca e leu um artigo escrito por três pesquisadores alemães na área de acústica sobre um tipo diferente de fones de ouvido[89] que eram dielétricos e podiam ser fabricados em qualquer tamanho. Um tamanho maior poderia permitir que mais sujeitos de teste ouvissem os estalos que os estudiosos de acústica queriam medir. A oficina fabricou os novos fones de ouvido para as especificações de West e — eureca! Ligados a uma bateria grande de 500 volts, os fones de ouvido maiores funcionaram como ele havia previsto.[90]

Problema resolvido. O projeto de pesquisa para medir o tempo de atraso interaural poderia prosseguir. O estagiário ganhou uma estrelinha dourada. Em novembro, no entanto, os fones de ouvido falharam. Os pesquisadores de acústica ligaram para West, que estava de volta à universidade, a fim de lhe dizer que a sensibilidade dos dispositivos foi reduzida a quase zero. Algo estava muito errado.

West então releu o artigo que encontrou na biblioteca e aprendeu que, com certeza, depois de algum tempo, era necessário ajustar a bateria para mudar a direção da corrente elétrica. Isso gerou um novo problema. Inverter a polaridade da bateria não produziria o pulso correto para os sujeitos de teste dos pesquisadores. A questão não poderia ser resolvida por telefone. A Bell Labs pediu que West pegasse um voo até Nova Jersey para dar outra olhada.

Ainda com o pensamento em como produzir som suficiente para o teste de tempo de atraso interaural, West examinou os fones de ouvido. Removeu a bateria e ficou surpreso ao descobrir que ainda funcionavam. A primeira constatação foi a de que o capacitor ainda estava carregado — os capacitores armazenam e liberam energia ao longo do tempo. Para testar, ele descarregou o capacitor. Mas, outra vez, os fones de ouvido, ainda conectados a um fio oscilador e a um pedaço de filme de polímero, funcionaram!

Não foi, no entanto, um momento revelador, e sim obscuro. Algo estava errado, porque o funcionamento não deveria ser esse. Como Jocelyn Bell, que viu nos dados do radiotelescópio algo que ela não entendia e que levou à descoberta de pulsares, West percebeu que o acontecimento era inesperado e, por ter o mesmo grau de importância, não o deixou passar batido. Foi igual a quando um fio elétrico desgastado deixou a mão dele presa ao teto. Ele disse: "Eu tinha que descobrir,[91] não conseguia fazer mais nada até desvendar o que diabos estava acontecendo naquele pedaço de polímero." Um praticante de falhas menos resiliente poderia ter se esquivado desse aparente mistério, mas, no caso de West, a curiosidade e a persistência venceram. E foi assim que ele percebeu a importância dos eletretos.

Foi aí que começou o trabalho real para resolver um novo conjunto de problemas. Nos dois anos seguintes, West e seu colega da Bell Labs, Gerhard Sessler, trabalharam para descobrir a física dos eletretos. O avanço veio quando West e Gessler[92] pararam de pensar em como a carga elétrica era gerada e passaram a se concentrar nos polímeros que continham a carga. Aqueles que dominam a prática das falhas, como veremos repetidas vezes, têm o pensamento flexível, estão dispostos a abandonar uma linha de investigação para considerar outra. O momento eureca se deu quando West e Sessler descobriram como prender um elétron na película de polímero. As ramificações (sua invenção tornou a bateria desnecessária) foram enormes e acabariam por mudar milhões de produtos que afetam nossa vida. Microfones de alta qualidade agora podem ser fabricados em qualquer tamanho e formato e por uma fração do custo anterior. Um microfone de eletreto foi fabricado pela primeira vez pela Sony em 1968.[93] O tamanho, a longevidade, a eficiência e o custo mínimo de produção dos eletretos significam que hoje eles alimentam 90% dos microfones,[94] smartphones, aparelhos auditivos, babás eletrônicas e dispositivos de gravação de áudio.

Experimentando sem medo

Nascido em Copenhague em 1977, quase meio século depois de James West, René Redzepi entrou no cenário gastronômico mundial em 2003, determinado a criar uma nova alta gastronomia[95] a partir de ingredientes locais do norte da Escandinávia. Aos 25 anos, não era novato. René tem uma beleza desleixada, é barbudo, tem olhos grandes e um pouco estrábicos e um ego do tamanho regular de um chef. Filho de mãe dinamarquesa e de pai imigrado da região da antiga Iugoslávia onde hoje é a Macedônia, René começou a estudar culinária aos 15 anos, após ser expulso do ensino médio. Ele aprendera em vários restaurantes,[96] incluindo o El Bulli, na Espanha, famoso por inovações em gastronomia molecular e combinação criativa de ingredientes incomuns. Mas cozinhar apenas com ingredientes nativos do norte da Escandinávia parecia *muito* incomum,[97] quase impossível; até mesmo os amigos mais próximos ridicularizaram a ideia ao chamar a comida de "gordurosa".

Redzepi parecia prosperar com o ceticismo dos outros; ele se desvencilhava de críticas negativas ou as transformava em distintivos de honra. O restaurante que ele cofundou com o apresentador de culinária da TV dinamarquesa e empresário Claus Meyer seria eleito o melhor restaurante do mundo cinco vezes.[98] Como veremos, o sucesso na alta gastronomia depende, em parte, de experimentos sem sentido.

"Somos exploradores do mundo comestível[99] em busca de novos métodos e novos tesouros", escreveu Redzepi no agora publicado diário que manteve entre 2012 e 2013. Novos ingredientes sempre o inspiraram muito em suas criações. Sua curiosidade sobre esquisitices culinárias, como vegetação forrageira, ouriços-do-mar, abalone e formigas, combinada a novos métodos experimentais, como fermentação e desidratação, levou à criação de muitos novos pratos surpreendentes.[100]

No início, os experimentos de Redzepi — cozinhar apenas com ingredientes "cultivados, pescados ou forrageados[101] a uma distância de um pouco menos de 100 quilômetros do restaurante", por exemplo — tinham um risco mais ou menos baixo. Com o tempo, a variedade se expandiu para incluir ingredientes como nabos encontrados na tundra congelada e uma planta nativa que tinha gosto de coentro. Em 2013, um ano importante em que mantinha um diário, Redzepi escreveu sobre seu restaurante como uma espécie de laboratório[102] onde chefs juniores passavam semanas estudando espécies, sementes ou áreas de cultivo específicas para capturar melhor a essência de algum legume, como a cenoura, e preparar um prato para Redzepi provar e decidir se entraria no cardápio da noite. A maioria não entrava.

Quando se trata de ambientes intensos, acelerados e cheios de emoção, sobram poucos rivais para as cozinhas de restaurantes. As apostas podem parecer altas: reputação pessoal, ambição, hierarquia e identidade criativa estão em jogo. Isso faz com que a falha seja pesada para o emocional de chefs juniores, e a atitude inicial de Redzepi não ajudava. "Tantas provas, tanta merda", escreveu ele em seu diário depois de alguns experimentos com cenouras. "Os caras ficavam tensos, quase assustados, enquanto traziam um fracasso após o outro."[103]

Redzepi acabou por aprender a apoiar as falhas de forma explícita e enfática para torná-las mais palatáveis: criou um horário especial a cada semana para que os chefs juniores fizessem experiências. As sessões fomentaram uma cultura em que a falha era aceita como parte da inovação da qual surgem pratos bem-sucedidos. Com o tempo, ele se tornou um evangelista das falhas e percebeu que essas sessões a portas fechadas eram uma chance de "fracasse o quanto quiser,[104] desde que você se entregue 100%". Sete anos após as tentativas tensas e fracassadas com a cenoura, Stefano Ferraro, chefe de confeitaria do Noma, incorporou essa nova cultura. "A chave do meu trabalho é aprender com cada erro,[105] a premissa para toda melhoria", explicou ele.

Somente ao normalizar o ato de assumir riscos e falhas, Redzepi pôde melhorar o seu ofício. Ele escreveu que a comida "tem que permanecer relevante. Não pode ser estática".[106] Essa estratégia de falha pode levar a sucessos impressionantes e surpreendentes, como a criação de uma receita cujo ingrediente principal é camarão vivo do fiorde[107] que Redzepi descreve exuberantemente como uma "joia minúscula, translúcida e vibrante que, da caixa, pula de 20 a 30 centímetros no ar". Enquanto outro chef refogaria ou grelharia os camarões, Redzepi os serve "no gelo em pequenos frascos de vidro, com um acompanhamento de emulsão de manteiga marrom" e descreve o que ele chama de "sensação 'cativante' de morder um camarão vivo". "Os dentes mordem a casca delicadamente crocante, depois vem a carne levemente adocicada e macia e um sabor profundo de camarão na parte da cabeça. É uma mordida memorável: predador contra presa. A emulsão de manteiga marrom, na verdade, é apenas para os tímidos, que preferem cobrir os olhos do camarão, que se parecem com os de insetos, e a cabeça com um mergulho rápido e tenso."

Embora acredite que o experimento tenha sido bem-sucedido, Redzepi temia que os clientes não aceitassem um prato ousado de camarão vivo com manteiga marrom. Suas preocupações logo se dissiparam. "O restaurante inteiro se sentiu solidário", escreveu ele. "Quem estava nas primeiras mesas acenou com a cabeça de forma apreciativa para os clientes posteriores enquanto caíam na risada e gritavam, e passou a ser uma grande festa onde parecia que todos se conheciam, como uma família. Enquanto o mar nos proporcionar camarões do fiorde, eles estarão no cardápio."

Ao contrário da invenção de um microfone de eletreto, a culinária é inconstante, mutável e subjetiva. Uma ótima refeição em uma noite não garante uma igual na seguinte. Quando os funcionários do restaurante Noma se mudaram temporariamente para Sydney, Austrália, em 2016, Redzepi e sua equipe realizaram experimentos[108] com tomate arbóreo em uma iteração a portas fechadas de um prato feito com moluscos. Ficou incrível. No entanto, quando a equipe tentou outra vez no dia seguinte, os sabores estimulantes do dia anterior ficaram indecifráveis. O prato não pôde ser servido. "Somos doidos", disse Thomas Frebel, o chef encarregado de pesquisa e desenvolvimento. "Fazemos de tudo para alcançar aqueles momentos incríveis em que acertamos. Mas na maioria das vezes tem a ver com falhar, depois se reerguer e fazer tudo de novo e de novo e de novo."[109]

Tal como acontece com todos os inovadores, o caminho para o sucesso trouxe altos e baixos. Em novembro de 2013, Redzepi enfrentou um fracasso de outro tipo. Recebendo "página após página de números em vermelho",[110] ele descobriu que o restaurante "perdeu muito dinheiro". Com seu compromisso com ingredientes de origem local e da estação, ele gastava muito para obtê-los. O inverno era especialmente difícil. "A geada é incapacitante", escreveu ele em seu diário em fevereiro de 2013. "Com quase nenhum produto para trabalhar, tentamos abordar alguns conceitos mais amplos que poderiam nos impulsionar;[111] estávamos procurando uma forma de superar esse clima diabólico."

Os contadores alertaram que até janeiro de 2014 o Noma seria incapaz de pagar o aluguel. Redzepi não ficou satisfeito com nenhuma das opções apresentadas: aumentar os preços, demitir funcionários ou aceitar a oferta de uma empresa de refrigerantes (não revelada) para comprar o restaurante. Em vez disso, ele contratou um gerente de cozinha para monitorar as despesas e cortar custos sempre que possível. O restaurante logo conseguiu reduzir os gastos ao fazer experimentos com novos projetos radicais de menu de inverno[112] — Culinária de Reaproveitamento e Cozinha Seca. Escamas de peixe, nabo e rábano secos, abóbora, mingau feito de milho e grãos e nozes de faia torradas eram ofertas incomuns que aumentavam o apelo do Noma. Apesar da onipresença do precipício financeiro, dos desafios do inverno e da possibilidade de um prato não ser replicado com sucesso, o restaurante continuou a prosperar.

Acredita-se, inclusive, que ele tenha sido um dos responsáveis pelo aumento do turismo de Copenhague,[113] já que as pessoas pegavam um voo com a intenção específica de comer lá. Para frequentar o Noma, que conquistou três estrelas Michelin,[114] um feito inédito para um restaurante escandinavo, era necessário fazer uma reserva com um ano de antecedência. O que explica esse sucesso extraordinário?

Como Redzepi escreveu: "Temos que lembrar que alcançamos tudo falhando"[115] e "ao lidar com as falhas, tropeçamos diariamente".

Em janeiro de 2023, o Noma surpreendeu o mundo da culinária ao anunciar seu fechamento definitivo[116] no fim de 2024, o que chamou a atenção da mídia para os sucessos e fracassos de Redzepi. A crítica ao cenário de restaurantes de elite em geral, que inclui as longas horas de trabalho e a baixa remuneração, dominou grande parte da cobertura sobre o encerramento das atividades do estabelecimento, o que ameaçou desviar a atenção do ponto interessante da história. O Noma fecharia as portas para os clientes, reinventando-se como um laboratório de alimentos para desenvolver e vender novas invenções culinárias na internet. Redzepi passaria de chef a líder em inovação. Apenas uma coisa era certa: a disposição para falhar seria útil na próxima fase da jornada do mestre em praticar falhas.

Fazendo amizade com as falhas

Assim como assumir riscos nos bastidores é essencial para o sucesso na alta gastronomia, as empresas em todo o mundo também dependem das falhas se quiserem inovar. Exaltá-las nas empresas é menos incomum hoje do que era antes. No entanto, no outono de 2002, quando palestrei sobre falhas em uma conferência da indústria de design em Chatham, Massachusetts, não tinha certeza de como minha fala seria recebida. Logo depois que desci do palco, um participante veio até mim com a dúvida estampada no rosto. Soube que Douglas "Doug" Dayton era designer da IDEO e chefe do escritório da empresa em Boston. Ele me pareceu sério e pensativo, e era nítido que algo o incomodava. De estatura mediana, cabelos escuros, fala suave e deliberada, Dayton, de pouco mais de 40 anos, explicou que um projeto realizado por uma de suas equipes para a Simmons, uma fabricante de colchões com mais de um século de existência, parecia estar em apuros. Ele pensou que talvez eu pudesse ajudar sua equipe a entender quais lições poderiam aprender com isso. Respondi que teria o maior prazer, ainda mais se me deixassem escrever um estudo de caso oficial da Harvard Business School[117] a respeito.

O fato de Doug ter concordado com o meu pedido para estudar e escrever sobre uma falha da empresa diz muito sobre o empregador dele. Os executivos muitas vezes não abrem suas portas para mim quando digo que gosto de estudar as falhas. Nenhuma organização que conheço sintetiza melhor o *éthos* da falha inteligente do que a IDEO. Na época, a IDEO, uma pequena empresa de consultoria de inovação[118] com uma reputação descomunal no mundo todo, era composta por doze "estúdios" espalhados pelo mundo. Incorporada em Palo Alto, no coração do Vale do Silício, onde era difícil se esquivar da filosofia falhe rápido, a empresa começou sua história em 1991,[119] quando o professor de engenharia de Stanford David Kelley e o renomado designer industrial Bill Moggridge fundiram suas pequenas empresas.

Desde então, os funcionários da IDEO, com atuação em equipes interdisciplinares, desenvolveram uma notável variedade de produtos, serviços e ambientes domésticos, comerciais e industriais. Algumas de suas inovações mais utilizadas incluem o mouse para computador[120] (de início desenhado e desenvolvido para a Apple), a interação polegar para cima/polegar para baixo projetada para o gravador de vídeo pessoal da TiVo, agora onipresente nas plataformas de mídia social, e um injetor de insulina já preenchido e descartável para a Eli Lilly. Essa pequena lista destaca bem o alcance da empresa — desde computadores pessoais a dispositivos médicos e interfaces de usuário. Embora vários fatores contribuam para o sucesso da IDEO — com destaque à ampla experiência técnica da empresa, que inclui engenharia (mecânica, elétrica e de software), design industrial, usinagem de protótipos, fatores humanos, arquitetura e muito mais —, a atitude alegre em relação às falhas pode ser o fator de sucesso mais importante de todos.

Os funcionários são valorizados não só por sua expertise técnica como também, e ainda mais, por sua disposição de experimentar coisas novas que podem não funcionar. Para incentivar as equipes, um dos lemas da IDEO é "Falhe com frequência,[121] para ter sucesso mais cedo", e David Kelley, CEO até 2000, era conhecido por sempre andar pelo estúdio de Palo Alto com alegria enquanto dizia: "Falhe rápido para ter sucesso mais cedo." O que Kelley percebia era que, embora a necessidade de falhar em projetos de inovação fosse intelectualmente óbvia, os jovens funcionários de alto desempenho da empresa eram prejudicados pela aversão sutil e emocional às falhas. Muitos deles eram alunos nota 10. "A falha é uma ideia divertida, mas não para mim", essa é uma frase que pode muito bem descrever como eles foram programados. Converter uma apreciação intelectual em uma aceitação emocional que permitisse experimentos arriscados exigia a repetição frequente da frase alegre de Kelley. Como Tim Brown, CEO de 2000 a 2019, explicou em uma entrevista que me concedeu em 2005: "O espírito predominante tem sido o de 'Vá em frente, descubra algo,[122] faça bem feito! Estamos aqui para apoiá-lo, mas acreditamos que você possa descobrir algo.'" A adoção da falha inteligente pela empresa tem sido, já há muito tempo, a força motriz não tão secreta de seu sucesso.

No entanto, como a IDEO mantém sua reputação invejável com todas essas falhas? A resposta é simples: a maioria das falhas da IDEO acontece a portas fechadas. E acontece em um ambiente de trabalho em equipe disciplinado e iterativo que se baseia em várias áreas de especialização. A IDEO também é um lugar onde os líderes da empresa — a começar pelo notável David Kelley exortando as equipes a fracassarem com rapidez e frequência — trabalharam duro para construir um ambiente de segurança psicológica para assumir riscos.

Em meados de novembro de 2002, durante minha primeira visita ao estúdio da IDEO na área de Boston, então localizado em Lexington, Massachusetts, fiquei parada, de pé, na passarela elevada e curva conhecida como Ilha. Sob essa perspectiva, era fácil observar a atividade caótica dentro do espaço expansivo, bagunçado e colorido onde designers, engenheiros e especialistas em fatores humanos trabalhavam juntos como pequenas equipes em projetos de inovação para clientes corporativos. Ali, a portas fechadas, eles estavam livres para cometer erros, correr riscos, falhar e tentar outra vez. Um espaço que chamavam de "laboratório de prototipagem", uma das poucas salas fechadas do escritório, estava vazio naquele dia — o que não é um bom sinal. Parte do motivo foi que o projeto Simmons não conseguiu fornecer aos maquinistas algo tangível.

Qualquer projeto que termine em inovação bem-sucedida passa por múltiplas falhas ao longo do percurso, pois a inovação ocorre em um novo território onde uma solução convincente ainda não foi desenvolvida. Até os experimentos mais inteligentes, como sempre vemos, muitas vezes terminam em fracasso. Assim como no laboratório de Jen Heemstra ou no Bell Labs, onde James West elaborou invenções, quase todas essas falhas acontecem longe dos olhos do público. Vejamos desta forma: os clientes corporativos que pagam por essas falhas na IDEO não ficam na cola dos designers para assistir ao desdobramento delas. No momento em que o projeto é entregue ao cliente ansioso, ele está pronto para o sucesso. Isso faz parte da estratégia de mitigação de riscos de qualquer departamento de inovação bem-sucedido.

Quando conheci Doug Dayton, ele tentava expandir as ofertas de sua empresa e queria incluir *serviços de estratégia de inovação* para ajudar outras empresas a descobrirem áreas de produtos em que poderiam inovar, em vez de apenas responder a solicitações de design para um novo produto específico. Esses experimentos acabariam por mudar o modelo de negócios da companhia, e esse tipo também apresenta falhas ao longo do caminho até o sucesso. Doug explicou que, no passado, "o projeto típico era iniciado quando um cliente chegava com uma especificação de três a dez páginas para descrever o produto de que precisava (...) e aí dizia: 'Bem, desenvolva isso.'" E a IDEO dava conta do recado. Mas, no início dos anos 2000, os clientes "começaram a nos envolver no início do processo,[123] ajudando-nos a criar o contexto para o produto".

De fato, em vez de pedir um novo design de colchão, a Simmons contratou a IDEO para *identificar novas oportunidades na indústria de roupas de cama*. Apesar de uma resposta entusiasmada dos executivos da Simmons durante a apresentação final das ideias de produtos da IDEO, durante meses não houve acompanhamento. Relutante, Dayton concluiu que o projeto fora um fracasso. As ideias da equipe pareciam criativas e viáveis, mas a Simmons não estava agindo de acordo com elas. O que deu errado?

O projeto parecia um caso de teste perfeito para os novos serviços de estratégia da IDEO. Era o tipo exato de desafio que intrigaria um designer: pegar uma categoria simples do dia a dia (roupa de cama) e explorá-la a fim de encontrar novas oportunidades. O fracasso não se deu por falta de esforço. A realização de entrevistas com clientes de todas as idades, as visitas a lojas de colchões e até mesmo o acompanhamento de entregadores do produto fizeram a equipe do projeto aprender muito sobre camas e seus espaços associados em diferentes aspectos da vida do indivíduo que dorme. O trabalho da equipe identificou um grupo carente, "os nômades" — jovens de 18 a 30 anos que consideravam os produtos de cama pouquíssimo manejáveis ou caros para seu estilo de vida com hipermobilidade. Eles não queriam comprar itens grandes e permanentes; esperavam se mudar com frequência; moravam em pequenos apartamentos com outros colegas e usavam os quartos para se divertir e estudar, e não apenas para dormir. Com esses insights, a equipe vislumbrou ideias radicais de novos produtos: um colchão e estrutura da cama integrados e independentes; um colchão com módulos visualmente distintos, dobráveis e leves, que fosse de fácil deslocamento. No entanto, a Simmons não conseguiu implementar nenhuma das ideias.

O fracasso da Simmons acabou ensinando a Doug uma lição crucial: se os serviços estratégicos ajudassem as empresas a traduzirem ideias em ações (lançar uma nova linha de produtos, por exemplo), o trabalho não poderia mais ocorrer a portas fechadas sem o cliente. As recomendações da IDEO teriam que levar em consideração o que o cliente era capaz de imaginar e executar. Ficou evidente, como Tim Brown disse mais tarde, que a IDEO tinha que aprender a conduzir ideias por meio de sistemas corporativos.[124] Isso só aconteceria se a equipe do projeto recebesse um ou dois integrantes da empresa cliente.

Doug e seus colegas logo descobriram como transformar o fracasso em sucesso. Ao expandir seus serviços de estratégia, a empresa passou a engajar os clientes no processo de inovação. O fracasso da Simmons foi parcialmente explicado pela falta de apreciação por parte da IDEO pelo que a fábrica do cliente foi criada para produzir. A abordagem de portas fechadas que foi tão bem-sucedida na empresa no setor de *serviços de inovação de produtos*, protegendo os clientes de falhas ao longo do percurso, foi um tiro pela culatra na área de *serviços de inovação estratégica*. A fim de alcançar um grau de excelência ainda maior, a IDEO começou a contratar mais pessoas com formação em negócios para complementar as habilidades dos especialistas em design, engenharia e aspectos humanos. Além disso, também começou a colaborar com os clientes para ajudá-los a se tornarem melhores praticantes de falhas.

Considere a facilidade com que a IDEO poderia ter culpado o cliente por não apreciar as ideias da equipe. Eles poderiam ter pintado a Simmons como vilã. Em vez disso, Dayton e seus colegas refletiram sobre como contribuíram para o fracasso e o que poderiam ter feito diferente. Essa vontade de aprender ajudou a empresa a expandir seu modelo de negócios, de modo a ajudar os clientes a inovarem de outras maneiras.

West, Redzepi e Dayton, em contextos tão surpreendentemente distintos, nos fazem ter uma compreensão mais profunda dos atributos comuns compartilhados por aqueles que dominam a prática das falhas. Como vimos, isso inclui ter curiosidade genuína e vontade de experimentar, além de fazer as pazes com a falha. O que os motiva a suportar e fazer as pazes com as falhas? Uma vontade implacável de resolver novos problemas que aperfeiçoam seu ofício.

Levando a sério a inteligência da falha inteligente

As histórias e os conceitos deste capítulo enfatizam as reviravoltas que a falha inteligente proporciona a vidas, profissões e empresas a fim de ajudar você a transitar pelas falhas. Após apreciar os elementos da falha inteligente, você pode experimentá-la com mais leveza. E isso é possível ao reconhecermos uma oportunidade com a qual nos importamos o suficiente para estarmos dispostos a arriscar falhar. Trata-se, então, de evitar riscos ruins e abraçar os razoáveis. Isso requer fazer o dever de casa — entender o que se sabe até agora, o que já foi tentado e não funcionou e criar experimentos para que, caso haja falhas, não sejam muito grandes, dolorosas ou um desperdício. Aqueles que hoje dominam a prática das falhas, como Jen Heemstra, James West, René Redzepi e Doug Dayton — e como Thomas Edison muitos anos atrás —, entendem que falhas são possíveis (até prováveis) quando adentram um território desconhecido, mas estão dispostos a assumir o risco devido ao potencial positivo.

Internalizar a compreensão cognitiva dos princípios da falha inteligente pode ajudar a desenvolver respostas emocionais saudáveis construtivas e facilitadoras. Ao lembrarmos os estilos de atribuição saudáveis estudados por Martin Seligman, podemos ver que é aconselhável dedicar um tempo para diagnosticar o que deu errado, lembrando que falhas inteligentes *não* são evitáveis. Em um novo território, a única maneira de progredir é por meio de tentativa e erro. Acredito que apreciar os elementos da falha inteligente vai ajudar você a se sentir melhor e a ser mais eficiente no trabalho e na vida. Talvez também ajude a se lembrar de que falhas inteligentes não são causadas por atos culpáveis. Elas são decepcionantes, mas nunca causam constrangimento ou vergonha. Em vez disso, falhas inteligentes devem aguçar nossa curiosidade — nos deixar ansiosos para descobrir por que elas ocorreram e qual deve ser o próximo passo. Isso significa que nossa amígdala cerebral dá as boas-vindas às falhas inteligentes com o louvor e a satisfação que realmente merecem? Nem perto disso. Ainda preferimos o sucesso à falha, mesmo que seja a falha mais inteligente possível.

Em alguns casos, falhas inteligentes são especialmente dignas de comemoração, porque nos apontam o caminho para o sucesso. Elas fecham uma porta e nos forçam a buscar outra. Às vezes, descobrir o que não funciona é tão valioso quanto encontrar o que funciona. É aqui que as festas das falhas em lugares como a Eli Lilly entram em jogo: uma equipe pioneira trouxe novas informações valiosas para a empresa e merece apreço por seu trabalho — e uma festinha já a ajudaria a lidar com sua decepção. Foi o que aconteceu quando a Lilly desenvolveu em 2013 um medicamento experimental para quimioterapia chamado "Alimta" e gastou muito dinheiro em ensaios clínicos. Infelizmente, nos ensaios de Fase III, o medicamento não conseguiu estabelecer o que é chamado de "eficácia[125] no tratamento de câncer dos pacientes". Isso foi, sem dúvida, uma falha inteligente; ninguém poderia saber com antecedência o que aconteceria, e o teste foi dimensionado de forma correta a fim de permitir a análise de dados apropriada. A festa das falhas estava garantida.

A história poderia ter terminado aqui. No entanto, o médico que conduziu o estudo tinha a intenção de aprender o máximo possível com aquela falha. Ele descobriu que alguns pacientes *se beneficiaram* do medicamento e que aqueles que *não* se beneficiaram tinham uma defasagem de ácido fólico. Nos ensaios clínicos subsequentes, ele adicionou suplementos de ácido fólico ao medicamento. Isso melhorou significativamente a eficácia — e o produto se tornou um dos mais vendidos, com faturamento anual de quase 2,5 bilhões de dólares.[126]

Cometer a falha inteligente é o jeito certo de errar. Já deve estar explícito que "abraçar a falha" se torna intelectual e emocionalmente viável quando a limitamos ao tipo inteligente. Abraçar a falha inteligente é um requisito para inventores, cientistas, chefs famosos e laboratórios de inovação em empresas. Mas também pode ajudar o restante de nós a ter uma vida mais plena e com mais aventuras.

Os próximos dois capítulos exploram falhas que não são tão inteligentes. No entanto, nem a falha básica nem a complexa são acontecimentos dos quais é necessário se esconder ou se envergonhar, e sim uma parte inevitável da vida. Devemos saber confrontá-las e aprender com elas.

CAPÍTULO 3

Errar é humano

O único homem que nunca comete um erro
é aquele que nunca faz coisa alguma.

— Theodore Roosevelt

Uma das falhas bancárias mais custosas da história ocorreu em 11 de agosto de 2020. A maioria das falhas nos serviços financeiros é complexa, resulta de combinações variadas de incentivos a empresas, empréstimos atrasados, condições econômicas, má conduta, acontecimentos políticos ou desastres naturais. Mas não neste caso. Aqui, três funcionários do Citibank transferiram por acidente 900 milhões de dólares[127] — em vez dos 8 milhões garantidos — para várias empresas que administravam um empréstimo para a Revlon. Conforme relatado pela Bloomberg, o gerente sênior que aprovou a transferência bancária no software de empréstimo não marcou todas as caixas necessárias para desativar o modo automático padrão. Essencialmente, o banco transferiu o montante principal em vez dos juros. Esse simples erro desencadeou uma falha básica, e uma das grandes! Quando experimentamos uma falha como essa, o que mais queremos é voltar no tempo e recomeçar.

Os funcionários do Citibank que cometeram o erro tentaram recomeçar. Mas quando eles tentaram recuperar os fundos, alguns destinatários se recusaram a devolvê-los, apesar de terem recebido o depósito por engano. O Citibank entrou na justiça, o que foi compreensível. Em seguida, o juiz tomou uma decisão controversa no estilo "achado não é roubado",[128] que impediu o Citibank de recuperar os fundos perdidos. Independentemente do que pensemos da decisão do juiz, é provável que tenhamos muita empatia pelos funcionários cujo erro desencadeou a perda de centenas de milhões de dólares.

Todos nós temos dias em que tudo parece dar errado. Muitas vezes, esses pequenos fracassos diários são, no entanto, perturbadores e um desperdício. "Se ao menos eu tivesse me lembrado de carregar o celular." "Por que não prestei mais atenção ao sair da garagem?" Muitos deslizes ocorrem por *falta de atenção*. Será que você ofendeu seu amigo porque não pensou duas vezes antes de falar? *Fazer suposições* é outra fonte de erro. E a vaga de emprego que você esperava conquistar — será que você impressionou o entrevistador? A maneira de comunicar, a experiência e as qualificações pareciam perfeitas. Talvez houvesse um *excesso de confiança*, o que pode resultar em erros. Nesse meio-tempo, e as calhas entupidas do telhado que causaram um vazamento no porão e danificaram a fundação? Você ia limpar as calhas assim que tivesse um tempo livre. A *negligência* é outra causa comum de falhas. Estas são falhas básicas. Ao contrário das inteligentes, que ocorrem em território desconhecido, as falhas básicas envolvem erros em terrenos bem explorados. Cometer esse tipo de falha não é o jeito certo de errar. No contínuo de tipos de falhas, elas estão mais distantes das falhas inteligentes. As básicas são improdutivas e desperdiçam tempo, energia e recursos. Mas são, em grande parte, evitáveis. Conforme mostrado na Figura 3.1, quanto maior a incerteza, menor a possibilidade de se evitar algo. Nunca poderemos nos livrar do erro humano por completo, mas podemos nos esforçar bastante para minimizar a falha básica. Para fazer isso, é necessário evitar os erros que podemos prevenir e identificar e corrigir o restante. Para esse restante, precisamos interromper a ligação entre o erro e a falha que ele pode desencadear se não for detectado a tempo.

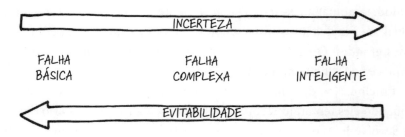

FIGURA 3.1: A relação entre a incerteza e a evitabilidade

Lembre-se de que os erros, sinônimos de deslizes ou equívocos, são, por definição, não intencionais. Os erros em geral têm consequências pequenas até certo ponto, como um pequeno amassado no para-choque de um carro após sair da garagem com pressa.

São os famosos "Opa!" e "Ai, não!" que aprendemos a ignorar e remediar. Temos que pedir desculpas ao amigo que ofendemos sem querer; também temos que limpar as calhas neste fim de semana.

Em suma, as falhas básicas são ocorrências cotidianas e muitas vezes não têm consequências terríveis. Mas de vez em quando uma falha dessa natureza é catastrófica. Cometer erros, ainda que pequenos, acaba tendo sérias consequências. E de nenhuma maneira é o jeito certo de errar. Então, por que vale a pena aprender sobre falhas básicas?

Em primeiro lugar, elas nos oferecem a chance de nos sentir bem com o fato de que erros acontecerão. Levar a culpa por eles é inútil e não é saudável. Os erros e as falhas que desencadeiam fazem parte da vida. Até podem acabar proporcionando momentos eureca de descoberta. Fazer uma curva errada na estrada pode atrasar você para uma reunião, mas revela uma nova e bela trilha para caminhada.

Em segundo lugar, se quisermos continuar a melhorar nas atividades e aprofundar os relacionamentos que mais valorizamos, devemos estar dispostos a confrontar e aprender com nossos erros. Devemos superar nossa aversão a eles.

Mas a melhor razão para aprender como as falhas básicas funcionam é evitar o maior número possível delas. Algumas práticas e insights extraídos de uma extensa literatura de pesquisa sobre erros e gerenciamento deles podem ajudar com isso.

Muito do que sabemos sobre gerenciamento de erros vem de décadas de pesquisa e treinamento no setor de aviação. A aviação tem um histórico impressionante de elaboração de procedimentos e sistemas para reduzir os erros que podem desencadear falhas básicas devastadoras. De fato, prevenir e reduzir as falhas "ruins" que nos causam problemas, além de trazer descobertas, é a forma de abordar a falha básica. Por exemplo, os pilotos e suas respectivas tripulações descobriram que confirmar uma checklist verbal de procedimentos e protocolos antes da decolagem era eficiente na redução de erros evitáveis,[129] uma prática que agora se tornou mais difundida em campos como a medicina, graças a *Checklist: como fazer as coisas bem-feitas*, best-seller de Atul Gawande.

As checklists não são uma garantia contra falhas básicas. Elas oferecem uma estrutura capacitadora — que deve ser usada com um objetivo. Em 13 de janeiro de 1982, o voo 90 da Air Florida com destino a Fort Lauderdale caiu no rio Potomac coberto de gelo[130] logo após a decolagem do Aeroporto Nacional de Washington, D.C. Com base em uma gravação de áudio dos pilotos na cabine, os investigadores identificaram o simples erro humano que ocasionou essa falha básica catastrófica. Aqui está um trecho da gravação enquanto os pilotos passam por uma checklist ou lista de verificação de rotina pré-voo. Como é de rotina, o copiloto leu cada item da checklist, e o capitão respondeu depois de verificar o indicador apropriado na cabine:

Copiloto: Sistema de aquecimento de Pitot.
Piloto: Ligado.
Copiloto: Antigelo.
Piloto: Desligado.
Copiloto: APU (unidade auxiliar de energia).
Piloto: Funcionando.
Copiloto: Manete de potência.
Piloto: Marcha lenta.

Você percebe algo errado em alguma das respostas do piloto? Não é necessário conhecimento técnico de piloto de avião para detectar o erro, mas ajuda estar acostumado ao clima frio. Era bem ali que o erro humano dos pilotos da Air Florida consistia.

Acostumados a voar em temperaturas elevadas, a rotina de lista de verificação em geral exigia que os instrumentos antigelo estivessem *desligados*. Aquela verificação específica na lista tinha se tornado automática. Como diz o dito popular, eles faziam isso *com os pés nas costas*. Como não chegou a *pensar* que as condições de inverno, que eram incomuns para eles, exigiam sair da rotina — os instrumentos de degelo deveriam estar *ligados* —, a tripulação acabou cometendo uma falha devastadora, que levou à perda de 78 vidas. Assim como aconteceu com o erro de software cometido pelos gerentes do Citibank, eles não conseguiram se desvencilhar da prática habitual.

Noções fundamentais da falha básica

Quase todas as falhas básicas podem ser evitadas com cuidado e sem necessidade de engenhosidade ou invenção. Mas é importante lembrar, em relação aos erros, que eles não são intencionais — puni-los como uma estratégia para evitar a falha é o mesmo que dar um tiro no próprio pé. Essa atitude incentiva as pessoas a não admitirem os erros, o que ironicamente aumenta a probabilidade do erro básico evitável. Isso é tão factível nas famílias quanto nas empresas.

Embora as falhas básicas não tragam a emoção das falhas inteligentes, elas ainda apresentam oportunidades de aprendizado. E apesar de não terem a complexidade das falhas complexas, podem ser catastróficas na mesma proporção.

Nem todos os deslizes causam falhas básicas. Pode parecer óbvio, mas muitos deles não levam à falha. Colocar por engano o cereal na geladeira e o leite no armário é um deslize, mas esses erros apenas levarão às falhas básicas (ainda pequenas) de ter o leite estragado e o cereal úmido e mole se não forem corrigidos. Às vezes, um paciente recebe o medicamento errado por engano, sem nenhuma consequência. Pode-se chamar isso de esquiva da sorte.

Todo mundo comete erros. Esquecer de carregar o celular não acarreta em uma falha básica se encontrarmos algum lugar para conectá-lo enquanto continuamos a chamada. Adicionar muito ou pouco açúcar à massa por engano significa que o bolo terá um sabor mais ou menos doce do que o pretendido, mas ele não deixará de ser comestível. Um time de beisebol pode vencer o jogo, embora alguns jogadores sejam eliminados. Nunca cometer um erro não é um objetivo realista ou mesmo desejável para nenhum de nós.

No entanto, todas as falhas básicas são causadas por deslizes. Não atender a um telefonema agendado para discutir as informações necessárias sobre um problema urgente é uma falha básica que pode ser causada pelo fato de a pessoa ter se esquecido de carregar o celular. Um bolo não será comestível se por engano substituirmos o açúcar pelo sal. Um time de beisebol falha se os jogadores forem eliminados e nunca conquistarem o ponto. O erro é sempre o acontecimento que precipita a falha básica.

E quanto aos erros deliberados? Um erro deliberado é um paradoxo, e a classificação mais adequada é maldade ou sabotagem. O brincalhão que troca de propósito o rótulo das latas de açúcar e sal na cozinha está causando problemas. Quando uma equipe tem um desempenho inferior para perder de propósito em uma competição e obter algum ganho depois, isso é considerado sabotagem. Quando se trata de erros, a intenção é importante.

Como reconhecer uma falha básica

Atordoado, o motorista do ônibus se afastou do acidente[131] no Prospect Lefferts Garden com o punho dolorido e ensanguentado. Ele tinha treze anos de experiência como operador na Authority Metropolitan Transportation, em Nova York. Agora, seu ônibus azul e amarelo de 12 metros estava espremido contra uma casa no Brooklyn. Ele disse a testemunhas reunidas na calçada que seu pé ficara preso entre o freio e o acelerador, o que o fez perder o controle da direção. O ônibus acelerou, bateu em outros veículos e depois na lateral do prédio, quebrando as janelas de vidro de um consultório médico no primeiro andar. Dezesseis passageiros ficaram feridos, nenhum deles em estado grave. Um vídeo divulgado depois mostrou que o motorista tinha sacolas de compras entre os pés.[132]

O acidente foi uma falha básica clássica.

Embora fosse contra as regras armazenar qualquer item perto dos pedais, na tarde de 7 de junho de 2021, o motorista de 55 anos se arriscou com as sacolas de compras. Os investigadores não encontraram falha mecânica no veículo. O ônibus percorria sua rota de sempre. O tempo e a visibilidade estavam bons. O acidente foi atribuído a uma causa única e identificada com facilidade — o pé preso do motorista.

O acidente apresenta dois traços característicos de falhas básicas: ocorrem em território conhecido e tendem a ter uma única causa.

Território conhecido

Para ser classificado como uma falha básica, o erro deve ocorrer em uma área onde já há um conhecimento prévio a respeito de como alcançar o resultado desejado. O motorista cujo ônibus bateu na lateral do prédio violou as regras de segurança ao colocar as sacolas de compras entre os pés. Da mesma forma, quando uma cadeira desaba porque as instruções de montagem não foram seguidas, os pés do móvel quebrados no chão atestam uma falha básica. Diretrizes, regras, pesquisas anteriores e conhecimentos adquiridos de alguém que conhecemos caracterizam um território conhecido. Se é possível encontrar instruções on-line, trata-se de um território conhecido. Em suma, o conhecimento existente pode ser colocado em uso sem nenhum mistério. O acesso ou o treinamento está disponível. Criar códigos e regulamentos de segurança codificam o território conhecido para evitar falhas e com muita frequência são implementados em resposta a uma falha anterior.

Para simplificar: uma falha é básica quando os erros acontecem porque não *usamos* o conhecimento disponível, seja por falta de atenção, seja por negligência ou excesso de confiança.

E se você cometer um erro na primeira vez que assar biscoitos ou montar uma mesa de centro? E se acabar perdido em uma cidade cujo idioma você não fala? As falhas que podem ocorrer são básicas porque o conhecimento de como assar biscoitos, montar mesas de centro ou se locomover pela cidade estava disponível. Encontre uma receita, siga as instruções, use um mapa. É lógico que no meu sistema de classificação há um elemento de julgamento. Por exemplo, em algumas situações, você pode não saber que existe conhecimento prévio. Pois bem, nesse caso, não há problema em classificar sua falha como inteligente — que ocorre em um novo território para você. As crianças experimentam muitos erros e falhas básicas (bebês que caem no chão, crianças que perdem o dever de casa) porque o mundo é um lugar novo para elas — o que não é o caso para os adultos. Pais e mães que tentam proteger suas crianças de experimentar quaisquer erros ou falhas os privam de uma aprendizagem valiosa que é crucial para o desenvolvimento.

Causa única

O acidente de ônibus foi uma falha básica com uma única causa — o pé preso do motorista. Um celular desligou porque ficou sem bateria. Um bolo não era comestível porque, em vez do açúcar, usou-se sal. Um avião despencou porque o sistema antigelo do Pitot foi desligado em um dia de temperaturas baixas. Um banco perdeu dinheiro porque os itens corretos não foram assinalados.

Às vezes, falhas que de início parecem ter uma única causa acabam sendo incorporadas a uma rede complexa de causas. Por exemplo, a trágica explosão do porto que devastou Beirute em 2020 foi a princípio atribuída a uma causa simples:[133] 2.750 toneladas de fertilizantes químicos armazenados de modo indevido. No entanto, informações adicionais mostraram procedimentos de segurança obsoletos, falta de supervisão e um possível envolvimento do governo. Como aprenderemos no próximo capítulo, quando vários erros se alinham, às vezes somados a uma pitada de má sorte, eles acarretam em falhas complexas.

Propulsores humanos da falha básica

A manchete do *New York Times* de 31 de março de 2021 dizia tudo:[134] "Confusão na fábrica arruína até quinze milhões de doses de vacinas da Johnson & Johnson". Depois de esperar ansiosamente, por mais de um ano, por uma vacina, grande parte do mundo buscou com fervor locais de vacinação para Covid-19. Nos Estados Unidos, as doses foram liberadas ao público em lotes numerados e distribuídas a indivíduos de acordo com diretrizes rígidas com base em ocupação, idade, problemas de saúde e localização.

Como seria possível arruinar quinze milhões de doses?

Os trabalhadores da fábrica contaminaram por acidente[135] um lote da Johnson & Johnson com um ingrediente-chave utilizado para produzir outra vacina, da AstraZeneca. O fabricante, Emergent BioSolutions, havia contratado as duas empresas farmacêuticas e permitido, em sua sede em Baltimore, que ingredientes destinados a uma fossem utilizados na outra. Enquanto a história se desenrolava, em junho de 2021, as doses desperdiçadas já chegavam à marca de aproximadamente sessenta milhões.[136] Essa falha básica e excruciante foi o resultado de uma vigilância inadequada. Simplesmente, foi desatenção.

Desatenção

Erros descuidados resultantes de desatenção são uma das causas mais comuns de falha básica. Aprendi essa lição da forma mais cruel. O mais curioso é que, em 13 de maio de 2017, me vi deitada em uma maca de uma emergência enquanto o médico de nível técnico dava nove pontos na minha testa, próximo ao olho direito. Um descuido causou a falha básica que me levou até lá.

Apenas duas horas antes, eu estava conduzindo um veleiro na bacia do rio Charles, em Boston, e tinha me inscrito para uma regata especial de ex-alunos. Imaginava que seria um evento casual e divertido com pessoas que, como eu, participaram da equipe de vela da faculdade décadas atrás. Quando cheguei ao cais, logo percebi que os ex-alunos, em sua maioria, eram recém-formados — jovens, atléticos e competitivos. Alguns deles eram campeões nacionais. Mas eu queria participar. Afinal, minha tripulação, Sandy e eu, éramos velejadores experientes. Por anos, velejamos juntos durante o verão (em barcos um pouco maiores).

Não chegar em último lugar nas primeiras competições parecia uma vitória, ainda mais porque eu não navegava um veleiro de alto desempenho havia 35 anos. Esses pequenos barcos aproveitam o embalo do vento e praticamente deslizam na superfície da água. Projetados para serem velozes, eles exigem habilidade e vigilância — e Sandy e eu usamos as duas para acompanhar a frota.

Quando todos foram para a praia durante uma pequena pausa antes da regata seguinte, me senti relaxada enquanto aproveitava o sol que começava a esquentar o clima na manhã fresca da primavera. Com o vento a favor, nosso barco se distanciava. Como qualquer velejador experiente sabe, quando um veleiro está a favor do vento, a menor mudança na direção do vento — e no rio Charles as mudanças são incessantes — pode fazer a retranca voar para o outro lado do barco.

Rumo ao cais, enquanto conversava com Sandy, desviei o olhar da vela por um segundo, tempo suficiente para que a retranca voasse pelo barco e me derrubasse na água. Perplexa ao perceber que agora me encontrava no rio gelado, consegui me manter na superfície enquanto Sandy agarrava o leme e se virava para me resgatar. Rebocada pela popa, coberta com camadas de pano molhado e pesado que atrapalhavam a locomoção, vi sangue. Muito sangue. Formou-se uma poça no barco (ferimentos na cabeça sangram muito).

Enquanto tremia e sangrava, cheguei ao cais, e me sentia profundamente envergonhada. Quem era eu para pensar que deveria estar ali velejando com aqueles jovens atletas?! Já no hospital, com a roupa seca que me ofereceram, tive mais tempo para mergulhar num sentimento mais profundo de vergonha: eu me senti mal com o desperdício. Com a confusão. Com o fato de ocupar o tempo valioso de vários médicos. Por ter decepcionado a minha equipe. A lesão parecia uma punição para a arrogância de me inscrever na regata. Eu queria desesperadamente voltar no tempo.

Meu erro era do tipo antiquado em um mundo analógico. Mas viver na era digital gera cada vez mais demandas que competem entre si pela nossa atenção e que apenas exacerbam a tendência humana de cometer deslizes. De volta ao caso da Johnson & Johnson, embora nenhum lote contaminado tenha sido enviado, o erro passou despercebido por dias[137] até ser descoberto por uma verificação de controle de qualidade. Mesmo assim, foi um constrangimento colossal para os fabricantes e um revés para a Johnson & Johnson — sem citar a espera das pessoas por uma dose de vacina. É fácil esquecer, mas, em meados de 2021, houve uma enorme urgência de receber a vacina contra a Covid-19 em todo o mundo. Para muitos, uma espera mais longa seria fatal.

Como muitas falhas que em teoria são evitáveis, a falha básica na fábrica da Emergent BioSolutions não foi um incidente isolado, mas refletiu uma cultura de segurança problemática,[138] conforme sugerido pelos acontecimentos relatados a seguir. Lotes de vacinas anteriores também foram descartados por contaminação. O mofo era um problema persistente em áreas que deveriam ser mantidas imaculadamente limpas. A supervisão e o treinamento eram escassos para as muitas novas contratações necessárias para lidar com a gigantesca produção de vacinas. Embora a fabricação delas seja conhecida como um negócio "volúvel"[139] e um erro ou outro seja inevitável, os relatórios sugeriram que um padrão de lapsos levou à contaminação muito divulgada de milhões de doses. Quando a falta de atenção se torna uma característica cultural dentro de uma organização, o terreno fica propício para que se cometa falhas básicas e complexas.

A fadiga desempenha um papel nos deslizes por desatenção. Os Centros de Controle e Prevenção de Doenças (CDC) dos Estados Unidos relatam que um terço dos adultos norte-americanos[140] não dorme o suficiente. Essa privação alarmante do sono[141] não só leva a uma série de preocupações em relação à saúde como também a acidentes e ferimentos. Para citar um exemplo, os pesquisadores descobriram que em 40% dos acidentes nas estradas a fadiga humana é uma "causa provável, um fator contribuinte ou uma evidência",[142] apesar de o National Transportation Safety Board ter feito 205 recomendações específicas para fadiga desde o início da década de 1970.

Outro estudo descobriu que residentes de medicina com privação de sono[143] fizeram diagnósticos equivocados 5,6% mais vezes do que residentes descansados. E outro estudo de 2020, relevante para quase todos nós, constatou um aumento de 6% nos acidentes de carro fatais[144] na semana seguinte ao início do horário de verão. O salto foi ainda maior — cerca de 8% — para os moradores da Costa Oeste dos Estados Unidos.

Estamos todos vulneráveis a ter dificuldades no sono decorrentes de uma variedade de fatores e, sim, dormir mais pode ajudar a reduzir os erros diários. Mas também é importante dar um passo atrás e considerar as possíveis causas da privação de sono. Erros médicos ou acidentes de caminhões que percorrem grandes distâncias relacionados à fadiga podem ser o resultado de turnos longos demais programados pelos funcionários da sede ou, pior, por algoritmos de agendamento que maximizam a eficiência em detrimento do bom senso. É sempre uma boa prática não parar logo depois de identificar a primeira causa, mais proximal, de uma falha. Analisar mais a fundo (verificação de um cronograma problemático) uma causa que a princípio parece simples (um trabalhador cansado) faz parte do pensamento sistêmico, uma prática fundamental na ciência de fracassar bem, discutida no Capítulo 7. Isso é importante porque a causa mais superficial pode não apontar para a melhor maneira de evitar falhas semelhantes no futuro.

A desatenção é uma característica muito humana. É difícil ficar vigilante, prestar muita atenção quando é mais necessário. Da mesma forma, às vezes estamos cientes de que algo requer nossa atenção, mas adiamos. E nada de ruim acontece, pelo menos não por um tempo.

Negligência

Um piso danificado por causa do vazamento contínuo de uma pia é um exemplo simples da tendência humana de negligenciar situações com potencial para atingir um ponto de ruptura. A negligência tende a não gerar danos instantâneos, mas permite o acúmulo, que, em última análise, resulta em falhas. Como somos esquecidos e ocupados, é fácil adiar as coisas. Em retrospecto, é fácil ver o que deu errado. Você teria se saído melhor no teste se tivesse estudado mais. Se a previsão era de chuva, você devia ter levado um guarda-chuva.

Felizmente, a maioria desses erros do tipo "teria ou devia ter" em nosso cotidiano não causa danos indevidos. Outras vezes, no entanto, a negligência pode ter sérias consequências.

Basta perguntar a Jack Gillum, o engenheiro que assinava o projeto do Hyatt Regency Hotel em Kansas City, Missouri, um edifício que, em um primeiro momento, fora projetado com um átrio elevado que apresentava quatro passarelas suspensas feitas de concreto e vidro.[145] Cerca de um ano após a conclusão da obra do hotel, em 17 de julho de 1981, o átrio foi palco de um baile. Os convidados da festa se aglomeraram no térreo. As pessoas iam até as passarelas flutuantes e observavam os casais que dançavam lá embaixo. De repente, as passarelas do segundo e quarto andares começaram a balançar e desabaram, atingindo com tudo a multidão embaixo.

Vinte anos depois, Gillum chegou à conclusão de que a falha de projeto para as passarelas era tão óbvia[146] que "qualquer estudante de engenharia do primeiro ano poderia chegar a essa conclusão". O uso do conhecimento prévio poderia ter evitado o acidente. Os desenhos originais do projeto exigiam uma longa haste de aço vertical percorrendo a altura do átrio de 15 metros. Enquanto a obra estava em curso, a fabricante de metais, Havens Steel Company, propôs duas hastes de aço mais curtas para substituir a única haste longa. Um desenho apressado feito na empresa configurou as arruelas e os parafusos que seriam necessários para instalar as hastes mais curtas nas vigas transversais das passarelas, e a mudança foi aprovada por um engenheiro de projeto por meio de um breve telefonema. O projeto alterado conectou a passarela do segundo andar à do quarto, e não ao telhado, o que dobrou a carga inicial. Naquele momento, e nos meses que se seguiram, todos os supervisores da obra do grande hotel negligenciaram a verificação das questões de segurança. Ninguém tomou a atitude de interromper[147] a obra com base no que até mesmo um estudante de engenharia poderia ter descoberto: a física do novo projeto de duas hastes tornava as passarelas "praticamente incapazes de sustentar o próprio peso".

Era uma falha básica prestes a acontecer. Naquela noite fatídica, o peso adicional dos convidados da festa nas passarelas se provou excessivo.

Gillum, a quem cabia a responsabilidade final, assumiu a culpa nas investigações posteriores. Sua licença foi revogada por culpa grave.[148] No entanto, os sinais de alerta anteriores que deveriam ter forçado uma análise mais detalhada da construção da haste e da viga também foram negligenciados. Mais de um ano antes da queda das passarelas,[149] quando o hotel ainda estava em construção, o telhado do átrio desabou. Mais tarde, já com as passarelas erguidas, os operários, que empurravam carrinhos de mão pesados, relataram a instabilidade da estrutura, mas apenas foram transferidos para outra obra.[150] Muitas oportunidades para analisar mais de perto os riscos de segurança do ambicioso projeto arquitetônico foram perdidas. A proprietária do hotel, a Crown Center Redevelopment Corporation, pressionada pelo tempo e relutante em aumentar os gastos em um projeto de construção já muito caro, ironicamente acabou pagando[151] mais de 140 milhões de dólares de indenização. Anos depois, Gillum falou sobre o colapso do Hyatt e confessou: "Penso nessa tragédia 365 dias por ano." Ele estava com pouco mais de 70 anos no momento dessa revelação. Quando ministrou palestras em conferências de engenharia, Gillum enfatizou: "As sociedades de engenharia precisam falar sobre falhas.[152] É assim que aprendemos." O colapso do Hyatt Regency Hotel tornou-se um exemplo clássico de uma falha de engenharia estrutural, ensinada em muitas salas de aula modernas. A perda de 114 vidas fez desta uma das falhas de engenharia estrutural mais fatais até hoje. Mas não é de forma alguma uma catástrofe singular. Como veremos no Capítulo 4, conversas semelhantes sobre falhas de projeto, avisos antecipados ignorados e mudanças de última hora ocorreram quando o condomínio Champlain Towers South,[153] em Surfside, Flórida, desmoronou em 24 de junho de 2021. No entanto, as causas do colapso foram mais numerosas e lentas. Esse tipo de falha (complexa) oferece uma mistura mais óbvia de fatores — alguns relacionados ao comportamento organizacional e outros ao projeto de engenharia.

Excesso de confiança

Embora algumas falhas básicas resultem de hastes de aço mal posicionadas ou de regulamentos ignorados, não refletir sobre as implicações de uma decisão é uma causa subjacente comum. As pessoas não conseguem se basear nas informações disponíveis ou até no bom senso. O habitual é que pensem: *No que eu estava pensando? No que eu estava pensando quando marquei duas reuniões importantes ao mesmo tempo? No que eu estava pensando quando me esqueci de levar um casaco, ou meias, numa viagem para um lugar de clima frio?* Muitas vezes, a resposta, como você pode ter percebido, é: "Eu não estava pensando." Por exemplo, ao marcar uma reunião, não verificou a agenda. Ao fazer as malas, não consultou a previsão do tempo, porque estava com outras preocupações na cabeça.

Na virada do milênio, um fantoche falante, cantante e brincalhão feito com uma meia era o mascote[154] de uma nova empresa de ração para animais de estimação que investira pesado em uma campanha publicitária premiada, então responsável por incluir as propagandas exibidas durante a transmissão do Super Bowl. O generoso financiamento de risco de investidores, que incluíam Jeff Bezos pela Amazon.com, para o que prometia ser o maior fornecedor de ração para animais domésticos na internet permitiu que a startup, entre outras coisas, adquirisse grandes armazéns e comprasse seu maior concorrente on-line.

Em fevereiro de 2000, a IPO da empresa foi um grande sucesso e arrecadou 82,5 milhões de dólares.[155] No que eles estavam pensando? Ao que parece, ninguém havia feito a pesquisa de mercado mais rudimentar para avaliar o tamanho real do mercado de ração e produtos do setor pet. O plano de negócios também não havia contabilizado a venda de mercadorias da empresa por um terço a *menos*[156] do que sua aquisição custou. Em menos de um ano, a CEO Julie Wainwright foi obrigada a liquidar a Pets.com.[157] Apesar de seu charme contagiante, um fantoche falante feito de meia não era o suficiente para garantir a administração de um negócio. Pode-se argumentar que esta foi uma falha básica. Felizmente, Wainwright aprendeu com isso e entrou no que ela descreveu ter sido uma "jornada de autodescoberta".[158] "Os dias e anos que se seguiram após a Pets.com foram alguns dos mais transformadores da minha vida",[159] lembrou Wainwright. "Busquei incessantemente o normal. Nunca alcancei isso. Fui parar em algum lugar mais rico e mais forte." Reconhecida mais tarde como uma integrante dos cinquenta (empreendedores, líderes e cientistas mais influentes) com mais de 50 anos da lista *50 Over 50* da *Forbes* de 2021, Wainwright parece não ter sido prejudicada por seu fracasso público.[160]

Os líderes que ignoraram ou esconderam as evidências iniciais gritantes[161] de que a Covid-19 era bastante contagiosa e que tinha potencial de fatalidade cometeriam alguns dos erros que permitiram que a pandemia se espalhasse com velocidade em meados de 2020. A relutância por parte dos responsáveis por tomar a decisão de agir com base nas informações disponíveis a fim de tomar medidas de saúde pública apropriadas constitui um erro de julgamento evitável. As consequências da omissão levaram a quase duzentas mil mortes evitáveis,[162] segundo um relatório da *Lancet*.

Isso não quer dizer que a pandemia da Covid-19 também não trouxe muitas falhas complexas. Na verdade, trouxe. Por exemplo, a oportunidade de limitar a propagação da infecção foi dificultada pelos desafios da cadeia de suprimentos,[163] que impediram que máscaras e outros equipamentos de proteção chegassem aos mais necessitados. A relutância de alguns líderes em autorizar a produção adicional[164] desse equipamento quando solicitados a fazê-lo em meados de 2020 é designada como um erro (havia conhecimento prévio, o que torna inequívoca a necessidade urgente de máscaras) com muita facilidade. Esse erro contribuiu para a imensa falha complexa que se manifestou como uma pandemia mundial.

A Covid-19 reunia tudo: a falha básica, a falha complexa e até a falha inteligente. O desenvolvimento incrivelmente rápido e bem-sucedido da vacina contou com cientistas que sabiam como trabalhar no laboratório com falhas guiadas por hipóteses. Mas evitar o grave erro cometido por muitos líderes — de ignorar a expertise disponível — poderia ter mitigado bastante a disseminação e o número de mortes como consequência do vírus.

Pressupostos equivocados

Por definição, os pressupostos tomam forma em nossa mente sem que haja pensamento explícito. Quando pressupomos algo, não depositamos uma concentração direta nisso. Deixamos de desafiar os pressupostos porque eles nos parecem verdadeiros de modo muito objetivo. Portanto, os pressupostos nos deixam com a crença equivocada de que nossa maneira de pensar ou nosso modelo é o correto, muitas vezes porque já funcionou antes e passou a fazer parte de nosso sistema de crenças. *Já vimos isso antes. Sempre fizemos assim.* O filho mais velho dormia muito bem, então o segundo também vai dormir a noite toda. Sempre seguimos por essa rota, então por que verificar se as ruas estavam alagadas? Pressupostos equivocados, baseados em poucas evidências ou em uma lógica precária, são um terreno fértil para falhas básicas. (Todas as crianças são iguais. A tempestade não foi tão ruim.) Sempre usamos combustíveis fósseis, então as evidências relacionadas a seus efeitos negativos no meio ambiente devem ser falsas ou exageradas. Ontem alguém ganhou o *jackpot* no cassino, então a probabilidade tende para o lado da vitória. Ao contrário dos erros de julgamento (não gostei do filme que achei que seria ótimo), que são humanos e inevitáveis, pressupostos equivocados conduzem as decisões de forma invisível.

Considere as revelações sobre a assustadora falta de cuidado de muitos investidores importantes — contentes em pressupor que outros examinaram a tecnologia da *healthtech* — que veio à tona no julgamento de Elizabeth Holmes. A história de Holmes, acusada de prometer um método revolucionário e com grande potencial de lucro ao se realizar exames de sangue na Theranos — embora soubesse que era fraudulento —, é uma lição sobre a facilidade com que se pode pressupor algo com base em indícios superficiais.[165]

Os pressupostos são crenças que parecem fatos. Como não temos consciência deles, não os examinamos com minúcia. Muitos pressupostos são inofensivos; podemos pressupor com segurança que nosso carro está estacionado onde o deixamos na noite anterior. Se parássemos para confrontar todas as suposições que fazemos, nunca sairíamos de casa pela manhã. Mas nossa vida cotidiana apresenta inúmeras pequenas falhas básicas causadas por nossa confiança em pressupostos equivocados. Quando presumimos que nossos novos vizinhos simpáticos concordam com nossas opiniões políticas e criticamos uma figura pública que eles admiram, um clima de animosidade se instala. Quando pressupus (ao analisar agora, é algo injustificável) que estava preparada para a prova final de cálculo multivariável porque tinha me saído bem no meio do período, dei pouca importância para o estudo e fui mal na prova. Embora pudesse ter abalado a minha confiança, a falha me levou a novos e melhores hábitos de estudo. Agora está evidente que pressupostos equivocados podem levar a falhas e que são difíceis de evitar. Vamos dar uma olhada em algumas práticas recomendadas para quando e como pausar, identificar e desafiar pressupostos, aliadas a outras estratégias para reduzir a falha básica em nossa vida.

Quando não *falhar com rapidez e frequência*

Deu para entender. Todo mundo comete erros. Errar é humano. Muitas vezes, as consequências são inofensivas; outras vezes, são infelizes e, de vez em quando, catastróficas. A moda da falha — a cultura "falhe rápido, falhe com frequência" que exige que aceitemos a falha pelo que parece de forma indiscriminada — é inspirada nas falhas inteligentes inerentes à inovação, mas corre-se o risco de encobrir o vasto e variado cenário de falhas, que também inclui as básicas e as complexas. Algumas falhas *são* ruins, não no sentido de serem imorais, e sim no de representarem um desperdício. Seja ele trágico (a perda de uma vida) ou bobo (leite derramado), o desperdício pode ser reduzido por meio da aplicação diligente de boas práticas de falhas. As falhas básicas são as mais evitáveis dos três tipos. Empresas excelentes se esforçam para evitar o maior número possível delas. É bem provável que você também queira fazer o mesmo.

É por isso que não podemos nos dar o luxo de ignorar os erros. A onipresença da falha básica serve como um convite para se esforçar para minimizá-la. Meu objetivo é fazer com que essas falhas sejam cada vez menores. (É o oposto de como pensamos em relação às falhas inteligentes. Acredito que devemos nos esforçar para cometer mais esse tipo, a fim de acelerar a inovação, o aprendizado e o crescimento pessoal.) Mas comportamentos e sistemas que evitam a falha básica podem salvar vidas, criar imenso valor econômico e proporcionar satisfação pessoal.

Como reduzir as falhas básicas na vida

Pesquisas sobre gerenciamento de erros[166] tiveram uma expansão considerável nos últimos anos. Embora seja focado em organizações de alto risco, este trabalho oferece práticas que você pode colocar em jogo para reduzir falhas básicas na sua vida também. Isso inclui tornar a segurança uma prioridade, esperar e detectar erros e aprender o máximo que puder com eles. Para começar, é preciso melhorar sua relação com o erro — e com sua falibilidade.

Abraçando o erro

O que complica a busca por essa relação é nossa aversão aos erros. Odiamos estar errados. Nós nos sentimos envergonhados. Mas *podemos* melhorar. Não muito tempo depois do meu acidente na competição de vela, ciente da pesquisa sobre habilidades atributivas saudáveis, reconheci que cometer um erro não era motivo para sentir vergonha profunda. Uma maneira melhor de pensar sobre a situação era que, sim, foi uma audácia me inscrever na regata — uma decisão motivada apenas pela diversão. Desafiei minha crença de que me inscrever na competição havia sido uma decisão equivocada e idiota. Meu erro foi pura e simplesmente a desatenção em uma situação perigosa. A única coisa que restava era aprender as lições certas com o episódio.

A aversão leva as pessoas a entenderem os erros com uma criatividade extrema. Meu marido, por exemplo, minimiza os pequenos erros dele dizendo de maneira espontânea "Qualquer um teria cometido esse erro". Qualquer um teria tropeçado na calçada irregular. Qualquer um teria virado naquela rua sem saída que vinha logo antes da que o GPS indicava. A falha foi por causa de algum fator externo. *Eu* não errei; a culpa é da calçada ou do GPS. Erros foram cometidos,[167] mas não fui eu! Sim, esses fatores contribuíram para o erro — não há dúvida de que cada um deles aumentou as chances do equívoco. Mas o erro humano teve um papel de destaque. As seguradoras de automóveis costumam ouvir as pessoas darem explicações acerca de seus acidentes do tipo: "A placa de parada obrigatória surgiu na minha frente."

Quando deparamos com a escolha entre admitir nossos erros ou proteger nossa autoimagem, a decisão é fácil. Queremos acreditar que não somos culpados, então buscamos todos os motivos para justificar que o que fizemos está correto. Isso dificulta o aprendizado! Um viés psicológico conhecido como "erro fundamental de atribuição" exacerba o problema. O psicólogo de Stanford Lee Ross identificou essa fascinante assimetria: quando vemos os outros fracassarem, consideramos de forma espontânea que a personalidade ou habilidade deles foi a causa.[168] É quase divertido perceber que fazemos o exato oposto ao explicar nossas falhas — apontamos de forma espontânea os fatores externos como a causa. Por exemplo, se chegarmos atrasados para uma reunião, culpamos o trânsito. Se um colega se atrasar para uma reunião, podemos concluir que ele não está comprometido ou que é preguiçoso.

Esse viés cognitivo complica a tarefa analítica vital do diagnóstico da falha. Mesmo que outros fatores atuem na falha, há sempre *uma* contribuição nossa. Uma vez que somos mais capazes de alterar nosso comportamento do que, digamos, consertar a calçada, nos concentrarmos no que poderíamos ter feito diferente é mais prático e poderoso do que lamentar as problemáticas do ambiente ao redor. Um artigo do *Texas News Today* intitulado "Colin

Powell's Wisdom" [A sabedoria de Colin Powell, em tradução livre], escrito logo após a morte do renomado general e ex-secretário de Estado dos Estados Unidos, destacou a disposição de Powell de confrontar[169] e assumir as falhas. Como Powell disse em 2012: "Decepções, falhas e contratempos são parte normal[170] do ciclo de vida de uma unidade ou empresa, e o que o líder precisa fazer é agir e dizer com frequência: 'Temos um problema, vamos solucioná-lo.'" É simples!

Mas não é fácil.

Abraçando a vulnerabilidade

Assumir nossos erros se torna mais fácil quando aceitamos a falibilidade humana como um fato e colocamos essa aceitação em uso a fim de aprender e melhorar. Nas equipes mais bem-sucedidas da minha pesquisa, as pessoas, com destaque para os líderes, falam sobre a chance sempre real de as coisas darem errado. Eles são honestos e bem-humorados em relação aos erros, o que garante a segurança psicológica necessária para que as pessoas logo falem sobre eles. Essa é uma prática recomendada — não apenas nas equipes de trabalho como também nas famílias —, se o objetivo é reduzir as falhas básicas.

Acho útil pensar nisso da seguinte maneira: a vulnerabilidade é um fato. Nenhum de nós pode prever ou controlar todos os acontecimentos futuros; portanto, estamos vulneráveis. A única grande questão é você ser capaz de reconhecer isso. Muitos temem que isso os faça parecer fracos, mas pesquisas mostram que ser honesto em relação ao que você sabe ou não gera confiança e um senso de compromisso.[171] Admitir a dúvida diante da incerteza demonstra mais força que fraqueza.

Outra prática recomendada é reconhecer as próprias contribuições para as falhas que ocorrem — não importa se são grandes ou pequenas. Isso não é apenas sábio como também é prático, e por duas razões. Em primeiro lugar, fica mais fácil para os outros fazerem o mesmo, o que torna o trabalho analítico de diagnosticar falhas mais fácil. Em segundo lugar, outras pessoas verão você como acessível e confiável e ficarão mais entusiasmadas em trabalhar ou tentar criar uma amizade com você.

A segurança em primeiro lugar

Embora seja fácil pensar na falha básica como mundana e, portanto, que é improvável que ela gere um retorno do tempo e dinheiro investidos, na verdade, o potencial de redução de erros é grande. Paul O'Neill entendeu isso[172] quando se tornou CEO da fabricante de alumínio Alcoa em outubro de 1987. Depois de iniciar sua carreira no Departamento de Assuntos de Veteranos dos Estados Unidos e no Escritório de Administração e Orçamento do governo do país, O'Neill parecia um candidato improvável para liderar a multinacional, uma impressão que ficou mais forte em sua primeira coletiva de imprensa em um salão de eventos de um hotel perto de Wall Street. Charles Duhigg, em seu livro inspirador *O poder do hábito*, relata que O'Neill iniciou sua conversa com investidores e analistas da seguinte forma: "Quero falar com vocês sobre segurança no trabalho."[173] Na expectativa de ouvir relatos sobre estoques, perspectivas de mercado, investimentos de capital ou planos de expansão geográfica, a confusão imperou no salão[174] quando O'Neill continuou: "Todo ano, vários funcionários da Alcoa sofrem ferimentos tão graves que perdem um dia de trabalho." Duhigg relatou de forma divertida que um investidor pegou o celular e disse a seu cliente: "A diretoria pôs um hippie maluco no comando, e ele vai afundar a empresa."[175] O investidor aconselhou seu cliente a vender as ações de imediato,[176] "antes que todos os outros na sala começassem a ligar para seus respectivos clientes e dissessem a eles a mesma coisa".

Cabe observar que a Alcoa não tinha um "problema de segurança" em 1987. O histórico de segurança da empresa era melhor do que o da maioria das empresas norte-americanas, "principalmente levando em conta", como O'Neill explicou naquele dia no salão de eventos do hotel, "que nossos empregados trabalham com metais a 1.500 graus[177] e máquinas capazes de arrancar o braço de um homem". Com essa imagem em mente, O'Neill estabeleceu uma meta ambiciosa: "Pretendo fazer da Alcoa a empresa mais segura dos Estados Unidos. Minha meta é um índice zero de acidentes."[178]

O que O'Neill sabia era que a segurança dos funcionários só poderia ser alcançada quando as pessoas na empresa (em todos os níveis) se comprometessem com o que ele chamava de "hábito de excelência"[179] — um hábito que afetaria de modo positivo a qualidade da produção, o tempo de atividade, o lucro e, sim, em última análise, o preço das ações. A atenção aos detalhes seria fundamental para essa excelência, assim como a disposição de todos os funcionários de evitar práticas inseguras e apontar os erros dos outros que de início parecem pequenos. (Sim, isso significa que O'Neill teria que criar um local de trabalho psicologicamente seguro se quisesse atingir seu objetivo.)

Como? Para começar, O'Neill solicitou que os funcionários dessem sugestões de segurança ou manutenção. Ele também entregou um cartão com seu número de telefone pessoal para todos os funcionários e pediu que eles ligassem caso os gerentes não aderissem às práticas de segurança. Quando alguém ligava, ele agradecia e tomava providências. Para ajudar os gerentes a construírem ambientes psicologicamente seguros,[180] ele incentivou que todos se perguntassem diariamente se cada integrante das equipes responderia que sim a três perguntas:

1. Todos me tratam com dignidade e respeito todos os dias, em cada encontro, sem levar em conta raça, etnia, nacionalidade, gênero, crença religiosa, orientação sexual, titulação, nível salarial ou número de diplomas?
2. Tenho os recursos de que preciso — educação, treinamento, ferramentas, apoio financeiro, incentivo — para que eu possa fazer uma contribuição que dá sentido à minha vida para essa organização?
3. Sou reconhecido pelo que faço e agradecem?

Por fim, ao mostrar que se importava mais com a segurança do funcionário do que com os lucros, O'Neill removeu uma grande barreira para quem quisesse se manifestar. Quando um incidente de segurança acontecia, fosse ele pequeno ou grande, O'Neill o transformava em uma prioridade instantânea. Ele conversava com os trabalhadores das fábricas onde tais acontecimentos tinham ocorrido a fim de saber a opinião deles sobre o fato. Assumiu a responsabilidade quando, seis meses depois de ingressar na nova função, um funcionário morreu no trabalho. Disse aos executivos: "É uma falha na minha liderança.[181] Eu causei essa morte." O'Neill acreditava que os funcionários que eram respeitados e que recebiam apoio eram mais propensos a seguir práticas seguras, evitar pedidos que colocassem a segurança em risco e falar sobre erros e violações de segurança.

Se você está se perguntando se o cliente do investidor em pânico se deu bem, a resposta não é nada boa. À época em que O'Neill se aposentou no fim do ano 2000, o histórico de segurança da Alcoa tivera uma melhora significativa, o lucro líquido anual havia sido cinco vezes maior[182] do que desempenho de 1987 e a capitalização de mercado da empresa havia aumentado em 27 bilhões de dólares. Duhigg calcula que, se alguém tivesse investido 1 milhão de dólares na Alcoa naquele dia de outubro de 1987, teria ganhado outro milhão em dividendos de ações e poderia ter vendido as ações por 5 milhões de dólares[183] no dia em que O'Neill saiu.

Essa enorme conquista exigiu um primeiro passo de melhorar a relação com o erro humano para, em seguida, colocar os sistemas em prática de modo que as pessoas pudessem identificar um erro na rotina e corrigi-lo antes que alguém fosse prejudicado no trabalho.

Identificando o erro

O menino Sakichi nasceu em 1867 na zona rural do Japão. Sua mãe tecia algodão cultivado na região. Ele aprendeu carpintaria com o pai, mas tinha a mente curiosa de um inventor e apreciava a falha inteligente. Gostava de trabalhar com madeira em um velho celeiro, onde não tinha medo de destruir suas primeiras tentativas fracassadas de construção de uma máquina de tecelagem melhor. Aos 24 anos, recebeu sua primeira patente para um tear de madeira e logo abriu um negócio para fabricar teares. Depois de um ano, a fábrica faliu. Implacável, ele continuou a inventar, inovar e melhorar seus teares. Aos 30 anos, inventou o primeiro tear a vapor do Japão. Dessa vez, seu empreendimento comercial foi um sucesso. Na década de 1920, a Toyoda Automatic Loom Works[184] fabricava 90% dos teares no Japão e, em 1929, um dos principais fabricantes britânicos de máquinas têxteis, a Platt Brothers, comprou os direitos de patente. Sakichi Toyoda insistiu com seu filho, Kiichiro Toyoda, que o futuro era a fabricação de carros.[185] Usando o faturamento da venda da patente como capital inicial, o filho fundou o que se tornou a Toyota Motor Company.

O que pode ser o legado mais duradouro de Sakichi Toyoda, no entanto, é a técnica de gerenciamento de erros de seu tear — quando um fio de urdidura arrebentou de forma acidental, a máquina parou no mesmo instante. Para evitar a destruição de material precioso, o tear só voltaria a ser usado após alguém remendar o fio. Para descrever essa função, Sakichi Toyoda cunhou o termo *jidoka*, que se traduz em "automação com toque humano".[186]

Errar é humano

Hoje, a *jidoka* nas fábricas automotivas da Toyota pode ser mais bem observada no sistema de alerta Andon da empresa, que é bastante elogiado. Quando um integrante da equipe detecta um problema, ou mesmo uma indicação de que *pode* haver um problema no chão de fábrica, ele puxa um cabo acima de sua estação de trabalho, parando a linha de montagem a fim de evitar que o problema cresça e se agrave.

Embora o sistema de alerta Andon da Toyota seja famoso — e tenha parecido absurdo para executivos de empresas automotivas dos Estados Unidos, que não podiam imaginar dar esse tipo de poder aos trabalhadores da linha de frente[187] —, a maioria das pessoas não aprecia a nuance vital de seu funcionamento. Puxar o cabo na mesma hora[188] envia um sinal para um líder de equipe de que pode haver um problema de qualidade. Ele *não* para a linha de produção de uma vez, e sim após um *delay* (um atraso de cerca de sessenta segundos, ou o que é chamado de tempo de ciclo para cada tarefa de montagem). Durante essa pequena janela, o membro e o líder da equipe diagnosticam juntos a situação. Na maioria das vezes que o cabo é puxado (onze em doze),[189] o problema é logo resolvido, e o cabo é puxado de novo. Essa segunda vez evita uma parada da linha de produção. Quando um problema não pode ser resolvido com rapidez, essa segunda puxada não acontece, e a linha para no mesmo instante até que o problema seja corrigido. Evita-se o desperdício, e um carro perfeito está pronto para emergir do fim da linha de montagem.

Embora elegante e prático, para mim, o sistema Andon incorpora uma simples sabedoria de liderança. Ele transmite a mensagem "Queremos ouvir você". *Você* se refere às pessoas mais próximas do trabalho — aquelas mais adequadas para julgar a qualidade. Além de não serem repreendidos ou punidos, os funcionários são agradecidos e reconhecidos por sua observação atenta. Isso pode explicar por que alguém pode puxar um cabo Andon a cada poucos segundos[190] em uma das muitas fábricas mundiais da Toyota. Também explica como as melhorias de qualidade continuaram a se acumular, o que foi o fator responsável por transformar a minúscula empresa japonesa de teares em uma potência automotiva global.

A genialidade do sistema de alerta Andon reside tanto em como ele funciona como um dispositivo de controle de qualidade para evitar defeitos quanto em sua incorporação de duas facetas essenciais do gerenciamento de erros: (1) a identificação de pequenos erros antes que eles se transformem em falhas substanciais; e (2) o relato sem punição, o que desempenha um papel vital na garantia da segurança em ambientes de alto risco.

Aprendendo com o erro

O domínio em qualquer campo requer uma disposição para de fato aprender algo com os muitos erros que necessariamente cometeremos. Quando Tanitoluwa Adewumi, um menino de 10 anos em Nova York, tornou-se o novo mestre nacional de xadrez dos Estados Unidos, sua idade estava muito aquém de suas palavras e título: "Digo a mim mesmo que nunca perco, só aprendo. Porque quando você perde, é preciso ter cometido um erro para que se tenha perdido esse jogo. Então você aprende com esse erro, e assim aprende [no geral]. Então perder é a maneira de vencer."[191]

O xadrez é um jogo de prática, bem como de habilidade e inteligência. Não basta apenas dar as caras durante dez horas por dia e embaralhar as peças no tabuleiro. Cometeremos inúmeros erros (e perderemos vários jogos), mas se não estudarmos *por que* esse erro específico levou a uma perda, não o dominaremos.

Atletas profissionais caem de traves de equilíbrio, perdem gols, não marcam pontos, tropeçam, perdem e chegam em último lugar. Mas eles assistem a vídeos de si mesmos e dos colegas de equipe cometendo erros para descobrir o que deu errado e quais habilidades são fracas. Os treinadores mostram como melhorar e cometer esses erros com menos frequência. Com a prática, os remadores aprendem a girar os remos no ângulo correto. Os mergulhadores aprendem até quanto se curvar antes de pular. Os golfistas aprendem a atingir a bola com precisão. Como diz o campeão de golfe Yani Tseng: "Sempre é possível aprender algo com os erros."[192] O que podemos aprender com as práticas dos atletas de elite? Parece-me que eles aprendem a confrontar os erros ao se concentrarem na possibilidade — nas conquistas palpáveis, mesmo que hoje tenham escapado de seu alcance. Eles nos mostram como nos preocupar mais com o objetivo futuro do que com a gratificação imediata que infla o ego.

Promover uma atitude saudável sobre a falibilidade humana é o primeiro e possivelmente mais importante passo para identificar e corrigir erros. Mas, para complementar e apoiar essas práticas comportamentais, a implementação de sistemas de prevenção de falhas pode aumentar de forma radical as chances de sucesso.

Sistemas de prevenção

Nenhum desses sistemas de prevenção de falhas é revolucionário. Todos refletem o bom senso. No entanto, poucas empresas ou famílias dedicam tempo para colocá-los em prática. O meu favorito é o *relato sem punição* — um sistema explícito para permitir a detecção precoce de possíveis danos.

Relato sem punição

Ao reconhecer que as más notícias não envelhecem bem, muitas organizações e famílias atentas implementaram com objetividade (ou às vezes de maneira indireta) os *relatos sem punição*. Tal política implica uma tolerância para o mau comportamento ou para padrões baixos? Qualquer coisa serve? Não chega nem perto disso.

A política solicita que as pessoas apontem de prontidão erros e problemas, de modo a evitar que se transformem em problemas maiores ou falhas graves. A promessa é que o relato em si não acarreta em algum tipo de medida punitiva. *Não* promete, no entanto, que, se a investigação subsequente revelar desrespeito deliberado às normas, ou conduta antiética, ou ilegal, essas violações não sejam punidas. A política implica, portanto — e às vezes formaliza —, uma separação entre sistemas de aprendizagem e de avaliação. Em algumas instituições, incluindo a Força Aérea dos Estados Unidos, a política chega ao ponto de punir as pessoas por *não* relatarem um problema em tempo hábil.[193]

Relatos sem punição também se aplicam às famílias. Pais e mães de adolescentes, por exemplo, querem ter certeza de que os filhos e filhas saibam que podem ligar a qualquer hora se precisarem de carona para casa. Sem questionamentos. Esses pais e mães acreditam que os riscos da combinação de bebida alcoólica, volante e juventude são mais bem gerenciados se houver linhas de comunicação abertas. Eles querem que os filhos entendam que "sem questionamentos" é de fato uma opção viável e não punitiva. A aprendizagem e a segurança são, portanto, priorizadas e sobrepõem a avaliação em situações perigosas.

A segurança psicológica possibilita e é possibilitada por relatos sem punição. A política envia a mensagem "Entendemos que as coisas vão dar errado e queremos ouvir você logo para que possamos resolver problemas e evitar danos". Vale lembrar que as equipes hospitalares mais eficazes[194] em meu estudo sobre erros médicos podiam relatar erros sem medo de serem responsabilizadas. Em comparação àquelas que relutaram em relatar os erros, essas equipes foram mais capazes de aprender com eles e tomar medidas para evitá-los.

Quando Alan Mulally se tornou o novo CEO da Ford Motor Company em 2006, logo reconheceu que as pessoas não reportavam[195] os muitos problemas que assolavam a empresa, cuja dívida era enorme e a previsão de perda era de 17 bilhões de dólares para aquele ano. A fim de começar a entender e remediar os problemas, Mulally instituiu uma estrutura simples para a prática de relatos sem qualquer tipo de punição. Ele pediu à sua equipe para colorir seus relatos de verde (no caminho certo), amarelo (com possíveis problemas ou preocupações) ou vermelho (estagnado ou fora do trilho). "Os dados libertam",[196] disse Mulally à sua equipe executiva com um sorriso. Ao enfatizar que os problemas reais existiam e precisavam ser enfrentados, Mulally esperava que os executivos começassem a gerenciá-los de modo ativo,[197] como uma equipe, em vez de evitá-los.

Uma coisa, no entanto, é instituir um novo sistema para relatar com veracidade o que está acontecendo e outra é as pessoas acreditarem que não serão punidas ou passarão vergonha. É por isso que as respostas iniciais — seja de um chefe, de um pai, ou de uma mãe — às más notícias são as mais importantes.

Na Ford, os relatos em vermelho que indicavam problemas foram escassos por muito mais tempo do que Mulally imaginava. Para incentivar que relatassem a verdade, ele relembrou à equipe dos bilhões previstos em perdas. Por fim, um executivo chamado Mark Field revelou com coragem que um próximo lançamento do novo Ford Edge estava bem atrasado. O Edge era para ser o próximo "grande lançamento" da Ford. A equipe ficou em silêncio, à espera da repreensão emocional ou da demissão após a notícia. Para a surpresa de todos, Mulally aplaudiu[198] e disse: "Mark, sua postura é de grande visibilidade." Ele então perguntou: "Quem pode ajudar Mark com isso?"

Chocados, mas aliviados, vários executivos compartilharam ideias, identificaram experiências anteriores e chamaram a equipe de engenharia para ajudar a resolver o problema. De acordo com Mulally, toda a "troca levou doze segundos".[199] Compartilhar más notícias com uma equipe — ou com a família — é o primeiro passo para melhorar as coisas.

Mulally argumentou que a transparência aumentou a pressão por desempenho.[200] "Você pode imaginar a responsabilidade!", exclamou em uma entrevista, apresentando um cenário hipotético a fim de elucidar a situação: "Você não vai sinalizar um item em vermelho e depois de uma semana vai voltar e dizer a todos os seus colegas: 'Eu estava muito ocupado na semana passada, não tive tempo de trabalhar nisso.'" Mulally acreditava que o relato sem punição não significa padrões baixos nem diminui a pressão para realizar o trabalho; muito pelo contrário. Com maior transparência, vem um senso de responsabilidade mútua, que leva as pessoas a resolverem os problemas em conjunto.

Os relatos sem punição são um componente essencial do Sistema de Relatos de Segurança da Aviação[201] (ASRS, na sigla em inglês) desenvolvido nos Estados Unidos pela NASA em parceria com a Administração Federal da Aviação dos Estados Unidos (FAA, na sigla em inglês) e depois adotado mundo afora. Os comissários de bordo, os controladores de tráfego aéreo e a equipe de manutenção, bem como os pilotos, podem relatar erros sem apontar o culpado. Até mesmo nomes de aeroportos e números de voos são excluídos.[202] Além disso, os regulamentos garantem que as informações sejam "confidenciais, voluntárias e não punitivas".[203] Os relatos são feitos por escrito, em um formulário oficial, e incluem instruções para descrever a cadeia de acontecimentos que causou o problema, como ele foi corrigido e os fatores humanos envolvidos, como julgamentos, decisões e ações.[204]

O objetivo do anonimato é incentivar as pessoas a relatarem qualquer erro sem medo. Muitos deles são quase deslizes de relativa simplicidade que não resultaram em danos ou falhas; por exemplo, levar muito tempo para visualizar as luzes da pista. E a compilação de um banco de dados considerável de relatórios de erros[205] é valiosa porque esses dados podem ser analisados e revelar os erros e problemas mais comuns, de modo a informar cenários de treinamento para pilotos e orientar os fabricantes de aeronaves em projetos futuros.

Em suma, o relato sem punição faz parte de um sistema de aprendizagem coordenado. Apenas quando se descobre os erros é possível resolvê-los e evitá--los. Um estudo que englobava 558 relatórios de acidentes realizado nos Estados Unidos entre 1983 (quando o treinamento para evitar erros foi introduzido) e

2002 mostrou uma queda de 40% nos erros cometido pelos pilotos[206] que poderiam ter contribuído para acidentes. Mais do que isso, de acordo com o jornalista de aviação Andy Pasztor, nos doze anos entre 2009 e 2021, as companhias aéreas dos Estados Unidos transportaram mais de oito bilhões de passageiros sem um acidente fatal sequer.[207]

Manutenção preventiva

O que a odontologia e os carros têm em comum? Aqui está uma dica: assim como escovar os dentes após as refeições evita ter cáries e fazer um tratamento caro e doloroso, trocar o óleo do carro em intervalos regulares evita danos ao motor. Em ambos os casos, a manutenção preventiva é essencial. Essa prática é tão chata quanto valiosa. Mas o que há nos seres humanos que torna tão fácil negligenciarmos a manutenção preventiva?

Parte da resposta é encontrada no que os psicólogos chamam de "desconto hiperbólico",[208] a tendência de descontar ou desvalorizar o significado das respostas atrasadas às ações. Estudos mostram que as pessoas atribuem menos importância aos resultados que ocorrerão no futuro em comparação aos acontecimentos no presente. Assim como a oferta de 1 dólar na próxima semana é menos empolgante do que 1 dólar agora, temos dificuldade em levar a sério os futuros resultados ruins quando não conseguimos realizar uma tarefa entediante no presente. Nossa tendência de desconsiderar o futuro explica a prevalência de muitos comportamentos inúteis — seja comer aquele pedaço extra de bolo de chocolate, seja procrastinar o estudo para uma prova —, e a falha em fazer manutenção preventiva é na mesma proporção problemática. É difícil levar a sério a pane do carro que ainda não aconteceu. Não ficamos alegres porque o motor do carro não parou hoje, ao passo que investir tempo e dinheiro em manutenção gera uma inconveniência palpável.

Um episódio interessante do popular podcast *Freakonomics*, de outubro de 2016, explicou o peso sobre a economia provocado pela nossa falta de vontade de investir[209] em manutenção preventiva. Stephen Dubner e seus convidados se concentraram em discutir sobre cidades e infraestrutura, e não sobre hábitos pessoais, mas o princípio de desconto do futuro se aplica da mesma forma. Como apontou o convidado de Dubner, o economista e especialista em cidades

Edward Glaeser, os políticos estão motivados a limitar os gastos no presente, embora a sociedade se beneficie dos investimentos de hoje que apoiam as comunidades no futuro. Por mais irônico que seja, os governos da Roma Antiga investiram bastante e com muita sabedoria na construção e manutenção dos sistemas vitais dos quais as comunidades dependem, e por isso foram menos vítimas de descontos hiperbólicos do que as cidades e os Estados modernos. Sem os investimentos em infraestrutura, Roma não poderia ter sido tão populosa nem ter uma história tão duradoura. Apesar do nosso maior conhecimento tecnológico e da nossa capacidade de modelar e prever a deterioração, a velocidade da mudança em nosso mundo moderno parece exacerbar nosso hiperfoco no presente.

Codificação

As cozinhas dos restaurantes contam com listas detalhadas de tarefas para fechar e abrir o estabelecimento no dia seguinte. Ao codificar o processo, ele pode ser seguido por qualquer um. Os restaurantes de fast-food contam com um procedimento em etapas para garantir eficiência e uniformidade, e muitas vezes até colocam imagens com o passo a passo das receitas nas paredes da cozinha.

Seja de forma consciente ou não, a maioria de nós adotou pelo menos um processo semicodificado em algumas áreas da vida. Antes de sair de casa, verificamos se não deixamos o fogo aceso ou as luzes ligadas. Trancamos a porta. Checamos se estamos com a carteira, as chaves e o celular. Uma amiga mantém uma pasta no computador com listas detalhadas e individualizadas do que cada um de seus quatro filhos precisa levar todo ano para o acampamento em família durante o verão. Como uma criança de 5 anos não consegue fazer as malas com a mesma independência que uma de 12, ela organizou as listas por idade; dessa forma, ela só precisa escrever uma nova lista a cada dois anos para o filho mais velho. Antes de cada viagem, ela imprime as listas individuais e as cola próximo à cama de cada um. Além de economizar tempo, essa codificação reduz a probabilidade de alguém se esquecer de levar uma escova de dentes ou o bicho de pelúcia favorito. Ela também tem listas para o marido e para si mesma. E não é só ela que faz isso. Pessoas organizadas ao extremo tendem a codificar muitos aspectos da vida doméstica e profissional. Não faço parte desse grupo. Os organizadores de produtividade, muitos deles baseados em software, essencialmente nos ajudam a codificar a fim de aumentar a eficiência, reduzir o desperdício e evitar erros.

Nenhuma discussão sobre codificação está completa se não fizer referência ao livro *Checklist: Como fazer as coisas bem-feitas*,[210] de Atul Gawande, meu colega de Harvard. Desde a sua publicação em 2009, ele ajudou a popularizar e estabelecer o hábito de elaborar uma série de etapas do processo para garantir consistência e atenção aos detalhes e reduzir o erro descuidado. Gawande credita o dr. Peter Pronovost, que queria reduzir ou prevenir a infecção em pacientes na unidade de terapia intensiva do Hospital Johns Hopkins, em Baltimore, como o autor de uma lista de cinco coisas que os médicos precisam fazer ao realizar cateterismo venoso central:

1. lave as mãos com sabão;
2. limpe a pele do paciente com antisséptico;
3. coloque gazes estéreis sobre o corpo do paciente;
4. use máscara, touca, luvas e jaleco esterilizados;
5. coloque um curativo cirúrgico estéril sobre o local do cateter inserido.

Embora tais etapas pareçam simples e óbvias, a checklist se tornou um método comprovado[211] contra a pressa e os deslizes de memória endêmicos do erro humano. Para citar um exemplo, médicos e enfermeiros em Michigan que seguiram a checklist de Pronovost por dezoito meses salvaram 1.500 vidas e pouparam 100 milhões de dólares[212] para o Estado. As checklists, no entanto, não são infalíveis. Os erros médicos continuam a ser um enorme desafio para os hospitais e as profissões na área de saúde. De acordo com Raj Ratwani, diretor do Centro Nacional de Fatores Humanos em Saúde da MedStar Health, as checklists em medicina "nos possibilitaram avançar apenas 20%" na redução do erro.[213] Estima-se que os erros nos hospitais dos Estados Unidos causem pelo menos 250 mil mortes desnecessárias de pacientes[214] por ano. A maioria deles são falhas complexas, conforme aprenderemos no Capítulo 4.

Como os pilotos da Air Florida no início deste capítulo, tão acostumados a voar em temperaturas quentes a ponto de não pararem para *pensar* no sistema de degelo, precisamos garantir que as checklists sejam utilizadas com o cérebro atento. Além disso, as checklists precisam ser atualizadas quando o conhecimento evolui ou as regras mudam.

Treinamento necessário

Em meados da década de 1970, os aviões começaram a ser equipados com uma "caixa-preta" que registrava dados sobre o voo, como velocidade, altitude e, tão importante quanto, as conversas da tripulação na cabine. Como os dados da caixa-preta podiam ser recuperados fisicamente no local dos acidentes de avião, os investigadores conseguiam reconstituir o que havia acontecido nos últimos minutos de um voo, que muitas vezes também eram os últimos da vida de pilotos, tripulantes e passageiros. As reconstruções da investigação eram conduzidas para chegar às suas causas, e, acidente após acidente, ficou cada vez mais evidente que a maioria deles era atribuída a erros humanos[215] cometidos pela tripulação da cabine. Muitas vezes, eram erros simples que levavam a falhas básicas, mas trágicas.

Veja, por exemplo, o voo 401 da Eastern Air Lines em dezembro de 1972. O piloto e a tripulação de cabine eram profissionais com alto nível de treinamento e experiência que, juntos, acumulavam mais de cinquenta mil horas de voo. O tempo estava favorável para esse voo de rotina do Aeroporto John F. Kennedy, em Nova York, para Miami. O que derrubou o avião foi a fixação do piloto e da tripulação em uma lâmpada queimada no trem de nariz. Várias vezes, o capitão pediu que os outros na cabine descobrissem o problema da lâmpada, mas, enquanto eles tentavam resolver essa questão, nem ele, nem ninguém notou um problema muito mais urgente até que fosse tarde demais: o avião estava perdendo altitude com muita velocidade. O Lock-heed L-1011 caiu na região de Everglades, na Flórida.[216] No total, 101 pessoas morreram.

No fim da década de 1970, ficou evidente para muitos que algo precisava ser feito em relação à segurança das companhias aéreas. Como a medicina e os reatores nucleares, abordados no Capítulo 4, a aviação é um campo de alto risco em que pequenos erros podem ter resultados catastróficos. O Workshop Industrial da NASA, realizado em 1979, reuniu especialistas em aviação dos setores privado e do governo com psicólogos e pesquisadores acadêmicos. Desde então, nas décadas seguintes, várias iterações de um treinamento chamado "gerenciamento de recursos de tripulação (CRM, na sigla em inglês)" reduziram a taxa de acidentes.[217] O papel do meu orientador de dissertação nesse treinamento levou, em última análise, à minha pesquisa sobre erros hospitalares no início dos anos 1990. Além de relatórios irrepreensíveis e gerenciamento de erros, o CRM evoluiu e passou a incluir treinamento em liderança, comunicação, consciência situacional e atitudes perigosas. Muitos dos princípios fundamentais do CRM têm sido adotados pelas empresas e, cada vez mais, pelas profissões na área de saúde.

À prova de falhas

Antes de 1967, os pais e mães que deixavam frascos de comprimidos acessíveis a crianças pequenas arriscavam uma viagem ao pronto-socorro. Tantas crianças eram envenenadas por acidente que o dr. Henri Breault, chefe de pediatria e diretor do Centro de Controle de Intoxicações de um hospital em Windsor, em Ontário, no Canadá, chegou em casa um dia às três da manhã e, de acordo com sua esposa, disse: "Já deu! Estou cansado de lavar o estômago das crianças quando, na verdade, elas estão ingerindo medicamentos que não deveriam! Tenho que fazer alguma coisa." Esse foi o ímpeto para a invenção de uma tampa complicada demais para as crianças abrirem. De início chamada de "Palm N Turn", quando introduzida na área de Windsor, a invenção reduziu os envenenamentos em 91%.[218]

Esse é um exemplo de medidas à prova de falhas para reduzir um fator de risco conhecido. Hoje é comum proteger as crianças do perigo em casa e no carro. Não apenas há frascos de remédios que exigem leitura de instruções e força para girar e abrir a tampa como também estão disponíveis portas com travamento automático em veículos, tampas para tomadas elétricas, sistema de ancoragem de móveis instáveis, proteção ao redor de piscinas e muito mais.

Poka-yoke, que significa "à prova de erros" em japonês,[219] um termo que se originou com o Sistema Toyota de Produção, é uma prática valorizada na indústria manufatureira moderna. O fato de muitos dos objetos que usamos se beneficiarem do *poka-yoke* é uma evidência da onipresença da falha básica. Todo mundo passa por momentos de desatenção. Todos podemos ter pressupostos equivocados e ser confiantes em excesso. O objetivo é tomar medidas para reduzir o número de falhas básicas que essas tendências causam.

O respeitado pesquisador de design Don Norman[220] tem pensado e escrito sobre as relações entre os seres humanos e as coisas que usamos desde a década de 1980. Seu trabalho serviu de base para o campo[221] agora chamado de "design centrado no ser humano". Norman argumenta que muito do que chamamos de erro humano pode ser atribuído a um design ruim. Ele cita como exemplo o menu em cascata de um site que pede aos usuários que selecionem um dos cinquenta estados norte-americanos em uma lista em ordem alfabética ao preencher um endereço. Norman afirma que é muito fácil selecionar Mississippi em vez de Minnesota[222] por causa das letras iniciais dos estados. O design não foi elaborado para ser à prova de erros.

A profunda compreensão de Norman sobre como os humanos pensam está entrelaçada com muita profundidade em suas ideias sobre design. Por exemplo, ele ressalta que é provável que prestemos menos atenção a tarefas habituais,[223] o que, então, aumenta o risco de errarmos. Foi o que aconteceu com os experientes pilotos que se esqueceram de ligar o instrumento de degelo ao voar em temperaturas baixas; como especialistas, eles deram menos atenção do que o necessário à checklist. Os designers de software que aceitam que o erro humano é inevitável podem fornecer avisos de erro contextual[224] (o X, antigo Twitter, avisa antes de atingir o limite de caracteres), pontos de segurança (a função "desfazer" para documentos) e dar suporte à perda de memória de curto prazo para tarefas ricas em informações, ao salvar o que uma pessoa já havia preenchido.

Assim como na codificação, todos podemos pensar em formas criativas de proteger nossa vida cotidiana contra erros. Instale uma iluminação naquele muro de pedra no fim da entrada da garagem para reduzir as chances de bater nele. Deixe um guarda-chuva perto da porta para não esquecer de levá-lo sempre que houver previsão de chuva. Marque um dia para estudar com um amigo de modo a aumentar a chance de você fazer uma revisão adequada para a prova. Atenção aos pressupostos. Trabalhe com consciência contra o desconto hiperbólico. As possibilidades são infinitas.

Por fim, mantenha a mente aberta para o caso de suas falhas básicas serem oportunidades disfarçadas.

Eureca! Quando a falha básica se transforma em sucesso

Lee Kum Sheung, um chef de 26 anos de um pequeno restaurante que servia ostras cozidas em Guangdong, uma província costeira no sul da China, não pretendia variar a preparação naquele fatídico dia de 1888.[225] Lee, por engano, deixou uma panela de ostras ferver por muito tempo, e, quando se deu conta, deparou com uma gororoba pegajosa marrom. Ele provou a ostra e descobriu que estava deliciosa! Não demorou muito para decidir fazer a gororoba de propósito e vender o "molho de ostra" em frascos sob a marca Lee Kum Kee. O "erro brilhante" acabaria por tornar Lee e seus herdeiros extremamente ricos. Quando o neto de Lee morreu em 2021, o negócio da família valia mais de 17 bilhões de dólares.[226] Mesmo que a maioria das falhas básicas não gere novos produtos valiosos, muitos dos alimentos prediletos de hoje, incluindo batata frita e biscoitos de chocolate, foram descobertos por acidente.[227]

Embora a maioria das falhas básicas não gere negócios de bilhões de dólares, aquelas que o fazem precisaram ser notadas — e reformuladas como oportunidades. Isso só acontece quando se tem uma mente aberta e uma resposta bem-humorada aos erros.

Errar é humano; prevenir a falha básica é divino

Os erros sempre vão nos acompanhar. Muitas vezes, são inofensivos. Outras vezes, causam falhas básicas que vão desde uma história engraçada para contar aos amigos (um para-choque amassado) até uma perda devastadora de vidas (a queda da passarela no Kansas City Hyatt Regency Hotel). Todos nós deparamos com oportunidades diárias para interromper a cadeia causal que liga o erro à falha. O que torna a falha básica difícil de prevenir é a nossa aversão instintiva ao erro, ainda mais o nosso erro. Mas, ao melhorar nossa relação com o erro para que possamos identificá-lo, reportá-lo e corrigi-lo, é possível evitar as falhas seguintes.

Valiosa na mesma proporção é a adoção de medidas preventivas de todos os tipos — do treinamento a condutas à prova de erros. Essa não é a parte glamorosa de falhar bem — não é a parte que recebe curtidas nas mídias sociais ou é saudada como a última moda de gerenciamento. Isso é uma pena, dado o seu enorme valor (basta perguntar aos acionistas da Alcoa ou aos passageiros de companhias aéreas comerciais!). Uma parte vital de falhar bem é evitar falhas básicas. Se o objetivo é não ter dano algum e desempenhar um trabalho sem falhas no momento da entrega, é primordial melhorar sua relação com o erro humano.

Sim, errar é humano. E perdoar (ainda mais a nós mesmos) é, de fato, divino. Mas adotar práticas simples para evitar falhas básicas em nossa vida e nossas organizações é possível e vale a pena. Pode-se até dizer que é empoderador.

CAPÍTULO 4

A tempestade perfeita

Infelizmente, a maioria dos sistemas de alerta
não nos avisa que não pode mais nos alertar.

— Charles Perrow

O capitão Pastrengo Rugiati[228] era um homem forte e simpático que amava o mar e os navios que conduzia. Ele era conhecido por sua bondade. Quando um de seus oficiais recebia a notícia do nascimento de um bebê, Rugiati ordenava que soassem o apito do navio, agitassem uma fita azul ou rosa do mastro e fizessem uma festa para todos os homens que não estavam de plantão. Naquela noite de sexta-feira do mês março, ele permaneceu no convés depois da meia-noite enquanto o *Torrey Canyon* navegava rumo ao norte enquanto se aproximava do fim de sua jornada de um mês do Kuwait até Milford Haven, no País de Gales. O mar estava calmo, e a previsão era de uma navegação tranquila para os dias seguintes.

Rugiati ficou acordado até tarde para repassar os detalhes da operação especialmente desafiadora que estava por vir: descarregar as cerca de 119 mil toneladas de petróleo bruto que o navio transportava. As coisas tinham que dar certo; era uma corrida contra o tempo. Se Rugiati não chegasse a Milford Haven às 23 horas da noite seguinte, ele teria que esperar mais seis dias por outra maré alta compatível ao descarregamento de um navio do tamanho do *Torrey Canyon*. Nem ele, nem a tripulação, nem a companhia de navegação da Libéria para a qual trabalhavam podiam arcar com esse atraso. Ele teve um cuidado especial com os cálculos porque faltava ao navio uma cópia do *The Channel Pilot*, o manual marítimo padrão e a melhor fonte de informação disponível para navegar nas águas à frente. Quando ele enfim conseguiu ir para seu camarote, pediu para ser chamado quando as notórias Ilhas Sorlingas — um arquipélago na costa sudoeste da Inglaterra — fossem avistadas a estibordo (à direita do navio).

Por volta das 6h30, o imediato acordou o capitão. Ele relatou que as correntes marítimas e o vento haviam empurrado a embarcação para fora do curso inicial. Na esperança de corrigir isso, o imediato havia reconfigurado a rota do navio. Rugiati ficou irritado com o fato de o imediato ter mudado de curso sem permissão. O que era ainda mais irritante era que o redirecionamento tornaria a viagem mais longa. Rugiati pôs o navio de volta a seu curso original, que ele planejara com tanta meticulosidade na noite anterior. Embora tivessem que passar perto do recife Seven Stones, um perigo lendário para os marinheiros, Rugiati acreditava que o navio e sua tripulação estariam seguros. Ao analisar hoje, isso seria discutível, e até mesmo um erro de julgamento.

Ainda assim, Rugiati poderia ter conduzido com segurança seu navio até o porto, exceto por dois pequenos acontecimentos inesperados que se sucederam. O primeiro foi que dois barcos carregados de lagostas surgiram de repente no nevoeiro, o que bloqueou o avanço do navio e forçou o capitão a desviar. Com pouco espaço para manobrar, os segundos eram importantes. O segundo evento foi um problema mecânico na roda do leme o qual impedia que o leme respondesse de imediato à tentativa de giro de Rugiati. Esse pequeno atraso faria diferença.

Rugiati estava muito atento. Mas estava muito atrasado. Muito perto do recife. Ele estava com má sorte. Por volta das 8h50, o *Torrey Canyon* atingiu o recife com toda a velocidade. O fundo do enorme navio foi arrancado. Catorze tanques de carga se abriram, provocando um derramamento devastador de petróleo bruto de quase 50 milhões de litros. Aquele sábado, 18 de março de 1967, foi apenas o começo do que seria uma tremenda falha, coroada até hoje como o maior derramamento de petróleo da Grã-Bretanha.[229]

Como o capitão Rugiati disse mais tarde no inquérito oficial: "Diversas pequenas coisas se somaram e acarretaram um grande desastre."[230] O prazo, as correntes, os barcos de pesca de lagosta e o controle de direção — em outro dia qualquer, tudo poderia ter corrido bem. Se qualquer um desses fatores fosse excluído, é provável que o acidente teria sido evitado. Talvez Rugiati continuasse fazendo o que mais amava por muitos anos: velejar petroleiros pelo mundo. No entanto, em vez disso, ele ficou tão acabado quanto o barco,[231] sentindo-se envergonhado e culpado, e teve a carreira destruída. "Para o comandante, o navio é tudo, e eu perdi o meu", confessou. Para a maioria das pessoas, incluindo os proprietários e as seguradoras do navio, e em especial o próprio Rugiati, aquele capitão tão qualificado havia se tornado um fracasso abjeto.

Diversas coisinhas pequenas

A tragédia de *Torrey Canyon* fornece um exemplo clássico de uma falha complexa. As "diversas coisinhas pequenas" que se somam até virar uma falha, seja grande ou pequena, capturam a característica essencial desse terceiro tipo de falha. Como em tantas histórias, "coisinhas pequenas" que ocorrem sem contratempos com regularidade às vezes se alinham da forma errada — o que permite que uma falha consiga se esgueirar pelo guarda-corpo que normalmente a impede de passar.

Este capítulo investiga a natureza das falhas complexas e por que elas estão em ascensão em quase todas as facetas da vida contemporânea. Mas, de antemão, a história serve para nos lembrar de tratar o tema da falha com sensatez. Nem todas as vezes que cometemos falhas se qualificam como o jeito certo de errar! Algumas são completamente catastróficas. Outras são trágicas. Outras são apenas uma fonte de desgosto. A ciência de fracassar bem começa com um diagnóstico nítido do tipo de falha — de modo a entender melhor, aprender e, o mais importante, evitar o maior número possível de falhas destrutivas. Assim como cometer falhas básicas, cometer as complexas não é o jeito certo de errar.

Ainda assim, dizer que cometer falhas complexas não é o jeito certo de errar *não* é chamá-las de culpáveis. Algumas delas são, mas a maioria, como veremos, não são. Como as falhas inteligentes e as básicas, as complexas podem nos proporcionar ensinamentos poderosos se estivermos dispostos a nos esforçar para aprender com elas.

Procurando o culpado

Embora a saúde do capitão estivesse excelente quando o navio partiu, a tensão física e o choque emocional do que se tornaria a última viagem de Rugiati a prejudicaram. Ele perdeu 9 quilos e desenvolveu uma infecção pulmonar a ponto de ter que obedecer a ordens médicas estritas para não ver ninguém além da esposa, Anna, que o visitava todo dia. Mas os paparazzi o encontraram em Gênova quando o Conselho de Investigação nomeado pela Libéria, perante o qual Rugiati e vários outros membros da tripulação haviam testemunhado, chegou a uma conclusão: o comandante Pastrengo Rugiati era o único responsável. Sua licença foi revogada e ele nunca mais navegaria. Um fotógrafo tirou uma foto do homem aterrorizado debaixo da cama.[232]

Tempos depois, a decisão foi considerada muito apressada. Um membro da tripulação testemunhou que as medições de navegação que ele fizera e relatara nas últimas horas que antecederam o acidente eram imprecisas. Além disso, alguém no convés, não estava evidente quem, havia movido de modo errado uma alavanca lateral na roda do leme, o que desacelerou as manobras de Rugiati naqueles segundos finais e cruciais. E também faltava a cópia do *The Channel Pilot*, que poderia ter orientado a navegação. Culpar uma pessoa, o capitão, não era apenas uma resposta relativamente fácil ao que havia dado errado, como também uma boa notícia para os proprietários e as seguradoras do navio; de acordo com pelo menos uma estimativa, o veredito lhes proporcionou uma economia de quase 17 milhões de dólares.[233]

O reflexo de culpar alguém, de atribuir a culpa a um único indivíduo ou causa, é quase universal. Infelizmente, isso reduz a segurança psicológica necessária para praticar a ciência de falhar bem. Os CEOs são demitidos quando uma empresa apresenta um desempenho fraco. Os cônjuges se culpam quando um deles se atrasa para buscar o filho na creche. As crianças costumam apontar o dedo para outra pessoa ou local para escapar da culpa. É fácil e natural procurar causas e culpados únicos, mas, no caso de falhas complexas, esse instinto não é apenas inútil como também impreciso. E isso dificulta falar de forma aberta e lógica sobre o que de fato aconteceu e como ter um desempenho melhor da próxima vez. Mais tarde, falarei sobre abordagens para reduzir a falha complexa, mas, por enquanto, quero enfatizar que um ambiente psicologicamente seguro, em que as pessoas saibam que não serão culpadas por erros ou resultados decepcionantes, é a base que permite a organizações e famílias experimentarem menos o jeito errado de falhar e mais o jeito certo.

Mas e a responsabilidade? Essa é a pergunta que executivos de setores dos mais variados, como hospitais e bancos de investimento, me fazem. Os indivíduos devem enfrentar as consequências das falhas para evitar uma cultura frouxa em excesso? Se as pessoas não recebem a culpa por suas falhas, como elas podem buscar motivos para melhorar? Essa preocupação é baseada em uma falsa dicotomia. Na verdade, uma cultura que cria um espaço seguro para se admitir a falha pode (e em ambientes de alto risco *deve*) coexistir com padrões de alto desempenho. Uma cultura de culpa serve,[234] em especial, para garantir que as pessoas não discutam sobre os problemas a tempo de corrigi-los, o que é óbvio que não ajuda no desempenho. É por isso que os relatos sem punição são tão valiosos. Como veremos, o relato rápido e espontâneo de anomalias é vital para um alto desempenho em qualquer contexto dinâmico.

A complexidade da falha complexa

Embora as falhas básicas às vezes sejam devastadoras, as falhas complexas são os verdadeiros monstros que pairam sobre nossa vida, nossas instituições e sociedades. Ainda que as falhas básicas apresentem problemas razoavelmente solucionáveis com causas únicas, as complexas têm um arquétipo diferente. Elas predominam em ambientes como salas de emergência de hospitais e cadeias globais de suprimento porque vários fatores e pessoas interagem de maneiras um tanto imprevisíveis. Sistemas climáticos cada vez mais voláteis são outro terreno fértil para falhas complexas. Após anos de estudo acerca das falhas complexas nas áreas aeroespacial, de saúde e de negócios, reuni um conjunto de exemplos notavelmente diferentes que, no entanto, compartilham características comuns. Acima de tudo, eles apresentam mais de uma causa. Falhas complexas acontecem em ambientes habituais, o que as distingue das inteligentes. Apesar de serem familiares, essas configurações apresentam um grau de complexidade em que vários fatores podem interagir de maneiras inesperadas. Em geral, falhas complexas são precedidas por sinais de alerta sutis. Por fim, muitas vezes incluem pelo menos um fator externo que parece incontrolável.

Ambientes e situações familiares

Ao contrário das falhas inteligentes, que ocorrem em um território novo — como escolher ingredientes que nunca foram combinados para inovar na cozinha, namorar na intenção de encontrar um parceiro para a vida ou conduzir experimentos acústicos que resultam em um microfone de eletreto que muda a história —, as falhas complexas ocorrem em ambientes onde é possível encontrar muita experiência e conhecimento prévios. Ainda que o capitão Rugiati nunca tivesse navegado naquela rota e sob aquelas condições climáticas, ele já tinha um conhecimento básico estabelecido para fazer uma viagem bem-sucedida. Um evento social, uma viagem de férias ou um semestre na escola são exemplos de situações familiares em que todos nós podemos ter experimentado uma ou duas falhas complexas. Acidentes, tragédias e desastres que aparecem nos noticiários diários são, em sua maioria, falhas complexas em ambientes razoavelmente familiares.

Considere o filme *Rust*, ambientado no Novo México, em que a cineasta Halyna Hutchins morreu ao ser atingida por um disparo de arma de fogo em 21 de outubro de 2021. O rancho Bonanza Creek já havia sido usado por outros cineastas, e a equipe, que já trabalhava por lá havia alguns dias, conhecia um pouco o local. Todos na produção estavam familiarizados em certa dimensão com as precauções e os processos necessários que a indústria cinematográfica havia estabelecido para rodar um filme que usasse armas de fogo. No entanto, o ator e produtor Alec Baldwin portava uma arma que disparou por acidente a bala fatal, "que soou como um chicote[235] e depois um estalo barulhento". O diretor Joel Souza, que estava parado ao lado de Hutchins, sofreu um ferimento no ombro. Foi uma trágica falha complexa.

Na investigação que se seguiu ficou evidente que os procedimentos de segurança estabelecidos para o manuseio de armas de fogo no set não haviam sido seguidos com muito rigor. A armeira Hannah Gutierrez-Reed, de 24 anos, encarregada de supervisionar a segurança e o uso de armas no set, disse aos investigadores que, mais cedo, no dia do acidente, ela seguiu o protocolo e verificou se a munição destinada para a filmagem das cenas naquele dia incluía apenas "balas fictícias", e não verdadeiras. No entanto, o diretor-assistente David Halls, a última pessoa a inspecionar a arma por questões de segurança antes de entregá-la a Baldwin e anunciar que estava "fria", ou seja, sem munição, disse aos investigadores que havia cometido um erro ao não verificar todas as etapas naquele dia — uma grande violação do protocolo de segurança.[236] Além do mais, para começar, não estava evidente como a munição verdadeira,[237] em geral proibida em um set de filmagem, foi parar no local. Para piorar, uma semana antes, o "disparo acidental"[238] ocorreu duas vezes sem levar a uma inspeção mais minuciosa das práticas de segurança no set de filmagem.

É essa familiaridade que torna as falhas complexas tão perniciosas. Em situações com as quais estamos familiarizados, nos sentimos mais no controle do que de fato estamos, como ao dirigir de volta para casa (situação conhecida), apesar de ter consumido bebida alcoólica em uma festa, o que facilita ter uma falsa sensação de confiança. O capitão Rugiati se sentiu no controle do navio devido ao planejamento meticuloso na noite anterior e aos seus anos de experiência. Tenho certeza de que você consegue pensar em exemplos da sua vida em que isso tenha acontecido. Talvez tenha ficado confiante demais na sua capacidade de liderar um projeto em equipe, já que fizera isso muitas vezes antes, e se viu cercado de desafios inesperados cuja dificuldade você subestimou. Talvez você ou alguém que conheça se sentisse em alguma escala imune à Covid-19 devido a precauções que pareciam adequadas, mas depois acabou infectado. De forma mais geral, quando pensar *Consigo fazer isso de olhos fechados*, cuidado! O excesso de confiança é um precursor da falha complexa, assim como da falha básica.

Falhas complexas nem sempre são catastróficas. Todos nós já tivemos experiências em que uma pequena "tempestade perfeita" faz nossos planos desandarem. Você configura o alarme para despertar de noite, e não de manhã, e por isso se atrasa e corre porta afora; o tanque de gasolina está vazio, então você vai abastecer. Em seguida, pega um grande engarrafamento por causa de um acidente na rodovia, o que faz o trajeto até o consultório médico demorar mais do que o previsto. Você chega trinta minutos depois do horário marcado para a consulta, e o médico não está mais lá porque correu para atender uma emergência no hospital. Embora seja inofensiva em certo grau, a consulta perdida é uma falha complexa.

Multicausais

As falhas complexas têm mais de uma causa, nenhuma das quais gerou a falha por conta própria. Em geral, um conjunto de fatores internos, como procedimentos e habilidades, depara com fatores externos, como o tempo ou o atraso na entrega por parte de um fornecedor. Às vezes, os múltiplos fatores interagem para exacerbar um ao outro; em outras, eles apenas se combinam para se transformar na gota d'água. Nos processos e nas atribuições de culpa que proliferaram após o disparo acidental no rancho Bonanza Creek, uma coisa ficou explícita: se qualquer *um* dos erros menores tivesse sido detectado ou evitado, a falha trágica poderia ter sido evitada. Talvez a bala não tivesse atingido Hutchins se ela tivesse ficado atrás da câmera em um ângulo com alguma pequena diferença. Se Baldwin tivesse puxado o gatilho mais devagar ou com menos força, talvez não tivesse disparado. Se a munição nunca tivesse entrado no set… Se o armeiro não tivesse anunciado em voz alta que a arma estava sem munição. Nesse caso, como em tantos outros, o sistema, com seus protocolos pretendidos, era fraco, e a execução, frouxa.

Considerada "uma das falhas de engenharia mais mortais" da história dos Estados Unidos, a queda das Champlain Towers South, em 24 de junho de 2021, foi uma trágica falha complexa que ceifou 98 vidas.[239] Para procurar causas, podemos até voltar à década de 1890, quando empreendedores ambiciosos decidiram construir uma cidade em um trecho pantanoso conhecido como Miami Beach. Em seguida, considere a erradicação do mangue que servia como "muro natural, que mitigava danos causados pelas marés e bloqueava os ventos fortes", o que deixou os edifícios vulneráveis desde o início,[240] ainda mais com as tempestades intensas de hoje e o aumento do nível do mar. Some-se a isso a provável relutância dos proprietários do condomínio em pagar por custos de manutenção caros — e inesperados — à medida que o prédio de 39 anos ficava mais velho. Como os regulamentos locais exigiam a recertificação de tais estruturas após quarenta anos, um engenheiro que inspecionou o prédio um ano e meio antes observou que o projeto da laje de concreto subjacente ao deque da piscina permitia que a água se acumulasse na fundação do edifício. Ele também identificou pequenas fissuras e erosão que não pareciam gerar um risco imediato. O custo estimado de 9 milhões de dólares para corrigir o problema do deque — muito além do que o prédio tinha no fundo de reservas — gerou atrasos, discussões acaloradas entre os inquilinos e renúncias de alguns membros do conselho do condomínio. Embora tentador, procurar identificar um único culpado — empreendedores, proprietários, governo municipal ou mudanças climáticas — será insuficiente.

Fatores externos

Quando se trata de falhas complexas, um fator externo ou incontrolável muitas vezes entra no bolo. Alguém pode considerar isso má sorte. A falha de *Torrey Canyon* foi provocada por uma combinação trágica de fatores externos imprevistos (barcos de pesca de lagosta que apareceram do nada) e incontroláveis (correntes oceânicas). Uma bala de verdade é encontrada nas instalações de armazenamento da armeira. O aumento dos níveis de água na área de Miami exacerbou o envelhecimento estrutural no edifício Champlain Towers. Um jovem que volta para casa de uma festa e, na estrada, seu discernimento já prejudicado se torna pior por causa do acúmulo repentino de gelo na pista. Um vírus que tem uma composição química que em um primeiro momento era desconhecida se torna tão incontrolável quanto o comportamento humano.

Às vezes, o limite entre uma falha básica e uma complexa se confunde. O que à primeira vista parece uma falha básica, como cometer o erro de carregar uma arma com uma bala verdadeira em vez de uma falsa, após um exame mais profundo, acaba por ser complexo quando essa causa óbvia única inicial revela as próprias causas.

Veja, por exemplo, o pequeno, mas fatídico, erro cometido por um oficial da marinha de 35 anos chamado Brian Bugge, que adorava mergulhar. Embora costumasse ser meticuloso e atencioso, no último mergulho de uma aula de treinamento avançado, Brian desceu do barco e mergulhou nas águas oceânicas perto de Honolulu sem ter conectado o cilindro de ar à máscara. Em poucos minutos, ele ficou hipóxico[241] e se afogou a metros de distância do instrutor e dos colegas de curso.

Embora o erro de não preparar o suprimento de oxigênio sugira uma falha básica, é só analisar a situação com distanciamento para observar as múltiplas causas que tornam essa falha complexa. Em primeiro lugar, o instrutor era novo em um programa de treinamento frenético,[242] no qual os horários mudavam com frequência e em cima da hora. E por que os colegas não fizeram uma verificação dos equipamentos uns dos outros? Por que o equipamento de Brian não foi verificado duas vezes antes de mergulhar naquele dia? Talvez por excesso de confiança. Brian era um mergulhador experiente e a aula ocorreu em território literalmente familiar — a turma já tinha mergulhado naquele exato local. Outro fator externo: os alunos, em sua maioria, eram oficiais militares, acostumados a respeitar hierarquias, e ficavam relutantes em se manifestar para questionar a autoridade do instrutor. Por fim, de acordo com a viúva de Brian, Ashley Bugge, ele estava hesitante em fazer o mergulho no início daquela manhã de domingo. Na noite anterior, Brian pensara em desistir do treinamento para passar o dia com Ashley e os dois filhos pequenos. Mergulhadora ávida que era, ela o incentivou a ir. "Olhei nos olhos dele e disse para ir mergulhar",[243] lembrou Ashley mais tarde. Eu disse a ele: "Sei que [você não] quer de fato perder a aula."

Desde então, Ashley pensou muitas vezes em como as coisas teriam sido diferentes se ela não tivesse incentivado Brian a fazer o mergulho final, e sim insistido para ele ficar em casa — algo compreensível. Mas, segundo ela, "não se trata de quem tem culpa e quem fez isso ou aquilo. Não é um jogo para buscar um culpado".[244] Este é um ponto importante. O foco solitário da culpa nos livra de uma situação difícil. Isso significa que não precisamos examinar com cuidado os fatores contribuintes, o que é essencial para evitar futuras falhas complexas. Isso é ainda mais factual quando o objetivo é garantir uma operação segura em ambientes de inerente complexidade, conforme explorado mais adiante neste capítulo.

Sinais de alerta

Por fim, as falhas complexas costumam ser precedidas por pequenos sinais de alerta que são perdidos, ignorados ou minimizados. No set de *Rust*, embora ninguém tivesse se machucado quando as armas cenográficas dispararam por acidente na semana anterior, os membros da equipe que se manifestaram sobre segurança não foram levados a sério — é evidente que nenhuma salvaguarda ou precaução adicional foi implementada. Em vez disso, os integrantes da equipe disseram que tinham pressa para concluir o filme dentro do cronograma de filmagem exigido. Outras condições de trabalho também não eram ideais. A equipe recebeu a promessa de quartos de hotel na cidade vizinha Santa Fé, mas, em vez disso, acabou sendo forçada a levar uma hora para ir e voltar de Albuquerque depois de trabalhar de doze a treze horas por dia no set de filmagem. Os pagamentos nem sempre eram feitos na data correta. Cansados e frustrados,[245] cinco integrantes da equipe de filmagem escreveram e-mails na noite anterior ao tiroteio sobre a intenção de pedir demissão.

Sem dúvida, já olhamos para trás depois de uma falha significativa para analisar como ela poderia ter sido evitada. Se você não tivesse ignorado aquele som estranho no motor do carro antes de partir em uma longa viagem cujo caminho tinha poucas oficinas, talvez não estivesse parado no acostamento da estrada. Se tivesse conversado com seu professor a respeito de como melhorar depois de se dar mal no meio do período *e* não tivesse tido uma emergência familiar que tomasse seu tempo e atenção, você teria estudado mais para a prova final e passado na matéria. Entender por que muitas vezes perdemos os sinais que alertam sobre a falha é crucial para sua prevenção — e isso será abordado mais adiante neste capítulo.

Um diagnóstico completo de uma falha complexa pode identificar sinais perdidos, além de nos oferecer uma compreensão mais profunda de quem e o que foi responsável. O engenheiro que inspecionou as Champlain Towers South constatou pequenas fissuras no concreto e uma leve deterioração no vergalhão — o que não sinalizava com nitidez o risco imediato. Muitas vezes, a análise de falhas é superficial[246] e as medidas tomadas para remediar a situação acabam por piorar tudo.

Piorando as coisas

Os dias e semanas que sucederam à colisão do *Torrey Canyon* no recife Seven Stones transformaram uma trágica falha em algo muito pior e ainda mais complexo. Como diz Stephen J. Hawkins, um cientista que estudou o impacto ambiental do derramamento de óleo do navio-tanque: "A emenda saiu pior do que o soneto."[247] Voltar-se à cadeia de acontecimentos — bem como ao pensamento — que levou ao que se tornaria uma série de tentativas fracassadas de deter a tragédia em curso é fundamental. A maneira como uma falha multicausal pode se tornar emaranhada e difícil de desenrolar, feito uma corda embolada que se torna mais resistente quanto mais se puxa, não é exclusiva do desastre do *Torrey Canyon*. Compreender a arquitetura de falhas complexas faz parte de encontrar a chave para sua prevenção.

No início, os proprietários do *Torrey Canyon* pensaram que o navio poderia ser recuperado. Eles contrataram uma empresa holandesa, que enviou rebocadores e socorristas a bordo para descarregar o petróleo na água e retirar o navio-petroleiro das rochas. Com muita coragem, o capitão Rugiati e a tripulação permaneceram no navio. Mas o enorme petroleiro estava bastante preso às rochas, o que dificultava sua remoção. A rachadura no casco gigante continuava a crescer, e o óleo vazava perigosamente. A ameaça de incêndio forçou o desembarque de todos. Em seguida, a British Petroleum despejou na água 2,5 milhões de litros de um detergente industrial chamado BP1002, em alguns casos rolando barris de detergente do topo de penhascos.[248]

Ninguém conhecia o perigo que os produtos químicos representavam para a vida oceânica. As praias do oeste da Cornualha foram cobertas pelo que um repórter descreveu como "um tapete grosso de gosma preta".[249] Cerca de quinze mil aves marinhas morreram. O governo britânico e a Marinha Real se equivocaram na forma de lidar com o desastre, e se recusaram, a princípio, a admitir a gravidade da situação, o que aumentou o caos. Como o navio estava em águas internacionais, ficou incerto quem estava no comando e o que era legal em sua integralidade.[250] Por fim, dez dias após o incidente, a Marinha Real bombardeou o superpetroleiro. Apenas 23 das 41 bombas[251] de 450 quilos lançadas atingiram o alvo; o napalm também foi lançado, o que provocou nuvens de fumaça preta que atingiram quase 5 quilômetros de altura e podiam ser vistas a uns 160 quilômetros de distância. Enfim, em 30 de março, quase duas semanas após o vazamento de petróleo, o *Torrey Canyon* começou a afundar.

Crises de grande escala, como a do *Torrey Canyon*, que ganham as manchetes, muitas vezes combinam várias falhas menores e uma mistura de tipos de falha. Ninguém sabia como controlar o navio que se partia e o vazamento de óleo; ninguém sabia também como lidar com as toneladas de petróleo bruto que vazavam e se espalhavam por centenas de quilômetros de costa intocada. Uma coisa deu errado, e em seguida outra e então outra. "Diversas pequenas coisas se somaram, o que acarretou um grande desastre." Enquanto as falhas básicas apresentam problemas solucionáveis até certo grau, falhas complexas, como essa tragédia exemplifica, têm arquétipos diferentes. Infelizmente, essas tempestades perfeitas não são coisa do passado. E às vezes se desdobram ao longo de décadas.

Desdobramento ao longo de décadas

Treze minutos após a decolagem do aeroporto de Jacarta, na Indonésia, em 29 de outubro de 2018, o voo 610 da Lion Air caiu no mar de Java. O inquérito inicial encontrou um problema de engenharia em um dos dois sensores do Boeing 737 MAX, que acionou por engano um sistema automático responsável por ter empurrado para baixo o nariz do avião com força e velocidade. Como desceu a mais de 800 quilômetros por hora,[252] não houve sobreviventes. Nos Estados Unidos, a Administração Federal da Aviação dos Estados Unidos informou à Boeing que o risco de segurança era baixo e que a frota de aviões 737 poderia continuar a voar. A Boeing recebeu um prazo de sete meses para testar e revisar o sistema de software automático e foi solicitada a informar os pilotos sobre como lidar com o mau funcionamento, caso acontecesse outra vez.

O problema foi resolvido?

Infelizmente, não. Apenas cinco meses depois, em março de 2019, outro 737 MAX caiu pelo mesmo exato motivo. O voo 302 da Ethiopian Airlines partiu de Adis-Abeba, a capital da Etiópia, e em poucos minutos mergulhou no chão a 925 quilômetros por hora,[253] desintegrando-se após o impacto. Dessa vez, a FAA deixou toda a frota do 737 MAX no pátio.[254] Investigações mais profundas e extensas logo encontrariam diversas causas para essa falha complexa. Com certeza, o projeto de engenharia e o novo sistema de software foram causas relevantes para entender como essas falhas ocorreram. Mas, se tivermos um olhar mais atento, perceberemos que a cultura da Boeing, junto de seu ambiente industrial mais amplo, teve papel crucial nessas falhas — um caso clássico de falha complexa.

Li essas manchetes em 2019 com uma sensação sombria de familiaridade. Minha carreira acadêmica foi dedicada a entender falhas evitáveis em organizações complexas. Tal como acontece com a arma que disparou no set de *Rust* e o cilindro de mergulho que não foi ajustado da forma correta, é tentador classificar os dois acidentes como *bugs* de software que levaram os sensores automáticos a não funcionarem de forma adequada. Falhas idiossincráticas em tecnologia complexa. Mas, como antes, observe com mais atenção e verá alguns dos culpados usuais que definem as falhas complexas: várias causas em um ambiente de certo modo familiar, com a falsa sensação de segurança, sinais perdidos e complexidade interativa em um ambiente de negócios sob mudança. Às vezes, simplesmente não consigo tolerar a recorrência dessa história. Minha pesquisa lançou uma enorme luz sobre as razões pelas quais isso acontece — sobre as causas cognitivas, interpessoais e organizacionais que tornam as falhas complexas tão espinhosas. Essa multiplicidade de fatores também significa que há muitas alavancas para interromper o fluxo inexorável que leva às falhas. Isso significa que qualquer um de nós pode se tornar um *agente de prevenção* de falhas complexas.

O lado bom de cada tempestade perfeita é este: cada falha complexa contém múltiplas oportunidades de prevenção. Pense naquela consulta médica perdida: você só precisava verificar se o despertador estava programado para tocar de manhã ou abastecer o carro na noite anterior. Um ajuste teria evitado a falha. Com isso em mente, pense em todas as falhas complexas que você evitou.

Às vezes, é preciso voltar décadas para entender as origens de uma falha complexa — e, assim, identificar as muitas oportunidades de prevenção. Para as causas dos acidentes do 737 MAX, podemos apontar um fator significativo em 1997,[255] ano em que a Boeing adquiriu as ações de seu principal concorrente norte-americano, a McDonnell Douglas, por 13,3 bilhões de dólares. Logo em seguida, as mudanças de liderança que se sucederam à aquisição (outra causa) modificaram a cultura da empresa.[256] A ênfase histórica da Boeing em engenharia, com enfoque em valorizar invenção e precisão, deu lugar à ênfase histórica da McDonnell Douglas em finanças, com a prioridade nos lucros e no valor para os acionistas. Antes da aquisição, os principais executivos da Boeing tendiam a ter formação em engenharia, e assim compartilhavam uma linguagem técnica e sensibilidade comuns com os funcionários. Não por acaso, a sensibilidade compartilhada ajudava os engenheiros[257] da empresa a se sentirem seguros o suficiente para manifestar preocupações sobre, por exemplo, problemas com a velocidade, o design, a eficiência de combustível e, em especial, a segurança de uma aeronave. Engenheiros e executivos podiam interagir e o faziam de maneira informal fora do trabalho para discutir novas ideias ou sugestões. Após a aquisição, os principais executivos costumavam ter formação em finanças e contabilidade; a jornalista Natasha Frost descreveu-os com ironia como "contadores de moeda" pela falta de compreensão técnica de como as aeronaves funcionam.[258] Um fator que exacerbou essa mudança de cultura foi a transferência da sede corporativa de Seattle para Chicago em 2001. Executivos seniores trabalhavam, então, a mais de 3.000 quilômetros de distância dos engenheiros que projetavam os aviões, o que afastava ainda mais os dois grupos.

Avancemos para 2010. Esse foi o ano em que a Airbus, o maior concorrente europeu da Boeing, revelou seu novo avião A320 (quarta causa) e prometeu uma aeronave significativamente mais econômica[259] devido à sua melhor eficiência de combustível. A alta administração da Boeing ficou atordoada — a Airbus havia desenvolvido o novo jato em completo sigilo — e com razão temia perder clientes fiéis. Agora é possível visualizar que o cenário estava preparado para o desastre que se seguiu. De um lado, uma cultura que enfraquece os engenheiros e fortalece os contadores de moedas. De outro, uma ameaça competitiva que pode levar a consequências financeiras negativas para os acionistas e, portanto, a danos à reputação. A partir daqui o roteiro é ensandecedor de tão previsível.

Em resposta à ameaça inesperada da Airbus, os executivos da Boeing decidiram não fazer uma pesquisa dispendiosa e demorada[260] para projetar um modelo novo em folha em favor da atualização de seus aviões 737 existentes. De repente, a pressa para dominar o mercado passou a ser mais importante. Os executivos prometeram que o novo 737 MAX seria 8% mais eficiente em termos de combustível[261] do que o novo Airbus. Em teoria, a ideia dos executivos — adaptar um projeto existente em território familiar até certo grau, em vez de arriscar as inevitáveis falhas inteligentes que uma inovação do zero acarretaria — era um uso prudente dos recursos. Na realidade, o desafio de engenharia de modificar o 737 era considerável. Para acomodar os motores mais novos e mais eficientes em consumo de combustível, os engenheiros tiveram que mudar a localização deles[262] "mais para a frente e mais alto na asa", o que afetou a maneira como o avião subia em um ângulo íngreme. Para compensar a nova aerodinâmica, os engenheiros criaram um sistema automatizado de prevenção de estol, chamado "MCAS".

É nessa questão que os conflitos entre os engenheiros da Boeing e a administração tiveram consequências. Os regulamentos da FAA exigiam que os pilotos passassem por treinamento em simulador quando um projeto de aeronave tivesse uma diferença considerável em relação aos modelos anteriores. O treinamento em simulador era caro, um problema para as companhias aéreas (aqueles clientes fiéis), porque os recursos valiosos (os pilotos) ficavam indisponíveis. Para contornar a regulamentação, os gerentes da Boeing criaram uma estratégia inteligente, embora problemática em termos éticos, para minimizar as diferenças de projeto do 737 MAX:[263] não enfatizar o software MCAS e suas dificuldades para os pilotos. Eles não mencionaram o novo sistema de prevenção de estol do MCAS no manual do piloto. O piloto-chefe de testes se sentiu pressionado[264] a afirmar que o treinamento no simulador era desnecessário. Somente após o segundo acidente que e-mails trocados anteriormente entre engenheiros que expressaram preocupações de segurança se tornaram públicos. Um funcionário havia escrito: "Você deixaria sua família voar em um MAX?[265] (...) Eu não." Outro engenheiro alegou que os gerentes haviam recusado as atualizações de projeto[266] propostas devido ao "custo e potencial impacto do treinamento [do piloto]". Em uma descrição clássica de como é trabalhar em uma organização com baixa segurança psicológica, um engenheiro escreveu: "Há uma atitude de cultura supressora[267] em relação às críticas à política corporativa — ainda mais se essas críticas resultarem de acidentes fatais."

Como costuma ser o caso em grandes organizações, uma atitude de cultura supressora em relação à crítica não se limitou àqueles diretamente envolvidos com o mau funcionamento das aeronaves 737. Um exame minucioso após os dois acidentes fatais revelou que os funcionários da fábrica do Boeing 787 Dreamliner na Carolina do Sul se sentiram pressionados para manter um cronograma de produção ambicioso demais e estavam com medo de perder o emprego[268] se demonstrassem preocupação com a qualidade. Embora não fosse a fábrica onde os malfadados 737 eram produzidos, a experiência dos funcionários da Carolina do Sul apresentou um caso clássico de uma crença generalizada entre os colaboradores de que se manifestar desencadearia retaliação em vez de apreciação. Em dezembro de 2019, pouco mais de um ano após o primeiro acidente da Lion Air, a Boeing demitiu seu CEO e interrompeu a produção do 737 MAX. As ações da empresa caíram e o valor da companhia despencou. Pior, três anos depois, o Departamento de Justiça dos Estados Unidos acusou a Boeing de fraude, o que custou à empresa mais de 2,5 bilhões de dólares em multas e indenizações[269] às vítimas.

É tentador olhar para as falhas do *Torrey Canyon* e do 737 MAX e sentir raiva. Mas tenha em mente que, após ocorrido, é fácil falar. Ao olhar para trás, conseguir fazer melhor é óbvio. O que cada um de nós deve levar a sério é que a incerteza e a interdependência em quase todos os aspectos de nossa vida hoje significam que a falha complexa está em ascensão. A pesquisa acadêmica pode nos ajudar a entender por quê. Como veremos, também pode nos ajudar a ter um desempenho melhor. Entender os fatores e o que eles significam para sua organização e vida, pode, a princípio, parecer assustador — mas é, de fato, empoderador. Ver o mundo ao seu redor sob a perspectiva de *propensão a falhas complexas* nos prepara para lidar com o futuro incerto adiante.

Falha complexa em ascensão

A causa mais óbvia das falhas complexas modernas é a tecnologia da informação (TI) cada vez mais complexa subjacente a todos os aspectos da vida e do trabalho. Fábricas, cadeias de suprimentos e operações em muitos outros setores dependem de controles de computador sofisticados, nos quais uma pequena falha em uma parte de um sistema pode sair do controle. Você deve se lembrar de quando uma empresa de informações de crédito chamada Equifax informou que os números da Previdência Social, endereços e dados de cartão de crédito de quase 150 milhões de norte-americanos[270] haviam sido roubados da plataforma de software da empresa. De acordo com o testemunho do CEO Richard Smith no Congresso dos Estados Unidos em outubro de 2017, a "violação foi provocada por erro humano e falhas tecnológicas". Os hackers conseguiram as credenciais de login de três servidores, o que permitiu o acesso a 48 servidores adicionais. A falha complexa aumentou porque o ataque passou despercebido durante 76 dias,[271] o que deu aos hackers tempo suficiente para percorrer o sistema, extrair dados pessoais, bem como informações de alto nível sobre o design e a infraestrutura de dados da Equifax.

Talvez você tenha perdido informações valiosas armazenadas em um computador pessoal porque negligenciou fazer backup de dados, mesmo que soubesse se tratar de algo importante a ser feito. Com sorte, as consequências da perda dos dados não serão tão terríveis quanto as experimentadas por um engenheiro de sistemas galês chamado James Howells.[272] Em 2013, ele jogou fora um disco rígido de um computador antigo por acidente (um copo de limonada foi derramado no notebook e destruiu o disco rígido) e só depois se deu conta, já tarde demais, de que havia perdido a chave privada de 64 caracteres que desbloquearia o que havia começado como seu modesto investimento em bitcoin. Apesar dos esforços implacáveis na tentativa de obter permissão para recuperar seu precioso disco rígido do aterro municipal, oito anos depois ele não conseguiu reivindicar o meio bilhão de dólares que o bitcoin valia na época.

As mídias sociais alteraram os negócios, a política e as amizades e transformaram o verbo *viralizar* em um termo familiar. O setor financeiro mundial conecta todos os bancos e inúmeras famílias em todo o mundo, que nos torna vulneráveis a erros humanos que ocorrem do outro lado do planeta. Como explica a minha amiga e professora de estratégia da Universidade Columbia, Rita McGrath, anos atrás, a maioria de nossas instituições estava separada e, portanto, protegida dos efeitos de erros externos. Agora não mais. A digitalização de grandes quantidades de informação continuou a crescer exponencialmente à medida que o custo do poder de computação passou a diminuir. O desenvolvimento de sistemas inteligentes que se comunicam de forma independente deu origem a uma variedade infinita de potenciais falhas. Essa interdependência é um terreno fértil para falhas complexas. Como diz Rita, quando "as coisas que costumavam ser mantidas separadas agora esbarram umas nas outras (em outras palavras, quando sistemas antes *complicados* se tornam *complexos*), fica muito mais difícil prever[273] o que vai acontecer em seguida". A TI cria novas vulnerabilidades porque a interconectividade espalha o impacto de pequenas falhas de forma instantânea.

Não precisamos buscar mais exemplos além da Covid-2019, que teve seu primeiro caso identificado em Wuhan, na China, e se espalhou com velocidade pelo mundo, para verificar como a interconexão global aumenta a probabilidade de falhas complexas. Considere este pequeno exemplo: em meados de 2020, quando a demanda por máscaras de proteção aumentou de supetão em todo o mundo, as fábricas na China aumentaram a produção, que eram colocadas em navios de carga e enviadas para todos os lugares. Como resultado, contêineres vazios se acumularam[274] nesses países distantes bem no momento em que a China mais precisava deles para exportar mais máscaras.

O rastreamento de contato, a tentativa de limitar a propagação do vírus ao localizar as pessoas com as quais um indivíduo infectado teve contato, de modo a isolar todas as partes, decorre do reconhecimento de falhas complexas. Cada pessoa infectada ou exposta é em potencial uma entre uma infinidade de causas da falha que é uma pandemia em curso. Meus amigos Chris Clearfield e András Tilcsik escreveram um livro sobre a falha complexa[275] e por que ela está em ascensão. *Meltdown* [Colapso, em tradução livre], uma obra envolvente e às vezes aterrorizante, explica o "DNA compartilhado de acidentes nucleares, desastres no X (antigo Twitter), vazamentos de petróleo, fracassos em Wall Street e até mesmo irregularidades". Assim como eu, Chris e András foram influenciados pelo sociólogo Charles Perrow, que identificou fatores de risco responsáveis por tornar certos tipos de sistemas vulneráveis a erros.

Como os sistemas geram falhas complexas

O pensamento que acabei por desenvolver e estruturar a fim de categorizar a falha começou a tomar forma trinta anos atrás. O objetivo da minha pesquisa era descobrir por que os erros médicos persistiam[276] até mesmo em hospitais de alto nível — inclusive depois de chamar a atenção de especialistas e do público para o problema. A descoberta da prevalência de danos não intencionais em hospitais[277] foi um choque para o público e para os profissionais médicos no fim da década de 1990. Estima-se que esses erros nos hospitais dos Estados Unidos causem 250 mil mortes desnecessárias de pacientes por ano.[278] Como tantos profissionais de saúde bem treinados e bem-intencionados que fizeram um juramento de não fazer mal persistiam em fazê-lo? Grande parte da razão, descobri, está na natureza da falha complexa.[279]

Minha formação em engenharia me fez virar fã do livro inovador de Perrow,[280] *Normal Accidents* [Acidentes normais, em tradução livre], publicado pela primeira vez em 1984, que teve uma influência duradoura no pensamento dos especialistas sobre segurança e risco. Perrow focou como os *sistemas*, e não os indivíduos, cometem falhas consequentes. A importância dessa distinção não pode ser subestimada. Entender como os sistemas cometem falhas — e em particular quais tipos de sistemas são mais propensos a elas — ajuda a deixar a culpa de fora da equação. O que também nos ajuda a nos concentrar na redução de falhas é alterar o sistema, em vez de alterar ou substituir um indivíduo que trabalha em um sistema defeituoso.

Recorri ao trabalho de Perrow para estudar sobre a persistência de acidentes médicos. Perrow descreveu um *acidente normal* — um termo com intenção de ser provocador — como uma consequência previsível (isto é, normal) de um sistema com complexidade interativa e acoplamento forte. *Complexidade interativa* significa que várias partes interagem de maneiras que tornam difícil prever as consequências de ações. Por exemplo, alterar de leve o curso do navio colocou o capitão Rugiati em um caminho onde o surgimento repentino de dois barcos de pesca de lagosta exigiu uma curva súbita e difícil de executar, o que culminou em um acidente fatal. *Acoplamento forte*, um termo emprestado da engenharia, significa que uma ação em uma parte do sistema leva inexoravelmente a uma reação em outra; não é possível interromper a cadeia de acontecimentos. Quando o hardware mecânico de um caixa eletrônico recebe um cartão de banco, o software que controla a máquina e o aplicativo bancário estão com acoplamento forte, ou seja, trabalham juntos para concluir a transação. Se algum componente falhar, todo o sistema também irá falhar. Os sistemas com acoplamento forte não são fracos.

De acordo com Perrow, chamar um acidente de *normal* significa que certos sistemas funcionam como acidentes prestes a acontecer. O design deles os torna perigosos. É só uma questão de tempo até que esses sistemas falhem. Em contraste, um sistema com baixa complexidade interativa e acoplamento fraco — como uma escola primária — não seria propenso a acidentes normais. Se um sistema tivesse alta complexidade, mas não tivesse um acoplamento forte (por exemplo, uma grande universidade com muitos departamentos acadêmicos que operam com relativa independência), as coisas poderiam dar errado em uma parte sem desencadear em cadeia uma grande falha em todo o sistema.

Como os alunos de Perrow, Chris e András, apontaram em *Meltdown*, ao longo do tempo, cada vez mais nossas instituições se mudaram para a zona de perigo de Perrow:[281] "Quando Perrow publicou *Normal Accidents* em 1984, a zona de perigo que ele descreveu era escassa. Incluía sistemas como instalações nucleares, usinas químicas e missões espaciais. Desde então, todos os tipos de sistemas — de universidades e empresas de Wall Street a barragens e plataformas de petróleo — se tornaram mais complexos e com acoplamento forte."

Perrow escreveu o livro após o quase colapso da usina nuclear de Three Mile Island, na Pensilvânia, em 1979, uma falha visível que chamou a atenção das pessoas. Como sociólogo, e não engenheiro nuclear, Perrow pode ter perdido algumas nuances técnicas ao avaliar que as usinas nucleares tinham acoplamento forte e complexidade interativa,[282] o que lhes dava uma insegurança intrínseca — uma avaliação que especialistas posteriores desafiaram. Mas sua estrutura ajudou muitos de nós que estávamos interessados em segurança e acidentes a pensar de maneiras novas e úteis sobre os contextos que estudamos. A Figura 4.1 apresenta o modelo clássico de Perrow, com novos rótulos que criei para cada quadrante. O canto superior direito captura a ideia central do autor de que a complexidade interativa e o acoplamento forte, como os encontrados em usinas nucleares, criam uma *zona de perigo*. Perrow usou ferrovias para ilustrar a combinação de acoplamento forte e interações lineares no que eu chamo de *zona de controle*. Uma típica fábrica apresenta acoplamento fraco e interações lineares. Como o gerenciamento clássico funciona muito bem em tais contextos, refiro-me a isso como a *zona gerenciada*.

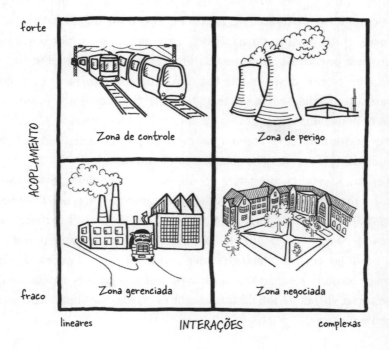

FIGURA 4.1: Modelo de Perrow revisitado

Por fim, as interações complexas combinam com o acoplamento fraco em uma universidade, com suas negociações em andamento para manter as coisas organizadas e em funcionamento, o que deu origem ao que chamo de *zona negociada*.

Em meu estudo sobre acidentes médicos, quis saber se os sistemas de atendimento a pacientes em hospitais tinham complexidade interativa e acoplamento forte. Se a resposta a ambos fosse que sim, então, de acordo com a estrutura de Perrow, as falhas no atendimento ao público em hospitais eram inevitáveis e irredutíveis.

Acoplamento fraco em hospitais

Em 1996, minhas respostas a essas perguntas[283] eram que sim e que não. Hoje permanecem inalteradas. O atendimento hospitalar ao paciente oferece considerável complexidade interativa. Por exemplo, um médico escreve uma receita que é preenchida por um farmacêutico, entregue no setor por outra pessoa e administrada por vários enfermeiros durante uma internação. Determinei, no entanto, que os elos dessa cadeia têm um acoplamento fraco. Uma falha em uma parte do sistema pode ser detectada e corrigida a qualquer momento. Esse é o lado bom da falha complexa: as transferências são humanas. Concluí que os hospitais não se enquadravam no quadrante do pior caso de Perrow. Isso significava que deveria ser possível alcançar um dano nulo.

No entanto, as falhas no sistema continuaram a acontecer, e por isso decidi analisá-las mais de perto. Aprendi que o acoplamento fraco não impede que os sistemas parem de funcionar. Significa apenas que é possível encontrar e corrigir erros antes que ocorra uma falha complexa. Vejamos um exemplo real da minha pesquisa em hospitais. Um menino de 10 anos, a quem chamarei de Matthew, recebe por engano uma dose de morfina com potencial fatal. Matthew se torna vítima de uma falha complexa criada por alguns fatores individualmente inócuos.

O desenrolar de uma falha complexa

Em minha análise, identifiquei sete fatores que contribuíram para o acidente.[284] As condições de excesso de pacientes (primeiro fator) na UTI fizeram com que Matthew fosse colocado em uma unidade regular do hospital após a cirurgia, com equipe menos especializada. Uma enfermeira recém-formada (segundo fator) de plantão na unidade se inclinou para programar a bomba de infusão eletrônica, localizada em um canto escuro da sala (terceiro fator), para liberar a quantidade prescrita de morfina de modo a reduzir a dor após a cirurgia. Não familiarizada com o dispositivo (quarto fator), a enfermeira pediu ajuda a uma colega. A colega, enfermeira experiente, estava com pressa (quinto fator), mas parou para ajudar e tentou entender os indicadores da máquina. A programação da bomba exigia a inserção correta de dois valores: a concentração de morfina e a taxa de infusão. O rótulo havia sido impresso na farmácia e enrolado em volta do recipiente do medicamento de forma que tampava uma parte do valor da concentração (sexto fator). A enfermeira experiente usou a informação visível para calcular e programar a máquina com o que ela acreditava ser a concentração correta. A primeira enfermeira olhou por trás da segunda para verificar os números, em vez de realizar os próprios cálculos de forma independente (sétimo fator). Cada um desses sete fatores apresentava uma oportunidade única de prevenção.

Em poucos minutos, o rosto de Matthew começou a ficar roxo e sua respiração ficou nitidamente prejudicada. A primeira enfermeira desligou a máquina de infusão, chamou o médico e começou a ventilar a criança com bolsa-valva-máscara. O médico chegou em poucos minutos e confirmou que Matthew havia recebido uma overdose de morfina — muitas vezes maior do que a dose apropriada. O médico pensou com rapidez e administrou um medicamento para reverter o efeito, e, em segundos, a respiração de Matthew voltou ao normal. A remoção de qualquer um dos fatores contribuintes poderia ter evitado essa falha médica não fatal, mas ainda assim com consequências. Essa pequena tempestade perfeita de acontecimentos um tanto incomuns se alinhou e permitiu uma falha, apesar do trabalho árduo e bem-intencionado de todos os participantes. Os especialistas em erros médicos usam hoje o que é chamado de modelo do queijo suíço[285] para explicar esse tipo de *falha do sistema*.

O modelo do queijo suíço

Introduzido em 1990 pelo dr. James Reason, especialista em erros e pertencente à Universidade de Manchester, no Reino Unido, o modelo do queijo suíço chama a atenção para as defesas que em geral evitam falhas consequentes em sistemas complexos, como hospitais. Os buracos no queijo suíço são comparados a pequenos defeitos ou erros de processo. Um buraco no pedaço de queijo suíço pode ser visto como uma falha — um espaço vazio que não contribui para sua nutrição. Felizmente, segundo Reason, os buracos no queijo são discretos e contidos, o que deixa o queijo intacto. Mas, às vezes, eles se alinham e criam um túnel — uma linha de defeitos que se compõe e termina em um acidente consequente. Se uma enfermeira não tivesse notado de imediato o sofrimento de Matthew, a sequência de acontecimentos causais poderia ter terminado em uma falha muito pior, que teria sido irreversível.

Imaginar o queijo com seus buracos nos ajuda a apreciar o papel do acaso e a oportunidade sempre presente de identificar e corrigir pequenos defeitos antes que se acumulem de maneira catastrófica. James Reason enfatizou que as falhas do sistema são comuns, mas podem ser (e em geral são) evitadas pelas muitas camadas defensivas de um sistema. Se você for à sala de um executivo de hospital hoje, não se surpreenda se vir uma pequena réplica esponjosa de uma fatia de queijo suíço. O objeto está lá para lembrar a todos de que as coisas podem dar errado e, portanto, devem ser notadas e interrompidas antes que o dano ocorra.

Ter sempre em vista o dano nulo em sistemas complexos, como hospitais, não é o mesmo que tentar apagar o erro humano. Errar é humano. O erro sempre vai nos acompanhar. Mas podemos desenvolver sistemas sociais que tornem todos nós conscientes da inevitabilidade do erro e prontos para identificá-lo e corrigi-lo antes que ele cause danos. Isso significa entender que os buracos de queijo suíço às vezes se alinham — apesar de estarem separados por tempo ou distância — para criar um túnel por meio do qual a falha complexa flui sem barreiras.

Falhas complexas variam de pequenas a catastróficas. A complexidade e uma maior prevalência podem nos tornar pessimistas em relação à prevenção delas. Mas um acúmulo de conhecimento pode ajudar. Começa com uma teoria acadêmica introduzida em 1989 como uma refutação explícita à noção de

Perrow de que certos sistemas são simplesmente perigosos demais para operar com segurança.

Como reduzir falhas complexas

O problema com a ideia de Perrow de que as organizações não poderiam operar de forma segura com complexidade interativa e acoplamento fraco era que muitas dessas organizações de fato funcionaram sem contratempos por anos e até décadas. As usinas nucleares operavam sem incidentes quase o tempo todo, assim como sistemas de controle de tráfego aéreo, porta-aviões nucleares e uma série de outras operações arriscadas em essência. Um pequeno grupo de pesquisadores liderados por Karlene Roberts, da Universidade da Califórnia, em Berkeley, começou a estudar como isso ocorria. O que o grupo descobriu tinha uma natureza mais comportamental do que técnica.[286]

O termo *organizações de alta confiabilidade*, ou OACs,[287] captura a essência da teoria. As OACs são confiáveis e seguras porque fazem com que todos se sintam responsáveis uns pelos outros em relação às práticas que detectam e corrigem com consistência desvios de modo a evitar grandes danos. *Vigilância* é a palavra. Mas é mais do que isso.

Para mim, a parte mais interessante da pesquisa em OAC é a observação de que, em vez de minimizar a falha, as pessoas nas OACs são *obcecadas* por elas. Meus colegas Karl Weick, Kathie Sutcliff e David Obstfeld escreveram um artigo de referência que destaca as OACs como uma cultura preocupada com a falha, que reluta em simplificar, muito sensível às operações em andamento (rápida para detectar mudanças inesperadas sutis), comprometida com a resiliência (detectar e corrigir erros, em vez de esperar operações sem erros) e que valoriza a experiência em detrimento da classificação. Em outras palavras, as OACs são locais estranhos. Em vez de se conterem para ver o que o chefe pensa, as pessoas lá não hesitam em se manifestar de imediato. Para evitar uma crise, um funcionário da linha de frente pode dizer ao CEO o que fazer. A falha é nitidamente vista como um risco sempre presente que pode, no entanto, ser evitado com consistência.

Em relação à pesquisa sobre sistemas complexos, erro humano e OACs, rejeito a ideia de que a falha complexa é um inimigo digno. Não devemos subestimar o desafio que temos pela frente, mas também não devemos fugir dele. Seja o modelo do queijo suíço, seja aquele com os atributos culturais das OACs mais intrigantes, a mensagem consistente que percorre as perspectivas desses especialistas é que *podemos* reduzir a ocorrência de falhas complexas em nossa vida ao seguir um conjunto de práticas simples (mas não fáceis) que começa por aprender o máximo possível com as falhas complexas que já ocorreram.

Aprenda com as falhas complexas do passado

Falhas complexas catastróficas muitas vezes se tornam o alerta que desencadeia investigações e mudanças no treinamento, na tecnologia ou nas normas. Logo após o desastre do *Torrey Canyon*, as entidades internacionais de emergência estabeleceram novas regras que exigiam mais proteção para os navios-petroleiros[288] tanto na construção (cascos duplos em vez de simples) quanto em novos equipamentos que garantissem um controle melhor sobre o petróleo. Os proprietários das embarcações passaram a ser responsáveis com exclusividade, enquanto antes eram responsabilizados apenas por negligência. A Lei de Poluição por Petróleo (Oil Pollution Act), que os Estados Unidos aprovaram em 1990, estabeleceu processos jurídicos para responder[289] a derramamentos catastróficos, regulamentos em torno do armazenamento de óleo e requisitos para planejar emergências. Hoje sabemos muito mais sobre a limpeza de derramamentos de petróleo bruto com ingredientes menos tóxicos e quando deixar as áreas afetadas isoladas, em parte por causa das lições aprendidas com a França após manchas de óleo[290] do *Torrey Canyon* chegarem à sua costa: o detergente não foi usado, a vida marinha não foi tão afetada e o petróleo foi degradado de forma mais eficaz.

O vazamento de *Torrey Canyon* estimulou a conscientização e o ativismo na década de 1970, que culminaram no movimento ambiental de hoje. Voluntários ocuparam praias na tentativa de resgatar e limpar aves cobertas de óleo. Repórteres e biólogos marinhos chamaram a atenção do público para a morte não apenas de aves como também da maior parte da vida marinha da costa sul da Grã-Bretanha ao litoral da Normandia, na França. Cinquenta anos depois, Martin Attrill, diretor do Instituto Marinho da Universidade de Plymouth, explicou como a falha mudou a forma como pensamos sobre os recursos naturais:[291] "Na época em que o *Torrey Canyon* afundou, ainda considerávamos o mar como o principal local de despejo dos nossos resíduos. O lema era 'o meio ambiente pode lidar com isso', e a principal preocupação era com o navio e se ele poderia ser resgatado." Da mesma forma, a morte acidental de Halyna Hutchins estimulou a discussão na indústria cinematográfica[292] sobre regras e supervisão mais rígidas para o manuseio de armas de fogo no set de filmagem. Hoje, a comunidade de mergulho autônomo desenvolve de forma ativa uma cultura de segurança mais rigorosa[293] para evitar afogamentos como o de Brian Bugge.

Embora as investigações pós-catástrofe sejam importantes, o aumento na frequência e gravidade de falhas complexas significa que não podemos nos dar o luxo de agir apenas após sua ocorrência. Reduzir falhas complexas começa com o ato de prestar atenção ao que chamo de *ameaças ambíguas*. Embora ameaças evidentes (um furacão de categoria 5 atingirá seu bairro amanhã) desencadeiem de prontidão ações corretivas (evacuar sua casa), tendemos a minimizar ameaças ambíguas — e perdemos a chance de evitar danos. Subestimar ameaças ambíguas é o oposto do que ocorre em organizações de alta confiabilidade. Observei isso em ambientes que vão desde o programa de ônibus espaciais da NASA até Wall Street, passando pelo desenvolvimento de medicamentos farmacêuticos. O que essas configurações díspares têm em comum além da complexidade? Elevados riscos e uma motivação para o sucesso — tão poderosa que impede que as pessoas se deem conta de estarem diante de sinais de alerta sutis.

Preste atenção aos primeiros alertas

Em 1º de fevereiro de 2003, o *Columbia*, orbitador mais antigo da frota de cinco ônibus espaciais da NASA, se desintegrou ao voltar à atmosfera terrestre, o que ocasionou a morte de todos os sete astronautas. Uma investigação posterior revelou que um grande pedaço de espuma isolante havia se soltado do tanque externo da nave auxiliar no lançamento, que a atingiu e criou um grande buraco na asa, o que condenou a missão.[294] Talvez alguns de vocês se lembrem de onde estavam quando ouviram essa notícia — ou a do fiasco do lançamento do *Challenger*, dezessete anos antes. Eu me lembro desses momentos de maneira muito vívida, em parte por causa de uma crescente sensação de temor de que esses eram os tipos de falhas que poderiam ter sido evitados.

Como todos já viram, às vezes, as falhas surgem do nada — o que significa que ninguém as viu chegar ou mesmo se preocupou o mínimo com a possibilidade de sua ocorrência. A falha do *Columbia* não foi um desses casos.

Em 17 de janeiro de 2003, um dia após o lançamento, que parecia bem-sucedido, do *Columbia* e quinze dias antes dele se desintegrar, Rodney Rocha, um engenheiro da NASA, examinou em detalhes o vídeo do lançamento. Algo parecia não estar certo. Ao ver uma mancha granulada na tela, Rocha não sabia bem o que era, mas temia que um pedaço de espuma isolante[295] pudesse ter caído do tanque externo da nave e atingido a asa esquerda. Em suma, ele identificou uma ameaça ambígua. Um sinal de alerta precoce. Para descobrir mais detalhes, ele queria imagens da asa do ônibus espacial geradas por satélites espiões, que só poderiam ser obtidas com a ajuda do Departamento de Defesa. O pedido de imagens de Rocha foi recusado pelos gerentes da NASA, em grande parte por causa de uma convicção geral de que pequenos pedaços de espuma não eram perigosos. Se essas imagens das asas tivessem sido obtidas, o desastre poderia ter sido evitado.

Uma ameaça ambígua é apenas ambígua. *Pode* ser uma ameaça real de falha ou não ser nada. Seu carro pode funcionar sem contratempos, seu filho adolescente pode agir com responsabilidade e a queda do mercado de ações pode não ser nada. Ao analisar de novo, o desgaste visto na inspeção do engenheiro das Champlain Towers South parece um sinal evidente de colapso iminente — mas não havia dúvida de que na época era ambígua. Ameaças ambíguas são problemáticas devido à tendência humana de minimizá-las. É natural, e mais agradável, assumir que nada está errado e adotar uma atitude de esperar para ver no que vai dar. Talvez você já tenha ouvido falar do viés de confirmação[296] — nossa tendência de ver o que esperamos, o que reforça, assim, uma crença ou previsão existente, e prestar atenção à confirmação de dados e deixar de notar dados desconfirmantes. Tornar-se mais autoconsciente, como veremos no próximo capítulo, faz parte de aprender a perceber os alertas precoces — e a buscar de modo ativo dados desconfirmantes, por precaução. Mas é natural adotar essa atitude de esperar para ver em vez de ficar curioso e dar uma olhada mais de perto em algum sinal sutil de irregularidade. O setor financeiro fechou os olhos para o risco de contratos garantidos por hipotecas,[297] compostos por empréstimos instáveis concedidos a pessoas sem ativos nem renda para garantir o reembolso. Quando a bolha imobiliária estourou, desencadeou outra tempestade perfeita, à medida que houve uma queda de valor na vasta rede de ativos financeiros ligados a hipotecas. Os executivos da Boeing minimizaram o risco de mau funcionamento do novo software para evitar o treinamento dispendioso de pilotos. Em minha pesquisa, descobri que é natural minimizar sinais sutis de risco, mas isso não significa que não nos importamos. Nossa confiança de que as coisas não vão falhar é reforçada pela esperança, por expectativas e experiências anteriores de que, na maioria das vezes, as coisas funcionam como deveriam.

Uma vantagem de estudar falhas no setor público é a disponibilidade de informações. Depois que o Columbia Accident Investigation Board (CAIB)[298] do governo dos Estados Unidos divulgou um relatório longo e detalhado em 26 de agosto de 2003, meu colega Mike Roberto e eu nos propusemos a analisar a falha do ônibus espacial sob uma perspectiva organizacional. Logo incluímos outro colega à equipe, o médico Richard Bohmer, e passamos muitos meses envolvidos em estudos de transcrições e correspondências por e-mail relacionadas ao desastre do *Columbia*. Acabamos por identificar (e apontar) o fenômeno das ameaças ambíguas como essencial para entender o que havia acontecido. Uma ameaça ambígua surge quando pelo menos uma pessoa detecta um risco potencial que não é de forma alguma evidente. O motor do seu carro está fazendo um barulho estranho, o que pode significar que ele vai pifar em breve ou pode não significar nada. Seu filho adolescente frequenta grandes festas onde pode ter bebida alcoólica. Um aumento nas execuções hipotecárias de imóveis pode sinalizar um colapso financeiro. Rodney Rocha viu uma mancha granulada em um vídeo.

Os muitos anos de sucesso do programa de ônibus espaciais — uma sequência de mais de 110 missões bem-sucedidas nos dezessete anos desde a falha do lançamento do *Challenger* — até a missão *Columbia* contribuíram para a facilidade com que a administração da NASA minimizou a ameaça ambígua. Os engenheiros não tinham dados adequados, mas achavam que o vídeo poderia indicar um pedaço de espuma maior e mais rápido em direção à asa do ônibus espacial. Os gerentes seniores viam as colisões da espuma como problemas de manutenção que eram irritantes, mas não catastróficos. A força da crença compartilhada da administração impossibilitou que se explorasse o assunto de modo efetivo.

A cognição humana e os sistemas organizacionais conspiram para suprimir sinais sutis de perigo, o que aumenta a probabilidade de falhas complexas. Os gerentes da NASA descartaram as preocupações dos engenheiros porque os cérebros e protocolos dos gerentes reforçaram a convicção de que as colisões de espuma eram, na pior das hipóteses, um incômodo. O ônibus espacial retornava à Terra de suas missões com segurança havia anos, apesar desses pequenos incidentes. Os mesmos fatores cognitivos explicam por que tantos líderes não conseguiram entender que um novo coronavírus poderia parar o mundo e causar milhões de mortes desnecessárias. Se tivessem sido capazes de reconhecer com mais prontidão a ameaça da Covid-19, poderiam ter instituído medidas preventivas de saúde pública mais cedo e com maior convicção.

Dado o desafio inerente de responder a ameaças ambíguas, o que podemos fazer para evitar as falhas complexas em nossa vida? Para responder a essa pergunta, vamos dar uma olhada em algumas organizações incomuns que fazem isso bem.

Potencialize a janela de recuperação

Para neutralizar nossa tendência de minimizar ameaças ambíguas, pense na janela de oportunidade em que a recuperação ainda é viável antes que ocorra uma falha complexa. A janela se abre quando alguém detecta um sinal — por mais fraco que seja — de que uma falha pode estar por vir. Ela se fecha quando a falha ocorre. As janelas de recuperação podem ter uma duração de minutos a meses. Quando reconhecidas, apresentam oportunidades cruciais para identificar, avaliar e responder — em um primeiro momento, para se entender mais sobre o que está acontecendo, e depois, para se tomar medidas corretivas. Por exemplo, se a NASA tivesse solicitado imagens de satélite, ficaria evidente que os danos causados pela colisão de espuma representavam um perigo real para a tripulação. Em vez disso, a NASA desperdiçou a janela de recuperação. Da mesma forma, a semana entre o primeiro disparo acidental da arma de fogo no set de filmagem de *Rust* e o trágico acidente que resultou na morte de Halyna Hutchins apresentou uma janela de recuperação que foi desperdiçada. Isso vale para os meses entre o primeiro e o segundo acidentes do Boeing MAX, apesar de os pilotos apresentarem quatro relatórios de preocupações ao sistema de relatos anônimos da NASA, o ASRS. O treinamento em simulador para pilotos que voariam mais tarde no novo Boeing 737 MAX teria proporcionado experiência com o mau funcionamento[299] do sistema MCAS para ajudar os pilotos a reagirem quando o avião começasse a perder altitude.

As janelas de recuperação podem ser vistas como oportunidades valiosas para aprender com rapidez. Isso se torna de fato verdadeiro quando uma ameaça se mostra boa. Por exemplo, a discussão franca entre figuras parentais e adolescentes sobre os perigos de beber e dirigir e o fato de deixá-los cientes de que não há problema em ligar a qualquer hora para pedir que os busquem sem fazer qualquer tipo de pergunta é uma resposta inteligente a uma ameaça ambígua e pode evitar um acidente trágico. Mas essas janelas dependem da disposição de falar sem ter certeza de que uma falha pode estar por vir. Essa é uma das formas como um ambiente psicologicamente seguro ajuda a evitar o jeito errado de errar.

Dê boas-vindas aos alarmes falsos

Como podemos sentir falhas complexas antes que elas aconteçam? A própria natureza das falhas complexas — seus múltiplos fatores que interagem de maneiras singulares e sem precedentes — faz essa ideia parecer uma tarefa tola. No entanto, existem maneiras simples e elegantes de experimentá-la.

Tudo começa com a mudança de atitude em relação a alarmes falsos.

Lembre-se de que qualquer funcionário de uma fábrica da Toyota pode puxar um cabo Andon para alertar um líder de equipe sobre um possível erro antes que ele se transforme em uma falha de produção. O líder e o membro da equipe examinam o problema em potencial, por menor que seja, e, juntos, corrigem ou descartam a ameaça. Se apenas uma das doze puxadas de cabo Andon parar a linha de montagem por um problema genuíno, você pode pensar que ficaria um clima chato na empresa pelo tempo dos supervisores ser desperdiçado atrás dos onze alarmes falsos.

Na verdade, trata-se do oposto. Uma puxada de cabo Andon que *não* identifica um erro real é tida como um ensaio útil. O alarme falso é considerado um experimento de aprendizado valioso, uma educação bem-vinda sobre como as coisas dão errado e como os ajustes podem ocorrer para reduzir essa possibilidade. Não se trata de uma nuance cultural. É uma abordagem prática. Cada puxada de cabo Andon é encarada como um episódio valioso que, a longo prazo, economiza tempo e promove a qualidade.

Uma abordagem semelhante está em ação em uma fascinante inovação de saúde chamada "time de resposta rápida (TRR)". Ela foi desenvolvida para responder aos pedidos de assistência de um enfermeiro atuando à beira do leito que observa uma mudança sutil em um paciente (digamos, na palidez ou no humor). Essa mudança pode ou não indicar um perigo iminente, como um ataque cardíaco, e os TRRs reúnem à beira do leito e em poucos minutos médicos e enfermeiros especializados para avaliar a situação e intervir, caso seja necessário. Antes da introdução dos TRRs, os enfermeiros só solicitavam uma equipe externa para emergências incontestáveis, como um ataque cardíaco — o que desencadeava uma resposta completa de código azul para reanimar um paciente com graves problemas de saúde.

De início implementados na Austrália há duas décadas, os TRRs reduziram a frequência de ataques cardíacos.[300] Dez anos depois, Mike Roberto, David Ager e eu supervisionamos um trabalho de conclusão de graduação premiado[301] em Harvard, de autoria de Jason Park, nos quatro primeiros hospitais nos Estados Unidos a adotar times de resposta rápida. Começamos a encarar os TRRs como uma ferramenta para amplificar os sinais da presença de ameaças ambíguas. Assim como as pessoas que falam para multidões por meio de um megafone amplificam sua voz, os TRRs e os cabos Andon amplificam sinais ambíguos de uma falha complexa. Amplificar não significa exagerar; e sim apenas ajudar a ouvir um sinal silencioso.

Amplificar os sinais da presença de uma ameaça ambígua de que algo poderia estar errado para um paciente levou a uma redução de casos de insuficiência cardíaca. Em um primeiro momento, tornou menos provável que os enfermeiros — funcionários da linha de frente com uma relativa influência menor na hierarquia hospitalar — fossem ignorados caso relatassem um sinal de alerta precoce[302] em relação a, por exemplo, mudanças na respiração ou na cognição de um paciente. Os TRRs legitimaram esses chamados. Em segundo lugar, mesmo enfermeiros inexperientes se sentiam mais seguros em se manifestar se algo sobre um paciente não parecesse correto — até mesmo uma mudança de humor poderia ser suficiente.

É provável que você se lembre de "O menino e o lobo", a fábula de Esopo em que um menino pastor faz alertas falsos com frequência sobre a chegada de um lobo. Quando um lobo, enfim, aparece, ninguém dá ouvidos, e todas as ovelhas (e em algumas versões o menino) são devoradas. Qual é a mensagem para inúmeras gerações de crianças? Talvez devesse ser "não minta", mas me parece que muitos de nós internalizamos a mensagem como "não se manifeste, a menos que tenha certeza".

Ninguém quer ser visto como um bobo por chamar a atenção para uma sensação que acaba sendo nada. Tenho certeza de que você pode pensar em uma época em que evitou mencionar uma preocupação por medo de que fosse um alarme falso. Talvez achasse que as pessoas iriam rir ou pensar que você era ingênuo por trazer isso à tona. É sempre mais fácil esperar para ver se alguém menciona o fato. Para superar essa tendência onipresente, as melhores práticas para os TRRs incluem uma lista de sinais de alerta precoces que os enfermeiros podem consultar para legitimar seus chamados. Essa lista ajudou os enfermeiros a aprimorarem o que antes era um palpite vago — porque eles apenas passaram a seguir o protocolo. Quando o TRR surgiu, possibilitou que olhos mais treinados se aproximassem à beira do leito para avaliar se de fato havia um problema com o paciente.

Isso é mais do que vigilância. Quando as pessoas recebem permissão para amplificar e avaliar sinais fracos (como ocorre com o sistema de alerta Andon ou com um time de resposta rápida), elas são convidadas a se envolver por inteiro no trabalho, a abraçar a essência de sua natureza incerta, a acreditar que os próprios olhos, ouvidos e o próprio cérebro são importantes. Sistemas TRR bem elaborados pecam pelo excesso de inclusão para enfatizar que o tempo necessário para diagnosticar é um investimento digno se for possível reduzir as fatalidades. Quanto mais cedo um problema em formação for notado, mais poder se tem para resolvê-lo e evitar danos. Um estudo de Stanford encontrou uma redução de 71% no código azul (um processo tortuoso e muitas vezes malsucedido para reanimar pacientes que sofrem parada cardíaca) após a implementação do TRR,[303] em paralelo a uma redução de 16% na mortalidade ajustada ao risco.* Curiosamente, outros estudos não conseguiram encontrar uma melhora. Por que a diferença?

---

*Na área de saúde, o ajuste de risco leva em consideração a gravidade das condições dos pacientes ao comparar o desempenho da qualidade entre os grupos em um estudo.

Não basta anunciar um programa de TRR. O que importa é como o esforço é moldado. Se a equipe do hospital espera que os TRRs descubram uma ameaça fatal oculta toda vez que alguém for chamado, todos logo ficarão cansados dos alarmes falsos, e o programa irá se esgotar. No entanto, se os alarmes falsos são celebrados[304] como sessões de treinamento úteis que desenvolvem habilidades de equipe, então, assim como na Toyota, os alarmes falsos não dão a sensação de desperdício, e sim de que são valiosos. Em seu livro perspicaz *Know What You Don't Know* [Saiba o que você não sabe, em tradução livre], Mike Roberto descreveu a mudança de mindset subjacente aos TRRs como detecção de fumaça, em vez de combate ao incêndio.[305]

Como você aplicaria essa ideia em sua equipe ou família? É tão simples quanto aprender a apreciar os outros por se manifestarem com uma preocupação — seja ela real, seja imaginária. Agradecer às pessoas por assumirem o microrrisco de se manifestarem sem ter certeza reforça o comportamento e de tempos em tempos evita acidentes graves.

Pense além do fato

Identificar e corrigir erros para tornar locais de trabalho seguros de verdade, seja em uma fábrica, seja em um hospital ou aeronave, requer uma cultura de vigilância. Adotar o sistema de alerta Andon para evitar que pequenos erros se tornem grandes ajuda a desenvolver essa cultura, assim como as consequências de deixar passar algo no trabalho. Porque sabemos com certeza que as coisas dão errado.

Entrevistei pouco tempo atrás Aaron Dimmock, um ex-piloto da Marinha, sobre uma época em que ele foi bem-sucedido em evitar uma falha complexa. Como piloto instrutor aposentado do programa Naval Air Training and Operating Procedures Standardization, Dimmock participou de inúmeras missões operacionais e de treinamento, incluindo aquelas projetadas para avaliar a prontidão da aeronave. Ele me contou sobre um voo de manutenção de rotina em Porto Rico alguns anos atrás, quando ele e sua equipe tiveram que verificar se a aeronave funcionava bem o suficiente para operar. Além de Aaron, a tripulação tinha um copiloto, um engenheiro de voo e um observador.

Quatro problemas inesperados ocorreram no voo: (1) após a decolagem, o trem de pouso não se recolheu por completo; (2) um motor que deveria reiniciar após o desligamento não o fez; (3) um segundo motor começou a não funcionar direito; e (4) o trem de pouso não funcionou da forma certa no pouso. Se esses desvios tivessem se alinhado, à moda do queijo suíço, é provável que a falha complexa resultante teria significado um acidente, uma perda enorme de equipamentos ou até mesmo a morte da tripulação. No entanto, Aaron e sua equipe pousaram em segurança porque tomaram medidas corretivas em cada um dos buracos do queijo suíço. Perguntei como fizeram isso.

Aaron explicou que em cada um dos casos em que algo deu errado, ele e sua equipe foram capazes de "pensar além da coisa". Em vez de ficarem presos na "coisa" ou no erro imediato, conseguiram "pensar além" e trabalhar juntos para identificar e corrigir o erro.

Analisemos em partes. A primeira coisa que eles fizeram foi notar em cada instância que algo dera errado — com o trem de pouso ou os motores. Essa é a parte de *identificação* no processo. Em seguida, responderam a cada erro de forma sistemática e cuidadosa à medida que ocorria. "Nós estávamos confiantes, mas não demais, e fomos capazes de manter a calma na aeronave para que todos os quatro pudéssemos contribuir para a conversa", disse ele. "'Como está o motor? O que vocês ouvem?' Todos nós quatro compartilhamos com a maior precisão possível o que víamos e então juntamos essas pecinhas de informação para tomar uma decisão. Tínhamos um espaço seguro dentro do qual nos desafiamos e compartilhamos."

Essa é a parte *correta* de identificar e corrigir.

"Tenho que garantir que todos tenham voz", disse Aaron quando perguntei sobre sua responsabilidade ser mais importante como líder de equipe. "Houve momentos em que foi incrível ter a opinião do engenheiro de voo, mas houve algumas vezes em que ele considerou sua perspectiva como a única correta." Foi quando Aaron interveio. Ele pediu aos outros membros da tripulação que opinassem. "Tom, o que você acha?" "Suboficial Robbins, e você?" Este é um ponto importante sobre a segurança psicológica: ela precisa ser cultivada para que não se percam vozes cruciais. Garantir que todos sejam ouvidos não é uma questão de boas maneiras ou inclusão por si só, e sim o que ajuda a manter uma aeronave no ar e pousá-la com segurança.

Em contraste, no período que antecedeu o lançamento do ônibus espacial *Columbia*, a combinação dos riscos das viagens espaciais era uma cultura organizacional que dificultava que o engenheiro Rodney Rocha se manifestasse. As transcrições das reuniões deixam evidentes que os diretores da NASA não buscavam de forma ativa pontos de vista dissidentes. Os engenheiros relataram sentir-se incapazes de falar de modo aberto sobre possíveis ameaças, levantar questões difíceis ou expressar pontos de vista em desacordo com os de seus chefes. Isso vale para os engenheiros da Boeing antes das falhas do MAX.

Abraçando a possibilidade de falhar para reduzir as falhas

Meu fascínio por erros, danos e falhas, que já dura décadas, me fez ser humilde em relação à complexidade desses tópicos. A mistura de fatores — tecnologia, psicologia, gerenciamento, sistemas — significa que nenhum de nós pode dominar todos os aspectos do conhecimento relevante para dizer "deixa comigo que eu dou conta". Mas algumas práticas simples surgiram do meu trabalho e podem ajudar a evitar falhas complexas. Por meio delas, todos nós temos o poder de fazer esse tipo de diferença — em nossa vida e nas organizações com as quais nos preocupamos.

Tudo começa com o *framing*, ou *enquadramento*. Enfatizar de maneira explícita a complexidade ou a novidade de uma situação ajuda a se inserir no estado de espírito certo. Caso contrário, tendemos a esperar que as coisas deem certo. "Eu nunca realizei um voo perfeito", disse o capitão Ben Berman, sobre quem voltaremos a falar no Capítulo 6. Ao entender que os subordinados em sua tripulação podem hesitar em falar por causa de sua posição, ele reduz esse risco ao informá-los que espera cometer erros. Ele enquadra o voo de rotina que está por vir como algo trivial.

Em seguida, certifique-se de *amplificar*, em vez de suprimir, os sinais fracos. Imagine ficar na frente de uma multidão e tentar ser ouvido. Sua voz solitária some ao vento. Suas palavras se perdem. É preciso um megafone para que as pessoas ouçam você. Isso vale para qualquer equipe, organização ou família. Como sabemos da tendência humana de ignorar (no set de *Rust*) ou minimizar (no caso dos jatos 737 MAX da Boeing e da espuma no *Columbia*) sinais fracos que podem pressagiar falhas complexas, cabe a nós os amplificarmos apenas o tempo suficiente para ouvir o que eles têm a dizer. Amplificar não significa exagerar ou se debruçar sobre algo por toda a vida; significa apenas *garantir que um sinal possa ser ouvido*. E se a mensagem acabar sendo "está tudo bem", devemos aprender a ficar felizes por termos questionado.

Por fim, crie o hábito de *praticar*. Músicos, atletas, palestrantes e atores ensaiam antes de uma apresentação para estarem o mais preparados possível. Em organizações com recordes de segurança espetaculares — como a Alcoa sob a supervisão de Paul O'Neill —, não se surpreenda se você vir pessoas fazendo testes, exercícios ou sessões práticas. Elas não têm ótimos registros porque de alguma forma descobriram como eliminar o erro humano. Não. Elas têm ótimos registros porque identificam e corrigem erros. Isso requer prática. Também ajuda a desenvolver uma cultura que celebre essa prática. Simuladores de voo, exercícios de evacuação em caso de incêndio, treinamento que simula ação com atirador ativo e times de resposta rápida são exemplos de ensaios para estar mais bem preparado para responder aos problemas quando eles ocorrem. Não é viável desenvolver planos de contingência para cada falha. Mas é possível fortalecer os músculos emocionais e comportamentais que nos permitem responder a erros humanos e acontecimentos inesperados com velocidade e elegância.

Todas essas três práticas são habilitadas e aprimoradas por competências que chamo de "autoconsciência", "consciência situacional" e "consciência sistêmica" — os tópicos que abordaremos a seguir.

PARTE DOIS

PRATICANDO A CIÊNCIA DE FALHAR BEM

CAPÍTULO 5

Já conhecemos o inimigo

Entre o estímulo e a resposta, há um espaço.
Nesse espaço está o nosso poder de escolher a nossa resposta.
Em nossa resposta estão o nosso crescimento e a nossa liberdade.

— **Atribuído a Viktor E. Frankl**

Ele apostou cada centavo em uma previsão econômica que se mostrou equivocada. Empreendedor com energia e inteligência invejáveis, munido de um MBA de Harvard, Ray Dalio aprendera a esperar sucesso. A Bridgewater Associates, a gestora de investimentos que ele fundou aos 26 anos, desfrutou de sete anos de retornos fenomenais, o que tornou Dalio um convidado recorrente em programas jornalísticos norte-americanos sobre economia ou mercado de ações. Ele estava especialmente orgulhoso de sua capacidade de prever com precisão as tendências a longo prazo. Mas em 1982, aos 33 anos, de repente, ele se viu incapaz de pagar as contas da família.

Dalio estava convencido de que a economia dos Estados Unidos caminhava rumo a uma crise devido à turbulência contínua de alguns indicadores econômicos. Embora estivesse bem ciente de que sua previsão era controversa, tinha certeza de que estava certo. Ele se convenceu de que a maioria das pessoas simplesmente estava errada. Por isso, assumiu um risco enorme ao investir tudo em uma aposta da qual esperava obter grandes retornos.[306] No entanto, em vez de entrar em recessão, a economia dos Estados Unidos engatou em um dos mais longos períodos de crescimento[307] de sua história.

A essa altura, os leitores deste livro terão entendido que cometer erros é um aspecto natural da vida em um mundo complexo e incerto. Não há vergonha em estar equivocado a respeito do futuro. Não importa se fazemos nosso dever de casa e gastamos muito tempo refletindo sobre nossas previsões, é inevitável que algumas delas estejam incorretas. Basta perguntar a Thomas Edison ou a Jennifer Heemstra. Quem não arrisca não petisca, ainda mais quando se trata da falha inteligente. Vale a pena observar, no entanto, que a falha de Dalio não atende a todos os critérios para se qualificar como inteligente. Sim, ele buscava uma *oportunidade*, em um *novo território*, e havia feito o *dever de casa* (Ray Dalio era um dos melhores alunos quando o assunto era o comportamento do mercado). No entanto, ao apostar tudo o que tinha, ele deixou de lado um critério crucial da falha inteligente: assumir *pequenos* riscos. Sua aposta era grande demais para ser inteligente se levarmos em conta a incerteza inerente à economia.

"Perder essa aposta foi como receber um grande golpe na cabeça com um taco de beisebol",[308] lembrou Dalio. "Eu fali e tive que pedir ao meu pai 4 mil dólares emprestados para poder pagar as contas." Pior, "fui forçado a demitir as pessoas com quem tanto me importava — até que só restou um funcionário na minha empresa: eu", continuou Dalio. A história de seu fracasso é uma das mais públicas com as quais já me deparei. Ela também desencadeou uma das reviravoltas pessoais mais dramáticas.

Hoje, Dalio credita esse fracasso como uma das principais causas de seu sucesso extraordinário que veio em seguida, incluindo a transformação de sua empresa no maior e mais lucrativo *hedge fund* da história: "Ao olhar para trás, esse fracasso foi uma das melhores coisas que já me aconteceram.[309] Ele me trouxe a humildade de que eu precisava para equilibrar minha agressividade e mudar meu mindset. Em vez de pensar *Estou certo*, passei a me perguntar *Como sei que estou certo?*"

Como sei que estou certo?

É uma pergunta poderosa. Falhar bem, talvez até viver bem, exige que tenhamos muito vigor para nos tornarmos humildes e curiosos — um estado que não surge com naturalidade para os adultos. Psicólogos e neurocientistas descobriram que, com muita frequência, para nossa saúde e nosso sucesso, uma espécie de sensação automática de que estamos certos inibe nossa visão — o viés de confirmação aparece de novo. Literalmente, não conseguimos ver evidências que não confirmem o que consideramos. Outras vezes, temos consciência de que falhamos, mas relutamos em admitir. Ray Dalio conseguiu enxergar seu grande fracasso público como um presente por essa mesma razão, pois era impossível ignorá-lo: "Estar tão errado, ainda mais de forma tão pública, foi uma experiência que me proporcionou desenvolver uma humildade incrível[310] e me custou quase tudo o que eu havia construído na Bridgewater."

Ele não teve escolha a não ser aprender com o ocorrido.

A maioria de nós não tem tanta sorte. Trabalhamos e vivemos presos, e em certo grau alheios, a algumas tendências humanas bem documentadas que dificultam o aprendizado das valiosas lições oferecidas pelas falhas. Parte do problema é que relutamos em compartilhar nossas falhas com os outros — uma velha verdade, hoje exacerbada pelas mídias sociais —, e isso reduz a capacidade de aprender com elas. Informações importantes são perdidas — e ficamos fadados a repetir falhas que poderiam ter sido evitadas.

Algumas pessoas só começam a aprender com os erros após um fracasso tão grande que chega a ser inegável. O equívoco precisa nos atingir na cara para pararmos e começarmos a nos perguntar em que etapa erramos. O fracasso de Dalio, que se alinha com essa perspectiva, foi devastador não apenas no campo financeiro como também no intelectual e no emocional. Ele era o único responsável. Muitas vezes, Dalio era o mais inteligente da sala, o que tornava ainda mais doloroso para ele estar errado. Mas isso foi muito útil para moldar sua futura abordagem em relação ao próprio trabalho.

Não precisamos de um fiasco público para mudar a forma como pensamos de maneira a lidar melhor com os inconvenientes e constrangimentos de falhas comuns e não tão consideráveis em nosso dia a dia. Precisamos aprender uma nova forma de pensar que privilegie a aprendizagem em detrimento do conhecimento.

Quem? Eu? Impossível!

Um bom começo é superar o instinto de atribuir culpa a outras pessoas, até mesmo pelos menores deslizes. Talvez você se lembre da música de infância "Fulano roubou pão" — um canto de loop infinito, em que cada verso alimenta o próximo em um refrão interminável. Alguém canta: "[Nome de alguém] roubou pão na casa do João", e aí as crianças, uma a uma, rejeitam a acusação com rapidez e entusiasmo: "Quem, eu? Tu sim. Eu não! Então quem foi?" E o jogo do empurra-empurra continua até que todos se cansem da música. O ritual de negar e passar a culpa para o outro provoca risadas e traz reconhecimento. É instintivo nos esquivarmos da culpa. Lembre-se do filho de 3 anos do meu amigo Sander, que se disse inocente de imediato logo após o pai colidir de leve com um carro estacionado.

Os capítulos anteriores mostraram pessoas que aprenderam com todos os tipos de falhas — muitas das quais eram inteligentes — com curiosidade e resiliência. James West, Jennifer Heemstra e Clarence Dennis, por exemplo, colocaram em prática com muita habilidade as lições aprendidas após contratempos dolorosos que fizeram parte do processo de construção de uma vida gratificante. Mas não estamos programados para enfrentar a falha de modo ponderado; é preciso *aprender*. Este capítulo investiga como nosso pensamento espontâneo dificulta o enfrentamento construtivo até mesmo das falhas mais inteligentes e descreve práticas que podem ser úteis. Elas podem ser usadas por qualquer pessoa que queira se juntar à fileira daqueles que dominam a prática das falhas que conhecemos neste livro. Essas práticas se aplicam tanto à vida pessoal quanto à profissional. Elas foram desenvolvidas ou empregadas por psicólogos, artistas, atletas, cientistas e médicos. E há uma coisa em comum: ninguém pode usá-las por você.

Como estamos conectados

Nossa aversão às falhas é estudada em campos que vão da neurociência ao comportamento organizacional. Aprendi pela primeira vez sobre as dinâmicas inter-relacionadas de nosso cérebro e nossos sistemas sociais em 1987, no livro *Vital Lies, Simple Truths: The Psychology of Self-Deception* [Mentiras fundamentais, verdades simples: A psicologia da autodecepção, em tradução livre], de Daniel Goleman. O livro me prendeu logo de cara. Goleman escreveu sobre mecanismos em três níveis — cognição, dinâmica de grupo e sistemas institucionais[311] —, que se reforçam entre si e inibem nossa visão diante de verdades indesejáveis. É certo que a falha é uma verdade indesejada. Esses mecanismos multiníveis de autoproteção elevam o nosso humor no momento, mas prejudicam nossa vida e nossos relacionamentos a longo prazo.

Ver para crer

Para começar, nosso cérebro está configurado de tal forma que esquecemos nossas falhas, o que muitas vezes nos mantém ignorantes, para o nosso contentamento, sobre aquilo que não recordamos. Não me refiro à negação intencional, e sim a como literalmente perdemos sinais cruciais que apontam para a necessidade de ação corretiva. Mesmo que você estivesse familiarizado com o conceito de *viés de confirmação*, é provável que quase nunca parasse para considerar o papel que ele desempenha no dia a dia. Já aconteceu de você estar dirigindo, convencido de estar seguindo na direção correta e, de repente, perceber que se perdeu? É possível que tenha ignorado placas intrigantes ao longo do percurso ("Que estranho, parece que mudaram a placa de lugar") que poderiam ter alertado você? Já aconteceu comigo. No meu caso, quando o meu erro de repente se torna inegável (talvez uma dica valiosa para indicar a direção correta seja verificar onde o sol se põe), a sensação é um misto de vergonha acompanhada de uma risada alta.

Mesmo os especialistas em interpretação de dados podem ser enganados por suas crenças. Todos percebemos de prontidão sinais que reforçam nossas crenças e, por meio do inconsciente, filtramos aqueles que as desafiam. Isso vale tanto para situações específicas (a direção para onde estou dirigindo agora) quanto para opiniões gerais sobre o mundo (a mudança climática é uma farsa). Para ver como isso funciona, é necessário ir muito além dos portais de notícias que fornecem atualizações reafirmando nossa interpretação de certos acontecimentos.[312] Pense em como Ray Dalio deve ter perdido os sinais que poderiam ter desafiado sua interpretação em relação ao rumo da economia. Ele estava vulnerável a perceber sinais que reforçavam sua previsão. Ao ler este capítulo, você percebe onde o viés de confirmação pode estar ocorrendo na sua vida? Há grandes chances de que cada um de nós nunca tome conhecimento de algumas falhas próprias, como uma observação inadequada em uma reunião, e que seja surpreendido (porque perdeu os sinais) por outras falhas que não podem passar despercebidas, como ser demitido.

A falácia do custo irrecuperável — a tendência a persistir em um curso de ação fadado ao fracasso por ter investido tempo ou dinheiro, embora a desistência fosse mais benéfica — é um tipo de viés de confirmação. Isso acontece quando não queremos acreditar que estávamos errados em nossa avaliação inicial nem queremos reconsiderar e, assim, nos aprofundar em algo, o que torna o erro maior. É como ter que gastar mais dinheiro para compensar o dinheiro mal-empregado. A relutância em reconhecer que nossa avaliação inicial está errada é uma das maneiras pelas quais as falhas inteligentes em um novo território — como em um projeto de inovação da empresa — se tornam menos inteligentes: as equipes continuam a avançar, apesar de uma crescente conscientização tácita de que o projeto está fadado ao fracasso.

Os vieses de confirmação são alimentados por nossa motivação natural para manter a autoestima, o que nos ajuda a ignorar sinais de que podemos estar errados. Os narcisistas[313] experimentam um viés de confirmação maior. Infelizmente, como observa meu colega Tomas Chamorro-Premuzic, "os níveis de narcisismo vêm aumentando[314] há décadas". Mas todos — não apenas aqueles que dispõem de um ego irracional e excesso de confiança — estão propensos a deixar o ego atrapalhar algo que é nitidamente racional e de nosso maior interesse: aprender a melhorar. É racional, sim, mas exige esforço.

Escolhendo a via secundária

A pesquisa em neurociência identifica basicamente dois caminhos no cérebro — a via secundária (*low road*) e a via principal (*high road*).[315] Daniel Kahneman, o psicólogo que mostrou que nossa aversão à perda supera nossa atração por ganhar, popularizou essa distinção[316] em seu livro de 2011 *Rápido e Devagar: Duas formas de pensar*.

O processamento lento (via principal) é ponderado, racional e preciso, enquanto o processamento rápido (via secundária) é instintivo e automático. Por que essas distinções são importantes? É fácil e natural processarmos em nosso cérebro uma falha por vias secundárias rápidas, instintivas e automáticas. O problema é que a cognição relacionada à via secundária desencadeia uma resposta imediata na amígdala cerebral (o *módulo do medo* para autoproteção que, no mundo de hoje, às vezes nos impede de assumir riscos). Como já vimos, a forma como interpretamos os acontecimentos afeta nossas respostas emocionais a eles. Felizmente, podemos aprender a reinterpretar os acontecimentos em nossa vida para evitar insistir em sentimentos negativos improdutivos. Para isso, devemos nos sobrepor à amígdala, com seu atalho super-rápido de ameaça percebida ao medo, e desafiar sua automaticidade por meio de informações e raciocínio.

Para entender como isso pode funcionar, considere uma situação em que você experimentou uma reação emocional intensa diante de um acontecimento inesperado no trabalho. Talvez você tenha visto todos os integrantes da sua equipe saindo na hora do almoço e presumiu que foi excluído. Se depois ficasse sabendo que um tivera uma consulta no dentista, o outro, uma reunião de pais e mães na escola, e o terceiro correra para pegar um sanduíche, é provável que logo de cara você se sentisse melhor. Muitas vezes, não recebemos informações com rapidez suficiente para contradizer a nossa reação inicial e recuperar o equilíbrio, mas podemos aprender a fazer uma pausa e desafiar a nossa resposta inicial. Por outro lado, se estivermos dirigindo e um carro aparecer de repente em um cruzamento, pisaremos no freio para evitar um acidente, em parte com o auxílio de uma reação de medo intensa desencadeada pela amígdala. Nesse caso, o caminho rápido salvou vidas. Hoje, no entanto, é provável que sejamos ativados com mais frequência por uma ameaça percebida do que por uma real.

A amígdala, que nos protegeu de muitas ameaças reais em tempos pré-históricos, opera de acordo com uma lógica "melhor prevenir do que remediar". Imagine caminhar pela floresta à noite e ver uma grande forma corpulenta à frente. É um urso? Ou é um pedregulho? Para sobreviver, é preferível que um organismo reaja com exagero a um falso positivo e corra ou se esconda a que não reaja e continue a caminhar despreocupado, o que pode resultar em um ataque de urso. Mas hoje, esse mesmo módulo do medo nos torna relutantes em assumir riscos interpessoais que trazem melhorias profissionais e pessoais e que não mais ameaçam nossa sobrevivência.

Contidos por medos preparados

Estamos sobrecarregados com o que os psicólogos chamam de "medos preparados", em que estão incluídos medos de animais perigosos, de ruídos altos e de movimentos repentinos. A essa lista, acrescente ser expulso pela comunidade. Eu e James "Jim" Detert, professor da Universidade da Virgínia, consideramos a rejeição por um grupo um exemplo de medo preparado para a sobrevivência.[317]

O temor de não corresponder às expectativas de uma figura de autoridade, como o chefe, aciona o medo preparado no cérebro de ser excluído do grupo — uma situação que muito tempo atrás poderia levar à morte por exposição a perigos ou fome. Mas hoje, quando temos medo de falar sobre as falhas, nossos colegas perdem oportunidades valiosas de aprender de maneira indireta. Além disso, deixamos passar oportunidades de evitar falhas evitáveis.

Enquanto isso, distraídos por medos preparados irracionais, ignoramos sinais de perigo de longo prazo que requerem reflexão. Esses, sim, são ameaças *reais* à sobrevivência, como o impacto das mudanças climáticas na produção de alimentos e no nível do mar. O processamento rápido e automático da via secundária alimenta o viés de confirmação, incentiva a complacência e esconde as lições úteis das falhas. O processamento lento da via principal acontece quando paramos para questionar o automático e nos perguntamos o que está acontecendo e o que isso pode significar. O mais importante é que essa reflexão acontece quando paramos para nos questionar: *Como eu posso ter contribuído para a falha?*

O que me fascina quanto à distinção entre pensamento automático e ponderado é que as soluções que os especialistas criaram para substituir a cognição humana habitual são, em essência, semelhantes. Provenientes de campos tão variados como psiquiatria, neurociência e comportamento organizacional, essas estratégias identificam de maneira consistente a possibilidade de *pausar para escolher como respondemos*. Este capítulo mostra alguns dos meus pensadores favoritos, responsáveis pelo desenvolvimento de práticas que tornam possíveis esses atos vitais de escolha. Mas antes precisamos olhar mais de perto outra armadilha em nossa jornada pelas falhas. Mesmo quando sabemos que falhamos, talvez não aprendamos o necessário para evitar novas falhas.

Incapazes de aprender com as falhas

Vivemos em uma sociedade que defende a celebração das falhas devido a suas valiosas lições. No entanto, na prática, é difícil aprender com aquelas que ignoramos ou escondemos. E se uma resposta comum à falha for parar de prestar atenção em vez de aprender algo valioso? As cientistas comportamentais Lauren Eskreis-Winkler e Ayelet Fishbach dizem que é isso mesmo o que acontece.

Eskreis-Winkler e Fishbach conduziram cinco estudos para testar a hipótese de que a falha, em vez de promover o aprendizado, na verdade o prejudica.[318] Em um desses estudos, as pesquisadoras fizeram uma série de perguntas aos participantes, a começar pela identificação de qual dos dois símbolos de uma escrita antiga fictícia representava um animal. Depois, a um grupo de participantes do estudo foi dito: "Você está certo" (feedback de sucesso). Ao outro grupo foi dito: "Você está errado" (feedback de falha). Para verificar o grau de aprendizagem com cada tipo de feedback, os participantes realizaram um teste de acompanhamento. Dessa vez, eles tinham que olhar para os mesmos símbolos e identificar qual representava uma entidade não viva. Parece bem simples, certo? Aqueles que foram informados de que estavam corretos na primeira rodada obtiveram uma pontuação mais alta no segundo teste do que os que foram avisados de que suas respostas estavam incorretas. Em todos os casos, as pessoas aprenderam menos ao receberem informações sobre o que erraram do que o que acertaram.

Será que era porque o feedback de sucesso era mais fácil de ser aplicado? Para testar essa explicação, o estudo seguinte foi elaborado para fazer com que o feedback de falha exigisse menos "inferências mentais" e etapas processuais para que fosse usado nas tarefas seguintes. Ou seja, os pesquisadores tornaram o feedback de falha menos exigente em termos cognitivos do que o feedback de sucesso. No entanto, os participantes com feedback de falha continuaram a ter um desempenho pior! Os resultados também mostraram que, mesmo com incentivos financeiros que favoreceram o uso do feedback de falha, o padrão não mudou. O feedback de sucesso foi *ainda* mais eficaz, em comparação ao feedback de falha, em auxiliar no aprendizado das pessoas.

As pesquisadoras determinaram que a falha é "ameaçadora para o ego,[319] o que faz com que as pessoas se desliguem". Essa explicação foi endossada pelo quinto estudo, em que participantes apenas observaram enquanto outras pessoas faziam testes parecidos aos que eles haviam feito. Dessa vez, aprenderam tanto com as falhas (e o feedback de falha) quanto com os sucessos. Sem a ameaça do ego, as lacunas do feedback da falha foram apagadas. Parece que somos ótimos em aprender com as falhas das outras pessoas! Na realidade, no entanto, muitas vezes não ouvimos falar delas.

Também não surpreende que, como mostrado por Eskreis-Winkler e Fishbach, as pessoas são menos propensas a compartilhar informações sobre suas falhas ou seus fracassos[320] em comparação aos seus sucessos. A primeira razão é óbvia: ninguém quer ficar mal na fita na frente dos outros. Mas o segundo motivo é mais sutil. Quando as pesquisadoras perguntaram a 57 professores de escolas públicas se prefeririam compartilhar histórias de um fracasso ou de um sucesso passado, 68% dos participantes optaram por falar do sucesso. Mesmo que as histórias fossem compartilhadas de forma anônima, o que eliminava o risco de ficar mal perante os outros, os professores ainda optaram por histórias de sucesso. Mas por quê? Eles acreditavam que as falhas indicavam o que *evitar*, mas nem sempre o que precisavam fazer para obter sucesso na próxima vez. Eskreis-Winkler e Fishbach concluíram que o desconhecimento acerca das informações úteis sobre as falhas dificultava que se pudesse aprender com elas. Então elas montaram um experimento no qual os participantes receberam ajuda para identificar as informações úteis em suas falhas, e isso os tornou mais propensos a compartilhá-las.

Em um estudo muito diferente, mas com conclusões semelhantes, meus colegas Bradley "Brad" Staats e Francesca Gino — então professores da Universidade da Carolina do Norte — analisaram como 71 cirurgiões aprenderam com a relação fracasso *versus* sucesso durante 6.516 cirurgias cardíacas em um período de dez anos. Os cirurgiões se beneficiaram mais com os próprios sucessos[321] do que com as próprias falhas, porém, aprenderam mais com as falhas do que com sucessos alheios. Esse efeito — outra vez a proteção do ego — era menos pronunciado se um cirurgião tivesse um histórico de sucesso pessoal. Presume-se que as falhas doíam menos após a camada protetora proporcionada pelo sucesso anterior.

Observe que os trabalhos de Eskreis-Winkler e Fishbach e Staats e Gino, assim como o de todos os pesquisadores que publicam em periódicos científicos, passaram pela revisão por pares, ou seja, tiveram suas defasagens e pontos fracos avaliados por outros colegas. Por experiência própria, sei o quanto esse "processo de aprendizagem" em particular pode ser brutal em termos psicológicos. A crítica bem-intencionada destinada a melhorar um artigo é uma espécie de feedback de falha. É fácil se abstrair com pensamentos como *Por que revisar o artigo se está tão ruim?* Ou ainda mais contraproducentes, do tipo *Eles não sabem do que estão falando!* Em um processo doloroso, aprendi a pausar os pensamentos inúteis a fim de poder usar as críticas para refinar meus artigos.

É provável que todos já tenhamos passado por situações de quase acidentes ou falhas na vida — aquelas que, felizmente, não terminam mal. Você desvia bem a tempo de evitar bater no outro carro. Mais cinco minutos e você teria perdido o voo. Você quase cometeu uma gafe social séria, mas pensou rápido e se livrou no último minuto. É fácil notar como um acontecimento de quase acidente ou falha seria muito menos ameaçador para o ego do que uma falha real. Você não precisava sofrer constrangimento ou algo pior. Isso sugere que podemos analisar os quase acidentes ou falhas com mais objetividade do que as falhas reais e, portanto, nos tornamos mais aptos a aprender com elas? Um número crescente de pesquisas[322] — algumas das quais contou com a minha contribuição — explora essa ideia. O que você pode aprender com esta pesquisa é que o enquadramento ou *framing* é importante. Por exemplo, o que você pensou em relação ao incidente do qual você escapou por pouco? Você viu isso como uma falha (um quase acidente) ou como um sucesso (uma boa sacada)? Se você enquadrou o incidente como um sucesso, é mais provável que conte o ocorrido a seus colegas ou familiares, o que torna todos mais aptos a aprender com isso.

O que devemos aprender com a pesquisa científica sobre o aprendizado que as falham proporcionam? Aprender com as falhas é difícil por uma série de razões. Às vezes, não as percebemos, ou elas ameaçam nossa autoestima, ou parecem desprovidas de informações úteis, ou apenas não são discutidas. Essas barreiras em grande parte cognitivas são exacerbadas pelas emoções desagradáveis que a falha evoca, ainda mais quando nos comparamos aos outros.

O poder silencioso da vergonha

Em um mundo obcecado pelo sucesso, é fácil entender como o fracasso e as falhas podem ser ameaçadores. Muitas pessoas têm mais episódios de vergonha silenciosa do que de desespero silencioso. Ninguém se esforçou mais para explicar e diminuir a dor emocional proveniente deles do que Brené Brown.

A evangelista da vergonha

Professora da Universidade de Houston, Brown popularizou sua pesquisa sobre vergonha, vulnerabilidade e empatia em uma série de livros, podcasts e TED Talks. Todos nós já experimentamos o que Brown chama de "gosto amargo da vergonha"[323] quando falhamos aos nossos olhos ou aos olhos alheios. Ela define vergonha como "um sentimento ou experiência intensamente dolorosa[324] de acreditar que somos falhos e, portanto, indignos de aceitação e pertencimento". Alguns pesquisadores encaram a vergonha hoje como "a causa predominante de sofrimento emocional".[325] Ninguém quer ficar muito tempo com esse gosto amargo excruciante.

Quando encaramos as falhas como vergonhosas, tentamos escondê-las. Não as analisamos de muito perto com o objetivo de aprender com elas. Brown faz uma distinção entre vergonha e culpa. Vergonha é a crença de que "eu sou ruim". Já a culpa é uma percepção de que "o que fiz é/está ruim". "Sou ruim porque não fiz meu dever de casa" gera sentimentos de vergonha. Mas se encaro minhas ações como ruins (culpa), isso gera responsabilidade. Portanto, é melhor se sentir culpado do que envergonhado. Como diz Brown: "A vergonha está altamente correlacionada a vício, depressão, violência, agressão, bullying, suicídio, distúrbios alimentares[326] (...) [enquanto] a culpa [está] inversamente correlacionada a essas coisas."

O que acontece se repensarmos a falha dessa maneira? Podemos nos ajudar a aprender com a falha se apenas reenquadrarmos uma situação de "Não fui promovido porque sou um fracasso" para "Não consegui a promoção". Melhoramos nossa relação com a falha quando *des*aprendemos a crença de que "Sou um péssimo enfermeiro por cometer esse erro", e, em vez disso, reconhecemos que "Cometi um erro" e questionamos: "Que lição posso aprender com esse erro para evitar repeti-lo no futuro?"

Curtidas e compartilhamentos

As mídias sociais, enquanto um fenômeno de comunicação mais recente, capitalizam nossa antiga relutância em compartilhar nossas falhas. Os recursos visuais implacáveis dessas plataformas facilitam que direcionemos nosso foco para a forma como aparecemos para os outros e que nos envergonhemos caso não correspondermos às ideias de perfeição do grupo. Veja como uma estudante universitária descreveu seus sentimentos sobre o uso do Instagram:[327]

> Não me adequava aos padrões do Instagram naquele momento, o que me causou muito desconforto. Eu postava uma foto e ganhava curtidas. E quanto mais editava minha foto, mais curtidas ganhava. Se você recebe essa quantidade de curtidas, é por merecimento. E se não recebe o quanto esperava, se sente um pouco rejeitado. O Instagram deveria ser um lugar onde é possível compartilhar aspectos diferentes da vida, mas não funciona mais exatamente assim. Só se compartilha o que parece bom. Você compartilha o lado bom e os pontos altos da vida. E é só isso que se enxerga.

Vários estudos concluíram que o uso de mídias sociais é prejudicial[328] para o senso de identidade dos adolescentes — ainda mais para as meninas —, o que agrava o transtorno de imagem e contribui para sentimentos de baixa autoestima. O Facebook realizou pesquisas internas por dois anos — antes de serem vazadas e compartilhadas com o mundo todo em 2021 — sobre os efeitos do Instagram em questões de imagem corporal. Os pesquisadores da empresa constataram que o uso do aplicativo é prejudicial, em especial para adolescentes. Uma apresentação interna de 2019 revelou sem rodeios: "Pioramos os transtornos de imagem corporal para uma em cada três adolescentes do sexo feminino."[329] Um relatório interno subsequente observou que 32% das "adolescentes disseram que, quando se sentiam mal com o próprio corpo, o Instagram as fazia se sentir pior".

Uma estudante universitária escreveu sobre "sentimentos avassaladores de inadequação"[330] ao "rolar imagens de meninas com barrigas chapadas e saradas" e "roupas da moda e férias recorrentes nos locais mais glamorosos do mundo". Podemos interpretar isso mais como uma manifestação do nosso medo inerente de rejeição por um grupo, em que sentimos que evitar a rejeição depende da nossa capacidade de manipular como os outros nos veem.

Estudos científicos confirmam o que os relatos anteriores mostram. Pesquisas sobre o uso de mídias sociais, saúde mental e imagem corporal são extensas e crescentes. Em um estudo de 2018 publicado no *Journal of Social and Clinical Psychology* revelou-se que reduzir a quantidade de tempo perdido nas redes sociais[331] nos faz sentir melhor. Ao discutir o artigo em uma entrevista concedida à *Forbes*, Melissa Hunt, pesquisadora-chefe da Universidade da Pensilvânia, comentou: "É um pouco irônico que reduzir o uso de redes sociais[332] de fato faça você se sentir menos solitário."

A comparação social é natural. Ela é uma das características mais onipresentes e duradouras da sociedade humana e auxiliou as pessoas a se comportarem de maneiras que contribuíram[333] para a cooperação e a saúde por inúmeras gerações. Mas essa tendência humana natural é metamorfoseada pela facilidade com que as redes sociais expandem o conjunto de comparações, ao mesmo tempo que enviesam sistematicamente o conteúdo rumo a padrões irreais. A natureza voyeurista das redes sociais, que nos permite avaliar as postagens dos outros de modo privado e anônimo, também distorce a funcionalidade da comparação social. A interação direta com as pessoas, sejam amigos, sejam colegas de trabalho, proporciona uma visão nítida de seus comportamentos, suas esperanças e preocupações até certo grau. Comparar-se com os outros é natural e funcional, em parte, porque é algo mútuo! Todo mundo está sempre calibrando o que é aceitável e desejável, o que ajuda o grupo a funcionar. Em contraste, avaliar as postagens maquiadas dos outros com anonimidade faz a troca autêntica da vida real (dar e receber) se perder e deixa distorções. Deparar-se com imagens manipuladas e triunfos alheios ameaça nossa sensação de bem-estar. Como disse Hunt ao ecoar os relatos de adolescentes: "Quando você olha para a vida de outras pessoas, em particular no Instagram, é fácil concluir que a vida de todos é mais legal ou melhor do que a sua."[334]

É lógico que as redes sociais moldam nosso comportamento de maneiras que dificultam mais do que nunca compartilhar problemas, erros e falhas. Tanto a pesquisa quanto os relatos se concentram nos efeitos nocivos da exposição constante ao sucesso, à diversão e à aparência perfeita dos outros. Menções explícitas de falhas ou fracassos, ou de evitação das falhas, são raras, mas a ênfase das redes sociais em sucessos imaculados inibe ainda mais atitudes saudáveis em relação às falhas. Passar um tempo considerável nessas plataformas gera o risco de nos vermos como fracassos em comparação às vidas editadas dos outros.

Abraçando a vulnerabilidade

Como sabemos da existência da pressão em compartilhar apenas o "lado bom" e "os pontos altos da vida" para parecermos perfeitos aos olhos dos outros, a disposição de alguns poucos atletas superastros de aparecer e admitir sua vulnerabilidade é ainda mais admirável. O nadador Michael Phelps, "o maior medalhista olímpico de todos os tempos",[335] falou abertamente sobre sua luta contínua contra a depressão grave. Certo tempo depois, Simone Biles, "a ginasta mais premiada de todos os tempos",[336] de 24 anos, não participou das Olimpíadas de Tóquio em 2021 devido a um problema chamado "twisties", uma descoordenação entre corpo e mente que resulta em perda de orientação espacial. Biles descreveu o que aconteceu com ela durante uma sessão de treino: "É basicamente uma questão de vida ou morte.[337] É um milagre eu ter conseguido ficar de pé. Se fosse qualquer outra pessoa, poderia ter saído em uma maca. Assim que aterrissei, fui até o meu treinador e disse: 'Não posso continuar.'" Após uma vida inteira ultrapassando limites físicos e mentais, Biles optou por parar. Apesar de ter crescido exposta à mídia mundial, bem como às intermináveis curtidas das redes sociais, ela compartilhou "os pontos baixos" da sua vida. Biles não era perfeita. Mais do que isso, ela admitiu a derrota com a cabeça erguida e aproveitou a oportunidade para apoiar o sucesso de suas colegas de equipe de maneira incondicional.[338]

A excepcional habilidade de Biles de aceitar a derrota contrasta com as mensagens de sucesso que a sociedade nos transmite desde o nascimento. Como diz Brené Brown em relação aos pais e às mães: "Quando seguramos esses bebezinhos perfeitos nos braços, nosso trabalho não é dizer: 'Olhe para ele, é perfeito. Minha função é apenas mantê-lo perfeito — garantir que ele entre para o time de tênis no quinto ano e em Yale no sétimo.' Esta não é a nossa função. Nosso papel é olhar e dizer: 'Quer saber? Você é imperfeito e vai sofrer,[339] mas é digno de amor e pertencimento.'"

Escolhendo o aprendizado em vez do conhecimento

Seja a partir da pesquisa, seja a partir de suas experiências de vida, é provável que já esteja evidente que tudo desfavorece uma relação alegre e focada no aprendizado com as falhas — uma relação que este livro procura nutrir. Os medos e hábitos defensivos que nos protegem de algumas das coisas desagradáveis a respeito das falhas e reforçam nossa autoestima também impõem limites em nossa capacidade de crescer e prosperar. A boa notícia é que *podemos* aprender a pensar de forma diferente — de modo a encontrar maneiras mais gratificantes e alegres de viver em um mundo incerto e em constante mudança. Adam Grant, professor da Wharton, dedicou seu convincente livro *Pense de novo: O poder de saber o que você não sabe* à ideia de que, com esforço consciente, de fato podemos aprender a desafiar nosso pensamento automático.[340] A seguir, cito algumas sugestões embasadas em pesquisas a fim de ampliar seus limites e fazer você se sentir melhor a respeito de suas falhas inevitáveis.

A habilidade abrangente que une as autodisciplinas de falhar bem é o enquadramento — ou, para ser mais precisa, o *reenquadramento*. O enquadramento é uma função cognitiva natural e essencial; é como compreendemos a informação contínua, esmagadora e confusa que vem até nós. Pense no enquadramento como um conjunto de suposições que direcionam com sutileza a atenção para aspectos específicos em determinada situação. É como uma moldura física de uma pintura, que destaca certas cores e formas na obra do artista. Vivenciamos a realidade filtrada por meio de nossos enquadramentos cognitivos, o que não é bom nem ruim. Mas isso nos coloca em apuros quando deixamos de desafiar enquadramentos que não nos servem bem. Ao confrontar as falhas, a maioria de nós as enquadra como ruins no automático, o que desencadeia reflexos de autoproteção e esvanece a curiosidade.

Felizmente, o *reenquadramento* é possível. Isso significa aprender a fazer uma pausa a tempo de desafiar as associações automáticas. Ao perceber que você se atrasará para uma reunião importante, é possível desafiar a resposta espontânea de pânico — basta respirar fundo e se lembrar de que é possível se redimir e que sua sobrevivência não está em jogo. Em um exemplo muito mais dramático, o sobrevivente do campo de concentração nazista Viktor Frankl elucidou para seus leitores o poder do reenquadramento[341] em seu livro atemporal

Em busca de sentido. Ao sobreviver aos campos de concentração, incluindo Auschwitz, em parte porque se imaginava em um futuro em que estava do lado de fora compartilhando histórias de coragem que percebia nos outros, Frankl reenquadrou de modo intencional o significado dos horrores que experimentava. Formado em psiquiatria e psicoterapia, ele se lembra disso como um momento de transformação — uma mudança de sofrimento e medo que vivia de minuto a minuto para esperança fundamentada em uma visão plausível do futuro. O notável exemplo de resiliência de Frankl demonstra como encarar a mesma situação sob uma nova perspectiva pode deixar a vida melhor.

Reenquadramento

Os psicólogos modernos identificaram alguns enquadramentos cognitivos opostos em que um é mais saudável e construtivo, mas o outro é mais comum. Essencialmente, os enquadramentos mais construtivos envolvem a aprendizagem e aceitam os contratempos como necessários e significativos para as experiências de vida. Os enquadramentos mais comuns e naturais, em contrapartida, interpretam erros e falhas como evidências dolorosas de que não somos bons o suficiente.

Uma das estruturas mais populares e poderosas, identificada por Carol Dweck, da Universidade de Stanford, contrasta um *mindset fixo* com um *mindset de crescimento*.[342] Em vários estudos experimentais, Dweck e colegas mostraram que aqueles, em especial em idade escolar, que desenvolvem um mindset fixo (às vezes chamado de "desempenho") são mais avessos ao risco e menos dispostos a perseverar diante de obstáculos do que aquelas com um mindset de crescimento. Por exemplo, o indivíduo guiado por meio de um mindset fixo pensa: *Não sou bom em matemática, então não adianta tentar melhorar*. Um mindset de crescimento já acredita que *a matemática é difícil para mim, mas, se eu prestar atenção e tirar dúvidas a respeito de meus erros, posso aprender a fazer melhor*. O mindset de crescimento, que encara as tarefas desafiadoras como oportunidades de aprendizado e crescimento, leva as crianças a persistirem por mais tempo em tarefas difíceis. Além disso, essas crianças aprendem mais do que as outras. Infelizmente, após alguns anos de socialização na maioria dos sistemas escolares, o enquadramento de desempenho se torna o padrão.

Tive a oportunidade de conversar com Carol Dweck em Washington, D.C., quando nós duas fomos convidadas para uma reunião com Arne Duncan, secretário de educação do ex-presidente Barack Obama, a fim de explorar as implicações de nossas respectivas áreas de pesquisa para as escolas. Na sala de conferências ao lado do escritório do secretário Duncan, nos reunimos em torno de uma longa e comprida mesa de mogno retangular e tivemos uma conversa breve acerca de nossos trabalhos. Logo, o assunto se voltou para os desafios enfrentados pelos alunos na atual era da informação. Fiquei satisfeita ao constatar que o trabalho de Carol sobre como um mindset de crescimento auxilia os alunos a assumir tarefas desafiadoras e perseverar complementava e se sobrepunha à minha pesquisa. Esta última explora como um ambiente psicologicamente seguro favorece a formulação de perguntas e a admissão de erros. Nós duas estudamos como as pessoas aprendem em meio a adversidades e desafios, em vez de fugir deles. O secretário Duncan ouviu com atenção e fez ótimas perguntas, e seu comprometimento em fazer a diferença na educação da geração seguinte era palpável. Desde aquele dia, pensei muito sobre como o mindset e os ambientes de aprendizagem se reforçam de forma mútua — em escolas, empresas e famílias.

Um líder empresarial que levou o trabalho de Carol a sério é o CEO da Microsoft, Satya Nadella, que trabalhou duro para mudar a cultura de sua empresa e incorporar um mindset de crescimento. Em um vídeo pré-gravado para um curso que ministrei em janeiro de 2022, Nadella lembrou: "Tive sorte de ter escolhido uma metáfora que dialogava com o que as pessoas queriam. O mindset de crescimento as ajuda a serem melhores no trabalho e em casa — gerentes melhores, parceiras melhores. Elas são capazes de se esforçar para aprender e melhorar a instituição ao seu redor. Isso é algo poderoso." Ele acrescentou que "criar essa segurança psicológica que permite que as pessoas se esforcem tem sido um divisor de águas".[343] Como Nadella, com seu comportamento humilde e acolhedor, relatou aos meus alunos da escola de negócios, é provável que o esforço em prol de migrar para um mindset de crescimento obterá resultado melhor em um contexto que celebra o aprendizado e o crescimento.

Os mindsets que Carol estuda derivam de crenças sobre o cérebro tidas como imutáveis. Crianças que se guiam pelo mindset fixo internalizaram a crença muito difundida de que a inteligência é fixa. Ou nascemos inteligentes, ou não somos inteligentes. Para evitar serem descobertas como *não* inteligentes, essas crianças evitam tarefas desafiadoras, e assim preferem aquelas que sabem que podem fazer bem. Mas um grupo muito menor de crianças havia internalizado uma crença diferente; a noção delas sobre o cérebro era a de um músculo que se aprimorava conforme era utilizado. Elas entendiam que assumir tarefas desafiadoras as tornaria mais inteligentes. Esse mindset de crescimento lhes permitiu experimentar falhas com curiosidade e determinação.

Chris Argyris, o falecido professor de Harvard e um mentor acadêmico que influenciou a fundo minha pesquisa, identificou de forma semelhante "teorias em uso" do Modelo 1 *versus* Modelo 2 (mais ou menos equivalentes a enquadramentos) que moldam nosso comportamento. O pensamento do Modelo 1 busca de modo implícito controlar uma situação, vencer e parecer racional. Quando vemos o mundo pelo enquadramento do Modelo 1, costumamos fazer suposições a respeito dos motivos dos outros, muitos deles pouco lisonjeiros. Para piorar as coisas, deixamos de nos perguntar o que podemos estar perdendo ou o que podemos aprender. Quem adota o Modelo 2, em contrapartida, exala curiosidade, está ciente de que há lacunas em nosso pensamento e está ávido por aprender. Chris sustentou que o Modelo 2 era raro, mas poderia ser aprendido[344] com esforço. Tudo começa com a vontade de descobrir as próprias defasagens, bem como os próprios sucessos. Da mesma forma, Maxie Maultsby, um psiquiatra que você conhecerá mais adiante neste capítulo, distingue as crenças entre "racionais" e "irracionais".

Cada um desses pensadores — de origens bem diferentes — encara o enquadramento de não aprendizagem, voltado à autoproteção, como o padrão para a maioria dos adultos. A *síndrome do impostor*, discutida com frequência, que em particular prevalece entre os grandes empreendedores, é resultado desse enquadramento. Ainda que possamos mascarar esse fato com positividade ou humor, a maioria de nós mudou de curiosidade e aprendizado inconscientes na infância para o modo de defensividade e autoproteção depois de internalizar a ideia inútil de que temos que estar certos ou termos sucesso para sermos dignos.

Mas podemos superar isso. Basta perguntar ao dr. Jonathan Cohen, anestesiologista do Moffitt Cancer Center, na Flórida, que postou uma pergunta no X, o antigo Twitter: "Como eu me sinto quando alguém aponta meu erro?"

A resposta surpreendente dele? "Na verdade, muito bem" e "Só para deixar evidente, nem sempre foi assim".[345] Quando conversei com o dr. Cohen em março de 2022, ele explicou que treinou o próprio cérebro para acreditar que ter seus erros apontados por alguém era o equivalente a ter "pacientes cuidados com mais segurança". Ele se comprometeu a superar a aversão automática que tinha de ser informado de que havia cometido um erro porque essa aversão acarretava perigo para os pacientes. Assim como os enfermeiros que estudei muito tempo atrás e que se sentiam psicologicamente seguros para admitir equívocos em prol de formarem uma equipe melhor, o dr. Cohen aprendeu a encará-los como parte do aprendizado que contribuía para melhorar o atendimento ao paciente. Ironicamente, como ilustra a história de Cohen, um enquadramento de aprendizagem não apenas é mais saudável como também mais racional do que um enquadramento de desempenho. *Está mais em sintonia com a incerteza e os desafios constantes encontrados em qualquer vida ou trabalho.* Não podemos nos proteger de decepções, falhas e fracassos. Mas *podemos* aprender a responder de forma saudável e produtiva a contratempos e realizações.

Como pensamos; como nos sentimos

Cerca de sessenta anos atrás, um jovem vendedor de seguros em Mineápolis chamado Larry Wilson estava infeliz. Sempre que um cliente em potencial o rejeitava, ele se sentia um completo fracasso e ficava relutante e ansioso em realizar a próxima chamada. Podemos dizer que ele tinha um mindset fixo: por que se preocupar em fazer uma ligação se ele falharia de novo? Wilson estava pronto para largar o emprego. Mas aí o chefe lhe ensinou um truque simples: ele poderia mudar a maneira como *pensava* sobre aquelas rejeições. Como um vendedor iniciante levava cerca de vinte ligações antes de realizar uma venda, e a comissão média era de 500 dólares, isso significava que, em média, uma ligação valia 25 dólares. A partir de então, a cada vez que Larry recebia uma recusa, ele se forçava a pensar com alegria: *Obrigado pelos 25 dólares*. Essa pequena mudança não apenas melhorou o seu humor como também permitiu que ele desempenhasse um trabalho melhor, já que podia se concentrar nos clientes, em vez de em sua tristeza. Logo, passou a ter uma média de dez chamadas para cada comissão de 1000 dólares e, sempre que era rejeitado, pensava: *Obrigado pelos 100 dólares*. Assim, ele reenquadrou seu pensamento a respeito do fracasso e das falhas.[346] Larry alcançou tanto sucesso como corretor de seguros de vida que se tornou na época o membro mais jovem (aos 29 anos) da associação comercial Million Dollar Round Table, e começou a desenvolver programas de treinamento.

Quando conheci Larry, em 1987, ele havia se tornado um empreendedor em série cujo mais recente projeto era implementar programas de eficiência para equipes e de transformação cultural voltada a empresas. Fui contratada como diretora de pesquisa. Isso significava que faria anotações a respeito do que Larry falava em reuniões e as transformaria em um material útil para propostas e relatórios. Larry era um leitor voraz de filosofia e psicologia e um estudante irreprimível da condição humana. Ele também adorava fazer amizade e reunir os autores e pensadores que mais o intrigavam. Foi assim que o psiquiatra Maxie Maultsby chegou ao Pecos River Conference Center, no Novo México, para falar sobre a melhor forma de traduzir sua terapia do comportamento racional (TCR)[347] em programas educacionais para empresas.

Passei horas e horas em conversas regadas a muito café com Larry e Maxie na grande varanda com vista para o centro de conferências — os edifícios de tijolos marrons contrastavam com o azul profundo do céu de Santa Fé. Apesar de amigos íntimos, eles renderiam um estudo sobre personalidades opostas. Larry, com seu sorriso aberto e estilo exuberante e expressivo, era absorvido por ideias e possibilidades com muita facilidade. Maxie era atento e cauteloso, tinha uma racionalidade implacável e procurava enxergar um assunto sob todos os ângulos de modo a questionar suas nuances. Juntos, eles eram uma combinação poderosa, o que deixou uma marca indelével no meu trabalho. Ambos eram apaixonados por como nós, humanos, podemos viver mais felizes e bem-sucedidos se aprendermos a pensar sobre nosso pensamento.

A ideia revolucionária de Maultsby era que pessoas que tivessem um cérebro saudável — livres de uma grande anomalia ou lesão — poderiam se ajudar a escapar do sofrimento emocional sem terapia clínica formal. Pupilo do psicólogo Albert Ellis, que foi pioneiro na terapia cognitivo-comportamental,[348] Maxie aos poucos desenvolveu as próprias modificações da teoria. Para simplificar: ele acreditava que as pessoas poderiam aprender a controlar seus pensamentos e atitudes para se tornarem mais felizes e saudáveis. Acompanhe o raciocínio dele: as emoções humanas, relacionadas ao tálamo e à amígdala, são ativadas por nossas *avaliações* de estímulos externos — não pelos estímulos em si. Essas avaliações ocorrem no córtex e desencadeiam emoções, que, por sua vez, levam a impulsos comportamentais. O que importa é como *pensamos* sobre os acontecimentos,[349] não eles em si. Infelizmente, na maioria das vezes, nosso pensamento é o que Maxie chamou de "irracional, mas crível". Ele argumentava que esse pensamento é danoso, pois, ao acreditarmos que os acontecimentos provocam nossos sentimentos, nos tornamos vítimas.

Maxie estava empenhado em ampliar o acesso a melhores cuidados na área de saúde mental para todos. A psiquiatria — sem mencionar a autoria de uma série de livros de autoajuda — era a carreira óbvia para um afro-americano nascido em 1932 em Pensacola, na Flórida. A mãe de Maultsby era professora primária em uma escola segregada localizada próxima a plantações de terebinto. O pai trabalhava na plantação fervendo a goma retirada das árvores e destilando-a em terebintina. Por ter crescido no ambiente de sala de aula de sua mãe, Maxie logo se destacou como aluno. Aos 18 anos, ele foi aceito no Talladega College, uma universidade de artes liberais historicamente negra no Alabama. Formou-se em 1953 e recebeu uma bolsa de estudos para cursar medicina na Case Western Reserve University.

Após se formar na faculdade de medicina e abrir a própria clínica, Maultsby serviu quatro anos na Força Aérea dos Estados Unidos, tempo em que se inspirou para estudar psiquiatria após ouvir histórias[350] de pacientes e de suas famílias traumatizadas pela guerra. Ainda assim, Maxie afirmou que o maior obstáculo que já enfrentara na vida[351] haviam sido as "regras opressivas e aplicadas com muita rigidez de segregação e as consequentes experiências educacionais inferiores que as crianças afro-americanas foram forçadas a tolerar". Ao longo da vida, ele procurou aliviar o sofrimento dos afro-americanos e encarou a TCR como adequada para esse objetivo em particular, porque a "eficiência a curto prazo e a eficácia a longo prazo[352] da TCR a tornam duplamente atraente para eles, bem como para a maioria dos pacientes sem muitos recursos financeiros, não importando sua raça".

Maxie era um idealista em seu objetivo único de aliviar o sofrimento humano e em sua confiança de que as pessoas poderiam enfrentar o desafio. Mas ele era uma das pessoas mais racionais e guiadas por dados que já conheci. A lição mais importante que se pode aprender com Maxie é o domínio da pausa. Desafiar suas respostas automáticas em favor de respostas mais saudáveis e produtivas — um hábito que exemplifiquei com uma das próprias histórias dele. Maxie faleceu em 2016 e deixou como legado[353] doze livros, dezenas de artigos científicos e uma próspera rede de clínicas, laboratórios e centros criados por médicos e cientistas orientados por ele. No entanto, são as histórias que Maxie contou sobre pessoas comuns que aprendem a alterar seus pensamentos que mais me impressionaram.

Falhando no jogo de cartas

Jeffrey era um jogador de futebol americano do ensino médio querido e inteligente que experimentou muito sucesso até os 17 anos. Ele se esforçou muito para alcançar suas conquistas acadêmicas, sociais e como atleta, mas seus professores e amigos começaram a achar que ele se daria bem em tudo que tentasse.[354] Durante o recesso escolar do inverno, com poucas opções de lazer disponíveis devido ao frio, três de seus amigos o convenceram a aprender a jogar bridge, um jogo de cartas que adoravam. Complexo, o bridge tem quatro jogadores divididos em duas duplas, e o novato não costuma se sair bem.

Jeffrey não era muito fã do jogo. Apesar de achar que iria se divertir com os amigos, ele logo se viu infeliz enquanto jogava. Cada vez que cometia um erro, ficava frustrado e zangado. Em sua defesa, Jeffrey não culpou os amigos ou o jogo, mas ficou chateado com a própria "estupidez". À medida que continuavam, sua frustração só aumentava, o que impedia que ele (e seus amigos) se divertissem de verdade, que era o objetivo. Após a terceira rodada, Jeffrey começou a temer o jogo e decidiu desistir.

Esse poderia ter sido o fim da história. Contudo, a escola de Jeffrey ofereceu aos alunos do ensino médio um curso de autoterapia racional ministrado por Maultsby, para o qual ele havia se inscrito não porque vira uma relação entre sua experiência no bridge e o conteúdo do curso, e sim porque o curso parecia interessante e ele queria aprender mais. Jeffrey logo começou a pôr em prática os ensinamentos do curso. Ao abrir sua mente para a ideia de pensamentos racionais *versus* o que Maultsby chamou de "pensamentos irracionais" (ou "meramente críveis"), Jeffrey percebeu que sua crença de que ele deveria ser bom no bridge era, de fato, irracional. Não havia embasamento na realidade objetiva. Cometer erros não era sinal de estupidez, e sim de inexperiência. Era uma parte necessária para aprender algo novo — em especial algo difícil.

Jeffrey tentou jogar bridge outra vez. Como qualquer novato, continuou cometendo erros, mas não se culpava mais. Isso facilitou seu aprendizado a partir deles. Maultsby apontou que, quando estamos diante de uma enxurrada de emoções negativas dolorosas, todos somos menos capazes em termos cognitivos de diagnosticar e reter as lições que nossas falhas oferecem. Quando Jeffrey começou a lidar com seus erros com mais consideração, com muito menos emoção negativa, começou a melhorar no jogo. Em pouco tempo, passou a jogar bridge tão bem quanto seus amigos, e, o mais importante, passou a gostar do jogo, e os amigos curtiam jogar com ele.

A percepção de Jeffrey de que seu pensamento era irracional não resolveu seu problema de imediato. Não houve um momento eureca após o qual ele se tornou um jovem pensativo e equilibrado que não mais se frustrava ou se zangava. Ele teve que aprender a tornar a autoterapia racional um hábito por meio da prática repetida. Precisou se tornar cada vez melhor em identificar algo a tempo de parar e redirecionar as emoções negativas espontâneas que experimentava quando cometia erros. Com o tempo, ele conseguiu identificar e corrigir emoções dolorosas antes que elas se instalassem. Podia até rir da irracionalidade de pensar que uma falha em um novo empreendimento indicava estupidez.

A história de Jeffrey não é diferente da de muitos alunos bem-sucedidos do ensino médio que encontram obstáculos subsequentes e culpam fatores externos ou se afastam de novas atividades desafiadoras, o que acaba por prejudicar o próprio desenvolvimento. Em Harvard, onde leciono, muitos alunos acostumados a estar entre os primeiros da turma no ensino médio se veem com dificuldade nos estudos pela primeira vez. Não são os trabalhos do curso, e sim seus pensamentos sobre a própria inadequação que dificultam o aprendizado.

Pare. Desafie. Escolha.

Larry Wilson fez uma pergunta simples: "Você está *jogando para ganhar*? Ou *para não perder*?"[355] Jogar para ganhar significava uma disposição para assumir riscos em busca de objetivos desafiadores e relacionamentos satisfatórios. Já jogar para não perder, o que a maioria de nós escolhe fazer em grande parte das vezes, significava evitar situações que possam levar à falha. Larry sustentou que jogar para ganhar era motivo de avanços e enorme alegria, mas que estava ligada de maneira intrínseca aos contratempos ao longo do percurso. Jogar para não perder significava não se arriscar, contentar-se com atividades, empregos ou relacionamentos em que nos sentimos no controle. Larry não demorou para explicar que a decisão era cognitiva. Você pode escolher jogar para ganhar e, assim, iniciar a mudança em seu pensamento.

Sempre hábil na simplificação, Larry resumiu a prática da autoterapia racional de Maultsby nas seguintes etapas: Pare — Desafie — Escolha. *Parar* significa fazer uma pausa. Respirar. Preparar-se para *desafiar* seu pensamento espontâneo, em geral inútil. É racional? É favorável à sua saúde e ajuda você a alcançar seus objetivos? Se a resposta for "não", este é um sinal para *escolher* o que Maxie chamaria de "uma resposta mais racional" — a que funciona melhor para que você atinja os objetivos. E isso não tem a ver com certo ou errado. Diz respeito ao que ajuda a seguir em frente. A Tabela 5.1 aponta mais detalhes para cada um dos três hábitos cognitivos.[356] Como isso pode funcionar? Quando Jeffrey não queria mais jogar bridge com os amigos, precisou *parar* e se perguntar por quê. A resposta: ele se sentiu idiota. Ao *desafiar* seus pensamentos, ele percebeu que não precisava ser bom no bridge logo de cara. O jogo requer prática. Os erros são necessários para o aprendizado. Só então ele poderia *escolher* continuar a jogar com os amigos, aprender com os erros inevitáveis e começar a aproveitar o jogo!

Essa prática também ajudou Melanie, que ficou arrasada quando o pai idoso e independente passou a ter problemas de mobilidade após sofrer um derrame. Sua personalidade e cognição estavam intactas, mas ele estava confinado a uma cadeira de rodas e precisava de cuidados 24 horas por dia. Durante meses, Melanie tentou fazer de tudo para tornar a vida dele melhor. Ela o levava às consultas médicas e contratou cuidadores; preparava as refeições favoritas do pai e mantinha um contato diário; incentivava as visitas de amigos e procurava audiolivros e filmes de que ele pudesse gostar; cuidava das contas, organizava documentos para o imposto de renda, o presenteava e muito mais. Ainda assim, não foi o suficiente. O pai estava triste. Reclamava sobre o quanto sua vida estava limitada. Depois de cerca de seis meses nesse ritmo, Melanie percebeu que estava esgotada. Ela ficou tão envolvida nos detalhes da vida do pai que negligenciou o próprio trabalho e a própria família. Sua pressão arterial subiu. Algo precisava mudar.

Melanie *parou* e pensou no que estava fazendo. Fez uma pausa para refletir. Ela saiu em uma longa caminhada com uma amiga e falou sobre seu estresse e sua preocupação. Se continuasse no ritmo atual, a vida seria uma tortura, e ela não estaria saudável o suficiente para continuar a ajudar o pai. Com uma mãozinha da amiga, Melanie *desafiou* seu enquadramento espontâneo da situação e o reenquadrou para ver o quanto havia feito, em vez de quanto mais ainda poderia ser feito. Ela verificava se o pai estava seguro e sendo bem cuidado. Era uma boa filha. Não importava o que ela fizesse, ele não recuperaria a capacidade motora de antes. Sua deficiência era algo que eles tinham que aceitar. Agora Melanie poderia *escolher* responder à doença do pai de maneiras que o ajudassem e permitissem que ela vivesse a própria vida. Ela continuou a levá-lo às consultas médicas, mas reduziu as visitas para uma ou duas vezes por semana, em vez de todos os dias. Cozinhava de vez em quando. Melanie pediu aos irmãos que a ajudassem mais e que compartilhassem a responsabilidade. A irmã que morava em outra cidade fez uma visita prolongada, e o irmão assumiu os impostos e as contas. O pai deles estava feliz por ter mais contato com todos os filhos. Melanie poderia, enfim, tirar férias. Mais do que isso, ela aprendeu a equilibrar as próprias necessidades com as vontades de outra pessoa. O poder da estrutura Pare — Desafie — Escolha reside na simplicidade. Além de auxiliar o reenquadramento, também é consistente com os insights que obtive ao estudar com Chris Argyris,[357] que realizou pesquisas com equipes de gerentes seniores nas empresas. Para simplificar a sabedoria de Chris, seria possível dizer que o desafio humano fundamental é o seguinte: é difícil aprender se você já sabe.

Infelizmente, somos programados para sentir como se soubéssemos — como se encarássemos a própria realidade, em vez de uma versão da realidade filtrada pelos nossos preconceitos, nossas origens ou nossos conhecimentos. Mas podemos desaprender o hábito de saber e revigorar nossa curiosidade.

TABELA 5.1: **Hábitos cognitivos para responder a falhas**

Hábito	O que significa	Como agir	Perguntas úteis
Pare	Fazer uma pausa para interromper respostas emocionais automáticas a estímulos situacionais a fim de possibilitar o redirecionamento das respostas emocionais e comportamentais espontâneas.	Respire fundo para se preparar para avaliar seu pensamento e considerar o impacto dele sobre sua capacidade de responder de uma forma que (1) proteja a sua saúde a longo prazo e (2) dê a você mais opções.	• O que está acontecendo agora? • Qual é a situação como um todo? • Como eu estava me sentindo antes de isso acontecer?
Desafie	Considerar o conteúdo de seus pensamentos espontâneos para avaliar sua qualidade e utilidade a fim de alcançar seus objetivos.	Verbalize (para si) o que está acontecendo em sua mente em resposta a essa situação e se pergunte quais pensamentos (1) refletem a realidade objetiva, (2) apoiam sua saúde e eficácia e (3) têm mais chance de proporcionar a obtenção de uma resposta produtiva. Identifique interpretações alternativas da situação baseadas na realidade objetiva e mais propensas a ajudá-lo a obter uma resposta produtiva – ou seja, a reenquadrar a situação de uma maneira que o ajude a seguir em frente e se sentir melhor.	• O que estou dizendo a mim mesmo (ou acreditando) que está causando o que estou sentindo? • Quais dados objetivos sustentam ou negam a minha interpretação? • Que outra interpretação da situação é possível? • Com as informações que possuo, a minha interpretação está alinhada aos meus interesses de longo prazo?
Escolha	Dizer ou fazer algo que o aproxime de alcançar seus objetivos.	Responda da maneira que o seu pensamento reenquadrado sugere, para que você diga e faça coisas que o ajudem a seguir em frente.	• O que eu realmente quero? • O que será melhor para me ajudar a alcançar meus objetivos?

Escolhendo o aprendizado

Quando somos humildes o suficiente para admitir que não sabemos, estamos prontos para abordar as situações de uma nova maneira. Jeffrey precisou perceber que não poderia ter sucesso logo de cara em tudo o que se propusesse a fazer. Melanie teve que aceitar suas perdas e limitações. Lembre-se de como Ray Dalio, que tinha tanta certeza de que estava certo sobre o rumo da economia até ver que estava errado em proporções catastróficas, mudou seu mindset. "Em vez de pensar *Estou certo*, passei a me perguntar *Como sei que estou certo?*"[358]

Uma pergunta poderosa para cultivar a autoconsciência. Seu novo mindset estava aberto ao aprendizado. Isso fez Dalio querer "procurar as pessoas mais inteligentes que discordavam de mim[359] para que eu pudesse tentar entender o raciocínio delas" e o auxiliou a "saber quando *não* ter uma opinião". Assim como Melanie teve que abandonar a versão da realidade em que poderia "salvar" o pai, Dalio, antes que pudesse reconstruir sua empresa com sucesso, teve que abandonar a versão da realidade alimentada pelo próprio cérebro para aprender também com os outros.

Chris Argyris chamou isso de "descoberta das 'teorias em uso da não aprendizagem'", que protegem nosso ego, mas atrapalham nossa verdadeira eficácia (ainda mais durante conversas difíceis com outras pessoas). Dalio aprendeu a mudar de ideia e explicou: "Eu só quero estar certo — não me importo se eu der a resposta certa."[360] Como não protegia mais sua necessidade de estar certo, ele poderia então tomar decisões mais eficazes — assim como Jonathan Cohen decidiu de modo consciente se preocupar mais com a segurança de seus pacientes do que em estar certo. Chris identificou nossa programação cognitiva (como pensamos) como uma alavanca vital que podemos aprender a puxar a fim de nos tornarmos mais orientados para a aprendizagem, mais eficazes e, eu acrescentaria, mais alegres. A alegria vem de perceber que podemos interromper o vínculo entre o que nos acontece e como respondemos a isso. Reenquadrar. Como Frankl supostamente disse: "Em nossa resposta está nosso crescimento e nossa liberdade."[361]

Maxie e Chris tinham em comum uma postura de racionalidade implacável que disfarçava seu compromisso compartilhado, sincero e apaixonado em aliviar o sofrimento e o desperdício e assim ajudar as pessoas a aprender e crescer. Os dois pesquisadores brilhantes e dedicados perceberam que cada um de nós é capaz de um tipo de aprendizado e crescimento que não é ensinado na escola. Ambos abriram minha mente para a possibilidade de falhar bem. Escolher o aprendizado em vez do conhecimento desenvolve sabedoria e equanimidade. Isso abre uma porta vislumbrada por poucos para se tornar mais atencioso, sábio, respeitoso, disposto a desafiar (em especial a si) e, em última análise, ser mais realizado. Durante o tempo que passei com Maxie e Chris, comecei a apreciar o quanto doía neles que emperrássemos o nosso caminho, que permitíssemos que o ego afastasse o aprendizado e a conexão.

Quando penso no tempo que passei no Novo México, aprecio como o meu aprendizado com Maxie e Larry moldou meu pensamento e minha pesquisa posterior. Os dois acreditavam que as pessoas poderiam aprender a alterar os padrões habituais de pensamento e que isso era a chave para o sucesso e a felicidade delas. Esse foi o pano de fundo que me levou à pós-graduação. Ambos atraíram a minha atenção, e fiquei me perguntando se conseguiria contribuir com novos conhecimentos para um conjunto de pesquisa já profundo e valioso. Eu também queria ajudar a torná-lo útil.

Hoje minha resposta é esta: escolha aprender em vez de saber.

Não importa se você gravitar em torno do mindset de crescimento de Carol Dweck, dos hábitos de pensamento saudável de Maxie Maultsby, das teorias em uso do Modelo 2 de Chris Argyris ou das memórias poderosas de Viktor Frankl. A mensagem é a mesma. Faça uma pausa para desafiar os pensamentos automáticos que lhe causam dor e constrangimento. Em seguida, reenquadre-os a fim de possibilitar que você escolha aprender em vez de saber. Olhe ao redor e encontre energia e alegria ao ver o que lhe passou batido. No cerne da tarefa de reenquadramento estão as palavras que usamos para expressar nossos pensamentos, tanto em particular quanto em voz alta. *Estou falhando ou estou descobrindo algo novo? Devia ter feito melhor e sinto-me mal por não ter conseguido, ou aceito a situação e extraio o máximo de aprendizado dela? Consigo lidar bem com o desconforto que vem de novas experiências? Vou me permitir ser humano? Vou me permitir aprender?*

Permissão para aprender

Como Pogo parece ter dito, conhecemos o inimigo: nós mesmos. Nossas expectativas distorcidas e irrealistas de evitar todas as falhas são, de fato, as culpadas. Dominar a ciência de falhar bem deve, portanto, começar por olhar para nós mesmos. A autoconsciência é a primeira e mais vital das três competências que precisamos desenvolver. As outras duas, consciência situacional, que será abordada no próximo capítulo, e consciência sistêmica, que será discutida logo em seguida, só podem ser desenvolvidas quando nos permitimos continuar a aprender.

CAPÍTULO 6

Contextos e consequências

Não podemos direcionar o vento,
mas podemos ajustar as velas![362]

— Dolly Parton

Imagine que você está em uma sala grandiosa, diante de um tapete de dois metros por um metro e vinte, estampado com um padrão quadriculado em tons de cinza e preto. São nove fileiras que contêm seis quadrados idênticos cada. Você é informado de que, ao pisar em cada quadrado, ou ouvirá um bipe alto, ou não haverá nenhum som, e que sua tarefa é encontrar um *caminho de quadrados contíguos sem sinal sonoro* de uma extremidade do tapete à outra. Você terá vinte minutos para encontrar esse caminho e receberá pontos extras por fazê-lo mais rápido. Não basta olhar para o tapete para detectar o caminho; a única maneira de descobri-lo é pisar nos quadrados, um de cada vez, por meio do método de tentativas e erros, e então conferir se eles apitam.

Quando passo aos alunos este exercício, chamado de "Labirinto Elétrico"[363] e projetado mais de três décadas atrás pelo inventor Boyd Watkins, um engenheiro eletricista afro-americano com dois diplomas de Berkeley, eu os organizo em uma equipe e cito algumas regras: apenas uma pessoa pode pisar no tapete por vez; quando um membro da equipe aciona um quadrado que apita, deve sair do tapete e dar a vez para a próxima pessoa. Cada vez que um quadrado emite um bipe, a equipe deve começar de novo a partir da primeira fileira. Dou aos alunos alguns minutos para conversar entre si antes de começar o exercício. Uma vez iniciado, eles devem prosseguir sem trocar qualquer comunicação verbal, mas podem gesticular para indicar os quadrados silenciosos ou aqueles que apitam, tudo para ajudar a equipe a avançar com mais rapidez e completar o caminho. Não se trata de um jogo desafiador em termos intelectuais. Tampouco requer expertise. A maioria dos alunos resolveu problemas muito mais difíceis e enfrentou situações mais desafiadoras. É apenas uma questão de pisar nos quadrados para ver se eles apitam e lembrar quais o fazem. Ninguém na equipe tem respostas para a tarefa; por isso, ela não pode ser resolvida sem que haja falhas (bipes) ao longo do percurso.

Ainda assim, olha o que acontece. O primeiro colega da equipe se aventura no tapete e pisa, digamos, em um quadrado que não emite o bipe e hesita antes de pisar no próximo. Com um pé no ar, fica paralisado feito uma estátua, como se esperasse detectar quais quadrados podem ser seguros sem ter que pisar neles. Lembre-se: o desempenho da equipe é baseado no tempo. Hesitar custa caro. Ficar com um pé no ar não é um uso inteligente do tempo, embora seja compreensível. Imagine-se no tapete, dando um passo à frente e pisando num quadrado que apita. Os integrantes da sua equipe resmungam. Mas, se pisar em um quadrado silencioso, eles aplaudem! Ironicamente, as reações da equipe exacerbam a hesitação: o estudante seguinte no labirinto fica ainda mais hesitante, e a equipe acaba por estourar o tempo. A minha experiência mostra que a maioria das equipes não consegue encontrar um caminho livre de bipes em vinte minutos de atividade.

Para ajudar os participantes a entenderem as causas da falha em resolver o enigma, quando analiso o exercício, pergunto: "No que você pensou quando estava no tapete, diante de uma nova fileira de quadrados, hesitante em pisar?" A resposta é sempre a mesma: "Eu não queria errar." Se elaborarem mais a resposta, confessarão que se sentiram envergonhados ao pisar em um quadrado sonoro, e não em um silencioso.

Já deve estar evidente que pisar em um novo quadrado que apita não é um erro. Isso apenas possibilita que se obtenha uma nova informação sobre o caminho. É o jeito certo de errar. Quando algo dá errado em território desconhecido (seja um quadrado que emite um bipe, seja até mesmo um primeiro encontro ruim), é uma falha, mas não um erro. Lembre-se de que algo só é um erro se você já tiver conhecimento prévio de como evitá-lo. O que as pessoas não põem em prática com facilidade é o pensamento de que a maneira de alcançar um bom desempenho no labirinto é coletar o mais rápido possível as informações a respeito de quais quadrados apitam. É lógico que as equipes devem aplaudir seus colegas por descobrirem quadrados silenciosos *e* sonoros. Ambos fornecem novas informações fundamentais sobre o caminho. Em vez disso, as pessoas experimentam a pequena falha inteligente de um novo bipe como um erro e se sentem envergonhadas por isso — um constrangimento que ainda é amplificado pelas reações dos outros.

Isso demonstra falta de compreensão do contexto.

Ativar um novo bipe é o jeito certo de errar. Chamaremos isso de "bipe à frente". É uma metáfora para os passos errados que damos na vida em circunstâncias desconhecidas. Assim como o labirinto apresenta uma tarefa de tentativa e erro que não pode ser resolvida sem que se pise em quadrados que emitem bipes, quando enfrentamos contextos novos em nossa vida, devemos estar preparados para falhas enquanto percorremos o novo terreno. Se sentir vergonha ou ansiedade por causa de um novo sinal sonoro no labirinto é irracional (embora humano), também é irracional ficar envergonhado pelos "bipes à frente" da vida.

E se uma equipe no Labirinto Elétrico seguisse o método de dar um passo para encontrar bipes o mais rápido possível e eliminar a hesitação? A solução pode ser encontrada em menos de sete minutos. A incapacidade de uma equipe de realizar essa tarefa em vinte minutos pode ser encarada como um resultado direto da má *interpretação do contexto*. Esse contexto exige experimentação e ajuda a equipe a se unir e se apoiar nas inevitáveis falhas. No entanto, os alunos têm uma reação emocional aos bipes — como se estivessem envolvidos em uma tarefa de rotina com um manual que indica com exatidão onde e quando pisar. Eles logo encararam o labirinto como um teste que deveriam acertar de primeira. *Trouxeram um mindset de execução para uma tarefa de aprendizagem.*

Eu e Fiona Lee, professora de psicologia da Universidade de Michigan, usamos o labirinto em um experimento de psicologia para mostrar como essa mentalidade funcionava. Pedimos aos participantes que escolhessem de modo aleatório trabalhar em dupla com alguém que acreditavam ser um membro da equipe. No entanto, este era um assistente de laboratório contratado para simular duas possíveis orientações. Uma delas era a orientação de execução, que enfatizava a importância de acertar e evitar erros. A outra era a orientação de aprendizagem, que destacava a importância de experimentar e aprender. Os participantes na condição de aprendizagem superaram[364] o desempenho daqueles na condição de execução. As instruções do par eram congruentes com o contexto da tarefa, e eles tinham mais facilidade em experimentar, o que era vital para o sucesso da dupla. Em contrapartida, quando uma mentalidade de execução foi reforçada, o choque com a nova tarefa dificultou o sucesso dos participantes.

A maioria de nós não se vê diante de um labirinto real em que é necessário encontrar o caminho certo. Mas o exercício proporciona uma metáfora adequada de nossa vida. Todos enfrentamos incertezas, o que traz riscos e oportunidades para a descoberta. Podemos nos beneficiar de fazer uma pausa para considerar o contexto em momentos cruciais e não tão cruciais em nosso dia a dia. Muitas falhas na vida e nas empresas ocorrem porque não prestamos atenção ao contexto. Muitas falhas têm um fundo emocional mais doloroso do que precisam ter — quando são apenas os quadrados que bipam presentes na vida de todos.

O objetivo do Labirinto Elétrico é elucidar as barreiras psicológicas que impedem a inovação. Não gostamos de bipes à frente, mas a inovação não acontecerá sem eles. O labirinto exemplifica um novo território, mas os participantes ainda sentem que deveriam saber as respostas. O objetivo deste capítulo é fornecer uma nova maneira de pensar sobre o contexto para evitar certos tipos de falhas e, ao mesmo tempo, aliviar a carga emocional que as falhas inteligentes trazem. Muitas falhas evitáveis — na vida e nas empresas — ocorrem devido à atenção insuficiente ao contexto.

Praticar a ciência de falhar bem requer a consciência de duas dimensões de contexto: (1) o quanto é conhecido e (2) o que está em jogo. A primeira dimensão diz respeito ao nível de novidade e incerteza. A segunda tem a ver com risco — físico, financeiro ou reputacional. Grosso modo, os riscos são altos ou baixos? Pisar em um quadrado que apita durante um exercício em sala de aula seria um bom exemplo de baixo risco.

E enviar uma nave espacial para entrar em órbita? O risco é alto. Esta é uma avaliação subjetiva; por exemplo, o que pode ser de alto risco financeiro para mim pode ser de baixo risco para você. Refletir sobre a incerteza e os riscos em uma situação, seja ela subjetiva ou não, é uma competência crucial para quem domina a prática das falhas.

Os diferentes contextos na vida

Você vai falhar hoje?

Depende, em grande parte, das situações que enfrentará. As chances de falhar variam drasticamente com base no nível de incerteza. A *importância* de uma falha também varia. A segurança humana está em risco? Trata-se de uma falha que pode trazer sérios danos financeiros ou à reputação?

Este capítulo analisa como a *falta* de consciência do contexto leva a falhas evitáveis em alguns ambientes e a uma ansiedade injustificada em outros. A *consciência* do contexto, em contrapartida, permite que você pratique a vigilância quando necessário e relaxe quando os riscos são baixos. É uma oportunidade de *parar — desafiar — escolher* para avaliar a situação, desafiar suas crenças automáticas e escolher o mindset correto. A situação exige extrema vigilância ou experimentação lúdica? Aprender a tornar essa análise um hábito não apenas nos torna mais eficazes em uma variedade de situações como também reduz o impacto emocional provocado pela ansiedade desnecessária que muitos de nós sofremos. Quando aprendemos a interromper nossas reações automáticas, podemos prosseguir com mais atenção — deixando de ver perigo onde não há enquanto praticamos a vigilância quando de fato há perigo.

O contexto é em parte moldado pelo nível de incerteza. Em uma extremidade do espectro estão tarefas com instruções objetivas e comprovadas, como assar biscoitos de chocolate, em que os resultados são quase garantidos. Do outro lado estão as tarefas sem cartilhas. Imagine confrontar a tela em branco do computador na esperança de escrever uma ficção. Para preparar os biscoitos, você sabe o que fazer, e a falha é improvável. Já escrever um livro apresenta um número infinito de possibilidades à frente, e pequenas falhas intermináveis (bipes à frente) estão à espera. Talvez você ainda não tenha uma ideia do enredo. Ou talvez só tenha a história. É difícil saber por onde começar, e o resultado desejado — um livro publicado que envolverá os leitores por completo — está longe de ser algo garantido. Assim como as primeiras tentativas de Edison de produzir uma bateria de armazenamento. Entre esses dois extremos encontra-se uma vasta gama de situações.

De consistente a novo

Contextos consistentes trazem a certeza de que há uma carência de contextos novos. Quando o conhecimento processual está bem desenvolvido — como seguir a receita do biscoito —, a incerteza é baixa e as chances de falha também. Em contraste, em contextos novos, o conhecimento para obter o resultado desejado está em algum lugar entre o inexistente e o incompleto, como quando você se propõe a escrever um livro, desenvolver um produto novo ou encontrar um caminho sem bipes em um labirinto eletrônico. As falhas são garantidas quando há um alto grau de incerteza, mas não precisam ser dolorosas. Elas fornecem informações valiosas, e a consciência contextual torna isso mais fácil de apreciar.

Para entender como os contextos variam na vida, pense nos empregos que você teve e até que ponto eles vieram com instruções para obter os resultados esperados. A maioria das empresas abrange uma variedade de contextos[365] — desde a produção rotineira (trabalho repetitivo e com alta demanda, como em um restaurante de fast-food ou em uma linha de montagem automotiva) até pesquisa e desenvolvimento (em laboratórios científicos ou em equipes de design de produtos). Entre esses extremos estão os contextos variáveis, como aqueles em um hospital, em que os profissionais têm um conhecimento sólido a respeito de como alcançar os resultados, mas devem se ajustar ou fazer adaptações com base em pequenas variações da situação com alguma constância. Um médico que atua na emergência, por exemplo, pode enfrentar vários desafios incomuns ao atender os pacientes certo dia e achar o dia seguinte relativamente rotineiro. Na vida pessoal, também encontramos contextos *consistentes*, *variáveis* e *novos*. O objetivo não é traçar limites sólidos entre categorias que não se sobrepõem, e sim aprender a ponderar a incerteza por causa de suas implicações em relação a como proceder.

Você consegue fazer isto de olhos fechados?

Pouco tempo atrás, uma história no noticiário sobre uma criancinha esquecida em um táxi despertou meu interesse. Uma família pegou um táxi grande do aeroporto para casa, e, só depois que o veículo fora embora, o pai e a mãe perceberam que o filho não estava com eles. O menino foi encontrado algumas horas depois — ileso e ainda dormindo na terceira fileira da minivan, estacionada em um terreno baldio na periferia da cidade. Comecei a pensar em como esse erro pode ter acontecido. Eu podia imaginar a cena sob a perspectiva do pai e da mãe: é tarde, está escuro, é o fim de uma longa viagem, todos estão cansados. Os outros filhos demandavam cuidados. Havia a bagagem. Chaves da casa para localizar. No caos, é fácil supor[366] — como aconteceu com esse pai e essa mãe — que o outro havia se encarregado de pegar o filho de 4 anos.

A história é um exemplo de como logo tendemos a minimizar a variabilidade. Embora um trajeto do aeroporto para casa parecesse previsível e familiar, e, portanto, não exigisse atenção, eu argumentaria que o contexto — várias malas, vários filhos, já ser tarde da noite — tornava a família vulnerável a falhas. Se tivessem reconhecido que essa corrida até em casa tinha variabilidade moderada em vez de previsibilidade completa, eles poderiam ter prestado mais atenção. O taxista também negligenciou dar atenção total a uma tarefa aparentemente rotineira — estacionar seu táxi no fim de um turno. Ele errou ao não verificar se o veículo estava vazio. Todos contribuíram para uma falha complexa evitável em um contexto variável.

A rotina é característica de um *contexto consistente*. Talvez você faça o mesmo percurso para o trabalho todos os dias, ou esvazie a lava-louças e coloque todos os pratos limpos de volta em locais precisos para que sempre saiba onde estão. Talvez goste de correr em um circuito específico em um parque do bairro. Você pode ter uma irmã ou irmão, melhor amigo ou amiga a quem sempre pode recorrer para animá-lo se estiver triste. Se você gosta de cozinhar, é provável que tenha um conjunto de receitas para dar conta do recado todas as vezes. Essas atividades e esses relacionamentos compõem contextos consistentes que são imunes até certo ponto a decisões estressantes sobre o que e como fazer determinada coisa.

Os contextos consistentes na vida não desencadeiam ansiedade em relação à capacidade de alcançar o resultado desejado. Nessas situações, é possível dizer com confiança: "Deixa comigo." Não quero sugerir que esvaziar a lava-louças traga uma alegria exuberante, e sim que é familiar de um modo reconfortante, sem mencionar a satisfação quando tudo está de volta ao seu respectivo lugar. O problema é que também tratamos de prontidão as situações como consistentes quando elas são variáveis ou às vezes até novas. A família que retornava do aeroporto cometeu um deslize ao esquecer uma criança adormecida no táxi. Sempre que entro na minha sala de aula na Harvard Business School confiante demais por ter ensinado o mesmo estudo de caso em um ano anterior, cometo esse mesmo erro. São novos alunos que trazem diferentes experiências e expectativas; o mundo ao nosso redor é moldado por acontecimentos recentes, e a discussão em sala de aula irá se desdobrar de maneira diferente da anterior. Para dar a melhor aula possível, precisarei estar atenta às nuances o tempo todo. Poucos de nossos contextos são de fato consistentes e previsíveis, mas isso não nos impede de agir como se fossem. Quando dizemos "Consigo fazer isso de olhos fechados", o que queremos dizer é que já fizemos isso tantas vezes antes que nem precisamos prestar atenção.

Familiar, mas variável

Os *contextos variáveis* na vida nos mantêm atentos. Talvez você seja um jogador de tênis habilidoso que desfruta de um domínio crescente de um jogo em que cada adversário, ou cada parceiro de duplas, sem falar de cada partida, traz novas reviravoltas que exigem toda a sua atenção. Talvez seu trabalho apresente um contexto variável — onde você aplica uma experiência específica em uma série de situações diferentes ao longo do dia, como faria um médico ou um advogado, ou que se trate de um ambiente onde você se junta a pessoas diferentes em projetos e momentos distintos. Em contextos variáveis, usamos nosso conhecimento ou nossa experiência, e modificamos com cuidado nossas ações para responder ao que vivenciamos no momento. Contextos variáveis trazem mais incertezas do que contextos que de fato são consistentes, mas é raro que a nossa capacidade de transitar pela situação seja posta em xeque.

Dada a complexidade do nosso mundo, as situações diárias são, em sua maioria, variáveis e exigem pelo menos parte da nossa atenção. Mesmo situações que parecem consistentes podem ser mais variáveis do que pensamos. Apesar de ter feito o suflê inúmeras vezes em casa, quando você for visitar alguém no fim de semana, não sabe como será o desenrolar da receita em um forno diferente. Projetos domésticos, como pendurar quadros nas paredes, também são variáveis — é necessário fazer medições com cuidado para minimizar os danos aos polegares ou às paredes.

Novo território

Por fim, assim como na IDEO, onde todos trabalharam em projetos de inovação, os *contextos novos* na vida apresentam possibilidade sem garantia de resultados. Alcançar o sucesso nesses contextos requer que tentar algo novo seja uma obrigação, e é improvável que funcione com perfeição logo de primeira. Talvez você queira inventar um novo prato e misturar ingredientes desconhecidos. Você sabe o suficiente sobre culinária para acreditar que os sabores se combinam de forma interessante, mas precisa experimentar para ter certeza. Talvez você esteja prestes a comprar uma casa pela primeira vez, e por isso explora diferentes bairros, faz visitas a imóveis, vasculha a internet e busca aprender o máximo que pode sobre opções de financiamento. Ou que tal ir a um encontro com alguém desconhecido? Ou começar a ter aulas de mergulho? Contextos novos, todos eles.

Sem perpassar por contextos novos de vez em quando, corremos o risco de estagnação e perdemos a chance de experimentar uma atividade desconhecida ou alcançar um novo objetivo. Assim como nos laboratórios científicos, devemos aceitar as falhas em um novo território. Não é possível evitá-las, mas podemos aproveitar a oportunidade de aprender com elas. Talvez você tenha gostado de um imóvel, mas tenha perdido a oportunidade de fechar o negócio porque alguém ofereceu um valor mais alto. O prato que você preparou pode ser decepcionante ou até mesmo horrível. O encontro com um desconhecido? Não preciso dizer mais nada. Todos esses exemplos são de um relativo baixo risco que vale a pena correr. Isso porque o pior que pode acontecer não é tão ruim assim.

O que está em jogo?

Ao praticar a consciência situacional, o segundo dado a considerar é o que está em jogo — em termos financeiros, físicos ou reputacionais. Uma boa regra de ouro é aceitar com alegria as falhas que acarretam poucas consequências e tomar medidas para evitar aquelas que colocam muito mais em risco. As situações são definidas por uma combinação de incerteza e consequências em potencial. Quando podem ocorrer danos físicos, financeiros ou reputacionais, os riscos são elevados. A Tabela 6.1 apresenta exemplos de situações de apostas mais altas e mais baixas para todas as três dimensões.

Tirar a louça da máquina, cozinhar ou tentar passar por um tapete que apita são *situações de baixo risco*, em que é improvável que a falha gere sérias consequências. Quando se deixa cair um prato enquanto se tira a louça da máquina, é uma falha bastante inconsequente em um contexto previsível. Adotar uma resposta "Não foi nada" e logo passar para outra atividade — e talvez parar para se lembrar de prestar atenção quando as mãos estão molhadas — é saudável. Em uma situação de baixo risco em um contexto variável, em que o pior que pode acontecer é, por exemplo, um suflê dar errado, costumamos dar uma leve ignorada nos erros com uma atitude de "Ah, essas coisas acontecem". As frases "Não se martirize" ou "Não chore pelo leite derramado" se aplicam bem a esses contextos.

Julia Child, a chef pioneira que apresentou a culinária francesa a um grande público norte-americano, era famosa por ignorar com diversão os erros na cozinha cometidos em seu programa de televisão nos anos 1960. Após virar uma panqueca que caiu no balcão da cozinha e não na frigideira, ela aconselhou: "Se isso acontecer, basta colocá-la de volta na frigideira; lembre-se de que só tem você na cozinha e ninguém viu."[367] Assistir a ela falhar com tanta leveza, apesar de toda a experiência e as conquistas, não apenas fez os espectadores se identificarem com a famosa chef como também os ajudou a acreditar que também poderiam tentar fazer receitas desconhecidas que pudessem parecer um tanto assustadoras.

Divirta-se experimentando

Aqueles que dominam a prática das falhas, como Child, tiram proveito de situações de baixo risco em contextos novos. Na melhor das hipóteses, descobre-se algo novo. E na pior? Trata-se apenas de um bipe à frente. Uma lição importante do exercício do Labirinto Elétrico é *se divertir experimentando quando os riscos são baixos*. Ganhar experiência com falhas em um ambiente de baixo risco ajuda a combater o perfeccionismo. É possível aprender a parar para avaliar se os riscos são altos. Assim como tendemos a subestimar a incerteza, superestimamos o que está em jogo. Para a maioria de nós, aparecer em rede nacional se qualificaria como uma situação em que há muito em jogo. Não para Julia! Ela (com razão) classificou uma panqueca no balcão, ou mesmo um frango no chão, como uma situação de baixo risco — consequência do erro humano pelo qual não valia a pena se constranger ou ter vergonha.

Adquirir o hábito de reclassificar o nível de risco em muitas de nossas atividades, e o que está em jogo ao realizá-las, é uma capacidade vital e que torna a vida melhor. Ao cultivar esse hábito, aliviamos a carga emocional. Há diversas situações em nossa vida em que a vigilância é essencial; quando não é, podemos proceder com mais diversão e alegria — mesmo quando fazemos algo que é importante para nós (cozinhar, escrever um artigo, aprender um novo idioma). Em contextos consistentes com riscos baixos (dobrar a roupa limpa, sair para correr), uma abordagem casual e normal é boa. Fazer uma pausa para avaliar (ou, como é mais comum, reavaliar) os riscos nos permite quantificar a vigilância e, assim, mitigar sua carga emocional e cognitiva.

Quantificando a vigilância

Em contrapartida, quando os riscos são altos, ainda mais em se tratando da segurança humana, deve-se adotar uma abordagem que varia de execução consciente a ação cautelosa e experimentação cuidadosa, como mostrado na Figura 6.1, em que o retângulo cinza engloba situações nas quais as falhas são prováveis e os riscos são altos. O retângulo cinza retrata a zona que merece cuidados especiais. Uma empresa de biofabricação deve executar as etapas com muito cuidado para que dois lotes diferentes de vacina não sejam misturados, porque um erro pode custar a vida das pessoas, a reputação de uma empresa e uma quantia considerável de dinheiro. Talvez você esteja fazendo uma apresentação no trabalho que afetará uma venda ou uma promoção. Trata-se de um contexto variável e uma situação com um relativo alto risco, porque a venda ou a promoção é importante para você. Deve-se ter cuidado e cautela, e você pode fazer isso, por exemplo, ao praticar sua apresentação de antemão. Digamos que você faça essa mesma apresentação para um novo grupo. À medida que a situação se aproxima de um contexto novo, você pode experimentar com cuidado pequenas mudanças na apresentação para alcançar melhor esse público.

TABELA 6.1: **Três dimensões da consequencialidade**

	Riscos mais altos	Riscos mais baixos
Consequência física	Realizar atividades com consequências de vida ou morte, ou com o potencial para provocar ferimentos graves, como pilotar uma aeronave ou realizar uma cirurgia.	Tentar praticar um esporte novo em que você pode ficar com o músculo dolorido ou ter pequenas lesões.
Consequência financeira	Aplicar uma grande quantia de dinheiro em um investimento arriscado.	Comprar um ingresso de cinema sem saber nada sobre o filme.
Consequência para a reputação	Realizar atividades sujeitas a amplo julgamento público para o qual você pode não estar preparado ou qualificado.	Expressar uma opinião polêmica em uma festa para alguém que você não conhece bem.

É óbvio que você não quer agir de forma imprudente em situações perigosas. Mas também é um erro se sobrecarregar com vigilância excessiva em situações de baixo risco — que, por sinal, é cometido por quase todos os participantes do Labirinto Elétrico. De modo semelhante, quando nos preocupamos demais com a percepção dos outros a nosso respeito, podemos interpretar com equívoco o contexto como de alto risco, e não como uma situação em que podemos baixar a guarda e nos conectar com os outros de maneira autêntica.

Quando a vigilância é necessária porque os riscos são altos, ela não precisa ser dolorosa ou árdua. Concentrar-se no presente pode ser bom. Ao conduzir um barco de corrida contra o vento, por exemplo, as distrações e preocupações desaparecem à medida que sou forçada a vivenciar os desafios impostos a cada momento pelo vento, pela velocidade e pelo equilíbrio. Quando morei no Novo México e me tornei uma alpinista de fim de semana, tive uma experiência semelhante. O foco que situações variáveis exigem às vezes (ainda mais quando a excelência é necessária) não deve ser equiparado ao trabalho duro e sofrimento implacáveis!

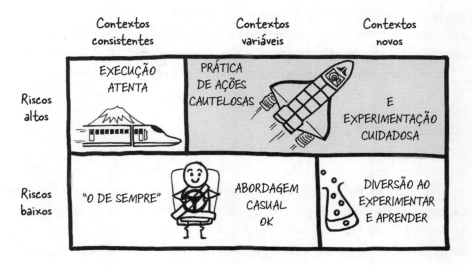

FIGURA 6.1: Transitando por tipos de contexto com base em riscos altos ou baixos

Falta de consciência situacional e falhas evitáveis

A falta de consciência situacional pode gerar uma variedade de falhas evitáveis — em geral devido a um viés cognitivo chamado "realismo ingênuo". Como descrito por Lee Ross, psicólogo de Stanford, o realismo ingênuo nos dá uma sensação equivocada[368] da realidade — vemos uma versão filtrada pelas lentes da nossa história de vida ou experiência. É uma fonte de confiança excessiva que pode levar a falhas evitáveis. O realismo ingênuo nos faz interpretar uma situação variável ou nova como previsível. Já vimos exemplos disso com a criança esquecida no táxi e com as minhas experiências em sala de aula, mas talvez você tenha perdido uma venda que considerava garantida ou acreditasse que um encontro deu certo, mas depois nunca mais teve notícias da pessoa. Superestimar uma situação tratando-a com familiaridade e subestimar sua incerteza nos leva a falhas que são evitáveis e não inteligentes.

A consciência situacional na ciência da falha significa apreciar o nível de incerteza e o que isso traz. Trata-se de fazer uma pausa, por mais breve que seja, para avaliar onde você está no contínuo do contexto consistente ao contexto novo, de modo a prosseguir com uma abordagem apropriada. Trata-se de aprender a esperar o inesperado, tanto para evitar falhas evitáveis quanto para assumir riscos suficientes para produzir sua parcela de falhas inteligentes. Também tem a ver com permanecer ciente do que está em jogo.

Subestimando o perigo

Jay era um aluno de engenharia e design e trabalhava em uma serralheria responsável por produzir grandes esculturas exibidas em parques públicos, propriedades privadas e galerias de arte. Em junho de 2020, nas primeiras semanas de trabalho, Jay recebeu instruções sobre como e quando usar óculos de segurança, capacetes, máscaras respiratórias, botas de segurança e luvas — medidas que levou a sério e seguiu com diligência. Ele também aprendeu como manusear com segurança as grandes máquinas que cortam aço e alumínio e como manter distância de lâminas afiadas, engrenagens em movimento e do calor flamejante das ferramentas de soldagem. Após prender uma peça de metal na outra, ele costumava dar o acabamento com uma esmerilhadeira angular portátil que havia sido equipada com um disco afiado e de movimento rápido. No entanto, certa tarde, já prestes a completar um ano na serralheria, ele se inclinou demais em um canto apertado para fazer os acabamentos. Em uma fração de segundo, sua cabeça ficou muito próxima da esmerilhadeira, que estava ligada; ele perdeu a consciência situacional e se concentrou na solda problemática em vez de verificar sua posição em relação à ferramenta poderosa.

Em um segundo, a esmerilhadeira escapou de sua mão e cortou parte de seu lábio inferior.

Seu chefe o levou ao pronto-socorro enquanto dizia com firmeza: "Jay, você se esqueceu de que estava em uma situação perigosa."

Jay confundiu, ainda que por instantes, uma configuração variável com uma que era rotineira. Acostumado a usar a esmerilhadeira angular, ele trabalhou de forma mais automática do que consciente. Acima de tudo, ele não fez uma pausa para reconhecer que *era uma situação perigosa, em que ele poderia se machucar*. Se ele tivesse feito uma pausa para reconhecer o contexto — como havia feito muitas vezes antes em tarefas com perigo potencial —, poderia ter desviado a cabeça ou tê-la recuado o suficiente para evitar o ferimento.

Embora nem todas as falhas evitáveis envolvam danos físicos, esse exemplo ilustra o que pode acontecer quando nos esquecemos de fazer uma pausa e avaliar o contexto. Perdemos a chance de escolher a abordagem mais apropriada. Acima de tudo, quando reconhecemos que estamos na zona do retângulo cinza, onde as coisas podem dar errado e dão, devemos prosseguir com muita cautela e cuidado.

Subestimando a variabilidade

E se você fosse responsável pelo lançamento de um dos produtos existentes da sua empresa em um novo mercado — digamos, um novo país? Seria fácil cair na armadilha de encarar isso como uma tarefa de execução. É um produto bem compreendido e é natural minimizar a variabilidade que temos pela frente. Vejamos como a Coca-Cola foi pega nessa situação[369] em 2004 e experimentou uma falha complexa classificada pelos jornalistas de economia e negócios de "fiasco" e "catástrofe de relações públicas".[370]

A água Dasani se tornou popular nos Estados Unidos no fim dos anos 1990, quando a água engarrafada passou a ser cada vez mais vista como uma alternativa conveniente e saudável aos refrigerantes açucarados. No Reino Unido, por outro lado, o mercado de água engarrafada estava mais estabelecido e já existia há mais tempo do que nos Estados Unidos. No entanto, os lados opostos do Atlântico tinham visões diferentes a respeito da garrafinha de água. Em vez de ser encarada apenas como uma fonte conveniente de água potável, a água mineral engarrafada era considerada no Reino Unido benéfica e refrescante porque era proveniente de uma geleira alpina ou de uma fonte natural. Para representar essa diferença cultural, uma série de comédia muito assistida e transmitida pela BBC, *Only Fools and Horses*, parodiou a garrafinha de água em um episódio de 1992 em que um personagem vendia água engarrafada retirada de uma torneira — uma ideia vista como digna de zombaria, exacerbada mais tarde no programa quando se descobriu que a água da torneira estava contaminada. O episódio, transmitido durante um feriado, alcançou uma audiência de vinte milhões de espectadores[371] e depois foi reprisado inúmeras vezes.

O lançamento da Dasani no Reino Unido, se tivesse apenas que superar as associações negativas geradas por um programa de TV, ainda poderia ter sido bem-sucedido. Poucos teriam rejeitado a nova água da Coca-Cola com base em um episódio da série. Na verdade, nas primeiras semanas, a água Dasani teve vendas razoáveis.

A Coca-Cola rotulou com precisão cada garrafa Dasani como "água purificada" (água da torneira quimicamente tratada) para diferenciá-la da água mineral. No período que antecedeu o lançamento, a *Grocer*, uma revista do setor, observou: "Um comprador veterano alertou que alguns consumidores podem ficar desanimados[372] com a falta de proveniência da água", mas ninguém de fato notou o problema, talvez devido a suposições enraizadas sobre a água engarrafada.

Mas depois, em um caso infeliz em que a vida imita a arte, os testes revelaram que o uso de produtos químicos na usina de tratamento de água no sudeste de Londres fazia o produto Dasani exceder o limite permitido de bromato — um carcinogênico. Embora a quantidade encontrada parecesse insuficiente para causar danos, era impossível evitar a publicidade negativa. A Coca-Cola foi forçada a recolher meio milhão de garrafas de Dasani[373] — uma falha complexa, cara e indiscutivelmente evitável. O produto nunca voltou para o mercado do Reino Unido, e a empresa perdeu[374] 7 milhões de euros na campanha publicitária para o lançamento.

É fácil apontar a má sorte como a razão para o fracasso do lançamento. A representação negativa exibida no programa de TV, uma falha em testar com cautela a fonte de água com antecedência e uma abordagem casual demais a respeito das diferenças entre os dois mercados se combinaram para acabar com o produto. Se a empresa tivesse apreciado a variabilidade que um novo mercado necessariamente traz para um produto antigo, a falha poderia ter sido evitada. Uma ação cautelosa para testar a água poderia ter revelado os riscos mais cedo e permitido que a empresa antecipasse e abordasse o ceticismo britânico em relação a um produto que havia sido bem recebido nos Estados Unidos e em outros lugares. Como conclui o jornalista Tom Scott: "Não acho que o desastre de Dasani fosse inevitável."[375]

Subestimando a novidade

Após mais de dois anos em construção, com mais de 1 bilhão de dólares de investimento,[376] esperava-se que o novo site conseguisse suportar de cinquenta a sessenta mil usuários por vez. Nas primeiras horas depois do muito esperado lançamento, tudo parecia funcionar da forma correta, mas logo surgiram relatos de que os poucos usuários que conseguiram fazer o login encontraram apenas telas em branco, saíram do site ou tiveram que esperar horas para acessar. Apenas seis pessoas conseguiram usar o site em pleno funcionamento no primeiro dia. Apenas 5% do número projetado de usuários foi acomodado durante o primeiro mês do site. Observadores criticaram bastante a tecnologia como "pouco intuitiva, difícil de navegar[377] e em geral impenetrável".

A HealthCare.gov foi a plataforma on-line criada para implementar a Affordable Care Act (ACA), uma lei defendida com ferocidade em favor de disponibilizar cuidados de saúde a milhões de norte-americanos sem seguro de saúde ou com pouca cobertura. O site era o portal público onde qualquer pessoa podia fazer login, comprar no mercado federal de seguros de saúde e se inscrever no escolhido. Mas seu lançamento foi um estrondoso fracasso. Talvez você se lembre do alvoroço da mídia que acompanhou o caso. Como uma política destinada a tornar a saúde acessível a todos poderia deixar de garantir a capacidade básica de se inscrever?

À medida que detalhes sobre o que dera errado começaram a surgir, descobrimos que dois fatores principais estavam operando. Para começar, aqueles em Washington, D.C., munidos do desejo de tornar a ACA um sucesso, concentraram-se em aprovar a legislação — quase em um movimento de equiparar a aprovação do projeto de lei à implementação da política. Pouco se refletiu sobre como projetar a tecnologia adequada para conectar milhões de usuários[378] a milhares de empresas que oferecem seguros de saúde variados, cada um sujeito a regulamentações complexas específicas de cada estado. Criar um site não é difícil. Você pode até ser uma entre os milhões de pessoas que já criaram um site, blog ou negócio de comércio eletrônico simples por meio de sistemas de gerenciamento de conteúdo de software pré-configurado e que foram ao ar em poucas horas. Mas desenvolver uma plataforma bilateral, com vendedores e compradores, para lidar com dezenas de milhares de usuários que precisam cada um de um seguro personalizado, apresenta certo nível de dificuldade completamente diferente de sites pessoais — e, o mais importante, demanda um conjunto de habilidades muito distinto daquele exigido dos políticos. Da mesma forma, o presidente Obama e sua equipe não conseguiram perceber o grau de novidade que o HealthCare.gov apresentava. Tendo encarado-o de modo implícito como apenas mais um site, eles não conseguiram mobilizar o tipo de equipe e de processo que um projeto tão novo exigia. Passo esse estudo de caso para a minha turma em Harvard a fim de ajudar os alunos a perceberem que visão e carisma não são suficientes. Grandes gerentes são aqueles que diagnosticam o contexto para organizar pessoas e recursos de forma adequada. Caso contrário, eles se preparam para falhas evitáveis constrangedoras.

A falha do HealthCare.gov foi mais que constrangedora. Isso refletiu mal em toda a iniciativa. Embora, é lógico, fosse uma falha tecnológica — o software não funcionou —, sua visibilidade o transformou no que o ex-presidente Obama mais tarde chamou de "desastre bem documentado".[379] A maioria das novas plataformas tecnológicas é criada a portas fechadas. Os desenvolvedores de software esperam que o site não funcione de primeira e planejam várias iterações, em geral com um pequeno grupo de usuários selecionados, antes de ele estar pronto para funcionar em escala. Eles sabem que estão operando em um contexto novo e com um alto potencial de risco. Mas, nesse caso, os responsáveis interpretaram mal o contexto como variável, entenderam-no como familiar, quando, na verdade, era novo, sem precedentes. Eles não conseguiram perceber a quantidade de trabalho e as iterações que seriam necessárias para que se tivesse sucesso. É como se um explorador fosse para a Antártida com bagagem suficiente para uma viagem de fim de semana a um local conhecido — levando touca e luvas caso o tempo esfriasse. Diante de condições climáticas extremas e imprevisíveis e da grande necessidade de equipamentos e orientação especiais, a expedição logo estaria fadada ao fracasso. De modo análogo, criar e lançar uma enorme plataforma de internet bilateral não era um trabalho do tipo "apenas faça", e sim um sério projeto de inovação. Um jornalista relatou que as autoridades federais "não reconheceram a enormidade do projeto, estavam desorganizadas e fragmentadas, foram prejudicadas por políticas tardias e inconstantes da ACA, usaram práticas de contratação inadequadas e ignoraram os problemas até que fosse tarde demais".[380] Pior, os avisos de que a tecnologia não estava funcionando foram ignorados. Os problemas não foram relatados para os superiores. Ninguém acreditava que era seguro dizer aos chefes que o site apresentava problemas.

Felizmente, uma equipe de superestrelas da tecnologia do Vale do Silício foi recrutada quase que de imediato para consertar o problema do site. Com a experiência para diagnosticar a situação e o know-how para gerenciar o processo de forma adequada, a equipe trabalhou para reconstruir a cultura e a tecnologia. Muitos dos engenheiros do software original foram incluídos na empreitada, mas dessa vez todos fizeram testes implacáveis e sistemáticos para descobrir o que funcionaria ou não. Mikey Dickerson, da Google, liderou a equipe de programadores para revisar o código do site. Ele realizava reuniões em pé duas vezes por dia, nas quais a equipe discutia problemas, admitia erros e fazia perguntas em uma cultura psicologicamente segura e que não buscava por culpados.[381] Mikey colou na parede uma pequena lista de regras de reunião: "Regra 1: A sala de guerra e as reuniões são para resolver problemas.[382] Há muitos outros locais onde as pessoas dedicam sua energia criativa para culpar os outros." Em certa reunião, Dickerson aplaudiu um engenheiro que admitiu que seu erro de codificação[383] resultou em uma interrupção do site.

O lançamento do HealthCare.gov foi uma falha complexa em um contexto novo e o modo como ela foi cometida *não* foi o jeito certo de errar. Sinais de perigo passaram batidos. Os experimentos orientados por hipóteses não foram realizados. Não ocorreu a ninguém aprender com pequenas falhas ao longo do percurso — o que levou o projeto a uma falha de reputação muito maior, mais visível e mais destrutiva do que o necessário. Falhas inteligentes, que têm em comum com o lançamento do HealthCare.gov o fato de ocorrer em um novo território, são decepções pequenas e controladas — em vez de fiascos dolorosos.

Mapeando o cenário das falhas

É provável que a relação entre o tipo de contexto e o tipo de falha já tenha ficado bem nítida para você. Por exemplo, contextos novos e falhas inteligentes andam lado a lado. Uma taxa de falha de 70% (quase todas as falhas inteligentes) não é atípica para os cientistas mais proeminentes em suas respectivas áreas. Em *contextos novos*, deve-se experimentar para progredir, e falhas inteligentes aparecem com o território. Cada uma é uma descoberta útil. Embora os autores não possam quantificar com facilidade suas taxas de falha, no momento em que terminar de escrever este livro, mais palavras terão sido excluídas do que mantidas. No novo território, isso não pode ser evitado. Mas imagine se a maioria dos voos de companhias aéreas comerciais nunca chegasse ao seu destino, ou a maioria das refeições servidas no McDonald's não tivesse o sabor correto. Os consumidores ficariam furiosos. Mesmo com uma taxa de falha de 1% nesses contextos de alto volume e de relativa consistência, as empresas logo estariam fora do mercado. À medida que a incerteza aumenta, as chances de falha aumentam e o tipo de falha tende a diferir conforme a situação.

Contextos previsíveis e falhas básicas

Em contextos previsíveis, muitas vezes cometemos falhas básicas devido à tentação de "fazer algo de olhos fechados". Os erros surgem apesar do acesso a um conhecimento infalível sobre o que fazer para se obter o resultado desejado. Se você se esquecer de ligar o timer, é provável que os biscoitos queimem. Embora seja fácil se culpar por pequenos erros, essa é uma prática inútil. A resposta saudável é percebê-lo, aprender com ele e olhar para a frente em vez de para trás. O mesmo vale para erros que levam a consequências graves, como enviar mensagens de texto enquanto dirige e provocar um acidente de trânsito. Aprender com os contratempos, pequenos e grandes, faz parte da ciência de falhar bem.

Contextos variáveis e falhas complexas

As falhas complexas são especialmente comuns em contextos variáveis. Você perderá em muitas partidas de tênis. Se estivesse nublado, se o joelho não estivesse incomodando e o adversário não tivesse devolvido de modo inesperado aquele saque, o resultado teria sido diferente. Perder a partida foi uma falha complexa, mas não trágica.

Para prosperar nos contextos variáveis na vida, devemos ser vigilantes e resilientes. Tenho certeza de que você pode pensar em falhas complexas que ocorreram na sua vida, e é provável que as encontre em viagens aéreas em particular. Quando eu estava fazendo uma entrevista para a pós-graduação em 1990, viajei do Novo México para Boston, onde trabalhava para Larry Wilson. Nervosa a respeito da entrevista, cheguei ao aeroporto de Albuquerque, a noventa minutos de carro da minha casa, estacionei meu carro e voei para Dallas na primeira etapa sem intercorrências do meu trajeto. Mas, em seguida, tempestades severas e consequentes atrasos e cancelamentos de voos desencadearam um colapso completo na gestão do tráfego aéreo do aeroporto de Dallas-Fort Worth. Cada portão do terminal tinha uma aeronave que não podia decolar porque sua tripulação havia excedido o limite seguro de horas de trabalho, e novas tripulações não estavam disponíveis por causa desse bloqueio dos portões. O aeroporto estava cheio de passageiros que não conseguiam sair de lá, os restaurantes ficaram sem comida e todos os quartos de hotel da região atingiram a ocupação máxima. Eu estava no meio de uma falha complexa em um contexto variável. Tive que passar a noite deitada no chão do terminal, esperando amanhecer, enquanto as companhias aéreas resolviam o caos. Essa falha não foi causada por algo que fiz ou deixei de fazer (com exceção de não ter deixado um dia de intervalo na viagem para garantir que eu chegasse a Boston a tempo). Felizmente, meus entrevistadores não me culparam por essa falha complexa nem arruinaram as minhas chances de ingressar no programa de doutorado quando cheguei à cidade com um dia de atraso.

Contextos novos e falhas inteligentes

Quando nos aventuramos em um novo território — mudar para outra cidade, começar um relacionamento, aprender um idioma, criar uma receita —, as falhas são inevitáveis. Os pesquisadores universitários que descobrem novas reações químicas ou o mais recente corpo galáctico esperam uma alta taxa de falhas ao longo do percurso até alcançar o sucesso espetacular ocasional. Mesmo no ambiente corporativo, mais de 90% dos medicamentos recém-desenvolvidos falham[384] na fase experimental e nunca chegam ao mercado. A maioria de nós não enfrenta taxas de falha tão altas no dia a dia. Mas precisamos aprender a apreciar o valor de experimentar, de modo a abraçar as lições de falhas inteligentes em contextos novos.

Meu marido é um bom cozinheiro. Ele também é um cientista que viaja com frequência para outras universidades a fim de apresentar sua pesquisa.

Quase nada o deixa mais entusiasmado do que tentar recriar um prato que ele experimentou em um restaurante renomado, a convite de seus anfitriões. Há vários anos, ele se propôs a replicar um prato de polvo de que desfrutara em um célebre restaurante de Nova York. Talvez você já saiba o quanto é difícil cozinhar polvo e essa tarefa com certeza se qualificava como um novo terreno culinário para ele. Infelizmente, o resultado foi péssimo. Eu me lembro de que ele começou com uma receita, que virou outra à medida que mudou os ingredientes e o método de cozimento de maneiras que devem ter feito sentido para ele. Dizer que o polvo estava emborrachado, igual a um chiclete, seria uma descrição precisa, mas não suficiente. Era incomestível. (Quem dera eu pudesse dizer que minha reação ao fracasso foi tão alegre e solidária quanto deveria ter sido, mas não é o caso.) Valeu a pena tentar? Sim, com certeza. Ele tentou de novo? Sim, outra vez. Embora nunca tenha sido o meu prato predileto, hoje seu polvo é saboroso.

Nossa vida está cheia de falhas simples, complexas e (se estivermos nos esforçando o suficiente) inteligentes. É fácil perceber uma relação entre o contexto e o tipo de falha: contextos novos são o lar de falhas inteligentes, contextos consistentes geram falhas básicas e contextos variáveis são propícios a falhas complexas.

Isso é verdade, mas não é tudo.

Mapeando o resto da paisagem

Como tenho certeza de que você já percebeu, é possível gerar uma falha inteligente em um contexto consistente. Da mesma forma, é provável que você experimente uma falha básica em um contexto novo. Chamaremos isso de *falhas fora da diagonal*. Todas as outras combinações também são possíveis, como veremos. Combinar os três tipos de falha com os três tipos de contexto gera nove combinações de contextos-falhas, conforme mostrado na Figura 6.2. Na diagonal estão os três tipos icônicos de falhas em seu hábitat. Agora vejamos seis outras histórias de falha para ter uma noção do restante do cenário de falhas.

Alguém que gerencia uma linha de produção de fábrica pode fazer execuções periódicas de um pequeno experimento para testar uma ideia de melhoria e descobrir que ela não funciona. Trata-se de uma falha inteligente em um contexto consistente. Ou um processo de produção bem administrado pode ser interrompido por um furacão que paralisa as atividades de um fornecedor de peças distante, enquanto um surto repentino de gripe acomete um quarto da força de trabalho que poderia substituir as peças em falta. Em casa, a falta de energia ou de gás pode prejudicar a fornada dos seus biscoitos prediletos. Ambos os casos se tratam de falhas complexas em contextos consistentes.

Os pilotos da Air Florida que, durante a tempestade de neve em Washington, D.C., aprovaram por engano o sistema "antigelo desligado" ao realizar a lista de verificação pré-voo, demonstraram a facilidade com que uma falha básica pode ocorrer em um contexto variável. Quando o pesquisador H. Clayton Foushee colocou equipes de pilotos no contexto deliberadamente variável de um simulador de voo e os desafiou a pousar com segurança após falhas inesperadas, falhas inteligentes ajudaram a promover a segurança do transporte aéreo de passageiros. Se você decidir experimentar uma nova empunhadura jogando tênis e a estratégia piorar o desempenho após testá-la por um tempo, isso também se qualifica como uma falha de inteligência em um contexto variável.

Por fim, deve ficar evidente que os contextos novos — aqueles nos quais as falhas inteligentes promovem as ideias e os produtos que mudam nosso mundo — não são desprovidos de falhas complexas ou básicas. Lembre-se de como Jen Heemstra usou a pipeta da forma errada e arruinou um experimento. Todos os tipos de falhas complexas podem acontecer em contextos novos, apesar da hipótese e do planejamento o mais ponderados possível. Basta perguntar aos cientistas cujos programas de pesquisa chegaram a um beco sem saída quando uma pandemia mundial interrompeu as cadeias de suprimentos e obrigou os membros da equipe a ir para casa.

Desenvolver a consciência do contexto é tão crucial para prevenir falhas indesejadas quanto para estimular mais diversão fazendo experimentos quando podemos realizá-los com segurança. Ao adaptar a abordagem, é possível prosperar em qualquer contexto. Contextos consistentes nos dão a oportunidade de apreciar a confiabilidade e melhorar de modo contínuo nossa habilidade no que é testado e comprovado. Em contextos variáveis, podemos gostar de ser estimulados por uma vigilância intensificada. Celebrar as boas sacadas — ter redefinido uma decisão de ruim para boa — ajuda a reforçar nossa consciência de que as coisas *vão* dar errado, mas nossa capacidade de perceber e corrigir erros antes que ocorra um dano real é o que mais importa. Contextos novos, ainda mais quando envolvem pouco risco, oferecem oportunidades para experimentar com cautela e saborear as lições trazidas pelas falhas inteligentes, para aprender a sorrir quando pisamos no quadrado que emite um bipe à frente.

FIGURA 6.2: O cenário da falha

Espere o inesperado

Ben Berman está envolvido com a área de segurança de aviação há décadas. O ex-capitão da United Airlines cuja impressionante carreira inclui investigações de acidentes no National Transportation Safety Board (NTSB) e pesquisa sobre como as vulnerabilidades humanas, tais como distrações, interrupções e erros cognitivos, afetam o desempenho das tripulações de voo da NASA exala humildade. Ele também é sábio o suficiente para chamar a atenção para a variabilidade de contexto que temos pela frente em qualquer viagem aérea. Para fazer isso nos voos comerciais que conduzia, o capitão Berman dizia todos os dias aos membros da tripulação de cabine que seriam seus companheiros de trabalho: "Nunca fiz um voo perfeito." O que isso nos diz é que Berman entende que até mesmo o melhor e mais experiente piloto pode enfrentar desafios inesperados, e não se pode contar com ele para reagir com perfeição.

Em minha pesquisa, chamei isso de *declaração de enquadramento*. O enquadramento é algo que líderes experientes fazem com naturalidade porque reconhecem que as pessoas precisam de ajuda para identificar e recodificar o contexto a fim de serem mais eficazes. Quando conversei com Berman em meados de maio de 2022, ele se lembrou de como pensava sobre esses primeiros momentos com cada nova equipe:

> Eu queria quebrar o gelo e abrir o canal de comunicação. Começava dizendo: "Bem, nunca fiz um voo perfeito e vou provar isso novamente." Eles riam, e então eu dizia: "Por isso, preciso de você; quero que me diga quando eu estiver fazendo algo errado, porque isso vai acontecer. E farei o mesmo por você." Eles sempre assentiam e sorriam.

Berman acredita que não existe um voo de rotina e quer que todos os membros da tripulação não tenham medo de se manifestar com rapidez por meio de uma pergunta ou preocupação:

> [Um dos objetivos] era estimular perguntas, abrir o canal de comunicação. E o outro era reconhecer que eu *iria* cometer um erro. Nunca *fiz* um voo perfeito. Cheguei perto às vezes, mas ainda fico bravo comigo mesmo quando estou voando e esqueço de apertar um botão, e o copiloto me lembra. Fico bravo comigo mesmo porque estou em busca da perfeição. É óbvio que não fico bravo com o copiloto por me apontar algo!

O que mais me impressionou nos comentários de Ben foi sua compreensão crucial do contexto em que ele trabalhava: a incerteza moderada de um contexto variável, junto de riscos elevados. O perfeccionismo e o ego são fontes de perigo em tal contexto. Ele explicou que "há dinamismo suficiente, distrações suficientes, fadiga suficiente, complacência suficiente. Todas as coisas que levam ao erro. Isso *vai* acontecer. Cometerei erros e preciso da participação de toda a equipe. É por isso que dizia isso a eles".

Especialistas em quase todas as áreas costumam levar o contexto em consideração. O restante de nós tem que se lembrar de fazer isso. Praticar a *consciência situacional* é apreciar onde estamos agora, para podermos adotar o mindset correto para o contexto e os riscos envolvidos. Talvez você consiga se lembrar de um momento no trabalho em que tenha se atormentado de ansiedade enquanto pensava se teria sucesso em uma função ou em um projeto. Eu consigo me lembrar. Aconteceu muitas vezes durante a elaboração deste livro!

A consciência situacional permite que façamos um balanço de onde estamos para prosseguir da forma adequada, às vezes para reduzir a ansiedade inútil, e em outras, para diminuir o risco. Trata-se de desenvolver o hábito de pausar e verificar — tanto as reações do momento quanto o planejamento de algum projeto ou evento —, e então fazer a si mesmo duas perguntas essenciais: *Onde estou no espectro do contexto? E o que está em jogo?*

Ao avaliar a incerteza e os riscos, você pode se perguntar: *Isso é algo que eu já fiz antes? Existem especialistas ou diretrizes que posso usar para aumentar as chances de sucesso?* Por exemplo, o início de qualquer novo projeto de livro traz incertezas: como estruturar o livro e se alguém vai querer lê-lo são questionamentos que ficam sempre no ar. Mas, durante a escrita, os riscos são baixos. Qualquer coisa que eu escreva e que saia errado ou não transmita minha ideia com nitidez pode ser editada repetidas vezes até que fique melhor. As edições não custam nada e ninguém mais precisa ver o trabalho até que seja finalizado. Eu poderia classificar o contexto como consistente com o canto inferior direito da Figura 6.1, na p. 213, em que não há problema na "diversão ao experimentar e aprender".

De modo mais geral, a consciência situacional ajuda a nos sentirmos melhor em experimentar quando é seguro fazê-lo e a sermos cautelosos quando necessário a fim de evitar falhas indesejadas.

CAPÍTULO 7

Compreensão de sistemas

Um sistema ruim sempre derrotará uma pessoa boa.[385]

— W. Edwards Deming

Spencer Silver tentava desenvolver um adesivo forte o suficiente para uso na construção de aeronaves. O ano era 1968. O local, o laboratório de pesquisa central da 3M[386] próxima a Mineápolis. Certo dia, em determinado experimento, Silver usou mais do que a quantidade recomendada de um reagente químico e ficou surpreso ao descobrir que havia criado uma substância fina e fraca que poderia ser removida das superfícies com a mesma facilidade com que grudava nelas. Mas a estranha substância inadequada não seria forte o suficiente para colar um brinquedo quebrado, que dirá suportar as condições extremas de uma aeronave de metal em voo. Era nítido que ele havia falhado na tarefa de pesquisa que lhe fora atribuída. O mais provável é que o adesivo fosse fadado a ocupar as prateleiras do laboratório como um item um tanto quanto curioso.[387] É provável que você já saiba que o "fracasso" do laboratório de Silver se tornaria o capítulo inicial de uma história de sucesso empresarial multibilionária de notas adesivas chamada Post-it. Mas talvez você não consiga apreciar até que ponto a 3M montou um sistema que aumentava em drásticas proporções as chances de uma inovação bem-sucedida.

A jornada que acabou por transformar um adesivo para fixação de peças em aeronaves que deu errado em um produto muito popular — e como poderia ter sido perdido com muita facilidade caso não ocorresse uma combinação especial de persistência e acaso colaborativo — lança uma luz útil sobre a natureza dos sistemas. Além de sistemas organizacionais como a 3M, todos nós operamos em sistemas em nossa rotina. Só para citar alguns, existem os sistemas familiares, os ecossistemas e os sistemas escolares. Isso faz com que *a consciência sistêmica* — e em especial entender como os sistemas podem produzir falhas indesejadas — seja uma habilidade crucial na ciência de falhar bem.

Os resultados de um sistema são menos moldados por suas partes individuais do que pela forma como as partes se relacionam entre si. Essa ideia simples, mas poderosa, pode ajudá-lo a analisar e projetar vários sistemas em sua vida para obter melhores resultados. Mais adiante neste capítulo, mostrarei como a 3M projetou um sistema para que se errasse do jeito certo e, assim, criassem inúmeras inovações. Mas antes disso, vejamos mais de perto o que significa pensar em termos de sistemas.

Sistemas e sinergia

Derivada do grego "reunião", a palavra *sistema* se refere a um conjunto de elementos (ou partes) que se juntam para formar um todo significativo — ou seja, uma entidade reconhecível, seja uma família, seja uma empresa, um carro ou um time de beisebol. Os sistemas exibem *sinergia*: o todo é mais do que a soma das partes. Dito de forma um pouco diferente, o comportamento do todo não pode ser previsto pelo comportamento das partes examinadas de modo isolado. Somente ao considerar as *relações entre* as partes é possível explicar o comportamento de um sistema. Existem sistemas criados pelos humanos e outros pela natureza. Em todos os casos, o que mais importa é como os elementos se inter-relacionam. Considere a diferença marcante entre o grafite, a substância cinza macia dos lápis, e um diamante, aquela pedra preciosa cintilante tão predominante nos anéis de noivado. Embora as conheçamos como substâncias muito diferentes, ambas são compostas exclusivamente de átomos de carbono. A diferença reside nas relações geométricas[388] entre os átomos de carbono. Nos diamantes, os átomos se organizam em uma estrutura de matriz triangulada que cria um material estável e forte. No grafite, os átomos de carbono são organizados de maneira hexagonal em planos que podem se deslocar, o que garante ao grafite sua maciez. O "buckminsterfulereno", um terceiro sistema formado por carbono natural, só foi descoberto em 1985. No "fulereno esférico" ou "buckyballs", como os cientistas apelidaram a nova forma, sessenta átomos de carbono se ligam, cada um com dois vizinhos próximos, para formar uma esfera geométrica semelhante a uma bola de futebol. A descoberta rendeu aos cientistas Robert Curl, Harold Kroto e Richard Smalley o Prêmio Nobel, em 1996, e deu origem a alguns materiais inovadores[389] usados em medicina, no ramo da eletrônica e até mesmo em tintas. Mais uma vez, as propriedades dos fulerenos são explicadas pelas relações entre as partes, e não pelas partes em si.

Esses e outros insights obscuros do início da minha carreira como engenheira-chefe de Buckminster Fuller me deixaram com um profundo apreço pelos sistemas. Fuller foi rápido em apontar que a educação da maioria das pessoas não as preparou para ver os sistemas. Ele acreditava que a especialização crescente ameaçava nossa capacidade de apreciar como os sistemas funcionam. Além disso, na escola, aprendemos a dividir os problemas em partes, o que permite o foco e o progresso em muitos campos do conhecimento, mas nos impede de notar padrões e relacionamentos maiores. Os sistemas de gestão tradicionais dividem o trabalho em partes, o que inibe a colaboração e a inovação em favor da confiabilidade e da eficiência.

Como vimos no Capítulo 4, sistemas com complexidade interativa e acoplamento forte são vulneráveis a colapsos. Ao dedicar um tempo para considerar como um sistema funciona, muitas falhas complexas podem ser evitadas. Isso começa com a compreensão de como os elementos de um sistema se inter-relacionam e quais vulnerabilidades essas relações criam. Sempre que dizemos que um acidente estava "prestes a acontecer", intuímos que um sistema estava vulnerável a falhas. Falhas complexas, como observado no Capítulo 4, têm várias causas; no entanto, muitas vezes procuramos apenas uma pessoa para culpar. Adquirir o hábito de procurar estabelecer relações entre elementos em um sistema nos permite antecipar e prevenir todos os tipos de falhas e colapsos e, tão importante quanto, permite que aprendamos mais com as falhas que ocorrem. Muitos deles acabam sendo previsíveis se você recuar para considerar o sistema.

Seu filho de 12 anos quer se juntar a uma equipe de beisebol itinerante, além do time da cidade no qual ele já treina. Parece divertido, sem mencionar a chance de desenvolver as habilidades e praticar com mais frequência um esporte que ele ama. É fácil dizer que sim, certo? Não tão rápido assim. Em primeiro lugar, façamos uma pausa para considerar como a decisão afetará outras áreas da vida do seu filho, dos irmãos e as outras atividades da família. As horas extras dedicadas à prática do beisebol têm um custo, que talvez possa ser dedicar menos tempo para a lição de casa, o que poderia, a longo prazo, afetar os hábitos de estudo ou o desempenho acadêmico. Os jogos acontecem à noite em vários dias da semana, o que exige que um responsável acompanhe os filhos e acaba por limitar os jantares em família. Juntar-se à equipe também custa dinheiro, o que pode fazer com que outros gastos sejam cortados. E as atividades das quais seus outros filhos querem participar? Um simples "sim" hoje traz múltiplas consequências para os outros e para o futuro. Uma decisão em uma parte de um sistema familiar em determinado momento em geral afeta outras partes em ocasiões futuras. O objetivo não é sair dizendo não a qualquer alteração nas atividades familiares, e sim diagnosticar as inter-relações mais importantes para dizer sim ou não de forma atenta. O que você quer é se beneficiar do simples ato de perguntar: *Quem e o que mais é afetado por isso?* e *O que pode acontecer mais tarde, como consequência de fazer isso agora?*

Após começar a observar os sistemas e perceber as conexões entre as partes, é possível notar maneiras de alterar os sistemas mais importantes na vida ou na organização a fim de reduzir falhas indesejadas e promover maior inovação, eficiência, segurança ou outros resultados valiosos. Lembre-se da segurança negligente das armas no set de *Rust*; a tragédia poderia ter sido evitada com um sistema mais bem estruturado, completo, com verificações repetidas para manter balas verdadeiras fora das batalhas fictícias.

A consciência sistêmica também ajuda a fazer você se sentir menos mal em relação a algumas das coisas que dão errado no trabalho ou na vida pessoal. Quando começa a ver os sistemas com mais nitidez, você entende melhor que não é *totalmente* responsável pela maioria das falhas que ocorrem. Você pode se sentir responsável por suas *contribuições* — e se propor a fazer melhor da próxima vez —, mas ainda assim sofrer menos com a ilusão de que a culpa é inteiramente sua.

A estrutura do sistema não é apenas para evitar falhas. Importante na mesma proporção é a oportunidade de desenvolver sistemas com atenção para atingir objetivos específicos. Por exemplo, mais adiante neste capítulo, veremos como a 3M projetou um sistema para *promover* a inovação, em vez de apenas anunciar a inovação como meta e esperar por mais novidades. Este capítulo não fará jus a campos inteiros de estudo,[390] como pensamento sistêmico, dinâmica de sistemas, sistemas ecológicos, familiares ou organizacionais, mas espero fornecer explicação técnica suficiente para iluminar o papel da consciência sistêmica na ciência de falhar bem. Podemos aprender na prática a capacidade de parar para pensar e ter uma percepção mais ampla — a fim de ver como algo com o qual nos importamos pode fazer parte de um sistema maior. Mas antes, vejamos um exercício clássico utilizado em escolas de negócios em todo o mundo para apresentar aos alunos a surpreendente dinâmica sistêmica, de modo que possam se tornar melhores pensadores de sistemas.

Vivenciando sistemas em sala de aula

A sala de aula é tomada por manifestações de frustração. Vinte equipes, cada uma com quatro alunos da Harvard Business School perfilados em uma mesa comprida, participam de um exercício clássico em sala de aula chamado "Jogo da Cerveja".[391] Alguns riem do puro absurdo das falhas inesperadas. Ninguém bebe cerveja de fato, mas o jogo, desenvolvido por Jay Forrester, professor do MIT, na década de 1960, permanece como uma sessão popular no ensino de administração. Passei o exercício pela primeira vez aos gerentes da Apple Computer no fim dos anos 1980 e o levei aos alunos do primeiro ano da Harvard Business School uma década depois. Originalmente, o jogo exige o uso de caneta, papel, toalhas de mesa estampadas e fichas de pôquer, e o objetivo da simulação é ensinar a perceber sistemas — ajudar a ampliar a percepção para além do foco natural nas partes, de modo a apreciar como as relações entre elas podem criar resultados não intencionais.

Cada equipe tem uma função para cada um dos quatro alunos, que simbolizam uma cadeia de suprimento de cerveja: uma fábrica, um distribuidor, um atacadista e um varejista. Os varejistas encomendam cerveja a atacadistas, que encomendam a distribuidores, que, por sua vez, fazem um pedido à fábrica. Os alunos que atuam no varejo se sentam ao lado de uma pilha de cartões que pegam a cada "semana" (ou seja, a cada rodada na simulação) para descobrir a quantidade de cerveja que o "cliente" quer comprar. Todos os alunos registram seu inventário de pedidos em uma planilha a cada rodada da simulação de cinquenta semanas, junto dos custos financeiros associados, para acompanhar o desempenho. Os quatro jogadores da mesma equipe não se comunicam entre si (exceto por meio de pedidos e entregas), mas podem ver o inventário um do outro. A pontuação final da equipe é a soma da contabilidade de cada um. As únicas decisões que os alunos devem tomar durante a simulação é a respeito da quantidade de cerveja pedida a cada rodada.

Nenhuma outra tarefa envolve decisões. Os alunos que jogam como atacadistas, distribuidores e fábricas analisam os pedidos recebidos (do cliente a jusante) e enviam os engradados de cerveja solicitados para a cadeia de suprimentos. O estoque é recebido três semanas após a realização do pedido. Se não houver o suficiente, os fornecedores enviam o que têm e registram o gap (ruptura de estoque) no registro de estoque. Cada engradado de cerveja armazenado gera um custo de 50 centavos de dólar por semana, e a ruptura de estoque custa o dobro, ou seja, 1 dólar por engradado por semana. Essa estrutura de custos simula o impacto negativo que uma empresa sofre por não conseguir fornecer um produto a um cliente que está pronto para pagar por ele na região, muitas vezes levando esse cliente a fazer negócios com a concorrência. A maioria das empresas prefere arcar com o custo de estocar um pouco mais do que perder uma venda. Portanto, a estrutura de incentivos incorporada ao jogo faz sentido. Após receber novas entregas do fornecedor, é possível fazer a entrega tardia dos engradados pendentes para o seu cliente.

Então de onde vem a frustração?

Após algumas rodadas do jogo, todos enfrentam oscilações extremas nos padrões de pedidos dos clientes a jusante, o que de início gera um estoque excedente, depois um baixo e, em seguida, um excedente de novo. Uma adorável "onda senoidal" de pedidos e estoques. No início da simulação, os pedidos parecem subir de forma acentuada. Os alunos acham que talvez tenha sido um feriado nacional, e, por isso, o consumo de cerveja aumentou no fim de semana. Pegos desprevenidos por vendas perdidas, decidem fazer um pedido maior na semana seguinte, e na próxima — até que a cerveja enfim chega! Infelizmente, em breve, eles terão muito mais estoque do que dão conta de vender. Os alunos resmungam quando sentem o peso dos custos crescentes nas planilhas.

Chamado por estudiosos de gestão de operações de "efeito chicote",[392] uma enorme distorção na demanda decorre da estrutura do sistema. Quanto mais se afastar do varejista, pior será a distorção. As fábricas têm as maiores variações de todas porque estão, na cadeia de suprimentos, a três elos de distância do varejista, cujas oscilações são em certo grau pequenas — mas ainda maiores do que o necessário. À medida que a simulação avança, os alunos continuam a resmungar (e a rir) devido à quantidade de dinheiro perdida.

Qual é a origem dessas falhas de estoque de alto custo? A resposta curta é: o sistema. Semana após semana, cada pessoa toma decisões que considera racionais para minimizar os custos. Até aí tudo bem. Mas, quando combinadas, essas decisões individuais e pontualmente racionais dão origem a custos excessivos na cadeia de suprimentos do jogo. Na realidade, essas oscilações causam estragos na vida das pessoas, o que muitas vezes acarreta demissões e até mesmo a falência de empresas.

O Jogo da Cerveja, inventado por Forrester e popularizado por Peter Senge, que descreveu o exercício em *A quinta disciplina*, seu livro inspirador de 1990,[393] constitui um sistema bastante simples. Apresenta uma cadeia de suprimentos com apenas quatro elementos, conectados por simples relações de compra e venda. As cadeias de suprimentos reais podem incluir vários distribuidores para cada fábrica, dezenas de atacadistas e centenas ou mesmo milhares de varejistas — sistemas muito mais complexos capazes de produzir distorções ainda maiores, como demonstrou a pandemia mundial do coronavírus. Além disso, no jogo, cada um toma apenas uma decisão por "semana": a quantidade a ser pedida. Apesar dessa simplicidade, ou talvez por causa dela, é possível se dar conta de como as decisões racionais de cada um se combinam de maneiras fascinantes para produzir dinâmicas indesejadas.

Três recursos específicos do Jogo da Cerveja se combinam para gerar uma falha no sistema. Em primeiro lugar, a estrutura simples de custos favorece o estoque em detrimento da ruptura de estoque, o que incentiva os alunos a pedir estoque de reserva — ou seja, a pedir um pouco mais do que o cliente encomendou na semana anterior. Em segundo lugar, devido ao atraso entre o pedido e o recebimento do produto do fornecedor, os jogadores, que esperam com impaciência pelo estoque necessário, ficam tentados a fazer um pedido um pouco maior na semana seguinte. Em terceiro lugar, um único aumento nos pedidos dos clientes dos varejistas na quarta semana da simulação introduz um pequeno choque que desencadeia ansiedade sobre a falta de estoque — o que incentiva ainda mais os pedidos em excesso.

No entanto, a verdadeira causa da falha do sistema é que as pessoas tentam otimizar a própria parte do sistema e não param para refletir como suas ações afetam os outros. Embora os alunos saibam que seu desempenho será calculado como uma pontuação conjunta da equipe, entram no jogo com uma forte suposição: *se todos otimizarem o próprio desempenho, a equipe se sairá bem.* Infelizmente, trata-se de uma lógica defeituosa. As ações de cada um afetam todos os outros no sistema: quando alguém pede *mais* do que o representante de uma função tem em estoque, essa função incorre em uma dispendiosa ruptura de estoque. São raros os alunos que param e refletem sobre o impacto de um pedido grande demais para o fornecedor, que é, afinal, um membro da equipe, mesmo que seja fácil calcular esses custos. Quando o pedido é maior do que a pessoa tem em estoque, criamos um problema dispendioso no negócio (e como fazemos parte da mesma equipe, os custos do outro afetam o desempenho de todos do grupo). Mas deixar de ter um foco estreito em nossa situação para ver como nossas ações podem afetar o sistema mais amplo, o que, por sua vez, vai nos afetar, não é algo que a maioria de nós tem a inclinação natural de fazer.

Sempre que ensino o Jogo da Cerveja, peço aos alunos que expliquem a falha durante a reunião conduzida para fazer um balanço da atividade. Por que eles acham que acabaram o exercício com um custo tão elevado? Eles logo respondem que o cliente insano, que comprava cerveja do varejista, pediu muita cerveja, depois entrou em um período de seca e, por fim, voltou a fazer pedidos outra vez.

Os alunos atribuem uma culpa direta naquela pilha de cartões que contém pedidos de clientes do varejo. Em seguida, revelo que os pedidos dos clientes do varejo estavam basicamente estáveis; depois de um pequeno aumento na semana quatro, esse cliente chato pediu a mesma quantidade de cerveja semana após semana. Os alunos ficam atordoados. No pico de demanda, algumas das fábricas na simulação produziram mais de dez vezes o que o cliente do varejo pediu. Foram as próprias decisões dos alunos que tornaram a falha dispendiosa.

Chamo a atenção deles nessa parte.

Simulações como o Jogo da Cerveja são poderosas porque nos dão a chance de sermos surpreendidos pelas falhas inesperadas resultantes de nossas suposições. Elas são microcosmos que tornam visíveis padrões invisíveis. Em anos de ensino, apenas *uma vez* vi uma equipe minimizar por conta própria os custos ao praticar o pensamento sistêmico. Quando perguntado por que a equipe teve um desempenho tão bom, um aluno disse: "Percebi que os integrantes da minha equipe não conseguiam entregar a quantidade que eu queria, e o acúmulo provocado pelo atraso teria nos custado dinheiro." Não é complicado! No entanto, é raro. Quando nossas suposições não refletem as relações e a dinâmica de um sistema, arriscamos experimentar falhas evitáveis.

As cadeias de suprimentos são em particular vulneráveis a falhas no sistema, como ocorreu durante a pandemia de Covid-19, quando as paralisações das fábricas e os atrasos nos envios em uma parte do mundo afetaram o que as pessoas poderiam comprar em outra. Se mais empresas tivessem tomado decisões com base na capacidade de outros participantes do sistema, a interrupção poderia ter sido muito menor. O Jogo da Cerveja conduzido em sala de aula mostra com nitidez os custos de maximizar o desempenho em uma parte de um sistema e deixar de considerar como essa parte se conecta aos objetivos de outras partes. Quando os alunos percebem que os próprios modelos mentais — não os supostos padrões selvagens de pedidos dos clientes — causaram seu baixo desempenho, demonstram interesse. Eles começam a se perguntar: *Onde mais estou contribuindo para as falhas pelas quais acabo culpando outras pessoas ou situações fora do meu controle?*

Pensamento sistêmico

O desconto hiperbólico, discutido no Capítulo 3, refere-se à nossa tendência de minimizar a magnitude e a importância dos acontecimentos futuros. Acrescente a isso nossa tendência a esquecer de fazer uma pausa e considerar as possíveis consequências não intencionais de nossas decisões e ações em geral, e é fácil reconhecer a fonte de problemas, que vão desde o ganho de peso indesejado a mudanças climáticas. O pensamento sistêmico não é uma panaceia, e apenas aprender sobre ele não resolverá os problemas criados por sua ausência em um passe de mágica. Mas com a prática repetida, os hábitos de pensamento podem ser alterados a fim de que se construa a consciência sistêmica na vida.

A prática do pensamento sistêmico inicia-se tirando o foco da nossa preferência natural, que é o *aqui e agora,* e expandindo-o de forma consciente para incluir *outro lugar e depois.*

Duas perguntas simples podem ajudar:

1. Quem e o que mais será afetado por essa decisão ou ação?
2. Que consequências adicionais essa decisão ou ação pode causar no futuro?

A maioria de nós sabe ser cautelosa com a solução rápida — o curativo protege, embora não resolva um problema subjacente —, mas ainda pegamos esses atalhos tentadores com frequência e ignoramos ou deixamos de fazer a conexão com a parte em que o problema se repete ou até piora. Estamos vulneráveis a cair na armadilha do que Senge chama de "ajuste que falha".[394] Essa *dinâmica sistêmica* descreve uma solução de curto prazo que exacerba o problema que se pretendia corrigir.

Nossos modelos mentais são em parte culpados. Modelos mentais são um mapa cognitivo que captura as noções intuitivas dos indivíduos sobre como algo no mundo externo funciona. São poderosos porque os menosprezamos; não prestamos atenção aos nossos modelos mentais de modo consciente, mas eles fundamentam a nossa compreensão de como as coisas funcionam e, assim, moldam as nossas respostas de maneiras quase invisíveis. O mais importante é que os modelos mentais codificam crenças sobre causa e efeito. Isso não é bom nem ruim — apenas descreve como o cérebro atua. Os modelos mentais são inestimáveis para nos ajudar a entender a realidade complexa e caótica ao nosso redor, para que possamos interagir com ela sem ficarmos paralisados — incapazes de tomar decisões simples — diante da complexidade. Mas nossos modelos mentais padrão em geral não incluem efeitos sistêmicos, até aprendermos a pausar e desafiar alguns de nossos pensamentos automáticos.

Tendemos a pensar em causa e efeito como se operássemos em determinada direção e de maneira local e limitada pelo tempo: X causa Y. Dizer "sim" ao pedido do meu filho para se juntar ao time de beisebol itinerante o deixa feliz. Ponto-final. Deixamos de perceber como um resultado pretendido (Y) se torna uma causa de outra coisa (Z). Tratar o estresse no trabalho com o consumo de bebida alcoólica, por exemplo, alivia a ansiedade no momento, mas pode, se usada em excesso, criar uma dependência química que, com o tempo, piora o trabalho e a vida de um indivíduo, o que aumenta ainda mais a dependência e o estresse.

Considere os seus ajustes que falharam, seja no trabalho, seja em algum outro aspecto de sua vida. Para aliviar uma sobrecarga de trabalho, você adia para a próxima semana uma reunião agendada para esta. Quando a próxima semana chegar, sua carga de trabalho não terá melhorado, e a reunião atrasada agora representa um problema maior do que antes. O que você deve fazer então? Aqui está um bom começo: faça uma avaliação séria da capacidade do sistema (sua capacidade) para projetos, priorize aqueles que mais importam e diga "não" aos outros. Caso contrário, você apenas vai continuar a adiar o problema. Os ajustes falham porque um sintoma exige uma resposta, muitas vezes urgente, o que desencadeia uma solução que o alivia a curto prazo, mas gera consequências que pioram o problema ao longo do tempo.

Veja o exemplo bem conhecido de uma criança que faz birra e pede doces enquanto o pai ou a mãe está no supermercado. A solução mais fácil, em especial para uma mãe ou um pai desgastado, é dar o doce à criança. Mas isso só funciona por um curto período — até que o nível de açúcar diminua e o mau humor volte. Pior, estabelece um precedente para recompensar o mau comportamento, o que aumenta as chances de demandas futuras. O ajuste rápido ignora tanto o loop de feedback de curto prazo (a hiperatividade momentânea provocada pelo açúcar) quanto o feedback de longo prazo (problemas comportamentais que se instalam).

Antecipe as consequências a jusante

Pouco antes do recesso de fim de ano, em dezembro de 2021, 57 navios porta-contêineres estavam parados[395] no oceano próximos ao maior porto dos Estados Unidos, em Los Angeles, incapazes de descarregar, atender às demandas dos compradores para as festas de fim de ano e seguir adiante em suas rotas. Os atrasos continuaram por semanas, e as soluções permaneceram com evasivas resistentes nos meses que se seguiram. E quem não se lembra do navio gigante preso no Canal de Suez no início de 2021?[396]

O setor de transporte marítimo sofreu mais do que sua parcela de falhas complexas durante a pandemia mundial. Mas será que foram apenas choques exógenos provenientes da escassez induzida pela pandemia que colocaram um sistema saudável em colapso? O pensamento sistêmico sugere considerações adicionais.

Para capitalizar as eficiências de escala e reduzir os custos por unidade embarcada, os navios porta-contêineres se tornaram cada vez maiores ao longo de várias décadas. Muitos deles ficaram tão grandes que, em 1991, apenas alguns portos tinham tamanho e profundidade suficientes para recebê-los. Você consegue ver o gargalo no horizonte? A menos que tudo seja cronometrado com perfeição, muitos navios não vão conseguir acessar um porto. Até pequenos problemas nas operações comuns e de pessoal foram ampliados pela quantidade cada vez menor de portos que poderiam comportar o crescente número de navios gigantes. A margem de erro encolhera durante a pandemia.

Como Michael Waters, o repórter da *Wired*, escreveu: "Os navios porta-contêineres ficaram tão grandes com tanta velocidade que muitos portos não podem de fato acomodar esses barcos gigantes, o que gera um acúmulo e atraso que explica diretamente[397] por que seus presentes de fim de ano estão chegando atrasados. Além disso, portos pequenos e médios correm o risco de terem que ser ampliados por completo."

Como se corrige esse colapso? O pensamento linear, desinformado pelo pensamento sistêmico, sugere de imediato o que acontecerá a seguir. Como Waters relatou: "Para criar espaço suficiente para acolher esse número crescente de meganavios, alguns portos responderam com extensos projetos de dragagem oceânica.[398] Mas isso não é barato. Jacksonville está gastando 484 milhões de dólares para aprofundar seu canal. O projeto de dragagem de Houston custará cerca de 1 bilhão de dólares." Incrivelmente caros, esses projetos funcionam a curto prazo, mas, na maioria das vezes, adiam o problema. Isso acontece por causa da falha em fazer a pergunta simples: Qual pode ser o resultado dessa decisão no futuro?

Até mesmo profissionais qualificados que se esforçam para fazer a coisa certa são vítimas do favorecimento do aqui e agora em relação a outro lugar e depois.

Resista à solução rápida

Anita Tucker, professora da Universidade de Boston, e eu estudamos enfermeiros enquanto realizavam as dezenas de tarefas que os mantinham ocupados durante longos turnos hospitalares. Ao fazer anotações detalhadas, completas, nas quais constava o registro de data e hora, a fim de documentar o trabalho desses cuidadores dedicados em nove hospitais, Anita observou que os enfermeiros se deparavam com "falhas processuais" com uma frequência surpreendente[399] — quase uma por hora. Uma falha processual é configurada como qualquer coisa que interrompesse a capacidade de um enfermeiro de concluir uma tarefa, como uma falta inesperada de suprimento de roupas de cama ou de medicamentos. Os enfermeiros estavam bem cientes desses obstáculos diários frustrantes. O trabalho deles já era difícil o suficiente! Em média, trabalhavam 45 minutos extras (não remunerados) apenas para amarrar as pontas soltas antes de sair do hospital.

Descobrimos que as respostas dos enfermeiros às falhas processuais se enquadravam em duas categorias. O que chamamos de "solução de problemas de primeira ordem" era uma solução alternativa para concluir a tarefa sem abordar as causas do problema. Por exemplo, uma enfermeira que trabalhava no turno da noite ficou sem lençóis limpos para trocar a roupa de cama de seus pacientes e simplesmente caminhou até outra unidade que tinha lençóis e pegou os suprimentos de lá. Problema resolvido. A solução encontrada exigiu tempo e esforço mínimos. Ela tomou a iniciativa e foi engenhosa em cuidar dos pacientes. Não importava que a outra unidade passasse a ficar com falta de suprimentos. Você pode ver nesse exemplo a simples falha em perguntar: "Quem mais pode ser afetado por essa ação?"

Por outro lado, para 7% das falhas processuais, os enfermeiros se envolveram no que chamamos de "resolução de problemas de segunda ordem". Isso pode significar informar um supervisor ou alguém responsável pela roupa de cama sobre sua escassez. A resolução de problemas de segunda ordem concluiu a tarefa imediata *e* fez algo para evitar que o problema se repetisse. Essa modalidade de resolução no caso de uma criança que faz birra por doces pode envolver algumas palavras gentis, mas firmes, para acalmá-la, ou distraí-la com um brinquedo, enquanto se evita recompensar o mau comportamento. Também pode envolver ter que parar para analisar se não era falta de descanso (uma possível causa da birra) e considerar fazer compras só depois que a criança tiver dormido um pouco mais.

É fácil entender por que é raro que enfermeiros ocupados se envolvam na resolução de problemas de segunda ordem. Mas isso os deixava vulneráveis à frustração contínua porque as soluções alternativas não reduziam a frequência de futuras falhas processuais. O tempo médio que uma enfermeira gastava em soluções alternativas (alguns minutos aqui, outros ali) somava cerca de meia hora por turno — um desperdício substancial de tempo de profissionais qualificados. Como todas as soluções rápidas, as soluções alternativas dos enfermeiros criavam uma *ilusão de eficácia*. Enfrente um problema, implemente uma solução alternativa e continue com o seu dia. Ponto-final.

Mas não é bem assim!

Quando analisamos a enfermagem hospitalar como um sistema, percebemos que as soluções alternativas, apesar de serem eficazes a curto prazo, na verdade, pioraram o sistema ao longo do tempo. Sim, você leu certo. A dependência de soluções alternativas não só não consegue melhorar o sistema como também o piora. Para mostrar como isso funciona, na Figura 7.1, o texto em negrito e as setas capturam o que poderíamos chamar de *dinâmica de solução simples*. Quanto mais falhas de processo bloqueiam a execução de tarefas (fator 1), mais resoluções de problemas de primeira ordem (fator 2) ocorrem.

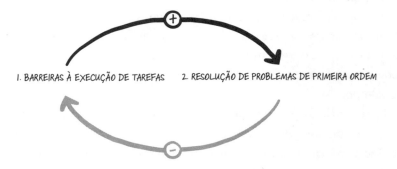

FIGURA 7.1: Um loop de equilíbrio de ajuste simples ligando barreiras e resolução de problemas

Aqui uso a convenção para diagnosticar sistemas que aprendi com Peter Senge: o sinal positivo na seta entre dois elementos em um diagrama de dinâmica sistêmica indica que um aumento (ou diminuição) em um fator leva a um aumento (ou diminuição) no outro fator. Outra maneira de dizer isso é que os dois fatores se movem na mesma direção. Em contrapartida, um sinal negativo na seta de conexão (mostrado em cinza) indica que um aumento em um fator levará a uma diminuição no outro. Assim, como descrito, a resolução de problemas de primeira ordem reduz as barreiras. Esse sistema de dois elementos e duas relações é chamado pelos dinamicistas sistêmicos, como Senge, de "loop de equilíbrio".[400] À primeira vista, parece um sistema que está funcionando.

Agora vamos parar para pensar e ter uma visão mais ampla do sistema.

Redesenhe os limites

Redesenhamos os limites de nossas decisões ou ações quando vamos além do aqui e agora. Os membros de equipes bem-sucedidas no Jogo da Cerveja devem redesenhar os limites para incluir os custos totais da equipe, em vez de se concentrar em minimizar os custos individuais. Uma pequena pergunta sobre um time de beisebol itinerante é encarada como parte de um conjunto maior de questões relacionadas.

Em vez de traçar o limite em torno de seu filho e da equipe, você inclui outros membros da família e tempo medido em meses, ou até mesmo anos, futuros, no sistema que você está analisando. Não é necessário (nem seria possível) incluir todo o universo. Estabelecer em que ponto a relevância termina é inegavelmente uma decisão individual.

E se incluirmos fatores fora do pequeno sistema na Figura 7.1 para os enfermeiros desgastados por obstáculos e soluções alternativas? Logo descobrimos dinâmicas adicionais que se desenrolam ao longo do tempo. Oito fatores relevantes adicionais estão incluídos no sistema hospitalar expandido e redesenhado na Figura 7.2, o que cria um conjunto em certo grau completo dos fatores e dinâmicas mais relevantes.

Por exemplo, muitos dos enfermeiros com quem conversamos descreveram um "sentimento de heroísmo" ao usar soluções alternativas que garantiram que os pacientes recebessem os cuidados que mereciam. Seja ao andar pelo corredor para localizar os lençóis extras, seja ao ir à farmácia pegar um medicamento que estava em falta, os enfermeiros obtinham gratificação (fator 3) ao superar os muitos pequenos obstáculos que apareciam no trabalho. Mas esse sentimento de heroísmo diminuía a motivação deles para se envolver na resolução de problemas de segunda ordem, conforme descrito pela seta negativa que liga a gratificação à resolução de problemas de segunda ordem (fator 4).

Pior, ao longo do tempo (duas barras em uma seta entre elementos em um diagrama sistêmico indicam um efeito retardado), o esforço e o tempo que os enfermeiros dedicaram em soluções alternativas contribuíram para o esgotamento (fator 5). Isso diminuiu ainda mais a capacidade deles de resolução de problemas de segunda ordem, o que reduziu a eficácia de tais esforços (fator 6) e permitiu que as falhas de processo continuassem inalteradas (fator 7). Ao nos engajarmos no pensamento sistêmico, vemos que um equilíbrio aparente entre duas atividades é *ilusório*.[401] Parece estável a curto prazo, mas, com o tempo (e em outras partes do sistema), as coisas pioram.

Dada essa dinâmica problemática do sistema, o que um enfermeiro (ou chefe de enfermagem) deve fazer?

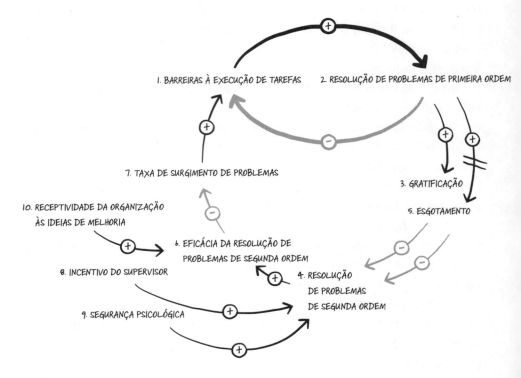

FIGURA 7.2: Expandindo os limites do sistema simples

Encontre as alavancas

Para a criança que faz birra por doces, as alavancas ajudam a praticar o redirecionamento positivo e a definição de limites, incluindo uma programação regular de cochilos, para ajudá-la a desenvolver comportamentos saudáveis e felizes. Essas alavancas existem no sistema maior de parentalidade, não no momento do colapso. Portanto, agir dessa maneira começa com o redesenho dos limites do sistema — indo além de apenas reagir aos problemas do momento para, em vez disso, parar, pensar e antecipar as consequências a jusante de decisões que fazem sentido no aqui e agora. Da mesma forma, como se deve lidar com o problema generalizado do estresse que tantas pessoas sentem? Talvez sua primeira decisão seja recorrer à bebida alcoólica para relaxar, mas ao expandir o limite, você pode descobrir que o exercício é outra alavanca para aliviar o estresse e melhorar a saúde a longo prazo. Expande-se o limite de um sistema para trazer um novo elemento (exercício) que detenha a dinâmica de erosão (dependência de álcool) criada por um ajuste que falha.

Na Figura 7.2 estão três fatores que podem alterar a dinâmica da erosão para revigorar a resolução de problemas de segunda ordem que impulsiona o sistema em direção à melhoria. O fato de os supervisores incentivarem e recompensarem os enfermeiros por seu esforço extra (fator 8) para evitar a recorrência de um problema é uma alavanca para aumentar a resolução de problemas de segunda ordem a fim de reduzir o fluxo de falhas no processo. Ainda, a construção de um local de trabalho psicologicamente seguro (fator 9) permite que as pessoas falem a respeito de problemas e ideias a fim de resolvê-los. Por fim, a receptividade organizacional às ideias de melhoria (fator 10) torna as pessoas mais propensas a oferecê-las.

As alavancas para melhorar o sistema estavam fora do que de início parecia ser o sistema relevante: as barreiras e as respostas típicas dos enfermeiros. Ao redesenhar com consciência o limite do sistema, identificamos outros fatores que afetam os resultados com os quais nos importamos. Estamos em busca de fatores que produzem resultados indesejados, bem como daqueles que podem ajudar a mudá-los.

É lógico que é difícil resistir ao fascínio da solução alternativa. É ainda mais difícil reverter a situação dos navios porta-contêineres gigantes. Mas nos responsabilizarmos por um pouco de antecipação (o navio maior pode ser mais barato para mim hoje, mas limitará o número de portos que posso servir, o que aumentará a chance de gargalos e atrasos e assim por diante, e ainda custar dinheiro e levar clientes à decepção) nos obriga a pensar em como projetar sistemas com mais cuidado. O crescente movimento de transporte ecológico,[402] por exemplo, que visa reduzir as emissões de gases de efeito estufa do setor ao incorporar rotas marítimas livres de carbono, inclui portos e navios gigantes como parte do redesenho do sistema. E projetar sistemas envolve ter discernimento em relação ao que se está tentando alcançar.

Projetando sistemas

Suspeito que você, como eu, tenha passado algum tempo em pelo menos uma organização onde os incentivos estimulavam comportamentos contraproducentes. Por exemplo, alguns anos atrás, trabalhei com uma empresa farmacêutica que tentava melhorar o trabalho em equipe entre os funcionários. Os executivos estavam conscientes de que seus negócios, que dependiam muito de conhecimento e qualificação, só poderiam prosperar quando diversos especialistas se unissem em prol da inovação. Os líderes estavam sendo sinceros em relação ao desejo de facilitar a colaboração. Mas o sistema de avaliação de desempenho da empresa exigia que os gerentes classificassem seus funcionários do melhor ao pior — um sistema que minava a colaboração e que não era revisado havia anos.

Esse tipo de desconexão acontece com frequência. As práticas de gestão são projetadas por especialistas em uma parte de um sistema organizacional complexo e reflete a lógica que faz sentido para eles. Enquanto isso, consequências não intencionais em outra parte do sistema voltam para frustrar os melhores planos. Digamos que uma empresa varejista, em um esforço para atrair compradores no meio da semana, decida mudar uma promoção especial de uma sexta-feira em geral movimentada para uma quarta. Parece uma boa ideia lá na sede, certo? Mas o gerente da loja deve então mudar os horários "de sexta para quarta-feira, forçando os funcionários a reorganizarem suas respectivas rotinas, o que, por sua vez, leva a faltas e à rotatividade".[403]

Quem dera eu pudesse dizer que meus anos de estudo e pesquisa me transformaram em uma pensadora sistêmica consistente cuja família colheu os benefícios. Infelizmente, muitas vezes caio na armadilha do aqui e agora. Isso aconteceu quando eu disse "sim" ao pedido do meu filho para se juntar ao time de beisebol itinerante. O incentivo em vigor, suponho, era (como costuma ser) fazer meu filho feliz. Mas avancemos para os meses seguintes da vida familiar: passávamos a maior parte do tempo observando o filho mais velho sentado em um banco por horas enquanto o mais novo corria pelas arquibancadas; todos lamentávamos a perda de jantares em família, reclamávamos das longas viagens em função dos jogos e da falta de tempo para os deveres de casa. Os meninos gostavam muito de beisebol. Mas o beisebol tomou conta do tempo da família e ocupou um papel descomunal no nosso sistema. Esse pequeno colapso do sistema durou apenas uma única temporada de jogos.

O pensamento sistêmico se presta a um melhor design do sistema. É possível projetar sistemas organizacionais — ou cronogramas familiares — para que muitos elementos reforcem uma prioridade-chave, digamos, qualidade ou segurança, ou talvez até inovação. Vejamos alguns dos melhores sistemas em cada uma das categorias.

Um sistema para a inovação

Como se aumentam as chances de um adesivo fracassado se transformar em um produto espetacular? Usando um sistema projetado para reunir curiosos que aceitam arriscar. Incentive e celebre a superação de limites. Forneça recursos e tempo ocioso. Normalize a falha inteligente e celebre as adaptações. Declare que você deseja que uma parte significativa das receitas da sua empresa (ou dos currículos da instituição de ensino, ou das atividades da família) venha de experiências, produtos ou cursos novos e diferentes. A inovação bem-sucedida não é produto do gênio solitário. É importante ressaltar que cada um desses elementos familiares de inovação é reforçado pelos outros. O todo é mais do que a soma das partes.

Alguns anos após o fracasso de Silver em inventar um superadesivo para aeronaves, Arthur Fry, outro cientista pesquisador da 3M, estava jogando golfe no Tartan Park, o campo de propriedade da empresa. Sim, você leu certo. A 3M tinha um campo de golfe para os funcionários. Era um dos elementos de um sistema que encorajava as pessoas a se conectarem entre si, a darem uma caminhada para organizar as ideias e se desprender ou apenas para tomar um pouco de ar fresco. Sempre curioso para saber no que outras pessoas estavam trabalhando e ansioso para ajudar a desenvolver novos produtos, Fry acompanhou o que acontecia em toda a organização, o que o fez voltar ao Tartan Park. Ele gostava de andar do lado de fora e encontrar os colegas. Um dia, ao chegar ao buraco 2, ele fez algumas perguntas casuais.

"Bem, temos um cara chamado Spence", começou o colega de Fry no campo de golfe e então descreveu a estranha substância pegajosa de Silver. O assunto poderia ter terminado ali, exceto por outro elemento do sistema de inovação da 3M: o Fórum Técnico.[404] O fórum contava com uma série de palestras que incentivava os funcionários a compartilharem ideias e descobertas que surgiam na empresa. Fry fez questão de participar de uma palestra de Silver no fórum e o ouviu descrever alguns experimentos que falharam ao revestir um quadro de avisos com o adesivo.[405] Embora até então designado para outros projetos, Silver permaneceu convencido de que sua descoberta de "microesferas de copolímero de acrilato" tinha potencial e chegou até a patentear a invenção. Como costumava promover o material entre os colegas, ele acabou recebendo o apelido de sr. Persistente.[406]

Tanto Silver quanto Fry dominavam a prática das falhas e apreciavam a chance de explorar novas possibilidades com seriedade e diversão. Eram bons cientistas, mas não podemos subestimar a importância de um sistema projetado para produzir inovações. O que mais esse sistema implicava?

Em um dos elementos mais provocativos do sistema da 3M — provocativo pelo menos em uma era em que as empresas valorizavam a eficiência —, os engenheiros podiam passar 15% de seu tempo remunerado em busca de ideias fora da caixa[407] que poderiam não dar em nada. Mais tarde adotada por empresas do Vale do Silício, como Google e IDEO, a política refletia um entendimento de que pagar cientistas para experimentar produziria muitos fracassos, junto do lucrativo sucesso ocasional. A economia funciona — desde que sejamos pacientes. Ou seja: desde que expandamos o limite do sistema para incluir a lucratividade futura da empresa, não apenas com o foco no presente.

Na época em que Fry conheceu Silver, os produtos de maior sucesso da 3M eram fitas: fita adesiva, fita refletiva, fita magnética para gravar programas de televisão, fita dupla e, o mais recente sucesso da empresa, fita adesiva transparente.

Talvez seja por isso que, em 1974, em certa manhã de domingo em uma igreja presbiteriana em St. Paul, Minnesota, enquanto Fry procurava freneticamente a página correta em seu livreto de cânticos religiosos, ele tenha se lembrado do adesivo estranho de Silver.

Nas noites de quarta-feira, durante o ensaio do coro, ele costumava colocar pequenos pedaços de papel no livro para marcar a música cantada durante o culto. Aos domingos, quando Fry abria o livreto, para seu aborrecimento, os pedacinhos começavam a cair.[408] Naquele domingo, ele teve um clique. Fry se viu querendo um marcador melhor, um que pudesse se ater às páginas de seu livreto sem se soltar. Talvez o adesivo de Silver resolvesse o problema.[409] Fry começou a pensar em notas adesivas em bloquinhos. No dia seguinte, no traba-

Compreensão de sistemas

lho, ele pegou uma amostra das microesferas e começou a fazer experimentos. Seus colegas não estavam convencidos da ideia,[410] e ele decidiu se instalar no porão de casa, onde dedicou alguns meses à construção de uma máquina para produzir os blocos de notas adesivas.

Anos mais tarde, no fim dos anos 1970, ele afirmaria com ênfase que o que aconteceu na 3M nos seis anos seguintes para desenvolver as notas de Post-it onipresentes hoje "não foram um acidente".[411] Em vez disso, foi o resultado de uma série de falhas inteligentes, apoiadas por um sistema projetado para estimular a persistência para produzir inovação. Vejamos alguns dos obstáculos que tiveram que ser superados. O primeiro deles foi que Fry enfrentou obstáculos técnicos para levar as microesferas a uma consistência que pudesse ser aplicada a uma faixa estreita ao longo da borda inferior de um lado de uma tira de papel, de modo a compartilhar protótipos com seus colegas e supervisores. No entanto, mesmo esse sucesso era duvidoso; em uma análise realística, quantas pessoas gostariam de comprar um marcador de livro, por mais elegante que fosse sua aplicação?

O que Fry chama de "eureca, o momento de balançar a cabeça"[412] aconteceu quando ele enviou um relatório a um supervisor com um bilhete na frente escrito em uma parte do marcador, e o supervisor escreveu de volta no mesmo pedaço de papel. Uma *nota* adesiva que poderia ser reposicionada tinha muito mais usos para muitas pessoas do que um marcador pegajoso!

Aparentemente convencidos pela prova conceitual de Fry, os executivos da 3M concordaram em produzir uma pequena série de blocos de notas adesivos. Esse passo esperançoso, no entanto, logo se transformou em mais um revés: os testes de mercado subsequentes do novo produto em algumas cidades geraram pouco entusiasmo entre os consumidores. Mas Fry viu essa primeira tentativa fracassada de vender o que era então chamado de Press 'n Peel [Pressione e arranque, em tradução livre] como inconclusiva. Ele decidiu realizar um novo experimento — fazer propaganda do produto para um grupo demográfico diferente, os funcionários da 3M. De seu escritório, Fry distribuía bloquinhos, um de cada vez, para amigos e colegas. Ele pedia que voltassem quando quisessem outro bloco. É importante ressaltar que ele mantinha um registro cuidadoso de quantos blocos cada pessoa usava. Os dados que coletou foram promissores: cada colega pedia até vinte bloquinhos por ano. Depois de mais testes de usabilidade na empresa, os paletes de blocos colocados nos corredores foram esvaziados com muita rapidez! — a 3M estava enfim convencida a lançar uma campanha de marketing intensiva[413] em 1980. O restante, como dizem, é história.

Um sistema para a qualidade

Ao projetar um sistema para reduzir falhas básicas e promover a melhoria contínua, nenhuma empresa rivaliza com a Toyota. Não é por acaso que ela chama a própria abordagem, que evoluiu ao longo de décadas de experimentação, de Sistema Toyota de Produção (TPS, na sigla em inglês). Especialistas em manufatura concordam que esse sistema cria muito mais valor do que a mera soma de suas partes.

Comecemos com o cabo Andon. Os trabalhadores da fábrica são convidados a puxá-lo quando suspeitam de um possível erro em qualquer veículo. Este é o elemento mais conhecido do TPS, e por um bom motivo: seu simbolismo (queremos ouvir você e, em especial, adoramos ter ciência dos problemas para que possamos melhorar as coisas) captura o *éthos* abrangente do sistema. O desejo de interromper qualquer erro no próprio trilho, antes de interromper outras etapas do processo, também revela uma apreciação intuitiva dos efeitos do sistema. Um único pequeno erro pode se transformar com muita facilidade em uma grande falha a jusante se não for corrigido. As raízes do cabo Andon remontam ao tear do século XIX de Sakichi Toyoda, projetado para parar com segurança sempre que um fio arrebentasse.

Outro elemento crucial do TPS é seu foco na eliminação de desperdício (*muda*) sempre que possível. O excesso de estoque é uma forma de desperdício (basta relembrar o Jogo da Cerveja!); portanto, a produção *just-in-time* (JIT) (construa apenas o que for necessário, quando for necessário, pelo seu cliente) é um elemento crucial do sistema. O JIT também complementa o cabo Andon. Os dois elementos funcionam juntos para garantir que os defeitos sejam descobertos e resolvidos, em vez de se acumularem no inventário de trabalho em processo. Ambos os elementos constroem o aprendizado no sistema para permitir a melhoria contínua (ou *kaizen*).

Inúmeros artigos e livros foram escritos sobre a Toyota, e este capítulo não tentará fazer jus às complexidades desse sistema de produção extraordinário e aos motivos pelos quais ele funciona. Mas meu ex-aluno Steven Spear e seu colega Kent Bowen, de Harvard, resumiram o sistema de uma maneira que, para mim, conecta suas partes díspares e explica seu poder:

> (...) A chave é entender que o *Sistema* Toyota de Produção cria *uma comunidade de cientistas*.[414] Sempre que a Toyota define uma especificação, estabelece conjuntos de hipóteses que podem ser testadas. Em outras palavras, segue o método científico. Para fazer quaisquer alterações, a Toyota usa um rigoroso processo de resolução de problemas que requer uma avaliação detalhada do atual estado das coisas e um plano de melhoria que é, de fato, um teste experimental das mudanças propostas. Com nada menos do que tal rigor científico, a mudança na Toyota equivaleria a pouco mais do que tentativa e erro aleatórios — uma caminhada pela vida com os olhos vendados.

Criar "uma comunidade de cientistas"? Em uma fábrica? Com certeza. O TPS e os sistemas projetados para a inovação na 3M e na IDEO têm a vantagem dessa criação. A ação de auxiliar os funcionários a pensarem como um cientista — curioso, humilde, disposto a testar uma hipótese em vez de presumir que ela está certa — é o que as une. Uma diferença fundamental entre a Toyota e a 3M é o escopo ou a margem de manobra para realizar experimentos. A comunidade de cientistas da Toyota trabalha para aperfeiçoar um sistema de produção projetado para remover variações indesejadas e garantir a qualidade perfeita; o escopo dos experimentos é limitado, na maior parte, àqueles que melhoram os processos existentes. Na 3M, por outro lado, os cientistas são convidados a aloprar, pensar fora da caixa, e imaginar produtos úteis que ainda nem existem. Mas em ambos os sistemas a segurança psicológica desempenha um papel vital.

Considere a história contada por James Wiseman[415] a um repórter da *Fast Company*. Wiseman já tinha uma experiência considerável como gerente de outras fábricas quando se juntou à Toyota em Georgetown, Kentucky, em 1989, para gerenciar o programa de relações públicas em todo o estado. Sua experiência prévia o deixou surpreso com o que encontrou na Toyota. Fujio Cho, que mais tarde se tornaria presidente global da empresa, era o gerente da fábrica de Georgetown. Em uma sexta-feira, durante uma reunião do alto-escalão, Wiseman teve uma experiência que mudou para sempre sua compreensão de como a Toyota funcionava.

Wiseman se manifestou durante a reunião e relatou "alguns dos meus pequenos sucessos", como ele disse. O gerente continuou: "Comentei sobre uma atividade que estávamos realizando (...) e falei muito com muita positividade sobre isso, me gabei um pouco." Até agora, nada de especial nisso. Gabar-se (ou pelo menos apresentar seu trabalho da forma mais positiva possível) na presença do chefe é um comportamento completamente normal no local de trabalho. Todos nós já fizemos isso!

Mas aqui a história toma um rumo incomum. Wiseman prosseguiu: "Após dois ou três minutos, eu me sentei. E o sr. Cho meio que olhou para mim. Eu podia ver que ele estava intrigado. Ele me disse: 'Jim-san. Todos *sabemos* que você é um bom gerente; caso contrário, não teríamos contratado você. Mas, por favor, fale conosco sobre seus problemas[416] para que possamos trabalhar juntos neles.'"

Wiseman considerou esse momento "um divisor de águas".[417] De repente, ele percebeu que "mesmo com um projeto que havia sido um sucesso geral, [as pessoas da Toyota] perguntavam: 'O que não deu certo para que possamos torná-lo melhor?'" Observe o mindset de crescimento implícito em suas palavras, uma reminiscência da pesquisa de Carol Dweck.

O que Wiseman notou naquele dia pode ser visto como um elemento vital do TPS: uma crença enraizada a fundo de que a resolução de problemas é um esporte de equipe. As falhas são oportunidades de melhoria. Espera-se que os profissionais competentes executem com sucesso a *maioria* de suas tarefas; portanto, os sucessos não são vistos como dignos do tempo valioso dos colegas. Daí o olhar "intrigado" no rosto do sr. Cho. Esse olhar se deu porque um comportamento esperado (compartilhar seus problemas para que se possa trabalhar em conjunto) não aconteceu enquanto um *inesperado* (gabar-se) ocorreu.

O que eu mais amo nessa história é que a ostentação de Wiseman não teria causado espanto algum em 99% dos ambientes de trabalho que estudei. Na sociedade, somos treinados para compartilhar conquistas e boas notícias na frente do chefe. Nada de intrigante nisso! O resultado mais impressionante do TPS, na minha opinião, é que o sistema normaliza falhas — sejam más notícias, sejam pedidos de ajuda ou problemas. Isso cria uma comunidade de cientistas. Não por acaso, a essência de falhar bem é pensar como um cientista.

Após entender os elementos básicos de um sistema de qualidade e melhoria, é fácil aplicar esses aspectos no seu dia a dia. Por exemplo, falhas complexas são comuns quando se tenta levar crianças pequenas para a escola e sem atrasos, mas elas não querem sair da cama, não sabem o que vestir, estão com os deveres de casa espalhados pela casa e reclamam sobre as obrigações do restante do dia. Tais complicações tornam as manhãs estressantes e interferem na pontualidade. Mas os problemas podem ser eliminados por meio de pequenas mudanças que tornam o sistema matinal melhor. Em algum dia, você pode tentar configurar o alarme matinal dez minutos antes. Escolher as roupas na noite anterior pode reduzir o tempo gasto em decidir o que vestir na manhã seguinte. Não é necessário se aventurar muito além dos limites — digamos, faltar à escola —, mas há uma oportunidade considerável de testar pequenas melhorias que podem fazer o sistema funcionar melhor. A chave é se concentrar nas relações entre as partes móveis do seu sistema matinal, incluindo como seu filho se sente em relação à escola, quanto tempo leva para tomar café da manhã, se a lição de casa foi concluída e assim por diante. Munido desse conhecimento, para evitar um atraso pela manhã, você pode, por exemplo, "puxar o cabo Andon" na noite anterior em uma possível falha no dever de casa ou preparar um lanche para complementar o café da manhã insuficiente.

Se a 3M apresenta um bom sistema de inovação, e a Toyota apresenta um sistema para garantir a qualidade em um contexto previsível, como projetaríamos um sistema para evitar falhas básicas e complexas em um contexto variável? Um bom lugar para procurar respostas é um hospital terciário moderno, que sintetiza um contexto variável.

Um sistema de segurança

Os grandes hospitais modernos abrangem um número quase incalculável de processos interconectados que se cruzam todos os dias com uma miríade de profissionais de saúde e pacientes. Essa complexidade e variabilidade se combinam para criar o potencial para uma matriz vertiginosa de falhas complexas. Quando Matthew, de 10 anos, recebeu por engano uma dose com um potencial fatal de morfina, pelo menos sete causas, incluindo ser levado para um andar com enfermeiros menos experientes em cuidados pós-operatórios e um rótulo de medicação difícil de ler, contribuíram para a falha complexa que vimos no Capítulo 4. Felizmente, a overdose foi revertida a tempo de evitar uma consequência pior. No entanto, o risco inerente a esse contexto torna confiar na sorte ou no heroísmo uma tolice. Em vez disso, ajuda a projetar um sistema de segurança — ou, dito de outra forma, um sistema de aprendizado. O foco principal do aprendizado é evitar falhar da forma errada e, ao mesmo tempo, continuar a melhorar o atendimento ao paciente. Os enfermeiros que Anita e eu estudamos não trabalhavam em tal sistema.

Apenas pouco mais de duas décadas atrás, os pioneiros em segurança do paciente começaram a tentar descobrir como seria esse sistema. Estudei o trabalho de um desses pioneiros: Julianne "Julie" Morath, uma defensora apaixonada da segurança do paciente que liderou uma iniciativa à frente da elaboração de um sistema de aprendizado. Quando conheci Morath, em janeiro de 2001, ela era diretora de operações do Children's Hospital and Clinics em Mineápolis, Minnesota. Calma, cordial e articulada, trabalhou sem cessar para educar e incentivar todos no hospital a se juntarem a ela na busca de "100% de segurança do paciente".[418] Desde então, Morath se tornou uma célebre líder nacional dos Estados Unidos no movimento de segurança do paciente, cujas muitas realizações incluem a autoria do influente relatório *To Do No Harm* [Não causando danos, em tradução livre],[419] o auxílio na criação do Lucian Leape Institute[420] da National Patient Safety Foundation do Institute for Healthcare Improvement, e um mandato como membro eleita do Board of Commissioners of the Joint Commission.

Quando chegou ao hospital em 1999, Morath logo descobriu que havia herdado uma cultura hospitalar que abordava erros médicos de acordo com "o antigo modelo de medicina ABC (do inglês *accuse, blame, criticize*): acusar, culpar, criticar".[421] Para alterar essa cultura e os comportamentos advindos dela, Morath introduziu vários novos elementos nas operações hospitalares, cada um dos quais pode parecer simples e inadequado por si só, mas que se juntam para criar um sistema de surpreendente eficácia[422] de aprendizado. Por exemplo, ela realizou fóruns para apresentar pesquisas sobre a prevalência de erros médicos em hospitais modernos — na época estimados em 98 mil[423] — e mortes evitáveis em hospitais dos Estados Unidos todos os anos.

Use o pensamento sistêmico para mudar nossa concepção do erro

Um dos pontos que Morath destacaria nas sessões realizadas para mudar a concepção que as pessoas têm do erro era o seguinte: a área da saúde é, por sua natureza, "um sistema complexo propenso a erros".[424] Com isso, ela ensinava às pessoas que, quer gostassem, quer não, elas trabalhavam em um sistema no qual as coisas *dariam* errado. A única questão era se elas falariam sobre essas falhas de processo rápido o suficiente para ajudar a corrigi-las antes que os pacientes fossem prejudicados. Em um eco de Charles Perrow, Morath ajudava as pessoas a entenderem que alguns sistemas são inerentemente perigosos. E qual seria a implicação central desse ponto? *Não presuma que alguém é culpado.* Quando as pessoas encaram os acidentes médicos como evidência de que alguém fez besteira, acabam tendo dificuldade em se manifestar por medo de serem responsabilizadas ou ridicularizadas. A "visão sistêmica" dos acidentes médicos que Morath introduzia no hospital representa a realidade com mais precisão. Com uma esponja de queijo suíço na mão, Morath costumava explicar que a maioria dos acidentes resultava de uma série de pequenas falhas processuais alinhadas, e não do erro de uma pessoa.

Não surpreende que, a princípio, os profissionais de saúde dedicados do Children's Hospital tenham recuado. Simplesmente não acreditavam que o hospital tinha um problema de segurança. Talvez muitos deles tivessem vivenciado um incidente de segurança em particular, mas se sentiam envergonhados e sozinhos. Ninguém havia falado abertamente sobre essas falhas antes.

Confie na averiguação

Morath passou a enfrentar um desafio: como ajudar as pessoas a ver e aceitar as falhas de seus respectivos hospitais? Em vez de seguir com sua lógica — *você não vê que trabalha em um sistema complexo propenso a erros? As coisas vão dar errado!* —, ela convidava os médicos a refletirem sobre suas experiências com pacientes naquela semana e, em seguida, averiguava: "Estava tudo tão seguro quanto você gostaria que estivesse?"[425] A pergunta ambiciosa abria as comportas. A maioria das pessoas se encontrava no que Morath chamava de "uma situação de assistência médica em que algo não ia bem"[426] e, quando refletiam sobre os muitos problemas que haviam notado, ficavam ansiosas para falar sobre o que acontecera e como poderiam melhorar.

Morath criou o Comitê Diretor de Segurança do Paciente (PSSC, na sigla em inglês)",[427] para auxiliar na liderança dessa iniciativa. Elemento-chave do sistema que ela construiu, o PSSC contava com uma equipe multifuncional e multinível para garantir que as perspectivas de todo o hospital fossem contempladas. Outro elemento novo foi uma política destinada a tornar mais fácil para as pessoas falarem sobre erros, chamada de "relato sem punição". Lembre-se do Capítulo 3, em que políticas semelhantes são encontradas em muitas empresas e famílias que levam a segurança a sério. Com a nova política, surgiram ferramentas e procedimentos inéditos para permitir que os funcionários em todos os níveis hierárquicos se comunicassem com confidencialidade e sem medo de punição. Como na aviação, isso não apenas deu voz às pessoas como também permitiu que o hospital reunisse dados sobre as fraquezas do sistema e onde era provável que houvesse erros. O uso de um formato narrativo permitiu o relato de acidentes multicausais em vez do tipo de causa única.

Nova linguagem

Outro elemento do sistema de segurança do paciente foi o que Morath chamou de "Words to Work By" [Palavras a serem empregadas, em tradução livre][428] — uma lista de termos sugeridos com o objetivo de ajudar a passar do mindset de culpabilizar para o de aprender. Morath substituiu palavras neutras, como *estudo*, pela mais ameaçadora, *investigação*, que colocava as pessoas na defensiva. A introdução de Estudos de Acontecimentos Focados — pequenos grupos que se reuniam para identificar todas as causas de um acidente logo após sua ocorrência — era outro elemento novo. O resultado dessas sessões muitas vezes ajudava a aperfeiçoar os processos para evitar erros semelhantes; em suma, era um caminho para a resolução de problemas de segunda ordem! Tente investigar a fundo o que fez essas sessões funcionarem e você encontrará um conjunto de normas explícitas e regras básicas para promover a franqueza e garantir a confidencialidade. Os moderadores treinados em segurança psicológica prestaram muita atenção às pistas não verbais que poderiam indicar que alguém estava desconfortável ou hesitante em compartilhar uma visão dissidente. Os Estudos de Acontecimentos Focados também incluíram documentação dos resultados para que tudo o que tivesse sido aprendido pudesse ser compartilhado com toda a instituição.

Sinergia

É importante explicitar que uma lista simples desses elementos não transmitiria de imediato o poder criado por como eles funcionam juntos. A lista "Words to Work By" reforça a vontade de falar de erros promovida pelo sistema de relatos sem punição. A pedagogia da prevalência de erros se combina com a visão sistêmica dos acidentes médicos para retirar de cena a vergonha e a culpa, e assim por diante. O todo é mais do que a soma das partes. Mas é possível saber que um sistema de aprendizagem que você projetou está funcionando quando ele começa a gerar novos elementos de apoio por conta própria. E foi o que aconteceu no Children's Hospital.

Os enfermeiros da linha de frente criaram e implementaram mais dois elementos do sistema de segurança do paciente: Safety Action Teams e Good Catch Logs [Equipes de Ação de Segurança e Registros de Boas Sacadas, em tradução livre].[429] "Safety Action Teams" eram grupos auto-organizados de enfermeiros que se reuniam para identificar e reduzir riscos potenciais em suas áreas clínicas. Resolução de problemas de segunda ordem. Os "Good Catch Logs" foram uma forma de celebrar os quase acidentes: ao documentar boas sacadas de erros, os enfermeiros viam oportunidades adicionais de melhoria do processo.

Tal como acontece com o sistema da 3M, que apoiou as falhas inteligentes dos funcionários a fim de incentivar a inovação de produtos, e com o sistema da Toyota, que fez da melhoria da qualidade uma segunda natureza, o Children's Minnesota elaborou um sistema de aprendizagem robusto que transformou todos em participantes ativos na promoção da segurança do paciente. A abordagem de Morath nos lembra de que a diretriz do sistema é mais do que apenas entrar em uma organização e apertar um único botão. Trata-se de acionar vários botões e entender como eles funcionam como um sistema.

Hoje, quando utilizo como método de ensino o estudo de caso que Mike Roberto, Anita Tucker e eu escrevemos sobre Morath em 2001, fico impressionada com quanto os alunos — executivos e estudantes de MBA — têm dificuldade de perceber em um primeiro momento como o sistema funciona na totalidade. Eles tendem a listar as partes e diagnosticá-las, uma a uma, como ruins ou boas, e acabam por perder o todo e focar os detalhes. Mas, como no Jogo da Cerveja, quando a luzinha acende — quando os alunos percebem que a soma é maior do que as partes — é emocionante e poderoso.

Compreendendo os sistemas para transitar melhor pela falha

Compreender a dinâmica dos sistemas é a última das três competências para praticar a ciência de falhar bem. Após a autoconsciência e a consciência situacional vem a consciência sistêmica. Dominar a consciência sistêmica começa com treinar-se para procurar pelo todo, em vez de focar as partes, como costumamos fazer. Trata-se de expandir seu foco, mesmo que com brevidade, para redesenhar os limites e ver um todo maior e as relações que o moldam.

Grande parte da nossa educação e experiência de trabalho nos ensinou a nos tornarmos especialistas em partes, o que diminuiu o valor de olhar para as relações que as conectam. Podemos aprender a ver e compreender os sistemas e usar esse conhecimento para reduzir falhas evitáveis. Não se esqueça de que compreender os sistemas nos ajuda a ver que não somos os únicos responsáveis por todas as falhas ao nosso redor. Isso não serve para nos livrarmos de nossas contribuições para as falhas, e sim para nos ajudar a ver que somos partes de sistemas maiores, com relações complexas, algumas das quais estão além de nossa capacidade de prever ou controlar. Essa percepção desempenhou um papel vital no movimento moderno de segurança do paciente, ainda mais ao ajudar as pessoas a se manifestar logo sobre os erros ou quando não têm certeza de algo. O pensamento sistêmico nos capacita a projetar sistemas mais favoráveis a atingir seus objetivos declarados, como qualidade, ou inovação.

Tanto o pensamento sistêmico quanto a diretriz do sistema não são habilidades simples e diretas. Os sistemas oferecem uma complexidade infinita. Os limites de um sistema sempre podem ser traçados de forma diferente. A parte de um sistema que você considera que seja de interesse é uma decisão, e traçar limites é algo inerentemente criativo. Por exemplo, eu poderia ter reconfigurado os limites quando meu filho pediu para se juntar ao time de beisebol itinerante e considerar não apenas o pedido dele no momento como também toda a família e os meses subsequentes. Ou eu poderia ter ido ainda mais longe e considerado o impacto que essa decisão poderia ter em outros garotos da cidade, ou até mesmo (um absurdo) em toda a vida do meu filho. Uma decisão individual, de fato. O objetivo não é apreender os limites corretos do sistema, e sim empreender o pensamento sistêmico que ajuda a decidir com mais discernimento. Isso pode parecer angustiante (não há resposta certa!), mas também empoderador (é possível escolher!). As escolhas que fazemos podem expandir as oportunidades de experimentar e aprender.

CAPÍTULO 8

Prosperando como um ser humano falível

Para mim, perder uma partida de tênis não é um fracasso.
É pesquisa.

— Billie Jean King

Quando Barbe-Nicole Ponsardin Clicquot ficou viúva de repente aos 27 anos, esperava-se que ela se recolhesse e se dedicasse a uma vida considerada tranquila como mãe[430] e dona de casa. Talvez se casasse outra vez. Nascida em Reims, na França, em 1777, uma época em que as mulheres não podiam ter propriedades nem sequer tinham permissão para tomar decisões financeiras relativas à família, Barbe-Nicole se encontrava, então, em uma nova situação decorrente de sua tragédia. A viuvez, ao que parece, concedia à mulher a maior parte das liberdades financeiras de um homem. Uma viúva — *une veuve*, em francês — poderia honrar a memória do falecido marido ao dar continuidade, digamos, a um sonho compartilhado de um negócio de vinhos no solo calcário da região de Champagne. Uma viúva poderia administrar um empreendimento, experimentar novas ideias, falhar e talvez até ter sucesso.

Nascida em uma família rica, Barbe-Nicole não era considerada bonita, paqueradora ou charmosa — nem gostava de vestidos extravagantes ou eventos sociais. Se o Instagram existisse, é provável que as fotos das vinícolas próximas teriam atraído mais curtidas do que as de sua aparência menos do que perfeita. Aos 21 anos, em uma união arranjada por seus pais, ela se casou com François Clicquot, descendente de outra rica família mercantil em Reims.

Eles formavam um bom par e passaram os seis anos seguintes aprendendo e tentando entrar no arriscado negócio de vinhos. A região de Champagne, no nordeste da França, era então conhecida em especial por seus vinhos brancos, mas os espumantes começavam a entrar em voga em toda a Europa, ainda mais na Rússia. A família de François era distribuidora de vinho e possuía alguns vinhedos para complementar os seus principais empreendimentos no setor bancário e no comércio têxtil. Para expandir o negócio, François viajou durante meses para países como Alemanha e Suíça; ele era um recém-chegado que tentava obter clientes e se inserir nos mercados. O champanhe se provou difícil de vender. A clientela era formada por um número relativamente pequeno de aristocratas que podiam bancar esse luxo, e a concorrência de vinícolas estabelecidas era acirrada. Essas primeiras viagens foram decepcionantes.

O tempo também era instável. Quando François e Barbe-Nicole enfim conseguiram alcançar um número razoável de pedidos, as vinhas murcharam nos campos em uma sequência de verões secos e quentes demais. O cultivo e a colheita de uvas, bem como a produção, o processo de engarrafamento e o transporte de vinho, estavam fadados ao fracasso. Mas isso não foi suficiente para deter os Clicquot. Eles eram determinados. Pode-se dizer que tinham coragem e persistência e começaram a visitar vinhedos locais e pequenas propriedades familiares, frequentando adegas revestidas de pedra, avaliando, provando e aprendendo. O casal encontrou e contratou um vendedor de confiança, Louis Bohne, que partiu em uma viagem de um ano à Rússia, na esperança de conquistar bravamente um novo mercado, mas descobriu que haviam errado no cálculo. Naquele verão, os campos estavam muito úmidos e lamacentos, o que levou a outra colheita fracassada. Eram seis anos de negócios e havia pouco a mostrar.

Em outubro de 1805, François morreu após sofrer doze dias de uma febre infecciosa. Barbe-Nicole logo tomou a surpreendente decisão de administrar o negócio de vinhos ainda incipiente. Para ela, não importava que o empreendimento estivesse prestes a colapsar e que a morte de François tornasse as chances de sucesso ainda mais remotas. Barbe-Nicole praticou intuitivamente a consciência situacional: ela enfrentou alta incerteza, e, portanto, o fracasso era provável, mas os riscos eram administráveis. A família Clicquot tinha recursos que possibilitavam especular. Restava a Barbe-

-Nicole convencer o sogro a arriscar alguns desses recursos. As operações financeiras e comerciais de lã lotaram os cofres de ambas as famílias por gerações, mas Barbe-Nicole permaneceu determinada na busca pela produção do champanhe. É provável que tivesse uma inteligência e uma capacidade ferozes porque, quando pediu ao sogro, Philippe, um empréstimo relativo à sua herança — uma quantia equivalente a 1 milhão de dólares hoje —, ele aceitou, apesar do considerável risco comercial.

Mas sob uma condição.

Philippe Clicquot insistiu que ela tivesse aulas por quatro anos com o enólogo Alexandre Jérôme Fourneaux para saber mais sobre os meandros da produção e do comércio. Diante de um novo território, repleto de incertezas, Barbe-Nicole teve que trabalhar duro, se preparar e aprender tudo o que podia com o conhecimento e a experiência disponíveis. A essa altura, Napoleão Bonaparte estava empenhado em travar o que se tornariam doze anos de guerra em toda a Europa, criando um ambiente comercial pouquíssimo atraente. Foram impostas restrições de transporte e comércio, e os portos foram bloqueados sem previsão de reabertura. Quando um navio atravessava o oceano, garrafas dos delicados vinhos armazenadas no porão costumavam explodir. Em um ano, um terço do estoque de Clicquot — mais de cinquenta mil garrafas — foi arruinado pelo calor durante uma parada estendida em Amsterdã. Além disso, as dificuldades prolongadas da guerra significavam que a base de clientes relativamente pequena que poderia pagar por vinhos de luxo não estaria sempre disposta a comemorar.

Fourneaux não deu continuidade à parceria com Barbe-Nicole após o término do contrato de quatro anos. (Ele e seu filho construiriam o próprio negócio de vinhos, vendido em 1931 para Pierre Taittinger e relançado sob seu nome de família.) Apesar de tal fracasso implacável, a determinação da viúva Clicquot se manteve firme. Segundo todos os relatos, ela era uma empreendedora prática, motivada, focada nos detalhes, sendo a primeira a entrar e última a sair, com pouco tempo ou inclinação para reflexões pessoais. No fim da vida, na década de 1860, quando se tornou a Grande Dama do Champagne, Barbe-Nicole escreveu a uma bisneta: "O mundo está em perpétuo movimento e precisamos inventar o amanhã. É preciso passar à frente dos outros, é preciso ter determinação e exatidão, e deixar a inteligência conduzir sua vida. Aja com audácia!"[431] Em outras palavras, *jogue para ganhar*.

Sem dúvida, essa primeira década de quase falência foi marcada por alguns sucessos, junto de repetidos e dolorosos fracassos. O clima favorável de 1811 levou a uma colheita abundante, ainda mais fabulosa porque coincidiu com a passagem de um cometa. Os vinicultores, incluindo Clicquot, marcaram as rolhas com estrelas para comemorar o ano auspicioso. Três anos depois, no inverno de 1814, quando as tropas russas ocuparam Reims, Barbe-Nicole conseguiu vender a eles os vinhos do estoque de sua adega. Embora não tivesse conseguido alcançar o mercado russo durante a guerra, passou a ter clientes ansiosos à sua porta, conhecedores e apreciadores que se tornariam embaixadores da Veuve Clicquot quando voltassem para casa. Naquele mês de abril, quando Napoleão foi enfim destronado, oficiais russos celebraram em Reims com o champanhe borbulhante de Barbe-Nicole.

Após o fim da guerra, em toda a Europa, as pessoas começaram a erguer taças de champanhe em comemoração. Os bloqueios de transporte e comércio logo seriam suspensos. No que se tornou um plano ousado e inédito, Barbe-Nicole fretou em segredo um barco para contrabandear mais de 10 mil garrafas de seu melhor champanhe — a safra famosíssima de 1811 — para Königsberg, atual Kaliningrado, e depois para São Petersburgo, e assim deixou os concorrentes para trás. Diz-se que os comerciantes de vinho brigaram no cais para comprar o champanhe dela e invadiram o quarto de hotel de Louis Bohne, implorando uma garrafa ao preço que fosse. Uma segunda remessa logo se seguiu. O czar Alexandre decretou Veuve como seu favorito. Em poucas semanas, Barbe-Nicole e seu champanhe Veuve Clicquot ficaram famosos.

Produzir champanhe era difícil, caro e demorado. Depois do impressionante plano de Barbe-Nicole na Rússia, os pedidos começaram a chegar, e seu obstáculo era acelerar a produção. A segunda fermentação — a parte de adição de açúcar e levedura para produzir bolhas — durava vários meses. Clarificar vinhos turvos significava armazenar as garrafas de lado para que a levedura ficasse exposta à maior parte do líquido. À medida que a levedura se decompunha, deixando borras (resíduos pós-fermentação), as garrafas tinham que ser viradas para baixo para que os resíduos fossem para o gargalo das garrafas e então expelidos. Uma vez despejados os sedimentos, as garrafas eram preenchidas (naquela época, em geral com conhaque), recebiam uma nova rolha e eram armazenadas.

Com tanto vinho para armazenar e envelhecer, Barbe-Nicole criou com engenhosidade prateleiras especiais, chamadas "pupitres", que mantinham as garrafas em determinado ângulo e podiam ser viradas para que as borras se concentrassem no gargalo da garrafa. Essa inovação a princípio simples foi revolucionária, e resultou nos vinhos espumantes claros pelos quais ela se tornaria famosa. Sua eficiência foi crucial para permitir a produção de vinhos estáveis em grande volume, e a viúva Clicquot e seus vinhos saltaram para a vanguarda de marketing do pós-guerra.

No verão de 1815, Veuve Clicquot foi um sucesso estrondoso. A proprietária fez uma fortuna e inaugurou um império. Apesar dos inúmeros momentos em que poderia ter recuado e tentado algo mais fácil, Barbe-Nicole Ponsardin Clicquot perseverou e construiu uma das empresas mais bem-sucedidas e duradouras da indústria do vinho. Suas inovações técnicas permitiram a produção do vinho espumante claro que hoje conhecemos como champanhe. Única mulher entre um pequeno grupo de empresários nas primeiras décadas do século XIX, ela desempenhou um papel fundamental na transformação da indústria do champanhe, que, de um ofício rural e artesanal, tornou-se um negócio internacional. Ela administrava o negócio e produzia os vinhos.

Hoje celebramos o *sucesso* de Veuve Clicquot como produtora de vinhos e empreendedora pioneira, mas sua história de vida mais completa revela que o *fracasso* é uma parte essencial dessa jornada. Enquanto alguém que domina a prática das falhas, Barbe-Nicole estava bem à frente de seu tempo. Sua resiliência diante de repetidos fracassos tem relação com sua serenidade em aceitar que não controlava o tempo ou o clima político que tanto afetou os resultados de seus negócios. Disposta a assumir riscos ponderados enquanto aprendia a aprimorar a qualidade do champanhe e expandir o negócio, ela parece não ter se martirizado com as muitas coisas que deram errado na fabricação, na venda e no transporte de vinhos finos. Talvez Barbe-Nicole tenha intuído o conceito de falha inteligente[432] — novo terreno, em busca de uma oportunidade e apenas arriscar falhas e fracassos que podiam ser superados —, e isso explica sua capacidade de persistir de forma resoluta por anos antes de seu negócio começar a prosperar. A conexão entre champanhe e celebração também serve como um lembrete de que todos podemos celebrar as falhas como parte de uma vida plena e significativa.

Abraçando a falibilidade

Como se prospera como um ser humano falível? Ouvi pela primeira vez Maxie Maultsby, o brilhante psiquiatra, usar esse termo trinta anos atrás. Ele até o abreviava — FHB em inglês, ou SHF em português. Sorrio quando penso no desejo sincero de Maxie de ajudar todos nós SHFs a prosperar, a aprender a pensar de forma diferente. Ele talvez pudesse acrescentar que prosperar começa com a *aceitação* da nossa capacidade de falhar.

Certa liberdade vem de aprender a conviver de modo confortável com quem somos. A falibilidade faz parte de quem somos. A autoaceitação pode ser encarada como corajosa. É preciso coragem para ser honesto consigo mesmo, e este é um primeiro passo para ser honesto com os outros. Como o fracasso é um fato da vida, falhar não é uma questão de *se*, mas de quando e como.

Mas prosperar como um ser humano falível também significa aprender a *falhar bem*: prevenir falhas básicas o máximo possível, antecipar as complexas de modo a preveni-las ou mitigá-las e cultivar o apetite para buscar mais pelas inteligentes. Saber reconhecer e aprender com cada um dos três tipos de falha e fortalecer cada uma das três zonas de consciência é um processo para a vida toda.

Podemos aprender a viver alegres com a nossa falibilidade. Embora possa parecer contraintuitivo, a falha pode ser um presente. Um de seus dons é o discernimento que pode trazer em relação a quais de nossas habilidades precisam ser trabalhadas; outro dom é a percepção sobre nossas verdadeiras paixões. A falha em um exame de cálculo multivariável na faculdade foi não ter estudado de forma adequada. Mas isso me forçou a me fazer perguntas difíceis sobre o trabalho que eu de fato amava — e o que provavelmente estava fazendo para agradar ou impressionar os outros. Foi um presente, mesmo que na época não parecesse.

A permissão desigual para falhar

A falha também pode ser encarada como um privilégio. Adam Bradley, jornalista e professor da Universidade do Colorado, aponta em um artigo do *New York Times*: "Um dos maiores privilégios da branquitude talvez seja a permissão que ela dá a alguns para falhar sem medo."[433] Ele explica que ser membro de uma cultura minoritária muitas vezes significa que suas falhas, ainda mais se vierem a se tornar públicas, são vistas como representativas de um grupo inteiro. A sua falha individual reflete de uma forma ruim em todos os outros semelhantes. John Jennings, professor de estudos de mídia e cultura da Universidade da Califórnia, em Riverside, disse a Bradley: "Quero chegar ao ponto em que qualquer cidadão negro esteja apenas seguro,[434] possa ser comum — e até mesmo medíocre." Em outras palavras, que o cidadão negro tenha a liberdade de falhar. O fato de que James West, inventor e especialista em acústica, cujas falhas inteligentes resultaram em mais de 250 patentes, incluindo uma para o microfone de eletreto, era afro-americano torna seu sucesso muito mais notável. Ele foi bem-sucedido em sua área, apesar do racismo arraigado que o fez ser confundido com um zelador enquanto trabalhava como cientista[435] na Bell Labs. Imagine a pressão que ele deve ter sentido para evitar reduzir as chances de que outras pessoas como ele seguissem seus passos na Bell Labs e em outras instituições de ponta.

As mulheres, em especial na ciência, também não têm o luxo de falhar com discrição. Nos sentimos pressionadas para ter sucesso em todos os momentos, para não estragar as oportunidades de outras mulheres. Jen Heemstra endossa "uma cultura na ciência e no ramo acadêmico[436] em que as pessoas podem ser abertas sobre suas falhas sem consequências". Realista, ela acrescenta: "Direi que nossa responsabilidade de compartilhar nossas falhas é proporcional[437] à quantidade de poder que temos no sistema acadêmico." Professora do quadro permanente e com o próprio laboratório na Universidade Emory, Heemstra agora é bastante franca quanto aos seus fracassos e às suas falhas. Mas ela nem sempre foi assim. Seu fracasso mais doloroso — pela primeira vez não ter sido escolhida para a vaga permanente de professor (em uma universidade anterior) — acabou sendo um presente. O fracasso foi uma interrupção que a forçou à reflexão. Como Jen explicou a Veronika Cheplygina, pesquisadora de tecnologia da informação, que também estuda o fracasso e as falhas:

> [Não ter sido escolhida] foi com certeza o fracasso mais doloroso da minha vida, pois senti como se tivesse decepcionado minha família e os membros do meu grupo de pesquisa — basicamente todas as pessoas com quem mais me importo. Para quem não experimentou isso, é um sentimento horrível. Mas também pode ser uma experiência de incrível humildade. Ver como todas essas pessoas ficaram ao meu

lado em meio a meu sofrimento acabou mudando a fundo minha visão de mundo e prioridades.[438] Isso me deu uma nova perspectiva acerca do que o meio acadêmico poderia ser e uma ânsia para transformar isso em realidade. Também me deixou destemida. Esse fracasso específico do qual eu tinha receio acabou por acontecer comigo. Era o que eu mais temia, e de repente me vi em meio a essa situação e sem escolha, a não ser lidar com isso e continuar a avançar. À medida que continuei a trabalhar duro e ter sucesso, apesar do que acontecera e de ter saído da situação, percebi que sou mais forte do que jamais pensei e que as opiniões das pessoas a meu respeito não precisam definir quem sou.

Observe que Jen não tentou se livrar ou ignorar o que ela chama de "um sentimento horrível". Ela reconheceu e nomeou o sentimento e se permitiu se sentir mal por um tempo. Isso vai ao encontro dos achados de um estudo de 2017 liderado pela professora Noelle Nelson: focar as emoções,[439] em vez de pensar no fracasso e nas falhas (o que tende a gerar uma autojustificativa), ajuda as pessoas a aprender e melhorar. Jen acabou por desenvolver um grande interesse pelo fracasso, que levou à pesquisa para entender como os alunos de graduação experimentam o fracasso nos cursos STEM (ciência, tecnologia, engenharia e matemática, em português) e como isso afeta as decisões deles de permanecer na carreira de cientista. Junto a outros pesquisadores, ela criou um currículo de pesquisa de graduação para envolver os alunos na aprendizagem prática em laboratório e proporcionar a eles experiência com o jeito certo de errar,[440] que é tão fundamental para a descoberta.

Enquanto uma jovem mulher na vida acadêmica, antecipando a dor pela qual Jen passou, eu costumava me forçar a confrontar a ideia de que era provável que eu não seria escolhida para o cargo de professora. Gostava de me lembrar que existiam outras oportunidades para pesquisadores e professores — tanto em ambientes universitários quanto em empresariais. Quando eu perdia *determinado* emprego, me incentivava e dizia que encontraria outro. O fato de me preparar para as falhas me ajudou a me sentir mais leve em relação a isso, o que foi útil para me concentrar em fazer o trabalho que eu amava sem ser atormentada pelo fracasso iminente. Abraçar o fracasso é um dos pilares da teoria e da política queer (LGBTQIAP+). Em seu livro inspirador *A arte queer do fracasso*,[441] Jack

Halberstam, teórico de mídia transgênero, argumenta que a medida e o significado do sucesso não são definidos pelo indivíduo, e sim pelas comunidades, e que as normas do "sucesso" levam a uma "conformidade irracional".[442] Em contraste, aceitar as falhas permite criar "espaço livre para a reinvenção"[443] a partir do qual é possível criticar os pressupostos impostos pelo mundo. Halberstam faz parte de um grupo de pensadores queer que encaram a experiência das falhas em atender às expectativas da sociedade como fundamental para a cultura queer. Os pilares do que significa viver uma vida "bem-sucedida", como posteridade biológica, segurança financeira, saúde e longevidade, há muito eram negados às pessoas queer por leis de adoção discriminatórias, preconceitos em situações de contratação, atos de violência e intolerância e até mesmo a epidemia de HIV/aids. Ao não corresponder às expectativas heteronormativas, as pessoas queer devem encontrar as próprias maneiras de "ter sucesso", e uma parte central e agora celebrada desse sucesso é o reconhecimento de um início marcado por falhas.

Por exemplo, a performance drag, como uma forma de arte, celebra a experiência de pessoas queer — acolhendo, em vez de minimizar, a falta de conformidade com as expectativas da sociedade. Por meio de seu contraste exagerado, a apresentação torna mais visíveis as expectativas padrão da sociedade. Isso nos torna conscientes da cultura heteronormativa como uma lente que usamos para enxergar o mundo — o que nos incentiva a fugir do nosso senso padrão, como realistas ingênuos, de que encaramos a realidade com objetividade. No reality show de competição *RuPaul's Drag Race*,[444] um grupo de competidores, em sua maioria homens cis, adota personagens que realizam performances hiperbólicas e femininas inspiradas em modelos e participantes de concurso de beleza. O programa celebra a libertação de se ter expectativas em um palco no horário nobre. E é extremamente popular. A estreia de sua décima terceira temporada em 1º de janeiro de 2021 foi, na época, o episódio mais assistido do programa, conquistando 1,3 milhão de telespectadores via transmissão simultânea,[445] um número comparável aos 1,32 milhão de telespectadores que assistiram a uma partida comum da NBA durante a temporada 2020-21.

Às vezes, aceitar a falibilidade significa aceitar a falibilidade *da sociedade* de modo a responder com equanimidade a uma injustiça. A aclamada astrofísica Jocelyn Bell Burnell, que desempenhou um papel tão fundamental na descoberta de pulsares enquanto trabalhava como assistente de pesquisa para Antony Hewish, não recebeu os créditos quando ele foi agraciado com o Prêmio Nobel em 1974. Vários anos depois, Jocelyn Bell Burnell argumentou que, como um supervisor assume a responsabilidade final pelo fracasso de um projeto, o mesmo deve valer para seu sucesso. "Não fico chateada com isso,[446] afinal de contas, estou em boa companhia, não é?", disse ela. O crédito vai para Jocelyn Bell Burnell por sua maturidade e forte senso de si mesma. Saber que sua contribuição é importante sem sentir a necessidade da validação da aclamação externa é com certeza um sinal de sabedoria. É raro que a via principal leve ao arrependimento.

Nos últimos anos, à medida que as desigualdades na sociedade passaram a ocupar o centro de discussões nacionais em todo o mundo — alcançando enfim a atenção devida —, muitas vezes me senti inadequada por minha falta de experiência na ciência da diversidade, equidade e inclusão. Quem acompanhava meu trabalho em segurança psicológica testemunhava, com razão, uma conexão importante com essas questões. No entanto, eu não havia feito um estudo direto dessa relação. Cultivar a segurança psicológica não é o mesmo que cultivar o desejo de pertencimento e, nos últimos anos, muitos confundiram esses dois conceitos. Minha visão é a seguinte: a segurança psicológica, que significa acreditar que é seguro se manifestar, é importante demais para se ter um senso de pertencimento. Mas o pertencimento é mais pessoal, enquanto a segurança psicológica é mais coletiva (é conceituada em estudos de pesquisa como uma propriedade emergente de um grupo) e, penso eu, é cocriada por indivíduos e pelos grupos aos quais desejam pertencer.

Quanto mais pesquiso sobre psicologia, sociologia e economia da desigualdade, maior parece ser a empreitada de corrigir essas falhas sociais. Argumento que, como sociedade, no mínimo, devemos aspirar a criar um mundo onde todos tenham a mesma permissão para falhar com inteligência. Hoje não é assim. Mas acredito que estamos um pouco mais próximos dessa aspiração do que alguns anos atrás. Reconhecer nossa lente heteronormativa é um primeiro passo importante; no entanto, lamento não ter me concentrado nesses desafios antes.

Do que nos arrependemos

Qual é a relação entre falha e arrependimento? À primeira vista, pode-se pensar que as pessoas remoem e se arrependem de suas maiores falhas. Mas as pesquisas sugerem o contrário. Para entender melhor o arrependimento, o autor best-seller Daniel Pink coletou arrependimentos de mais de 16 mil pessoas[447] em 105 países.

Pink categorizou os arrependimentos em quatro categorias, sendo uma delas chamadas de "arrependimentos de ousadia". Estes tinham uma abundância em especial. As pessoas lamentavam não terem sido ousadas o suficiente para se arriscar em um negócio ou um sonho de longa data. Elas se arrependiam de não terem sido corajosas o suficiente para convidar para sair a pessoa por quem estavam interessadas. Ao limitar o lado positivo e se proteger contra o negativo (jogar para não perder), muitos tinham arrependimentos dolorosos durante a vida. Um fato curioso é que Pink descobriu que as pessoas *não* se arrependiam de ter arriscado e falhado.[448] O autor sustenta que, ao estudar o arrependimento, apreendemos a representação do que é uma vida boa. Assim como todos falham, todos se arrependem. Arrependimentos e fracassos fazem parte do ser humano, e apenas ao aprender a tratar a nós mesmos com compaixão e bondade, em vez de desprezo e culpa, podemos encontrar um senso de equilíbrio e realização. Assim como podemos diminuir parte do fardo de nossos erros ao divulgá-los, revelar nossos arrependimentos pode amenizar seu efeito ruim e permitir a criação de sentido. Ao revelarem suas vulnerabilidades, as pessoas passam a gostar mais uma das outras, e não menos. Isso ocorre em parte porque respeitamos sua coragem.

Resistindo ao perfeccionismo

O perfeccionismo, ou a manutenção de padrões altos demais[449] e da autocrítica, é objeto de um número considerável de pesquisas. Thomas Curran, professor da Escola de Economia e Ciência Política de Londres, é especialista no assunto. Em suas pesquisas acerca de estudantes universitários, nos últimos 27 anos, Curran descobriu um aumento substancial na porcentagem de jovens que sentem que precisam ser perfeitos. Ele distingue entre a pressão que colocamos em nós mesmos para sermos perfeitos e as expectativas que sentimos dos outros e da sociedade em geral. Curran descobriu que ambos os tipos de pressão podem levar à depressão e a outras doenças mentais.

Outro problema é que aqueles que sofrem com o perfeccionismo têm dificuldade em tentar algo novo porque não podem tolerar que são passíveis de falhas. Em um mundo em constante mudança, tal relutância coloca esse tipo de pessoa em risco de ficar para trás. Os perfeccionistas também são particularmente vulneráveis ao esgotamento. Segundo Curran, "a maneira como os perfeccionistas se desenvolvem os torna muito sensíveis e vulneráveis a esses contratempos e falhas,[450] que ocorrem o tempo todo, porque é uma ameaça a essa versão idealizada de quem queremos ser e quem pensamos que devemos ser".

É difícil prosperar como um ser humano falível quando se é vítima da armadilha do perfeccionismo. Eric Best, um treinador de mergulho que trabalha com medalhistas olímpicos, era o técnico do psicólogo organizacional Adam Grant na década de 1990, quando Grant estava no ensino médio. Perfeccionista declarado, Grant lembra com humor e discernimento suas batalhas por mergulhos perfeitos em uma conversa envolvente com Best em seu podcast WorkLife em 2022. Para ajudar seus mergulhadores (e o restante de nós) a ter uma relação mais saudável com nosso trabalho ou nossos hobbies,[451] Best sugere buscar a excelência em vez da perfeição. Ele enfatiza metas realistas — aquelas que estão a uma distância razoável de onde você está agora, em vez de procurar alcançar um padrão "nota 10 de perfeição". Aprenda a se avaliar pelo progresso, e não pela distância que está de um estado ideal. Escolha com consciência apenas algumas coisas que você quer melhorar,[452] em vez de ficar assoberbado/tomado por tudo o que fez de errado.

Quando os pais e as mães entendem os perigos psicológicos da armadilha da perfeição e o papel crucial que a falha desempenha na aprendizagem e no desenvolvimento, acolhem com mais facilidade os fracassos e sucessos dos filhos e das filhas. Nenhuma criança aprende a andar de bicicleta sem cair. Ao tornar a falha um campo seguro, pais, mães e professores incentivam as crianças a adotarem um mindset de crescimento que auxilia o aprendizado. Os pais e as mães que detectam perfeccionismo em seus filhos e suas filhas podem ajudá-los a reenquadrar as falhas e torná-las necessárias, em vez de vergonhosas ou até mesmo decepcionantes, para o aprendizado de algo novo. Dizer "Cair faz parte do processo de aprendizagem de andar de bicicleta" é preferível a "Pena que sujou a roupa quando você caiu da bicicleta". Lembre-se de que Jeffrey reenquadrou seus erros no bridge como normais e necessários, dado o desafio do novo jogo. Ao nos concentrarmos na satisfação de melhorar, qualquer um de nós pode ajudar a si mesmo — e aos outros com quem nos importamos — a combater a ideia irracional de que dominar algo difícil deve ser fácil.

Falhe com mais frequência

A razão mais importante para aceitar nossa falibilidade é que ela nos liberta para assumir mais riscos. Com mais frequência, podemos escolher *jogar para ganhar*. Como Ray Dalio postou em 20 de outubro de 2022 no X, antigo Twitter: "Todo mundo falha. Qualquer um que você veja sendo bem-sucedido só está tendo sucesso nas coisas em que você está prestando atenção — garanto que eles também estão falhando em muitas outras coisas. As pessoas que eu mais respeito são aquelas que falham bem.[453] Eu as respeito ainda mais do que as que têm sucesso."

No último ano do ensino médio, meu filho mais velho anunciou que tinha aceitado um trabalho temporário e que venderia painéis solares de porta em porta durante o verão. Fiquei preocupada na hora porque sabia que ele receberia muitas negativas. Simplesmente não conseguia ver como Jack — meu filho cauteloso e introvertido, um atleta gracioso e aluno nota 10 — lidaria com tanta rejeição. Minha preocupação não considerava apenas as rejeições habituais enfrentadas por todos os vendedores. A energia solar, uma questão polêmica ligada às mudanças climáticas, poderia fomentar mais do que uma resposta legal do tipo "Não, obrigado. Não estou interessado!". Embora não ajude em nada, é natural que os pais e as mães queiram proteger os filhos e as filhas do fracasso e das falhas. Mas eu estava errada. Jack teve um ótimo verão. Muitos clientes disseram "sim", e ele ficou animado em transformar alguns dos telhados da Nova Inglaterra. Sim, a maioria disse "não", mas Jack aprendera com Larry Wilson anos antes a dizer a si mesmo em silêncio: *Obrigado pelos 25 dólares*. Lógico, algumas pessoas eram bem hostis, mas Jack logo aprendeu a não levar para o lado pessoal. O verão fortaleceu seus músculos do fracasso e das falhas e despertou nele um interesse contínuo por energia renovável.

Outra maneira de falhar com mais frequência é escolher um novo hobby. Quando minha amiga Laura decidiu jogar hóquei no gelo pouco depois dos 40 anos, fiquei perplexa e impressionada na mesma proporção. Laura e eu crescemos juntas em Nova York em uma época na qual poucas "garotas" pensavam em jogar hóquei no gelo, e nenhuma de nós foi uma atleta de grande talento no ensino médio. Era provável que nos reuníssemos para fazer o dever de casa ou relembrar os principais momentos de histórias recentes. Muitos anos depois, eu me perguntava por que Laura, ainda uma amiga próxima, com dois filhos em casa e muitas habilidades reais conquistadas com muito esforço, escolheria gastar seu precioso tempo livre para transportar equipamentos pesados, cair no gelo e, acima de tudo, suportar uma atividade em que ela ainda não era boa. Eu ficava impressionada com sua disposição de fazer algo em um nível ruim diante de um possível público. Ela tinha a minha admiração. Laura continuou a jogar hóquei no gelo com a mesma equipe por anos. Jogar na liga adulta se tornou sua paixão. Hoje Laura se autointitula "a fanática por hóquei".

Nosso medo de ser ruim em algo pode dificultar a tentativa de praticar um novo esporte, aprender um idioma ou tentar outra coisa nova — lembre-se de que Jeffrey quase desistiu do bridge. Por um lado, somos vítimas do perfeccionismo e suas expectativas irreais de sucesso. Por outro, a maioria de nós não quer parecer ruim ou incompetente na frente de outras pessoas, e, quando tentamos algo novo, podemos nos ver cercados por quem faz bem a mesma atividade. Os hobbies são uma boa seara para praticar as falhas; têm a ver com diversão e estímulo para aprender algo novo, em vez de com conquistas ou formas de ganhar a vida — um contexto de baixo risco. Além disso, é menos vergonhoso falhar em um novo hobby do que na carreira. Lembre-se de que não há problema em ser ruim quando se está percorrendo o caminho em busca do aprimoramento. Seja ao aprender um novo idioma, seja ao desenvolver uma nova habilidade, tentar algo novo em qualquer contexto cria músculos para assumir riscos quando há mais coisas em jogo.

Comemore as adaptações

Quando conheci Jake Breeden, então vice-presidente e chefe de soluções globais de aprendizado da gigante farmacêutica Takeda, conversamos sobre sua observação de que continuava difícil convencer a maioria das empresas a celebrar as falhas, apesar da retórica utilizada com amplitude. "Por mais que gostássemos de pensar que somos muito maduros, quando algo é enquadrado como falha, tendemos a nos fechar", disse ele. Jake achava que celebrar as falhas era irrealista em termos psicológicos porque "a falha implica um desfecho. Um desfecho ruim!". Quando o entrevistei em dezembro de 2021, ele estava animado com uma solução que havia encontrado, impulsionado pela empatia por como as pessoas de fato experimentam as falhas. Nas empresas em que trabalhou, a maioria dos projetos, em especial aqueles em que houve falhas, levou a *mais* projetos. "Estamos sempre nos adaptando", explicou ele. Isso torna mais fácil celebrar as adaptações em detrimento das falhas. Celebrar as adaptações tem a ver com se concentrar no próximo passo — na oportunidade de progredir em direção à meta; tem a ver com olhar para a frente, e não para trás —, o que as torna imunes ao arrependimento e cheias de possibilidades.

Em qualquer contexto novo, é crucial fazer uma pausa para considerar onde experimentar em seguida. O que mais precisa ser aprendido para chegarmos aonde queremos? Podemos pensar na adaptação como uma maneira de contar uma história de outra forma. Em vez de "Montamos um plano, depois falhamos, e esta é a moral da história", a narrativa tem que incluir mudanças. "Montamos um plano, as coisas não correram como planejado, então adaptamos." O reenquadramento de Jake aqui é mais do que linguagem. Ele se concentra no rumo da história a seguir. Carrega mais no suspense do que na vergonha.

Sem surpresa, Jake descobriu que as pessoas recuaram no início e disseram: "Isso não é apenas uma questão de semântica?" E ele concordou. "Mas as palavras mudam de significado", ressaltou ele. "E 'apenas semântica' subestima a importância de se usar as palavras certas. De repente, só de mudar a linguagem, temos mais conversas sobre falhas!" É aqui que a consciência situacional se encontra com a autoconsciência. Precisamos da linguagem certa para nos ajudar a enfrentar as falhas com sucesso.

Jake descreveu o que aconteceu quando o presidente de pesquisa e desenvolvimento da Takeda o levou para trabalhar com uma equipe de desenvolvimento de medicamentos após um resultado decepcionante: um possível problema de segurança sinalizado em um ensaio clínico levou à suspensão de um dos novos medicamentos mais promissores da empresa, apesar de todas as esperanças, todos os sonhos e os dólares investidos. Até o preço das ações da empresa foi afetado.

Em uma sessão com o chefe da área clínica, junto de outros participantes do projeto, Jake cuidou para enquadrar a história não como uma celebração das falhas, e sim como uma identificação oportuna antes que alguém se machucasse:

Aqui está o que vamos comemorar: que nossos sinais estão tão bem sintonizados que podemos interromper isso antes que alguém seja machucado de verdade. Vamos comemorar que temos muitas outras coisas em andamento, que nossos ovos não estão todos em uma única cesta. Vamos comemorar que compartilhamos isso de maneira aberta e que continuamos comprometidos [com essa área terapêutica].

Seja adaptar um projeto para trilhar um caminho mais promissor, seja assumir uma nova função ou buscar um relacionamento melhor, as adaptações são essenciais para transitar pela incerteza oriunda de contextos novos. Celebrar adaptações é uma maneira fácil para os gerentes de uma empresa, ou pais e mães de família, ou parceiros de relacionamento reforçarem a aceitação da falibilidade de qualquer pessoa, projeto ou plano.

Dominando a ciência de falhar bem

Se aceitar a falibilidade é um primeiro passo, o que mais nos ajuda a prosperar como seres falíveis em um mundo imperfeito? Falhar bem não é uma ciência exata. O manual continua a ser escrito e será revisado para sempre. Para começar, quando nos esforçamos com consciência para experimentar coisas novas, nossos experimentos trazem consigo o intrínseco risco de falhar.[454] É assim que nos sentimos mais confortáveis com esse fato. Quando se assume mais riscos, se falha mais, e não menos. Mas duas coisas boas acontecem. A primeira delas é que percebemos que não morremos de vergonha. A segunda é que desenvolvemos músculos para que cada falha seguinte doa menos. Quanto mais vivenciamos momentos de falhas, mais percebemos que podemos ficar bem. Mais do que bem: podemos prosperar.

Para isso, o que ajuda é a incorporação de algumas práticas de falha básica — persistência, reflexão, responsabilidade e desculpas — na vida. Embora não tenha a pretensão de ser uma lista completa ou perfeita, cada uma dessas práticas pode ajudar no estabelecimento de uma relação saudável com as falhas.

Persistência

Sara Blakely tinha 27 anos e vendia máquinas de fax de porta em porta. Para ir a uma festa, certa noite ela cortou os pés de um par de meias-calças para usar por baixo de uma calça creme. Embora ficassem enrolando e subindo, as meias a deixaram deslumbrante e a fizeram se sentir bem. Sara decidiu modificar o design e logo foi recebida de maneira muito calorosa pela família e pelos amigos. Ela então teve a ideia de fabricar e vender meias-calças modeladoras e sem pés para outras mulheres.

Foi quando ela começou a se deparar com as falhas.

Fabricantes e advogados especialistas em marcas e patentes ou riram de sua ideia,[455] ou mostraram a ela a porta de saída, ou até mesmo fizeram os dois. Afinal, ela não tinha experiência em moda, negócios ou manufatura. Muitas pessoas teriam desistido. Mas Sara perseverou. Ela pensou no pai e na mãe, que sempre ensinaram a ela e seu irmão, quando pequenos, a aceitar e até incorporar as falhas como uma parte necessária de uma vida plena. Na mesa de jantar da família, o pai costumava perguntar a Sara e ao irmão qual teria sido a falha daquele dia[456] — e os parabenizava pelo esforço. Ele os treinava para entender que não há problema em ser um ser humano falível.

Sara resolveu se esforçar mais. Além de uma atitude saudável e alegre em relação à falha, ela tinha a perseverança e a paixão para correr atrás de objetivos de longo prazo, assim como Barbe-Nicole. As duas demonstram o que Angela Duckworth, professora de psicologia da Universidade da Pensilvânia, chama de "garra".[457] Sara estudou e redigiu o próprio pedido de patente. Dirigiu de Atlanta até a Carolina do Norte para bater à porta de fábricas de meias. Ninguém apostou em sua ideia até que enfim o dono de uma fábrica decidiu se arriscar.

Ao experimentar diferentes sílabas e fonemas, Sara acabou criando um nome para sua empresa: Spanx. Para os primeiros pedidos, ela fez o design da própria embalagem e usou seu banheiro como um centro de distribuição. Muito mais tarde, a Spanx diversificou seus produtos, incluindo trajes de banho e leggings, e, em 2012, a *Forbes* coroou Blakely como a bilionária autodidata mais jovem.[458] No ano seguinte, ela se comprometeu a doar metade de sua riqueza para instituições de caridade,[459] a maior parte voltada para o apoio a mulheres em seus empreendimentos.

O papel da perseverança no sucesso de Sara Blakely é inegável, e a pesquisa de Duckworth sobre garra revela que a perseverança e a paixão em busca de um objetivo de longo prazo preveem com concretude conquistas em muitos cenários. Não correlacionada ao QI, a garra é, portanto, um complemento importante para o talento. O esforço sustentado ao longo do tempo é crucial para o sucesso.[460] O interesse pela garra na educação e no desenvolvimento infantil disparou como resultado desse importante trabalho, e seria difícil negar o papel da garra nas conquistas. Um livro sobre falhas, no entanto, deve abordar a linha tênue entre persistência e teimosia. Conheci pesquisadores que se apegaram a uma ideia derrotada durante um período muito mais longo do que os dados sugeriam e perderam um tempo valioso da carreira — algumas vezes até abandonaram o campo por completo. Acredito que falhar bem significa saber quando fazer mais do que uma ligeira adaptação; significa saber quando desistir de uma ideia de negócio, de um projeto de pesquisa ou de um relacionamento — para liberar o futuro para um novo curso de ação.

Como se sabe quando persistir e quando desistir? Uma regra prática para justificar a persistência é encontrar um argumento confiável de que o valor ainda não realizado que você visa criar é de fato digno de investimento contínuo de tempo e recursos. Para garantir que sua teimosia não seja equivocada ou que você não esteja se apegando a um sonho irreal, é necessário estar disposto a testar seu argumento com os outros junto de seu público-alvo. Certifique-se de procurar pessoas dispostas a dizer a verdade a você! Blakely acreditava no produto que desenvolvia para si mesma e o queria, um sentimento que foi reforçado quando viu o quanto seus amigos e familiares amaram seu novo projeto. A resposta entusiasmada de seu público-alvo inicial cimentou sua confiança de que a Spanx venderia se ela pudesse superar o obstáculo de encontrar um fabricante.

Desenhar essa linha tênue é, pelo menos em parte, uma função de reservar um tempo para uma reflexão honesta.

Reflexão

A maioria dos músicos sérios mantém diários de estudo. Em geral organizados em ordem cronológica, como um diário pessoal, os diários de estudo são, em essência, cadernos para anotar o que foi feito durante cada sessão: como foi, no que trabalhar em seguida, o que deu errado. Preparar uma música para uma apresentação significa cometer muitos e muitos erros durante os ensaios e aprender com eles para não apenas atingir as notas certas como também para melhorar desafios mais sutis, como a frase musical ou o ritmo.

O percussionista Rob Knopper passou tanto tempo refletindo sobre seus erros e suas falhas que se tornou um especialista em treinar outros músicos para lidar com os erros e fazer uso produtivo deles. As audições fracassadas são sua especialidade. Agora percussionista da Metropolitan Opera Orchestra, ele admite de prontidão: "Eu falhei por anos[461] em audições malsucedidas e candidaturas rejeitadas" antes que conseguisse o emprego. Entre outras coisas, ele aconselha os aspirantes a músicos a manter um diário de estudos para cada apresentação individual, que inclui um registro sistemático das soluções e obstáculos encontrados,[462] os quais podem ser consultados no futuro conforme a necessidade. Knopper também compartilha descrições sinceras e detalhadas de apresentações em momentos cruciais de sua carreira, marcadas por mãos trêmulas, notas erradas ou musicalidade aquém do satisfatório. Experiências dolorosas e constrangedoras. Ele aprendeu que "apresentações ruins proporcionam[463] duas das coisas mais importantes que talvez tivessem que melhorar: uma indicação sobre o que precisa ser melhorado e a motivação para fazê-lo".

Na vida, assim como na prática musical, temos uma rica fonte de falhas com as quais podemos aprender. Em vez de desviar o olhar delas em estado de negação, é melhor nos aprofundar e aprender com elas. Minar as quase falhas pode ser especialmente gratificante. Os pilotos que, por exemplo, registram e refletem a respeito de perder e depois recuperar o controle de uma aeronave podem estimular uma investigação acerca de se há um problema que precisa ser corrigido. Equipes hospitalares de emergência treinadas para determinar se os sintomas de um paciente indicam parada cardíaca iminente podem se valer dos resultados de sua reflexão para implementar etapas em prol de melhorar o atendimento ao paciente. Para reduzir as falhas básicas e complexas evitáveis em nossa vida, é essencial investirmos tempo em uma reflexão deliberada e honesta.

Digamos que, ao longo de várias horas, você perca as chaves do carro, chegue atrasado a uma reunião e quase escorregue em uma passarela coberta de gelo. Talvez essa série de quase acidentes seja mera coincidência. Mas também pode ser um sinal de que você está estressado, cansado ou preocupado. Se tirar um momento para refletir, é provável que você possa descobrir se precisa fazer uma pausa ou desacelerar a fim de evitar, por exemplo, uma queda grave no gelo. E quanto a uma criança que apresenta uma mudança no comportamento e está indo mal na escola? Os psicólogos nos dizem que esses são sinais de que a criança está angustiada — e é melhor refletir sobre possíveis causas para intervir ou fazer mudanças positivas. Isso também é uma quase falha. Por fim, com a reflexão, quando acertamos, começamos a nos tornar muito mais conscientes das maneiras relevantes e irrelevantes pelas quais nosso comportamento contribuiu para as várias falhas em nosso meio.

Responsabilidade

Assumir a responsabilidade por nossas falhas requer um pequeno ato de bravura. Mas uma parte importante de prosperar como um ser humano falível é perceber e assumir a responsabilidade por sua contribuição para uma falha sem sentir que o emocional está destruído por isso, ou se revolver em culpa e vergonha. Assumir a responsabilidade significa dizer coisas como "Concordamos que eu ligaria para o encanador para falar sobre o vazamento da pia e, como demorei a ligar, agora o piso está com problema", ou "As instruções que dei à equipe foram confusas e contribuíram para o mal-entendido", ou "Não ouvi quando você me falou da importância de assistir ao seu jogo de futebol e acabei perdendo a partida porque fiquei muito ocupado no trabalho".

A disposição de dizer "eu fiz isso", em vez de culpar os outros, que é a nossa postura padrão (não porque somos pessoas más, e sim devido ao *erro fundamental de atribuição* embutido em nosso cérebro), representa uma bela força. Considere um executivo sênior — vamos chamá-lo de Jim — de uma multinacional que se lembrou de uma profunda sensação de alívio após assumir sua responsabilidade em uma grande falha comercial. Meses antes, apesar de sérias reservas, Jim não havia dito nada enquanto seus colegas discutiam com entusiasmo a potencial de aquisição de outra empresa. Em uma reunião de retrospectiva do projeto para discutir a falha complexa evitável que se seguiu, Jim confessou não ter apoiado os colegas ao não manifestar suas preocupações. Abertamente apologético e emotivo, Jim assumiu total responsabilidade pela falha e admitiu que não queria ser a pessoa a ser evitada. Ter um interesse sincero na sua contribuição a uma falha faz parte de se tornar mais sábio e saudável como um ser humano falível.

É óbvio que teria sido melhor se Jim tivesse se manifestado, ou se você tivesse ligado para o encanador, alinhado as instruções com a equipe ou arranjado tempo para a partida de futebol do seu filho. Após reconhecer sua responsabilidade, no entanto, é possível procurar caminhos criativos para resolver o problema e maneiras de projetar sistemas que ajudem a reduzir erros futuros. Talvez alguém na sua família seja mais atento às questões de manutenção da casa. Ou você deva verificar se tem o número do encanador na lista de contatos para facilitar a tarefa. Agora que você reconhece o problema que a sua equipe enfrenta, pode revisar as instruções para voltar aos trilhos ou pedir feedback dos integrantes em relação a como evitar esses mal-entendidos. É possível se esforçar para organizar sua programação e acomodar pelo menos alguns dos eventos esportivos do seu filho.

É fácil perceber como a responsabilidade e o pedido de desculpas andam lado a lado.

Pedindo desculpas

Com a falibilidade vem a falha e, com ela, a oportunidade de se desculpar. Um bom pedido de desculpas exerce poderes quase mágicos na reparação dos danos no relacionamento provocado pelas falhas. De acordo com pesquisas recentes sobre o perdão,[464] "desculpas genuínas" aumentam a positividade, a empatia, a gratidão e, sim, o perdão, ao mesmo tempo que reduzem as emoções negativas e até diminuem o ritmo dos batimentos cardíacos. Mas se pedir desculpas é tão eficaz, por que evitamos fazê-lo com tanta frequência? E todos os pedidos são eficazes na mesma proporção?

Vamos começar com o pedido de desculpas pessoal — entre você e outra pessoa.

Quando você faz algo errado — de propósito ou não —, ocorre uma ruptura em algo intangível que existe entre você e outra pessoa. O papel de um pedido de desculpas é reparar essa ruptura. Um bom pedido de desculpas sinaliza que você põe o relacionamento à frente do seu ego. De fato, desculpas eficazes enviam uma mensagem explícita de que você se importa com a outra pessoa. Elas fazem mais do que reparar um relacionamento; podem torná-lo mais significativo e ainda melhor. Da mesma forma, um pedido de desculpas feito de qualquer jeito piora as coisas.

Um bom pedido, infelizmente, não é a regra.[465] Nem é fácil. Isso porque aceitar que você prejudicou outra pessoa representa de imediato uma ameaça à sua autoimagem[466] como uma boa pessoa. Isso ameaça sua autoestima. Assumir a responsabilidade pelo dano é confrontar essa ameaça de frente, algo que a maioria de nós evita. Essa relutância é ainda mais acentuada se você mantém um mindset fixo sobre a personalidade em geral e acredita, no fundo, que causar danos significa que você é uma pessoa má, em vez de uma pessoa boa que cometeu um erro. Como Carol Dweck mostrou, as pessoas que acreditam que as habilidades são maleáveis não ficam na defensiva. Em vez disso, resolvem aprender. Uma segunda barreira para o pedido de desculpas é não se importar com a relação que você tem com a pessoa a quem prejudicou. Uma terceira barreira é a crença de que um pedido de desculpas não vai ajudar.[467] Talvez também sejamos prejudicados por uma norma tácita que equipara o silêncio à autoproteção. O silêncio parece natural, mesmo quando nossas falhas estão longe de ser criminosas.

FAZENDO AS COISAS DIREITO

A qualidade do nosso pedido é importante. Um número considerável de pesquisas chega a um conjunto comum de atributos de um pedido de desculpas eficaz:[468] expressar o remorso com objetividade, responsabilizar-se por algo e se oferecer para fazer reparações ou mudanças no futuro.

Embora dar desculpas ("Não é minha culpa porque meu alarme não disparou") possa ser um tiro pela culatra, explicar suas ações às vezes pode funcionar ("Sinto muito por não ter ligado. Minha mãe caiu e eu estava tão desesperada para levá-la ao hospital que simplesmente esqueci."). Um pedido de desculpas bem-sucedido passa a mensagem de que você valoriza o relacionamento e está disposto a reparar suas defasagens ("Quero muito falar com você. Quando posso te ligar?"). Em última análise, pedir desculpas significa aceitar e admitir que você falhou.

Um pedido de desculpas ineficaz pode ficar aquém por diversos motivos, mas nosso medo de aceitar a responsabilidade pelo fracasso é muitas vezes a explicação mais profunda. Aceitá-la pode parecer admitir uma intenção de prejudicar, semelhante a admitir que você é uma má pessoa. Considere como é fácil pedir desculpas quando sem querer esbarramos em alguém em uma loja lotada. Como a falta de intencionalidade nessa pequena falha básica é inegável, o medo é removido. Pense em algo mais substancial em sua vida que exigiu que você se desculpasse. Se você decidiu fazê-lo, conseguiu resistir a desculpas comuns, mas ineficazes, como "Lamento por você se sentir assim", ou "Sinto muito que você tenha entendido mal o que eu disse", ou "Eu não esperava que você fosse tão sensível"? Em contrapartida, algumas frases comuns para um pedido de desculpas eficaz incluem "Sinto muito pelo que fiz", "Foi errado porque (...)" e "Assumo total responsabilidade e, daqui para a frente, prometo (...)". Ao formular um pedido de desculpas, concentre-se em seu impacto, e não na intenção, para mitigar o medo de assumir seu papel. Ao escrever estas palavras, estou consciente de minhas defasagens: com que frequência peço desculpas eficazes àqueles que mais importam em minha vida? Estudar as falhas é, antes de tudo, estudar as próprias falhas.

Comecei minha carreira de pesquisadora (e este livro) com a surpreendente descoberta de que boas equipes não necessariamente *cometem* mais erros, e sim os relatam mais. Lucian Leape, o especialista em erros médicos com quem colaborei, destaca a relevância do pedido de desculpas na preservação da confiança na relação médico-paciente e na cura. Ele diz que há muita confusão sobre o uso de "desculpa" — mais notavelmente, ele ressalta que nem sempre é uma admissão de responsabilidade. Lucian me ensinou que um pedido de desculpas é essencial na medicina porque assumir a responsabilidade por danos ajuda tanto o paciente quanto quem cuida dele. Ele diria que demonstrar remorso é uma maneira de fazer as pazes e mostrar ao paciente que "estamos todos juntos no mesmo barco". O trabalho de Lucian destaca outro benefício das desculpas genuínas: ajudar a construir um ambiente no qual os funcionários tenham segurança psicológica o suficiente para falar sobre erros e ideias da mesma maneira.

LÍDERES AOS OLHOS DO PÚBLICO

Um pedido público de desculpas entre líderes e plateias maiores funciona conforme os mesmos princípios básicos do pedido individual. Considere alguns exemplos já bem divulgados. Em 2018, quando um funcionário da Starbucks chamou a polícia para falar sobre dois homens negros que se sentaram a uma mesa e demoraram para fazer um pedido, a empresa logo percebeu que o relacionamento que vinha sendo estabelecido com cuidado estava em perigo. Durante anos, a proposta de valor da Starbucks era ser o "terceiro lugar" dos clientes,[469] depois do trabalho e de casa. No terceiro lugar, as pessoas não chamam a polícia[470] sem motivo. A Starbucks decidiu fechar oito mil lojas durante metade do expediente para realizar treinamento de sensibilidade junto aos funcionários. Compare essa abordagem com a da Equifax, cujos executivos esperaram quase seis semanas para dar explicações após vazarem os dados mais confidenciais coletados de quase metade dos norte-americanos em 2017. Em vez de oferecer soluções genuínas e valiosas, a empresa solicitou que os consumidores passassem seu número da Previdência Social *novamente* para verificar *se* os dados haviam sido comprometidos.[471] Além de não reconhecer que já havia uma quebra de confiança, ela também se ofereceu para vender proteção contra roubo de identidade. A Equifax ficou com uma imagem de complacente, indiferente e indigna de confiança. Assim como o Yahoo!. Em 2013, após uma grande interrupção do serviço de e-mail que afetou um milhão de usuários do Yahoo! a CEO Marissa Mayer pediu desculpas *em um post no antigo Twitter*: "Esta foi uma semana muito frustrante para nossos usuários e lamentamos muito."[472]

Um pedido de desculpas público eficaz — assim como um pedido em particular — deve demonstrar cuidado com os relacionamentos, expressar remorso, assumir responsabilidade e fazer as pazes. Após o fiasco do lançamento do HealthCare.gov, quando o site caiu enquanto milhares tentavam se inscrever no plano, a secretária de Saúde e Serviços Humanos, Kathleen Sebelius, pediu desculpas pela "experiência terrivelmente frustrante" que as pessoas estavam tendo. Sebelius assumiu total responsabilidade e demonstrou empatia e determinação: "Peço desculpas. Sou responsável e devo satisfação a vocês", disse ela durante o depoimento perante uma audiência do Comitê de Energia e Comércio da Câmara. "Estou comprometida em reconquistar a confiança de vocês."[473] Em entrevista ao *NBC News*, o ex-presidente Barack Obama admitiu sua contribuição para a falha e[474] observou que as pessoas "se encontram nessa situação com base nas garantias que eu dei a vocês".

Depois que a varejista de luxo Neiman Marcus foi hackeada no período das festas de fim de ano em 2013 e os dados do cartão de crédito de seus clientes foram expostos a possíveis roubos ou abusos, a CEO Karen Katz agiu de imediato. Ela publicou uma carta em que pedia desculpas e oferecia um ano gratuito de serviço de monitoramento de crédito a qualquer consumidor que tivesse feito compras com cartão na Neiman Marcus no ano anterior. "Queremos que você sempre tenha confiança em comprar na Neiman Marcus, e sua confiança é nossa prioridade absoluta", escreveu ela.[475] Seu pedido de desculpas foi direto nas preocupações que era provável que as pessoas tivessem sobre os próprios dados — e ofereceu soluções (monitoramento de crédito gratuito).

Em 2018, o escritor e produtor de comédia Dan Harmon fez um pedido público de desculpas em seu podcast *Harmontown*.[476] Criador da comédia indie *Community* e da aclamada série de animação *Rick e Morty*, ele esteve envolvido algumas vezes em má conduta sexual e profissional dez anos antes contra Megan Ganz, uma escritora que trabalhava para ele. Em janeiro de 2018, em outro podcast, Ganz fez alusão a essa experiência anterior. Uma semana depois, Harmon pediu desculpas publicamente e afirmou ter recebido muitos conselhos, incluindo aconselhamento jurídico, para não se manifestar. Ele explicou que seu pedido de desculpas — e ele fez isso em público, e não apenas para Megan Ganz — tinha a ver com aceitar as ramificações e consequências de suas falhas. Detalhando os episódios de sua má conduta de forma direta, objetiva e, em alguns momentos, com detalhes bem francos e dolorosos, Harmon nunca se desvencilhou da culpa, mesmo enquanto procurava contextualizar a situação. Ele finalizou com uma explicação a respeito de seu silêncio anterior:

> Então, eu só quero dizer, além de lamentar, óbvio, mas isso de fato não é o importante, que fiz isso sem pensar, e me safei por não refletir sobre. E se ela não tivesse mencionado algo (...), eu teria continuado a não ter que refletir sobre, embora isso embrulhasse o meu estômago, mas eu não teria que falar a respeito.

Em sua fala, Harmon reconheceu que sabia que o que fizera fora errado, o que o levou a não repetir esse comportamento. Ele admitiu ter expressado sua atração por Ganz de uma maneira "imunda e assustadora". Parecia entender sua falha e estar arrependido. O que Harmon fez certo? Ele pensou com cuidado sobre o que iria dizer, demonstrou compaixão por Ganz e contou sua história sem dar justificativas ou evitar as ramificações de suas ações. De certa forma, um pedido de desculpas genuíno ajuda a criar uma cultura de falha saudável para os outros.

Uma cultura de falha saudável

Desde a minha descoberta inicial do efeito dramático das relações interpessoais no relato de erros hospitalares, passei anos tentando entender os tipos de ambiente onde as pessoas podem trabalhar e aprender sem haver um medo excessivo; onde elas apreciam a necessidade de aprendizado contínuo, de assumir riscos e de logo se manifestar sobre o que dá errado. Em ambientes desse tipo, gostamos de ser desafiados. Quando as falhas acontecem, aprendemos com elas com a mente aberta e o coração leve e seguimos em frente. Libertos da autoproteção, podemos jogar para ganhar. O objetivo deste livro é ajudar você — como indivíduo — a praticar a ciência de falhar bem, mas é muito mais fácil em meio a uma cultura de falha saudável. Algumas práticas podem contribuir para o estabelecimento dessa cultura nas comunidades importantes para você.

Chame a atenção para o contexto

Um passo simples, mas poderoso, que vem depois de uma consideração cuidadosa dos riscos que você enfrenta, aliado ao nível de incerteza, é chamar a atenção de outras pessoas para o que você vê. Quando o capitão Ben Berman diz a uma tripulação "Nunca fiz um voo perfeito e não vai ser o caso hoje", ele está chamando a atenção para o contexto. Quando a diretora de operações do Children's Hospital, Julie Morath, diz à equipe "Os cuidados de saúde são um sistema complexo propenso a erros", ela também está chamando a atenção para o contexto.

Astro Teller, diretor dos laboratórios X, a fábrica de inovação da Alphabet, está bem ciente do contexto. Ele aponta para o nível quase absurdo de desafio que o laboratório assume: "Escolhemos deliberadamente trabalhar em problemas difíceis[477] cujas respostas estão de cinco a dez anos à frente."

Suas palavras transmitem o seguinte recado: "Não espere ter sucesso hoje — ou mesmo este ano! Aloprem."

Em seu blog, de grande audiência, Teller explica que "os enormes problemas que enfrentamos neste século precisam da gama mais ampla de mentes, das imaginações mais fora da caixa e de enorme comprometimento de tempo, recursos e atenção (...) Meu principal trabalho é ajudar os funcionários da X a se reprogramarem e se libertarem dessas restrições invisíveis, mas perniciosas, para que possam liberar seu potencial". Parece estar funcionando. Teller brinca que as pessoas vêm trabalhar e dizem com alegria: "Ei, como vamos detonar o nosso projeto hoje?"[478] Detonar um projeto o quanto antes libera recursos preciosos para o futuro. Falhar com frequência é uma maneira de testar ideias. Por exemplo, o trabalho do laboratório em carros autônomos foi motivado pelo enorme problema de acidentes de carro causados por erro humano. Será que mais passageiros estariam mais seguros se os carros não fossem conduzidos por humanos?

O Self-Driving Car Project [Projeto de Carros Autônomos, em tradução livre] começou em 2009 com o objetivo de adicionar recursos de software e hardware de direção autônoma aos automóveis existentes. Mas os testes com motoristas logo revelaram uma falha de projeto: as pessoas não permaneciam atentas o suficiente para retomar o controle do carro quando necessário. Assim, as equipes adaptaram o projeto e estabeleceram uma nova[479] e ainda mais ambiciosa meta: desenvolver um carro 100% autônomo. Em fevereiro de 2020, Teller escreveu: "Às vezes, são necessárias dezenas de iterações; uma equipe da X está trabalhando agora para melhorar a maneira como as pessoas ouvem e explorou 35 ideias diferentes antes de encontrar aquela[480] a que vamos nos dedicar." Em empresas que apostam firme na inovação, as falhas inteligentes são bem-vindas, e revelá-las entre os envolvidos faz parte de sua cultura.

Incentive a revelação das falhas

Imagine que você tenha um número desejável de seguidores no X, antigo Twitter, ou tenha vencido um concurso que considere importante, ou que tenha obtido um sucesso maior do que o de seus colegas. Agora você pode ser o alvo do que os psicólogos chamam de "inveja maliciosa",[481] definida como "uma emoção interpessoal destrutiva voltada a prejudicar o indivíduo invejado". Meus colegas em Harvard criaram uma série de experimentos para mostrar que revelar as próprias falhas diminuía a inveja maliciosa dos outros. Em termos intuitivos, faz sentido. Admiramos, em vez de invejar, pessoas tão bem-sucedidas quanto Simone Biles, Ray Dalio ou Sara Blakely, não apesar de suas falhas e seus fracassos, e sim em grande parte por causa deles. É difícil gostar (e não ficar entediado) de pessoas que só se gabam das próprias conquistas, ainda mais quando essas ostentações vêm carregadas de traços de arrogância. Revelar falhas nos torna mais relacionáveis e simpáticos — e humanos.

Giny Boer, CEO da varejista de moda europeia C&A, me disse ser importante para ela "estabelecer uma cultura na qual nossos colegas de trabalho sejam de fato o cerne da empresa e capacitados para crescer. A base para isso é um ambiente seguro, onde todos se sintam valorizados (...) e onde também não haja problema em cometer um erro". É por isso que ela estabeleceu o *Failure Fridays* (Sexta das falhas), em que, segundo ela, "os colegas compartilham o que não deu certo e — o mais importante — a lição que aprenderam com o episódio. Quando nossos colegas dividem essas histórias, eles [também] ajudam os outros a aprender".

Além de cultivar relações mais próximas, revelar os erros promove em larga escala a inovação. Se os cientistas falham em uma potencial vacina na qual trabalhavam em um laboratório, eles devem contar isso a todos! Quando uma falha inteligente é empurrada para debaixo do tapete ou não é discutida, outros podem repetir o mesmo experimento. E qual é o resultado disso? Ineficiência. Quando outra pessoa em sua instituição repete uma falha que não foi compartilhada, é o pior tipo de desperdício. É por isso que as potências de inovação, como a IDEO, incentivam os funcionários a sempre revelarem as falhas. No entanto, isso não significa que é fácil para nós, seres humanos falíveis, fazermos isso.

Vejamos o caso de Melanie Stefan, uma jovem cientista que publicou um pequeno artigo na *Nature* em que apontava que seus fracassos profissionais eram muito mais numerosos do que seus sucessos e sugeria que as pessoas mantivessem um registro contínuo — que ela chamou de "CV de fracassos"[482] — para inspirar colegas que poderiam estar se sentindo desanimados com o sentimento de rejeição. Quem assumiu o desafio e tornou públicos os próprios fracassos e as próprias falhas foi Johannes Haushofer, professor de economia então em Princeton. O documento, ainda disponível em seu site, lista rejeições de programas de graduação, revistas científicas, empregos, prêmios e assim por diante. Talvez o humor irônico de Haushofer tenha ajudado seu currículo de fracassos a viralizar, de modo que no fim da lista consta: "Este maldito currículo de fracassos e falhas recebeu muito mais atenção do que todo o meu trabalho acadêmico."[483]

Jon Harper é um educador de Maryland que apresenta um podcast chamado *My BAD*. Em cada episódio (ele produziu mais de cem), ele entrevista um professor que compartilha com os ouvintes um erro cometido em sala de aula. Segundo Harper, o objetivo do podcast é que os professores percebam que não estão sozinhos. Mas, ao confessar erros cometidos com alunos e colegas, os entrevistados também falam sobre o que aprenderam.[484] Por exemplo, o diretor do ensino fundamental Benjamin Kitslaar retornou da licença-paternidade seis semanas após o início do ano letivo. Os professores, que tinham acabado de voltar às salas de aula após o método do ensino remoto durante a pandemia, enfrentaram muitos novos desafios. Kitslaar, cheio de ideias sobre tudo o que precisava ser feito, acreditava que estava incentivando seu time. Mas foi só após receber um e-mail de um de seus funcionários — que dizia que Kitslaar não estava entendendo o estresse que os professores já estavam enfrentando ao implementar novas medidas e que, portanto, precisaria diminuir suas demandas — que ele percebeu que cometera um erro. Kitslaar disse que gostou de ter recebido o e-mail. Esse "alerta"[485] o ajudou a "compreender melhor o ritmo da equipe". Ele desacelerou e desde então aprendeu como é importante manter um canal de comunicação aberto com o grupo. A mudança de Kitslaar só foi possível devido à sua capacidade de ter autoconsciência.

O Failure Institute apresenta a sua marca registrada, o evento *Fuckup Nights* [Noites do Fracasso, em tradução livre], para ajudar as pessoas a se tornarem mais autênticas no trabalho e na vida. Os participantes sobem ao palco, compartilham com o público suas histórias de fracasso e falhas e são celebrados com a pompa em geral reservada para estrelas pop. Os cinco fundadores, todos amigos, conceberam a ideia na Cidade do México, em 2012, após dividirem com honestidade uns com os outros suas maiores falhas em uma noite que mudou a vida deles.[486] Os amigos começaram a realizar eventos mensais e — como testemunho de que o fracasso é um precursor do sucesso — desde então se tornaram uma empresa global que abrange trezentas cidades e noventa países. O sucesso deles pode ser encarado como um círculo virtuoso — em que os participantes arriscam falar sobre um fracasso ou uma falha, receber aplausos, sentir-se recompensados e descobrir juntos como é um ambiente psicologicamente seguro. Será que eles são capazes de estender essas lições para o ambiente de trabalho e para o lar?

Recompense o jeito certo de errar

Um humor alegre acompanha a distribuição de prêmios por falhas na empresa ou família. Lembre-se das festas das falhas de Eli Lilly, que incentivam as pessoas a se manifestar a respeito das falhas de algum projeto fadado ao fracasso o quanto antes. A redistribuição de cientistas para novos projetos, em vez de desperdiçar tempo com algo fadado ao fracasso, pode economizar centenas de milhares de dólares. No entanto, recompensar a falha e o fracasso pode parecer complicado. Muitos gerentes e pais e mães se preocupam em criar um ambiente permissivo, onde tudo está autorizado, onde as pessoas acabam por acreditar que o fracasso é tão bom quanto o sucesso. Mas isso se dá devido à confusão entre recompensar a revelação e a transparência e recompensar o desleixo, os erros idiotas ou a falha em tentar algo. A maioria é motivada a ter sucesso e a ser reconhecida por sua competência. As pessoas são menos motivadas a revelar e analisar as falhas, sendo preciso um pouco de incentivo — muitas vezes na forma de rituais lúdicos — para que isso aconteça.

Festas que celebram as falhas e recompensas para estimular que se assumam riscos não são mais incomuns. A Grey Advertising, por exemplo, tem um Heroic Failure Award [Prêmio da Falha Heroica, em tradução livre],[487] lançado pelo então diretor de criação e mais tarde presidente, Tor Myhren, depois que ele se preocupou com o fato de sua equipe ter se tornado muito conservadora. A própria experiência de Myhren com as falhas — um comercial que ele dirigiu para a Cadillac em 2006 foi criticado como o pior anúncio do Super Bowl — inspirou a ideia. Após esse fracasso visível, Myhren mudou de empresa para se juntar à Grey e assumiu o comando de um anúncio do E*Trade Super Bowl de 2007, em que aparecia um bebê falante. Muito bem-sucedido, o bebê passou a fazer parte dos anúncios da E*Trade nos anos seguintes. Na Grey, a primeira vencedora do Heroic Failure Award foi Amanda Zolten, que escondeu uma caixa de areia para gatinhos "recém-batizada"[488] embaixo de uma mesa de conferências antes do início da reunião de apresentação com um cliente em potencial. Quando a caixa foi revelada vários dos executivos abandonaram a sala, mas

Myhren ficou impressionado e anunciou, sem saber se os clientes concordariam em trabalhar com a Grey, que Zolten receberia o novo prêmio. Da mesma forma, o Tata Group lançou seu Dare to Try Award [Prêmio Ouse Tentar, em tradução livre][489] para celebrar as tentativas audaciosas de inovação que falharam. Os vencedores incluem uma equipe de engenharia na Tata que desenvolveu uma transmissão inovadora que era cara demais para ser implementada, e outra equipe que criou portas de plástico seguras e eficazes para carros recebidas com desconfiança pelo consumidor. A NASA, após o trágico fracasso do ônibus espacial *Columbia*, instituiu o Lean Forward, Fail Smart Award [Prêmio Tente com Ousadia, Falhe com Inteligência, em tradução livre][490] para mudar sua cultura e incentivar a manifestação rápida de ideias e preocupações.

Uma cultura de falha saudável recompensa a falha inteligente. Sem isso, não pode haver inovação. Sem inovação, nenhuma instituição pode sobreviver a longo prazo. Mas as consequências vagamente negativas por *não se ter tentado* podem tornar uma cultura de falha saudável ainda mais poderosa. Quando visitei o laboratório X nas belas instalações do Google no outono de 2019, Astro Teller disse ao grupo de funcionários ali reunido algo que havia muito eu esperava ouvir de um executivo da empresa — mas até então nunca tinha ouvido. Em resposta a uma pergunta, Teller observou que nem ele, nem ninguém poderia prometer que as demissões nunca aconteceriam. Mas se elas *fossem* necessárias, os primeiros a sair seriam aqueles que nunca tivessem falhado. O contexto é fundamental para interpretar essa declaração. Se você está no comando de uma empresa de tecnologia inovadora, simplesmente não pode se dar ao luxo de ter pessoas na equipe que não estão dispostas a assumir riscos. É inevitável que as pessoas que assumem riscos inteligentes acabam falhando às vezes. Isso é que é um bom desempenho! Um chefe de hospital ou um comandante de voo pode fazer uma afirmação diferente: aqueles que cometeram um erro ou tiveram um contratempo e não relataram o ocorrido serão os primeiros a sair. Em uma cultura de falha saudável, as pessoas compartilham a crença de que aprender e falhar andam lado a lado, e isso torna um pouco mais fácil se manifestar de antemão sobre algum erro em potencial.

Em sua família, isso pode assumir a forma de recompensar os adolescentes por perseverarem nos desafios, apesar dos contratempos, e deixá-los saber que você se impressiona quando eles reconhecem em que ponto ficaram aquém. Isso é totalmente consistente com a pesquisa de Angela Duckworth sobre garra — definida pela perseverança e paixão por objetivos a longo prazo. A garra inclui a disposição de aceitar a responsabilidade por seu impacto em coisas que dão errado, e não apenas em coisas que dão certo (um elemento de caráter).

Gestores do mundo todo me perguntam: "Como sei se minha equipe tem uma cultura de falha saudável?" Respondo — após verificar se o trabalho da equipe envolve incerteza, novidade ou interdependência — com uma pergunta: "Qual é porcentagem de boas e más notícias, de progresso e problemas, de acordo e divergência, de 'Está tudo bem' ou 'Preciso de ajuda' que você ouve por semana?" Em geral, mostro o modelo apresentado na Tabela 8.1.

TABELA 8.1: **Diagnóstico de uma cultura de falha saudável**
Quanto do que você costuma ouvir é:

Isto?	Versus	Isto?
Boas notícias		Más notícias
Progresso		Problemas
Acordo		Divergência
"Está tudo bem"		"Preciso de ajuda"

Observe que, se eles estiverem vivenciando sobretudo o lado esquerdo da tabela, estarão mais felizes. A sensação será melhor. Mas, infelizmente, é provável que não seja um bom sinal. Dada a incerteza e o desafio do trabalho que realizam, é improvável que não se tenham más notícias, problemas, opiniões divergentes ou necessidade de ajuda. É provável que simplesmente ninguém esteja falando sobre as falhas.

A maioria entende o recado de imediato. Os olhos se arregalam ao perceberem que o que *parece* bom provavelmente *não* é bom do ponto de vista de uma cultura de falha saudável que conta com a segurança psicológica para se manifestar sobre problemas e preocupações e fazer perguntas.

A sabedoria para o discernimento

Barbe-Nicole Clicquot teve que dominar a ciência de falhar bem sem o benefício da retórica e da pesquisa modernas. Será que ela intuiu a diferença entre falhas básicas, complexas e inteligentes? É por isso que seu portfólio de falhas e fracassos era tão impressionante? Sua capacidade de assumir riscos, jogar a favor de seus pontos fortes, resistir a contratempos e seguir em frente demonstra o domínio implícito da ciência de falhar bem. Autoconsciente, ela entendeu seus pontos fortes (inteligência, determinação, paixão pela produção de vinho) e suas defasagens (crua, desinteressada pelos passatempos da sociedade) e apostou em seus pontos fortes. Empreendedora consciente da situação, ela gerenciou o risco de forma brilhante. Entendeu e moldou o sistema maior que ela amava — a tecnologia, a região, o setor — por meio de ações ousadas, engenhosidade e imensa paciência que ajudaram a construir um mercado mundial para o champanhe. Pensadora sistêmica, ela acomodou os atrasos inerentes à colheita, à produção e à distribuição de seus vinhos para fazer o mercado crescer de maneira disciplinada e deliberada.

A ciência de falhar bem, como qualquer outra ciência, nem sempre é divertida. Envolve dias bons e ruins. É praticada por seres humanos falíveis que trabalham sozinhos e juntos. Mas uma coisa é certa: ela *traz* descobertas — sobre o que funciona e o que não funciona para alcançar os objetivos importantes para você, junto àquelas a seu respeito. Ao longo da história, aqueles que dominam a prática das falhas em todo o mundo — atletas, inventores, empreendedores, cientistas — me ensinaram muito sobre a combinação única de curiosidade, racionalidade, honestidade, determinação e paixão que a falha exige. O exemplo deles me move e me inspira a tentar continuar aperfeiçoando minhas habilidades e meus hábitos, e espero que faça o mesmo por você.

Para trazer um livro falho ao seu fim necessariamente falho, encontro-me voltando à questão incômoda do discernimento. Na versão adotada em maior escala da Oração da Serenidade do teólogo Reinhold Niebuhr, a "sabedoria para discernir" o que se pode do que não se pode mudar é a chave para a serenidade. Na ciência de falhar bem, o discernimento também é vital para alcançar a serenidade e a autoaceitação oriunda dela.

A apresentação de uma estrutura de tipos de falha minimiza o considerável desafio de traçar linhas — digamos, entre falhas inteligentes e não tão inteligentes. Qual é o grau de novidade que o novo território deve ter? Qual deve ser o seu grau de confiança de que há uma oportunidade? O quanto você considerou sua hipótese? O que é grande demais? Da mesma forma, a linha nítida entre uma falha básica de causa única em território conhecido e uma falha complexa se desfaz assim que paramos para vislumbrar um sistema maior. Aquele erro simples? É provável que tenha sido consequência de privação de sono causada por um filho ou uma filha que estava doente, que pegou uma virose na creche, e assim por diante. Mas o objetivo de uma estrutura é simplesmente nos ajudar a pensar de maneira diferente, para que possamos tomar medidas ponderadas. Não é fornecer ou insistir em classificações rígidas.

O discernimento também é necessário para diagnosticar situações e sistemas. Os riscos são muito altos? Como a incerteza deve ser avaliada? Que relações são mais importantes para prever o comportamento do sistema? Onde se traçam os limites para identificar o sistema que se deseja diagnosticar ou alterar? Todos esses desafios se resumem à avaliação e à experiência. Quanto mais prática você tiver na ciência de falhar bem, mais se sentirá confortável e fluente em usar os conceitos. Este livro não termina com um teste sobre o jeito certo de errar em que você pode passar ou não. Ele termina com um convite para praticar e, assim, ajudar a desenvolver a ciência de falhar bem.

O mais importante é que o discernimento tem relevância no desenvolvimento da autoconsciência para enfrentar novas falhas, as menores e as maiores, as pessoais e as profissionais. Reconhecer nossas defasagens requer sabedoria e a aprimora. A sabedoria nos permite saber quando fizemos o melhor possível; confrontar a nós mesmos sempre será a parte mais difícil de falhar bem.

No entanto, é a mais libertadora de todas.

Agradecimentos

Escrever este livro foi uma aventura que trouxe insight e ansiedade na mesma proporção. Tal como acontece com todos os projetos de livros, em (muitas) ocasiões tive dúvidas se realmente deveria embarcar nesta empreitada. Se não fosse por meus companheiros de aventuras, eu não teria chegado a este momento final de ansiedade em que agora me sento em frente ao meu notebook ciente de como estas palavras serão inadequadas para expressar minha gratidão a cada um deles.

Em primeiro lugar, agradeço à minha agente, Margo Fleming, que me abordou alguns anos atrás para sugerir que eu escrevesse um livro sobre falhas. Fugi dela o máximo que pude, dizendo, em diversos momentos ao longo de vários meses: "Eu escrevi um artigo na *Harvard Business Review* sobre falhas; isso não é suficiente?", ou "Tem certeza de que precisamos de outro livro sobre falhas?" Margo insistiu que o livro que ela queria ler sobre esse tópico denso (mas cada vez mais oportuno) ainda não havia sido escrito, e de alguma forma era eu quem deveria fazê-lo. Ao me forçar a escrever "apenas" um esboço, Margo me atraiu para uma armadilha e me convenceu com muita habilidade. Depois de um tempo, comecei a acreditar que ela estava certa. Este livro tinha que ser escrito, e eu precisava me sentar e colocar a mão na massa. Assim que comecei, Margo estava lá, torcendo por mim, aplicando as ideias na vida dela, colocando-me em contato com os editores e permanecendo silenciosamente confiante de que eu daria conta do recado.

É preciso, porém, de uma equipe para fazer um livro como este. Dos muitos que contribuíram para o resultado final, sou grata em especial por poder trabalhar com a parceira de ideias e escritora Karen Propp neste projeto. Para converter minhas ideias em uma obra pronta, era essencial que eu pensasse em voz alta para mapear conceitos e histórias em esboços de capítulos, e

Karen desempenhou um papel crucial nesse processo. Ela também me ajudou a encontrar e desenvolver histórias para representar os conceitos e as estruturas, assim como vários outros colegas e assistentes de pesquisa, incluindo Dan Falk, Ian Grey, Patrick Healey, Susan Salter e Paige Tsai. À medida que essa jornada se aproximava do fim, descobri os talentos extraordinários de Heather Kriedler — verificadora de fatos, caçadora de referências, amante dos detalhes e leitora —, que garantiu que este livro permanecesse em um terreno sólido enquanto também gerenciava a tediosa, mas inestimável, tarefa de checar as referências, a formatação, as autorizações e muito mais com notável entusiasmo e graça. Por fim, agradeço de todo coração ao cuidado e à habilidade do editor de texto Steve Boldt.

Stephanie Hitchcock, minha incrível editora na Atria, ofereceu feedback e incentivo nos momentos certos ao longo deste percurso. Ela esmiuçou detalhes que não faziam sentido e recuou um pouco para ver o que faltava em seções inteiras. Às vezes, eu não sabia de imediato o que fazer com as sugestões dela — como o empurrão ocasional para trazer você, meu leitor, para perto de mim e convidá-lo a dar uma olhada em uma ideia *comigo*. Mas eu, enfim, chegaria a um momento eureca de compreensão, sorrindo enquanto colocava a genialidade dela para trabalhar. Stephanie defendeu vocês, meus leitores, do início ao fim. Ela garantiu que eu falasse com vocês sobre a vida de vocês, e não apenas sobre empregos e empresas.

Agradeço de forma especial a Amelia Crabtree, artista e médica na Austrália, por traduzir com muita habilidade algumas das minhas estruturas em figuras alegres que dão vida à conceituação objetiva de um pesquisador. Sou grata a Nancy Boghossian por encontrar Amelia e por muito mais que me manteve ativa ao longo deste projeto. Brendan Timmers, um designer da Holanda, produziu as figuras elegantes da dinâmica sistêmica no Capítulo 7, tornando um conjunto complicado de relações causais interativas algo fácil de acompanhar e entender.

Como pensadora sistêmica, sinto que é justo voltar às primeiras motivações para este trabalho e creditar isso ao brilhante Steve Prokesch da *Harvard Business Review*, que primeiro acreditou que eu tinha algo significativo a dizer para a edição especial dessa revista sobre falhas em 2011. A busca incansável de Steve por discernimento e lógica me tornou uma escritora melhor na época, assim como hoje.

Agradecimentos

Tenho uma enorme dívida com as pessoas atenciosas — enfermeiras, médicas, engenheiras e CEOs — nas muitas organizações que abriram suas portas para que esta pesquisadora pudesse conduzir os estudos que servem como pano de fundo para este livro e suas ideias. Sou grata pela disponibilidade desses profissionais de serem entrevistados e estudados. Agradeço também à Divisão de Pesquisa da Escola de Business de Harvard pela generosa bolsa que financiou minha pesquisa.

Por fim, sou grata à minha família. Acima de tudo, ao meu marido, George Daley, cujo amor e confiança — para não mencionar seu talento culinário primoroso — me sustentaram e possibilitaram que eu me dedicasse tanto tempo à escrita. Ele esteve presente em todos os meus sucessos, fracassos e minhas falhas nas últimas três décadas, nunca deixando de confiar em mim ou no meu trabalho. Como cientista, George passou inúmeras horas falhando bem — e tendo sucesso — de forma brilhante. Humilde o suficiente para afirmar que minhas ideias o ajudaram a ter sucesso, George me deu confiança para crer que elas também podem ajudar os outros. Mas este livro é dedicado aos nossos dois filhos, Jack e Nick, que me inspiram todos os dias com sua curiosidade e seu comprometimento em tornar o mundo um lugar melhor.

Notas

Prólogo

1 EDMONDSON, A. C. "Learning from Mistakes Is Easier Said Than Done: Group and Organizational Influences on the Detection and Correction of Human Error", *Journal of Applied Behavioral Science*, v. 32, n.º 1, 1 mar. 1996, pp. 5–28. Disponível em: https://doi.org/10.1177/0021886396321001.

Introdução

2 FOUSHEE, H. C. "The Role of Communications, Socio-psychological, and Personality Factors in the Maintenance of Crew Coordination", *Aviation, Space, and Environmental Medicine*, v. 53, n.º 11, nov. 1982, pp. 1062–6.

3 HELMREICH, R. L.; MERRITT, A. C.; WILHELM, J. A. "The Evolution of Crew Resource Management Training in Commercial Aviation", *International Journal of Aviation Psychology*, v. 9, n.º 1, jan. 1999, pp. 19–32; KANKI, B. G.; ANCA, J. M.; CHIDESTER, T. R. (eds.). *Crew Resource Management*, 3. ed. Londres: Academic Press, 2019.

4 Para obter uma visão geral do trabalho de Hackman sobre equipes, ver HACKMAN, J. R. *Groups That Work (and Those That Don't): Creating Conditions for Effective Teamwork*, 1. ed., Jossey-Bass Management Series. São Francisco: Jossey-Bass, 1990.

5 WAGEMAN, R.; HACKMAN, J. R.; LEHMAN, E. "Team Diagnostic Survey", *Journal of Applied Behavioral Science*, v. 41, n.º 4, 2005, pp. 373–98. Disponível em: https://doi.org/10.1177/0021886305281984.

6 SITKIN, S. B. "Learning through Failure: The Strategy of Small Losses", *Research in Organizational Behavior*, v. 14, 1992, pp. 231–66.

7 Para obter exemplos de cultura de que "todas as falhas são boas", e de alguma resistência a essa cultura, ver SNOW, S. "Silicon Valley's Obsession with Failure Is Totally Misguided", *Business Insider*, 14 out. 2014. Disponível em: www.businessinsider.com/silicon-valleys-obsession-with-failure-is-totally-misguided-

2014-10; DAUB, A. "The Undertakers of Silicon Valley: How Failure Became Big Business", *The Guardian*, sec. Tecnologia, 21 ago. 2018. Disponível em: www.theguardian.com/technology/2018/aug/21/silicon-valley-failure-big-business; HOLDER, A. "How Failure Became a Cultural Fetish", *ELLE*, 22 fev. 2021. Disponível em: www.elle.com/voices/a35546483/failure-cultural-fetish/.

8 Andy é professor titular da Brandeis University, especialista em psicologia e administração internacional.

9 EDMONDSON, A. C. "Psychological Safety and Learning Behavior in Work Teams", *Administrative Science Quarterly*, v. 44, n.º 2, 1 jun. 1999, pp. 350–83.

10 Para obter um panorama desta pesquisa, ver Capítulo 2 do meu livro *A organização sem medo: Criando segurança psicológica no local de trabalho para aprendizado, inovação e crescimento*. Rio de Janeiro: Alta Books, 2021. Para revisões científicas sobre o papel da segurança psicológica na promoção do aprendizado e do desempenho em uma variedade de contextos, ver EDMONDSON, A. C.; LEI, Z. "Psychological Safety: The History, Renaissance, and Future of an Interpersonal Construct", *Annual Review of Organizational Psychology and Organizational Behavior*, v. 1, n.º 1, 2014, pp. 23–43; EDMONDSON, A. C. et al. "Understanding Psychological Safety in Healthcare and Education Organizations: A Comparative Perspective", *Research in Human Development*, v. 13, n.º 1, 2 jan. 2016, pp. 65–83; FRAZIER, M. L. et al. "Psychological Safety: A Meta-Analytic Review and Extension", *Personnel Psychology*, v. 70, n.º 1, primavera de 2017, pp. 113–65; NEWMAN, A.; DONOHUE, R.; EVA, N. "Psychological Safety: A Systematic Review of the Literature", *Human Resource Management Review*, v. 27, n.º 3, 1 set. 2017, pp. 521–35; O'DONOVAN, R.; MCAULIFFE, E. "A Systematic Review of Factors That Enable Psychological Safety in Healthcare Teams", *International Journal for Quality in Health Care*, v. 32, n.º 4, maio 2020, pp. 240–50.

11 Ver, por exemplo, GAWANDE, A. *Checklist: Como fazer as coisas bem-feitas*. Rio de Janeiro: Sextante, 2023.

Capítulo 1: Em busca do jeito certo de errar

12 Para saber mais sobre esta história e os primórdios da cirurgia cardíaca, ver MILLER, G. W. *King of Hearts: The True Story of the Maverick Who Pioneered Open-Heart Surgery*. Nova York: Crown, 2000; FORRESTER, J. S. *The Heart Healers: The Misfits, Mavericks, and Rebels Who Created the Greatest Medical Breakthrough of Our Lives*. Nova York: St. Martin's Press, 2015.

13 FORRESTER, J. S. *Heart Healers*, p. 63.

14 ZILLA, P. et al. "Global Unmet Needs in Cardiac Surgery", *Global Heart*, v. 13, n.º 4, dez. 2018, pp. 293-303. Disponível em: https://doi.org/10.1016/j.gheart.2018.08.002.
15 Para obter uma revisão de parte desta pesquisa, ver BAUMEISTER, R. F. et al. "Bad Is Stronger than Good", *Review of General Psychology*, v. 5, n.º 4, 2001, pp. 323-70. Disponível em: https://doi.org/10.1037/1089-2680.5.4.323.
16 ROZIN, P.; ROYZMAN, E. B. "Negativity Bias, Negativity Dominance, and Contagion", *Personality and Social Psychology Review*, v. 5, n.º 4, nov. 2001, pp. 296-320. Disponível em: https://doi.org/10.1207/S15327957PSPR0504_2.
17 TIERNEY, J.; BAUMEISTER, R. F. *The Power of Bad: How the Negativity Effect Rules Us and How We Can Rule It*. Nova York: Penguin, 2019.
18 TVERSKY, A.; KAHNEMAN, D. "Loss Aversion in Risk-less Choice: A Reference-Dependent Model", *Quarterly Journal of Economics*, v. 106, n.º 4, 1991, pp. 1039-61.
19 KAHNEMAN, D.; KNETSCH, J. L.; THALER, R. H. "Experimental Tests of the Endowment Effect and the Coase Theorem", *Journal of Political Economy*, v. 98, n.º 6, dez. 1990, pp. 1325-48.
20 FINKELSTEIN, S. *Why Smart Executives Fail and What You Can Learn from Their Mistakes*. Nova York: Portfolio, 2003. Discutido em CANNON, M. D.; EDMONDSON, A. C. "Failing to Learn and Learning to Fail (Intelligently): How Great Organizations Put Failure to Work to Innovate and Improve", *Long Range Planning*, v. 38, n.º 3, jun. 2005, pp. 299-316.
21 "'The Buck Stops Here' Desk Sign", Harry S. Truman Library & Museum, *National Archives and Records Administration*. Disponível em: www.trumanlibrary.gov/education/trivia/buck-stops-here-sign.
22 Wayne Gretzky em resposta a Bob McKenzie, editor da Hockey News, em 1983. Outro bom exemplo de falha na busca da aquisição do domínio é o comercial da Nike "Failure", com Michael Jordan (Wieden+Kennedy, 1997).
23 SALAM, M. "Abby Wambach's Leadership Lessons: Be the Wolf", *The New York Times*, seção Esporte, 9 abr. 2019. Disponível em: www.nytimes.com/2019/04/09/sports/soccer/abby-wambach-wolfpack.html.
24 WAMBACH, A. "Abby Wambach, Remarks as Delivered" (discurso de formatura, Barnard College, Nova York, 2018). Disponível em: https://barnard.edu/commencement/archives/2018/abby-wambach-remarks.
25 MEDVEC, V. H.; MADEY, S. F.; GILOVICH, T. "When Less Is More: Counterfactual Thinking and Satisfaction among Olympic Medalists", *Journal of Personality and Social Psychology*, v. 69, n.º 4, 1995, pp. 603-10. Disponível em: https://doi.org/10.1037/0022-3514.69.4.603.

26 ROESE, N. J. "Counterfactual Thinking", *Psychological Bulletin*, v. 121, n.º 1, 1997, pp. 133-48. Disponível em: https://doi.org/10.1037/0033-2909.121.1.133.

27 Ver, por exemplo, ROBSON JR., J. P.; TROUTMAN-JORDAN, M. "A Concept Analysis of Cognitive Reframing", *Journal of Theory Construction & Testing*, v. 18, n.º 2, 2014, pp. 55-59. A teoria dos *appraisals* também é relevante em: SCHERER, K. R. "Appraisal Theory", in *Handbook of Cognition and Emotion*, ed. DALGLEISH, T.; POWER, M. J. Nova York: John Wiley and Sons, 1999, pp. 637-63.

28 JOHNSON, J. *et al.* "Resilience to Emotional Distress in Response to Failure, Error or Mistakes: A Systematic Review", *Clinical Psychology Review*, v. 52, mar. 2017, pp. 19-42. Disponível em: https://doi.org/10.1016/j.cpr.2016.11.007.

29 Ibid.

30 SELIGMAN, M. E. P.; CSIKSZENTMIHALYI, M. "Positive Psychology: An Introduction", in *Flow and the Foundations of Positive Psychology*, por Mihaly Csikszentmihalyi. Dordrecht, Holanda: Springer, 2014.

31 LEDOUX, J. E. "The Emotional Brain, Fear, and the Amygdala", *Cellular and Molecular Neurobiology*, v. 23, n.º 4/5, 2003, pp. 727-38. Disponível em: https://doi.org/10.1023/A:1025048802629; LEDOUX, J. E. "The Amygdala Is Not the Brain's Fear Center", I Got a Mind to Tell You (blog), *Psychology Today*, 10 ago. 2015. Disponível em: https://www.psychologytoday.com/us/blog/i-got-mind-tell-you/201508/the-amygdala-is-not-the-brains-fear-center.

32 Ver Capítulo 2 em EDMONDSON, A. C. *Teaming: How Organizations Learn, Innovate, and Compete in the Knowledge Economy*. São Francisco: Jossey-Bass, 2012.

33 MOLTKES, H. von. "Über Strategie", in *Moltkes militärische Werke*, ed. Großer Generalstab. Berlim: E. S. Mittler, 1892-1912, vol. 4, pt. 2, pp. 287-93. Ver também KENNY, G. "Strategic Plans Are Less Important Than Strategic Planning", *Harvard Business Review*, 21 jun. 2016. Disponível em: https://hbr.org/2016/06/strategic-plans-are-less-important-than-strategic-planning.

34 EISENBERGER, N. I. "The Pain of Social Disconnection: Examining the Shared Neural Underpinnings of Physical and Social Pain", *Nature Reviews Neuroscience*, v. 13, jun. 2012, pp. 421-34. Disponível em: https://www.nature.com/articles/nrn3231; LIEBERMAN, M. D.; EISENBERGER, N. I. "The Pains and Pleasures of Social Life: A Social Cognitive Neuroscience Approach", *NeuroLeadership Journal*, n.º 1, 11 set. 2008. Disponível em: https://www.scn.ucla.edu/pdf/Pains&Pleasures(2008).pdf.

35 SAH, P.; WESTBROOK, R. F. "The Circuit of Fear", *Nature*, v. 454, n.º 7204, jul. 2008, pp. 589-90. Disponível em: https://doi.org/10.1038/454589a; LEDOUX, J. E. "Emotional Brain, Fear, and the Amygdala." Mais recentemente, LeDoux disse que a relação amígdala-medo é muito mais complexa do que se pensou original-

mente. Por exemplo, LEDOUX, J. E.; BROWN, R. "A Higher-Order Theory of Emotional Consciousness", *Proceedings of the National Academy of Sciences*, v. 114, n.º 10, 2017, pp. E2016-25. Disponível em: https://doi.org/10.1073/pnas.1619316114; LEDOUX, J. E. "Amygdala Is Not."

36 LEDOUX, J. E. "Amygdala Is Not."

37 Para uma breve introdução sobre o papel das emoções, incluindo o medo, no aprendizado, ver RIMMELE, U. "A Primer on Emotions and Learning", *OECD*. Disponível em: www.oecd.org/education/ceri/aprimeronemotionsandlearning.htm. Acesso em: 13 jun. 2021.

38 TWENGE, J. M. *iGen: Por que as crianças de hoje estão crescendo menos rebeldes, mais tolerantes, menos felizes e completamente despreparadas para vida adulta*. São Paulo: nVersos, 2018.

39 Para obter uma visão geral de muitas dessas evidências, ver EDMONDSON, A. C. *A organização sem medo: Criando segurança psicológica no local de trabalho para aprendizado, inovação e crescimento*. Rio de Janeiro: Alta Books, 2021.

40 Para obter alguns exemplos, ver NEMBHARD, I. M.; EDMONDSON, A. C. "Making It Safe: The Effects of Leader Inclusiveness and Professional Status on Psychological Safety and Improvement Efforts in Health Care Teams", *Journal of Organizational Behavior*, v. 27, n.º 7, 2016, pp. 941-66; EDMONDSON, A. C. "Learning from Failure in Health Care: Frequent Opportunities, Pervasive Barriers", *Quality and Safety in Health Care*, v. 13, suppl. 2, 1 dez. 2004, pp. ii3-9; EDMONDSON, A. C. "Speaking Up in the Operating Room: How Team Leaders Promote Learning in Interdisciplinary Action Teams", *Journal of Management Studies*, v. 40, n.º 6, 2003, pp. 1419-52; EDMONDSON, A. C. "Framing for Learning: Lessons in Successful Technology Implementation", *California Management Review*, v. 45, n.º 2, 2003, pp. 34-54; LEE, F. *et al.* "The Mixed Effects of Inconsistency on Experimentation in Organizations", *Organization Science*, v. 15, n.º 3, maio-jun. 2004, pp. 310-26; ROBERTO, M.; BOHMER, R. M. J.; EDMONDSON, A. C. "Facing Ambiguous Threats", *Harvard Business Review*, v. 84, n.º 11, nov. 2006, pp. 106-13.

41 EDMONDSON, A. C. "Strategies for Learning from Failure", *Harvard Business Review*, v. 89, n.º 4, abr. 2011.

42 "The Hardest Gymnastics Skills in Women's Artistic Gymnastics (2022 Update)", *Uplifter Inc.*, 9 out. 2019. Disponível em: www.uplifterinc.com/hardest-gymnastics-skills.

43 MILLER, G. W. *King of Hearts*, p. 5.

44 Ibid.

45 Ibid.

46 FORRESTER, J. S. *Heart Healers*, p. 70.

47 Ibid., p. 87.

48 McMaster University, "Better Assessment of Risk from Heart Surgery Results in Better Patient Outcomes: Levels of Troponin Associated with an Increased Risk of Death", *ScienceDaily*, 2 mar. 2022. Disponível em: www.sciencedaily.com/releases/2022/03/220302185945.htm; Ver também "Surprising Spike in Postoperative Cardiac Surgery Deaths May Be an Unintended Consequence of 30-Day Survival Measurements", *Johns Hopkins Medicine*, 10 abr. 2014. Disponível em: www.hopkinsmedicine.org/news/media/releases/surprising_spike_in_postoperative_cardiac_surgery_deaths_may_be_an_unintended_consequence_of_30_day_survival_measurements..

49 EDMONDSON, A. C.; BOHMER, R. M.; PISANO, G. P. "Disrupted Routines: Team Learning and New Technology Implementation in Hospitals", *Administrative Science Quarterly*, v. 46, n.º 4, 2001, pp. 685–716. Disponível em: https://doi.org/10.2307/3094828.

Capítulo 2: Eureca!

50 Lançado em 1997, *Gattaca* (as letras G, A, T e C representam os quatro nucleotídeos de DNA) se passa em um futuro em que a sociedade é classificada entre aqueles que têm alguma genética superior, chamados "Válidos", e humanos concebidos de modo natural, chamados de "Inválidos", que só desempenham trabalhos braçais. Na trama, um Inválido acaba alcançando uma posição de elite e é bem-sucedido em uma missão ao espaço para as luas de Saturno, apesar de sua suposta inferioridade intelectual. Andrew Niccol, roteirista, *Gattaca*, drama, ficção científica, suspense (Columbia Pictures, Jersey Films, 1997).

51 KNUTSON, S. D.; HEEMSTRA, J. M. "EndoVIPER-seq for Improved Detection of A-to-I Editing Sites in Cellular RNA", *Current Protocols in Chemical Biology*, v. 12, n.º 2, 2020, e82. Disponível em: https://doi.org/10.1002/cpch.82.

52 KNUTSON, S. D. et al. "Thermoreversible Control of Nucleic Acid Structure and Function with Glyoxal Caging", *Journal of the American Chemical Society*, v. 142, n.º 41, 2020, pp. 17766–81.

53 HEEMSTRA, J. (@jenheemstra). "The Only People Who Never Make Mistakes and Never Experience Failure Are Those Who Never Try", X, 13 jan. 2021, 8h04. Disponível em: https://x.com/jenheemstra/status/1349341481472036865.

54 Por exemplo, ver FRITH, M.; O'BRIEN, J. *Who Was Thomas Alva Edison?* Nova York: Penguin Workshop, 2005; MORRIS, E. *Edison*. Nova York: Random House, 2019;

STROSS, R. E. *The Wizard of Menlo Park: How Thomas Alva Edison Invented the Modern World*. Nova York: Crown, 2007.
55 DYER, F. L. *Thomas Edison: His Life and Inventions*, v. 2. Harper and Brothers, 1910, cap. 24, p. 369.
56 PROUDFOOT, B. "She Changed Astronomy Forever. He Won the Nobel Prize for It", *The New York Times*, sec. Opinião, 27 jul. 2021. Disponível em: www.nytimes.com/2021/07/27/opinion/pulsars-jocelyn-bell-burnell-astronomy.html.
57 Ver PROUDFOOT, B. "Almost Famous: The Silent Pulse of the Universe" (vídeo), com a participação de Jocelyn Bell Burnell, 27 jul. 2021, aos 5:42. Disponível em: www.nytimes.com/2021/07/27/opinion/pulsars-jocelyn-bell-burnell-astronomy.html.
58 Ibid., aos 6:54.
59 RYLE, M.; HEWISH, A. "Antony Hewish, the Nobel Prize in Physics in 1974", *Nobel Prize Outreach AB*. Disponível em: www.nobelprize.org/prizes/physics/1974/hewish/biographical.
60 "Design and Technology", Brighton College. Disponível em: https://www.brighton-college.org.uk/college/arts-life/design-technology/#:~:text=Design%20and%20Technology%20at%20Brighton,a%20range%20of%20design%20ambitions.
61 SELADI-SCHULMAN, J. "What Is Avocado Hand?", *Healthline*, 16 nov. 2018. Disponível em: www.healthline.com/health/avocado-hand.
62 "Avogo—Cut and De-stone Your Avocado at Home or on the Go", Kickstarter. Disponível em: https://www.kickstarter.com/projects/183646099/avogo-cut-and-de-stone-your-avocado-at-home-or-on.
63 EISENMANN, T. "Why Start-Ups Fail", *Harvard Business Review*, maio–jun. 2021. Disponível em: https://hbr.org/2021/05/why-start-ups-fail.
64 Ibid. Ver também EISENMANN, T. *Why Startups Fail: A New Roadmap to Entrepreneurial Success*. Nova York: Currency, 2021.
65 "The 10 Worst Product Fails of All Time", *Time*. Disponível em: https://time.com/13549/the-10-worst-product-fails-of-all-time/. Outros detalhes sobre o fracasso da Crystal Pepsi são discutidos por SALSA, R. "Pepsi's Greatest Failure: The Crystal Bubble That Burst", 27 maio 2020. Disponível em: https://bettermarketing.pub/pepsis-greatest-failure-the-crystal-bubble-that-burst-9cffd4f462ec.
66 PROUDFOOT, B. "Almost Famous", aos 5:42.
67 "Avogo", Kickstarter.
68 Comentários de Bishnu Atal durante "A Conversation with James West" (vídeo), *Acoustical Society of America*, 4 mar. 2021, a 1h:12:23. Disponível em: www.youtube.com/watch?v=yWExMa38o88.

69 TELLER, A. "The Unexpected Benefit of Celebrating Failure", *TED2016*. Disponível em: https://www.ted.com/talks/astro_teller_the_unexpected_benefit_of_celebrating_failure.

70 BURTON, T. M. "By Learning from Failures, Lilly Keeps Drug Pipeline Full", *The Wall Street Journal*, 21 abr. 2004. Disponível em: https://www.wsj.com/articles/SB108249266648388235.

71 Para mais detalhes sobre a história, ver EDMONDSON, A. C. *Teaming*, cap. 7.

72 MORGAN, B. "50 Leading Female Futurists", *Forbes*, 5 mar. 2020. Disponível em: https://www.forbes.com/sites/blakemorgan/2020/03/05/50-leading-female-futurists.

73 WEBB, A. "How I Hacked Online Dating", *TEDSalon NY*, 2013. Disponível em: https://www.ted.com/talks/amy_webb_how_i_hacked_online_dating.

74 DWECK, C. S. *Mindset: A nova psicologia do sucesso*. Rio de Janeiro: Objetiva, 2017.

75 ROSS, R. "Who Invented the Traffic Light?", *Live Science*, 16 dez. 2016. Disponível em: https://www.livescience.com/57231-who-invented-the-traffic-light.html.

76 Ibid.

77 Editores de Biography.com, "Garrett Morgan", *Biografia*. Disponível em: www.biography.com/inventor/garrett-morgan. Acesso em: 4 nov. 2021.

78 "Garrett Morgan Patents Three-Position Traffic Signal", *History*. Disponível em: www.history.com/this-day-in-history/garrett-morgan-patents-three-position-traffic-signal. Acesso em: 24 out. 2021.

79 "Engineering for Reuse: Chris Stark", *Engineering Design Workshop: Engineering Stories*, Boston Museum of Science.

80 As informações sobre James West foram retiradas de "James West: Biography" e "James West: Digital Archive", *HistoryMakers*. Disponível em: https://www.thehistorymakers.org/biography/james-west. Acesso em: 23 out. 2021; "Meet Past President of ASA, Dr. Jim West", *Acoustics Today* (blog), 17 set. 2020. Disponível em: https://acousticstoday.org/meet-past-president-of-asa-dr-jim-west/.

81 WEST, J. "James West Talks about His Father's Career", entrevista concedida por Larry Crowe, HistoryMakers A2013.039, 13 fev. 2013, *HistoryMakers Digital Archive*, sessão 1, fita 1, história 7.

82 "Meet Past President", *Acoustics Today*.

83 WEST, J. "James West Talks about His Experience in the U.S. Army", entrevista concedida por Larry Crowe, HistoryMakers A2013.039, 13 fev. 2013, *HistoryMakers Digital Archive*, sessão 1, fita 4, história 3.

84 WEST, J. "James West Describes His Earliest Childhood Memories", entrevista concedida por Larry Crowe, HistoryMakers A2013.039, 13 fev. 2013, *HistoryMakers Digital Archive*, sessão 1, fita 1, história 9.
85 WEST, J. "James West Remembers Being Electrocuted at Eight Years Old", entrevista concedida por Larry Crowe, HistoryMakers A2013.039, 13 fev. 2013, *HistoryMakers Digital Archive*, sessão 1, fita 2, história 5.
86 Ibid. aos 5:23.
87 WEST, James. "James West Talks about His Experience Interning at Bell Laboratories, Part 1", entrevista concedida a Larry Crowe, HistoryMakers A2013.039, 13 fev. 2013, *HistoryMakers Digital Archive*, sessão 1, fita 4, história 5.
88 Ibid.
89 KUHL, W.; SCHODDER, G. R.; SCHRÖDER, F.-K. "Condenser Transmitters and Microphones with Solid Dielectric for Airborne Ultrasonics", *Acta Acustica United with Acustica*, v. 4, n.º 5, 1954, pp. 519–32.
90 WEST, J. "James West Talks about His Experience Interning at Bell Laboratories, Part 1".
91 Ibid.
92 WEST, J. "James West Talks about His Experience Interning at Bell Laboratories, Part 2", entrevista concedida por Larry Crowe, HistoryMakers A2013.039, 13 fev. 2013, *HistoryMakers Digital Archive*, sessão 1, fita 4, história 6.
93 WEST, J. "James West Talks about the Electret Microphone, Part 2", entrevista concedida a Larry Crowe, HistoryMakers A2013.039, 13 fev. 2013, *HistoryMakers Digital Archive*, sessão 1, fita 5, história 5.
94 Editores de Biography.com, "James West", *Biography*. Disponível em: www.biography.com/inventor/james-west. Acesso em: 2 dez. 2022.
95 HO, T. "The Noma Way", *California Sunday Magazine*, 2 fev. 2016. Disponível em: https://story.californiasunday.com/noma-australia-rene-redzepi.
96 Ibid.
97 CHOMKA, S. "René Redzepi: 'With Noma 2.0, We Dare Again to Fail'", *50 Best Stories*, 10 nov. 2017. Disponível em: www.theworlds50best.com/stories/News/rene-redzepi-noma-dare-to-fail.html.
98 LEWIS, T. "Claus Meyer: The Other Man from Noma", *Observer* (blog), seção Comida, *The Guardian*, 20 mar. 2016. Disponível em: www.theguardian.com/lifeandstyle/2016/mar/20/claus-meyer-the-other-man-from-noma-copenhagen-nordic-kitchen-recipes.
99 REDZEPI, R. *René Redzepi Journal*. Nova York e Londres: Phaidon, 2013, p. 44.
100 HO, T. "Noma Way".

101 Ibid.
102 REDZEPI, R. *René Redzepi*, pp. 18–19, entrada de 9 fev. 2013.
103 Ibid., p. 19.
104 CHOMKA, S. "René Redzepi". Ver também DESCHAMPS, P. *et al. Noma: My Perfect Storm*. Documentree Films, 2015.
105 FERRARO, S. "Stefano Ferraro, Head Pastry-Chef at Noma: Failing Is a Premise for Growth", tradução de Scarso, S. G. *Identità Golose Web Magazine internazionale di cucina*, 1 mar. 2020. Disponível em: https://www.identitagolose.com/sito/en/116/25235/chefs-life-stories/stefano-ferraro-head-pastry-chef-at-noma-failing-is-a-premise-for-growth.html.
106 REDZEPI, René. *René Redzepi*, p. 25.
107 REDZEPI, René. *René Redzepi*, pp. 48–49, entrada de 24 mar. 2013.
108 HO, T. "Noma Way".
109 Ibid.
110 REDZEPI, René. *René Redzepi*, p. 160.
111 Ibid., p. 26.
112 BULOW, A. "An Interview with René Redzepi", *Epicurious*.
113 DESCHAMPS, P. *et al. Noma: My Perfect Storm*. Documentree Films, 2015.
114 "Noma", *Guia Michelin*. Disponível em: https://guide.michelin.com/us/en/capital-region/copenhagen/restaurant/noma. Acesso em: 1 dez. 2022.
115 REDZEPI, R. *René Redzepi*, p. 59.
116 WELLS, P. "Noma Spawned a World of Imitators, but the Restaurant Remains an Original", *The New York Times*, 9 jan. 2023. Disponível em: https://www.nytimes.com/2023/01/09/dining/rene-redzepi-closing-noma-pete-wells.html?action=click&module=RelatedLinks&pgtype=Article.
117 Ver EDMONDSON, A. C.; FELDMAN, L. R. "Phase Zero: Introducing New Services at IDEO (A)", *Harvard Business School*, Caso 605-069, fev. 2005 (revisado em mar. 2013); EDMONDSON, A. C.; ROLOFF, K. S. "Phase Zero: Introducing New Services at IDEO (B)", *Harvard Business School*, Supplement 606-123, jun. 2006 (revisado em mar. 2013).
118 Para saber os principais detalhes sobre a IDEO e sua abordagem singular ao design, ver EDMONDSON, A. C.; FELDMAN, L. R. "Phase Zero."
119 "Bill Moggridge", IDEO. Disponível em: https://designthinking.ideo.com/blog/bill-moggridge-a-design-icon. Acesso em: 22 out. 2021.
120 EDMONDSON, A. C.; FELDMAN, L. R. "Phase Zero."
121 *Nightline*, um programa de grande audiência da *ABC* em 2009, mostrou uma equipe da IDEO desenvolvendo um novo carrinho de supermercado radical em apenas cin-

co dias. O carrinho era elegante e funcional, mas a cultura da empresa era a estrela do programa, assim como o charme irresistível de David Kelley — que não só exaltava a necessidade de falhar como também apontava com alegria uma série de falhas da empresa mostradas e reveladas com orgulho para o público da TV. "ABC *Nightline*—IDEO Shopping Cart", 2 dez. 2009. Disponível em: www.youtube.com/watch?v=M66ZU2PCIcM. Ver também "Why You Should Talk Less and Do More", *IDEO Design Thinking*, 30 out. 2013. Disponível em: https://designthinking.ideo.com/blog/why-you-should-talk-less-and-do-more.

122 EDMONDSON, A. C.; FELDMAN, L. R. "Phase Zero", p. 2.

123 Ibid., p. 5.

124 EDMONDSON, A. C.; ROLOFF, K. S. "Phase Zero."

125 "Eli Lilly's Alimta Disappoints", *Yahoo! Finance*, 4 jun. 2013. Disponível em: www.finance.yahoo.com/news/eli-lillys-alimta-disappoints-183302340.html. Ver também SZABO, S. T. *et al.* "Lessons Learned and Potentials for Improvement in CNS Drug Development: ISCTM Section on Designing the Right Series of Experiments", *Innovations in Clinical Neuroscience*, v. 12, n.º 3, supl. A, 2015.

126 SAGONOWSKY, E. "Despite Drug Launch Streak, Lilly Posts Rare Sales Decline as Alimta Succumbs to Generics", *Fierce Pharma*, 4 ago. 2022. Disponível em: www.fiercepharma.com/pharma/lillys-new-launches-shine-alimta-drags-sales.

Capítulo 3: Errar é humano

127 DOLMETSCH, C.; SURANE, J.; DOHERTY, K. "Citi Trial Shows Chain of Gaffes Leading to $900 Million Blunder", *Bloomberg*, 9 dez. 2020. Disponível em: www.bloomberg.com/news/articles/2020-12-09/citi-official-shocked-over-900-million-error-as-trial-begins.

128 EVERSHEDS SUTHERLAND. "The Billion Dollar Bewail: Citibank Cannot Recover $900 Million Inadvertently Wired to Lenders", *JD Supra*, 11 mar. 2021. Disponível em: www.jdsupra.com/legalnews/the-billion-dollar-bewail-citibank-9578400/.

129 GAWANDE, A. *Checklist: Como fazer as coisas bem-feitas*. Rio de Janeiro: Sextante, 2023.

130 Para obter uma análise deste acidente, ver HACKMAN, J. R. *Leading Teams: Setting the Stage for Great Performances*. Boston: Harvard Business School Press, 2002.

131 Para obter mais detalhes sobre a falha básica, ver TRACY, T.; WILLIAMS, N.; GUSE, C. "Brooklyn Building Smashed by MTA Bus at Risk of Collapse, City Officials Say", *The New York Daily News*, 9 jun. 2021.

132 "'Disturbing' Video Emerges in MTA Bus Crash into Brooklyn Building Case" (vídeo), *NBC News 4 New York*, 9 jun. 2021, aos 1:06. Disponível em: https://www.nbcnewyork.com/on-air/as-seen-on/disturbing-video-emerges-in-mta-bus-crash-into-brooklyn-building-case/3097885/.

133 CHULOV, M. "A Year on from Beirut Explosion, Scars and Questions Remain", *The Guardian*, seção Notícias do Mundo, 4 ago. 2021. Disponível em: www.theguardian.com/world/2021/aug/04/a-year-on-from-beirut-explosion-scars-and-questions-remain #:~:text=One%20year%20on%2C%20the%20Lebanese,of%20a%20people%20denied%20justice.

134 LAFRANIERE, S.; WEILAND, N. "Factory Mix-Up Ruins Up to 15 Million Vaccine Doses from Johnson & Johnson", *The New York Times*, seção Estados Unidos, 31 mar. 2021. Disponível em: www.nytimes.com/2021/03/31/us/politics/johnson-johnson-coronavirus-vaccine.html.

135 LAFRANIERE, S.; WEILAND, N.; STOLBERG, S. G. "The F.D.A. Tells Johnson & Johnson That About 60 Million Doses Made at a Troubled Plant Cannot Be Used", *The New York Times*, seção Estados Unidos, 11 jun. 2021. Disponível em: www.nytimes.com/2021/06/11/us/politics/johnson-covid-vaccine-emergent.html.

136 LAFRANIERE, S.; WEILAND, N.; STOLBERG, S. G. "F.D.A. Tells Johnson & Johnson."

137 LAFRANIERE, S.; WEILAND, N. "Factory Mix-Up Ruins."

138 Para obter mais detalhes sobre a cultura problemática de segurança na fábrica, ver HAMBY, C.; LAFRANIERE, S.; STOLBERG, S. G. "U.S. Bet Big on COVID Vaccine Manufacturer Even as Problems Mounted", *The New York Times*, seção Estados Unidos, 6 abr. 2021. Disponível em: www.nytimes.com/2021/04/06/us/covid-vaccines-emergent-biosolutions.html.

139 LAFRANIERE, S.; WEILAND, N. "Factory Mix-Up Ruins."

140 CENTROS DE CONTROLE E PREVENÇÃO DE DOENÇAS (CDC) dos Estados Unidos. "Sleep and Sleep Disorders", *Centro Nacional dos Estados Unidos para Prevenção de Doença Crônica e Promoção da Saúde*, Divisão da Saúde Populacional, 27 set. 2022. Disponível em: https://www.cdc.gov/sleep/index.html.

141 Para obter mais informações sobre os impactos negativos de se dirigir sonolento, ver CENTROS DE CONTROLE E PREVENÇÃO DE DOENÇAS (CDC) dos Estados Unidos. "Drowsy Driving: Asleep at the Wheel", *Centro Nacional dos Estados Unidos para Prevenção de Doença Crônica e Promoção da Saúde*, Divisão da Saúde Populacional, 21 nov. 2022.

142 MARCUS, J. H.; ROSEKIND, M. R. "Fatigue in Transportation: NTSB Investigations and Safety Recommendations", *Injury Prevention: Journal of the International*

Society for Child and Adolescent Injury Prevention, v. 23, n.º 4, ago. 2017, pp. 232-38. Disponível em: https://doi.org/10.1136/injuryprev-2015-041791.

143 LANDRIGAN, C. P. et al. "Effect of Reducing Interns' Work Hours on Serious Medical Errors in Intensive Care Units", *New England Journal of Medicine*, v. 351, n.º 18, 28 out. 2004, pp. 1838-48. Disponível em: https://doi.org/10.1056/NEJMoa041406.

144 FRITZ, J. et al. "A Chronobiological Evaluation of the Acute Effects of Daylight Saving Time on Traffic Accident Risk", *Current Biology*, v. 30, n.º 4, fev. 2020, pp. 729-35.e2. Disponível em: https://doi.org/10.1016/j.cub.2019.12.045.

145 Para obter mais informações sobre este desastre, ver MARSHALL, R. D. et al. *Investigation of the Kansas City Hyatt Regency Walk-ways Collapse*, NIST Publications, Building Science Series 143. Gaithersburg, Maryland: National Institute of Standards and Technology, 31 maio 1982. Disponível em: https://www.nist.gov/publications/investigation-kansas-city-hyatt-regency-walkways-collapse-nbs-bss-143.

146 MONTGOMERY, R. "20 Years Later: Many Are Continuing to Learn from Skywalk Collapse", *Kansas City Star*, 15 jul. 2001, A1, arquivado do original em 20 maio 2017.

147 PETROSKI, H. *To Engineer Is Human: The Role of Failure in Successful Design*, 1. ed. Nova York: Vintage, 1992, p. 88.

148 MONTGOMERY, R. "20 Years Later". Ver também *Duncan v. Missouri Bd. for Architects*, 744 S.W.2d 524, 26 jan. 1998. Disponível em: https://law.justia.com/cases/missouri/court-of-appeals/1988/52655-0.html.

149 FUNCIONÁRIOS. "Hyatt Regency Walkway Collapse", *engineering.com*, 24 out. 2006.

150 PETROSKI, H. *To Engineer Is Human: The Role of Failure in Successful Design*.

151 BIBLIOTECA PÚBLICA DA CIDADE DE KANSAS. "The Week in KC History: Hotel Horror". Disponível em: https://kchistory.org/week-kansas-city-history/hotel-horror. Acesso em: 9 nov. 2021.

152 MONTGOMERY, R. "20 Years Later."

153 "Champlain Towers South Collapse", *Instituto Nacional de Padrões e Tecnologia dos Estados Unidos*, 30 jun. 2021. Disponível em: www.nist.gov/disaster-failure-studies/champlain-towers-south-collapse-ncst-investigation.

154 "Pets.com Latest High-Profile Dot-Com Disaster", *Cnet*, 2 jan. 2002. Disponível em: www.cnet.com/news/pets-com-latest-high-profile-dot-com-disaster/.

155 BEATTIE, A. "Why Did Pets.com Crash So Drastically?", *Investopedia*, 31 out. 2021. Disponível em: www.investopedia.com/ask/answers/08/dotcom-pets-dot-com.asp.

156 CHEYFITZ, K. *Thinking inside the Box: The 12 Timeless Rules for Managing a Successful Business*. Nova York: Free Press, 2003, pp. 30-2.

157 BEATTIE, A. "Why Did Pets.com Crash."

158 MILLER, C. C. "Chief of Pets.com Is Back, Minus the Sock Puppet", *The New York Times*, seção Informática, 1 ago. 2008. Disponível em: https://archive.nytimes.com/bits.blogs.nytimes.com/2008/08/01/chief-of-petscom-is-back-minus-the-sock-puppet/.

159 WAINWRIGHT, J.; MOHAN, A. *ReBoot: My Five Life-Changing Mistakes and How I Have Moved On*. North Charleston, Carolina do Sul: BookSurge, 2009, p. 63.

160 MCGRATH, M.; GROSS, E. L.; VOYTKO, L. "50 over 50: The New Golden Age", *Forbes*. Disponível em: www.forbes.com/50over50/2021/.

161 HALTIWANGER, J.; WOODWARD, A. "Damning Analysis of Trump's Pandemic Response Suggested 40% of US COVID-19 Deaths Could Have Been Avoided", *Business Insider*, 11 fev. 2021. Disponível em: www.businessinsider.com/analysis-trump-covid-19-response-40-percent-us-deaths-avoidable-2021-2.

162 WOOLHANDLER, S. *et al.* "Public Policy and Health in the Trump Era", *Lancet*, v. 397, n.º 10275, 20 fev. 2021, pp. 705-53. Disponível em: https://doi.org/10.1016/S0140-6736(20)32545-9.; Ver também HALTIWANGER, J.; WOODWARD, A. "Damning Analysis of Trump's Pandemic Response Suggested 40% of US COVID-19 Deaths Could Have Been Avoided."

163 GEREFFI, G. "What Does the COVID-19 Pandemic Teach Us about Global Value Chains? The Case of Medical Supplies", *Journal of International Business Policy*, v. 3, 2020, pp. 287-301. Disponível em: https://doi.org/10.1057/s42214-020-00062-w; ORGANIZAÇÃO PARA A COOPERAÇÃO E DESENVOLVIMENTO ECONÔMICO (OCDE). "The Face Mask Global Value Chain in the COVID-19 Outbreak: Evidence and Policy Lessons", *OECD Policy Responses to Coronavirus (COVID-19)*, 4 maio 2020. Disponível em: https://www.oecd-ilibrary.org/trade/the-face-mask-global-value-chain-in-the-covid-19-outbreak-evidence-and-policy-lessons_a4df866d-en.

164 KAVI, A. "Virus Surge Brings Calls for Trump to Invoke Defense Production Act", *The New York Times*, seção Estados Unidos, 22 jul. 2020. Disponível em: https://www.nytimes.com/2020/07/22/us/politics/coronavirus-defense-production-act.html.

165 GRIFFITH, E. "What Red Flags? Elizabeth Holmes Trial Exposes Investors' Carelessness", *The New York Times*, seção Tecnologia, 4 nov. 2021. Disponível em: www.nytimes.com/2021/11/04/technology/theranos-elizabeth-holmes-investors-diligence.html.

166 DYCK, C. van *et al.* "Organizational Error Management Culture and Its Impact on Performance: A Two-Study Replication", *Journal of Applied Psychology*, v. 90, n.º 6, 2005, pp. 1228-40. FRESE, M.; KEITH, N. "Action Errors, Error Management, and

Learning in Organizations", *Annual Review of Psychology*, v. 66, n.º 1, 2015, pp. 661–87. Disponível em: https://doi.org/10.1146/annurev-psych-010814-014012; GOODMAN, P. S. et al. "Organizational Errors: Directions for Future Research", *Research in Organizational Behavior*, v. 31, 2011, pp. 151–76. Disponível em: https://doi.org/10.1016/j.riob.2011.09.003; HELMREICH, R. L. "On Error Management: Lessons from Aviation", *BMJ*, v. 320, n.º 7237, 2000, pp. 781–85. Disponível em: https://doi.org/10.1136/bmj.320.7237.781.

167 TAVRIS, C.; ARONSON, E. *Mistakes Were Made (but Not by Me): Why We Justify Foolish Beliefs, Bad Decisions, and Hurtful Acts*, 3. ed. Nova York: Houghton Mifflin Harcourt, 2020.

168 ROSS, L. "The Intuitive Psychologist and His Shortcomings: Distortions in the Attribution Process", *Advances in Experimental Social Psychology*, v. 10, 1977, pp. 173–220.

169 DOSMAN, D. "Colin Powell's Wisdom", *Texas News Today* (blog), 19 out. 2021.

170 SCHAWBEL, D. "A Conversation with Colin Powell: What Startups Need to Know", *Forbes*, 17 maio 2012. Disponível em: www.forbes.com/sites/danschawbel/2012/05/17/colin-powell-exclusive-advice-for-entrepreneurs/?sh=e72e3600251e.

171 NORMAN, S. M.; AVOLIO, B. J.; LUTHANS, F. "The Impact of Positivity and Transparency on Trust in Leaders and Their Perceived Effectiveness", *Leadership Quarterly*, v. 21, n.º 3, 2010, pp. 350–64. Disponível em: https://doi.org/10.1016/j.leaqua.2010.03.002.

172 Para obter ótimos relatos da iniciativa de segurança bem-sucedida de Paul O'Neill na Alcoa, ver CLARK, K. B.; MARGOLIS, J. D. "Workplace Safety at Alcoa (A)", *Harvard Business School*, Caso 692-042, out. 1991 (revisado em jan. 2000); SPEAR, S. J. "Workplace Safety at Alcoa (B)", *Harvard Business School*, Caso 600-068, dez. 1999 (revisado em mar. 2000); DUHIGG, C. *O poder do hábito: Por que fazemos o que fazemos na vida e nos negócios*. Rio de Janeiro: Objetiva, 2012, cap. 4.

173 DUHIGG, C. *O poder do hábito: Por que fazemos o que fazemos na vida e nos negócios*, p. 142.

174 Ibid.

175 Ibid. p. 144.

176 Ibid.

177 Ibid. p. 143.

178 Ibid.

179 Ibid. p. 144.

180 Citado de uma conversa de O'Neill para o IHI em um blog do IHI: MCGAFFIGAN, P. "What Paul O'Neill Taught Health Care about Workforce Safety", 28 abr. 2020. Disponível em: www.ihi.org/communities/blogs/what-paul-o-neill-taught-health-care-about-workforce-safety.

181 DUHIGG, C. *O poder do hábito: Por que fazemos o que fazemos na vida e nos negócios*, p. 164.

182 Ibid. p. 144.

183 Ibid.

184 "The Story of Sakichi Toyoda", *Toyota Industries*. Acesso em 11 de nov. 2021. Disponível em: https://www.toyota-industries.com/company/history/toyoda_sakichi/. Ver também BURTON, N. *Toyota MR2: The Complete Story*. Ramsbury, Marlborough, Reino Unido: Crowood Press, 2015.

185 HINO, S. *Inside the Mind of Toyota: Management Principles for Enduring Growth*. Nova York: Productivity Press, 2006, p. 2.

186 BURTON, N. *Toyota MR2: The Complete Story*, p. 10.

187 WOMACK, J. P.; JONES, D. T.; ROOS, D. *The Machine That Changed the World: The Story of Lean Production—Toyota´s Secret Weapon in the Global Car Wars That Is Revolutionizing World Industry*. Londres: Free Press, 2007.

188 MISHINA, K. "Toyota Motor Manufacturing, U.S.A., Inc.", *Harvard Business School*, Caso 693-019, set. 1992 (revisado em set. 1995).

189 Ibid.

190 MAGEE, D. *How Toyota Became #1: Leadership Lessons from the World's Greatest Car Company*, ed. brochura. Nova York: Portfolio, 2008.

191 KELLY, M. L.; ZAMORA, K.; ISACKSON, A. "Meet America's Newest Chess Master, 10-Year-Old Tanitoluwa Adewumi", *All Things Considered*, NPR, 11 maio 2021. Disponível em: www.npr.org/2021/05/11/995936257/meet-americas-newest-chess--master-10-year-old-tanitoluwa-adewumi.

192 "Yani Tseng Stays Positive After 73", *USA Today*, seção Esporte, 1 nov. 2012. Disponível em: www.usatoday.com/story/sports/golf/lpga/2012/11/15/cme-group-title holders-yani-tseng/1707513/.

193 GROSZ, T. "Success of Proactive Safety Programs Relies on 'Just Culture' Acceptance", *Air Mobility Command*, 5 fev. 2014. Disponível em: www.amc.af.mil/News/Article-Display/Article/786907/success-of-proactive-safety-programs-relies-on-just-culture-acceptance/.

194 EDMONDSON, A. C. "Learning from Mistakes Is Easier Said Than Done: Group and Organizational Influences on the Detection and Correction of Human Error", *Journal of Applied Behavioral Science*, v. 32, n.º 1, 1 mar. 1996, pp. 5–28.

195 Para obter mais detalhes sobre relatos da reviravolta que Mulally provocou na Ford, ver HOFFMAN, B. G. *American Icon: Alan Mulally and the Fight to Save Ford Motor Company*. Nova York: Crown Business, 2012; EDMONDSON, A. C.; JUNG, O. "The Turnaround at Ford Motor Company", *Harvard Business School*, Caso 621-101, abr. 2021 (revisado em mar. 2022).

196 HOFFMAN, B. G. *American Icon: Alan Mulally and the Fight to Save Ford Motor Company*, p. 102.

197 MULALLY, A. "Rescuing Ford", entrevista concedida por Peter Day, *BBC Global Business*, 16 out. 2010. Disponível em: www.bbc.co.uk/programmes/p00b5qjq.

198 HOFFMAN, B. G. *American Icon: Alan Mulally and the Fight to Save Ford Motor Company*, p. 124.

199 MULALLY, A. "Alan Mulally of Ford: Leaders Must Serve, with Courage" (vídeo), *Stanford Graduate School of Business*, 7 fev. 2011, aos 31:25. Disponível em: www.youtube.com/watch?v=ZIwz1KlKXP4.

200 Ibid. aos 32:59.

201 HAGEN, J. U. *Confronting Mistakes: Lessons from the Aviation Industry When Dealing with Error*. Houndmills, Basingstoke, Hampshire, Reino Unido: Palgrave Macmillan, 2013.

202 Ibid. p. 143.

203 Ibid. p. 146, fig. 3.10.

204 Ibid. p. 145, fig. 3.9b.

205 Ibid. p. 148.

206 BAKER, S. P. et al. "Pilot Error in Air Carrier Mishaps: Longitudinal Trends among 558 Reports, 1983-2002", *Aviation, Space, and Environmental Medicine*, v. 79, n.º 1, jan. 2008, pp. 2-6, conforme citado em HAGEN, J. U. *Confronting Mistakes: Lessons from the Aviation Industry When Dealing with Error*, p. 143.

207 PASZTOR, A. "The Airline Safety Revolution", *The Wall Street Journal*, seção Vida, 16 abr. 2021. Disponível em: www.wsj.com/articles/the-airline-safety-revolution-11618585543.

208 Por exemplo, ver KIRBY, K. N.; HERRNSTEIN, R. J. "Preference Reversals Due to Myopic Discounting of Delayed Reward", *Psychological Science*, v. 6, n.º 2, 1995, pp. 83-89. Observe também que o desconto hiperbólico às vezes é chamado de "viés do presente".

209 DUBNER, S. J. "In Praise of Maintenance", *Freakonomics*, episódio 263, produzido por Arwa Gunja, 19 out. 2016, aos 41:41. Disponível em: https://freakonomics.com/podcast/in-praise-of-maintenance/.

210 GAWANDE, A. *Checklist: Como fazer as coisas bem-feitas.* Rio de Janeiro: Sextante, 2023.

211 NATIONAL ACADEMY OF SCIENCES. "The Hospital Checklist: How Social Science Insights Improve Health Care Outcomes", *From Research to Reward.* Disponível em: https://nap.nationalacademies.org/read/23510/.

212 "Doctor Saved Michigan $100 Million", *All Things Considered,* NPR, 9 dez. 2007. Disponível em: https://www.npr.org/templates/story/story.php?storyId=17060374.

213 PASZTOR, A. "Can Hospitals Learn about Safety from Airlines?", *The Wall Street Journal,* 2 set. 2021. Disponível em: www.wsj.com/articles/can-hospitals-learn-about-safety-from-airlines-11630598112.

214 Ibid.

215 HAGEN, J. U. *Confronting Mistakes: Lessons from the Aviation Industry When Dealing with Error,* p. 7.

216 *Aircraft Accident Report: Eastern Airlines, Inc., L-1011, N310EA, Miami, Flórida, 29 dez. 1972.* Washington, D.C.: National Transportation Safety Board, 14 jun. 1973.

217 Para saber mais sobre a história e práticas de CRM, ver KANKI, B. G.; ANCA, J. M.; CHIDESTER, T. R., eds. *Crew Resource Management,* 3. ed. Londres: Academic Press, 2019.

218 MANCINI, M. "The Surprising Origins of Child-Proof Lids", *Mental Floss,* 14 fev. 2014. Disponível em: www.mentalfloss.com/article/54410/surprising-origins-child-proof-lids.

219 SHINGŌ, S. *O Sistema Toyota de Produção: Do ponto de vista da engenharia de produção.* Porto Alegre: Bookman, 1996.

220 Para saber mais sobre Norman, visite o site dele, "About Don Norman", 21 dez. 2020. Disponível em: https://jnd.org/about/.

221 Para saber mais sobre o design centrado no ser humano, ver "What Is Human-Centered Design?", *IDEO Design Kit,* ideo.org. Acesso em: 11 nov. 2021. Disponível em: www.designkit.org/human-centered-design.

222 NORMAN, D. "What Went Wrong in Hawaii, Human Error? Nope, Bad Design", *Fast Company,* 16 jan. 2018. Disponível em: www.fastcompany.com/90157153/don-norman-what-went-wrong-in-hawaii-human-error-nope-bad-design.

223 LAUBHEIMER, P. "Preventing User Errors: Avoiding Unconscious Slips", *Nielsen Norman Group,* 23 ago. 2015. Disponível em: www.nngroup.com/articles/slips/.

224 Ibid.

225 "How a Kitchen Accident Gave Birth to a Beloved Sauce", *Goldthread,* 26 nov. 2018. Disponível em: https://www.goldthread2.com/food/how-kitchen-accident-gave-birth-beloved-sauce/article/3000264.

226 WILSON, B. "The Accidental Chef", *The Wall Street Journal*, seção Vida, 18 set. 2021. Disponível em: www.wsj.com/articles/the-accidental-chef-11631937661.
227 Ibid.

Capítulo 4: A tempestade perfeita

228 PETROW, R. *The Black Tide: In the Wake of Torrey Canyon*. 1. ed. Reino Unido: Hodder and Stoughton, 1968, p. 245.
229 VAUGHAN, A. "Torrey Canyon Disaster—the UK's Worst-Ever Oil Spill 50 Years On", *The Guardian*, seção Ambiente, 18 mar. 2017. Disponível em: www.theguardian.com/environment/2017/mar/18/torrey-canyon-disaster-uks-worst-ever-oil-spill-50th-anniversary.
230 PETROW, R. *The Black Tide: In the Wake of Torrey Canyon*, p. 246.
231 Ibid. p. 158.
232 Ibid. p. 182.
233 Ibid. p. 184.
234 EDMONDSON, A. C. *A organização sem medo: Criando segurança psicológica no local de trabalho para aprendizado, inovação e crescimento*. Rio de Janeiro: Alta Books, 2021, cap. 3.
235 LEE, W.; KAUFMAN, A. "Search Warrant Reveals Grim Details of 'Rust' Shooting and Halyna Hutchins' Final Minutes", *The Los Angeles Times*, seção Cidade Empresarial, 26 out. 2021. Disponível em: www.latimes.com/entertainment-arts/business/story/2021-10-24/alec-baldwin-prop-gun-shooting-halyna-hutchins-search-warrant.
236 LEE, W.; KAUFMAN, A. "'Rust' Assistant Director Admits He Didn't Check All Rounds in Gun before Fatal Shooting", *The Los Angeles Times*, seção Local, 27 out. 2021. Disponível em: www.latimes.com/california/story/2021-10-27/rust-assistant-director-dave-halls-protocol-alec-baldwin-shooting.
237 JACOBS, J.; BOWLEY, G. "'Rust' Armorer Sues Supplier of Ammunition and Guns for Film Set", *The New York Times*, seção Filmes, 13 jan. 2022. Disponível em: www.nytimes.com/2022/01/13/movies/rust-film-ammunition-supplier-sued.html.
238 CRANE, E. "'Rust' Set Had Two 'Negligent Discharges' before Fatal Shooting, New Police Report Reveals", *The New York Post*, 5 dez. 2022. Disponível em: nypost.com/2022/11/18/rust-set-had-two-negligent-discharges-before-fatal-shooting-cops/.

239 SHAER, M. "The Towers and the Ticking Clock", *The New York Times Magazine*, 28 jan. 2022. Disponível em: www.nytimes.com/interactive/2022/01/28/magazine/miami-condo-collapse.html.

240 Ibid.

241 LILLEY, K. "Navy Officer, 35, Dies in Off-Duty Diving Mishap", *Navy Times*, 7 jun. 2018. Disponível em: https://www.navytimes.com/news/your-navy/2018/06/05/navy-officer-35-dies-in-off-duty-diving-mishap/.

242 LOCK, G. *If Only...* (documentário). The Human Diver, 2020, aos 34:03. Disponível em: https://vimeo.com/414325547.

243 Ibid.

244 Ibid.

245 JAMES, M.; KAUFMAN, A.; WICK, J. "The Day Alec Baldwin Shot Halyna Hutchins and Joel Souza", *The Los Angeles Times*, seção Cidade Empresarial, 31 out. 2021. Disponível em: https://www.latimes.com/entertainment-arts/business/story/2021-10-31/rust-film-alec-baldwin-shooting-what-happened-that-day.

246 CANNON, M. D.; EDMONDSON, A. C. "Failing to Learn and Learning to Fail (Intelligently): How Great Organizations Put Failure to Work to Innovate and Improve", *Long Range Planning*, v. 38, n.º 3, 1 jun. 2005, pp. 299–319.

247 VAUGHAN, A. "Torrey Canyon Disaster—the UK's Worst-Ever Oil Spill 50 Years On", *The Guardian*, seção Ambiente, 18 mar. 2017. Disponível em: www.theguardian.com/environment/2017/mar/18/torrey-canyon-disaster-uks-worst-ever-oil-spill-50th-anniversary.

248 KHATCHADOURIAN, R. "Deepwater Horizon's Lasting Damage", *The New Yorker*, 6 mar. 2011. Disponível em: https://www.newyorker.com/magazine/2011/03/14/the-gulf-war.

249 VAUGHAN, A. "Torrey Canyon Disaster—the UK's Worst-Ever Oil Spill 50 Years On", *The Guardian*, seção Ambiente, 18 mar. 2017. Disponível em: www.theguardian.com/environment/2017/mar/18/torrey-canyon-disaster-uks-worst-ever-oil-spill-50th-anniversary.

250 NANDA, V. P. "The Torrey Canyon Disaster: Some Legal Aspects", *Denver Law Review*, v. 44, n.º 3, jan. 1967, pp. 400–425.

251 VAUGHAN, A. "Torrey Canyon Disaster—the UK's Worst-Ever Oil Spill 50 Years On", *The Guardian*, seção Ambiente, 18 mar. 2017. Disponível em: www.theguardian.com/environment/2017/mar/18/torrey-canyon-disaster-uks-worst-ever-oil-spill-50th-anniversary.

252 LEVIN, A. "Lion Air Jet's Final Plunge May Have Reached 600 Miles per Hour", *Bloomberg*, 2 nov. 2018. Disponível em: www.bloomberg.com/news/articles/2018-11-03/lion-air-jet-s-final-plunge-may-have-reached-600-miles-per-hour.

253 HEPHER, T.; JOHNSON, E. M.; FREED, J. "How Flawed Software, High Speed, Other Factors Doomed an Ethiopian Airlines 737 MAX", *Reuters*, 5 abr. 2019.

254 CHAPPELL, B.; WAMSLEY, L. "FAA Grounds Boeing 737 Max Planes in U.S., Pending Investigation", *NPR*, seção Negócios, 13 mar. 2019. Disponível em: www.npr.org/2019/03/13/702936894/ethiopian-pilot-had-problems-with-boeing-737-max-8-flight-controls-he-wasnt-alon.

255 SINGH, S. "The Merger of McDonnell Douglas and Boeing—a History", *Simple Flying*, 29 set. 2020. Disponível em: https://simpleflying.com/mcdonnel-douglas-boeing-merger/.

256 USEEM, J. "The Long-Forgotten Flight That Sent Boeing off Course", *The Atlantic*, 20 nov. 2019. Disponível em: www.theatlantic.com/ideas/archive/2019/11/how-boeing-lost-its-bearings/602188/.

257 Ibid.

258 FROST, N. "The 1997 Merger That Paved the Way for the Boeing 737 Max Crisis", *Quartz*, 3 jan. 2020. Disponível em: https://www.yahoo.com/video/1997-merger-paved-way-boeing-090042193.html.; Ver também ROBERTO, M. A. *Boeing 737 MAX: Company Culture and Product Failure*. Ann Arbor, Michigan: WDI Publishing, 2020.

259 ROBERTO, M. A. *Boeing 737 MAX: Company Culture and Product Failure*. Ann Arbor, Michigan: WDI Publishing, 2020.

260 Ibid.

261 Ibid.

262 Ibid. p. 6

263 Ibid. p. 7.

264 GELLES, D. "'I Honestly Don't Trust Many People at Boeing': A Broken Culture Exposed", *The New York Times*, seção Negócios, 10 jan. 2020. Disponível em: www.nytimes.com/2020/01/10/business/boeing-737-employees-messages.html.

265 Ibid.

266 GATES, D.; MILETICH, S.; KAMB, L. "Boeing Rejected 737 MAX Safety Upgrades before Fatal Crashes, Whistleblower Says", *The Seattle Times*, 2 out. 2019. Disponível em: www.seattletimes.com/business/boeing-aerospace/boeing-whistleblowers-complaint-says-737-max-safety-upgrades-were-rejected-over-cost/.

267 Ibid.

268 KITROEFF, N.; GELLES, D. "Claims of Shoddy Production Draw Scrutiny to a Second Boeing Jet", *The New York Times*, seção Negócios, 20 abr. 2019. Disponível em: www.nytimes.com/2019/04/20/business/boeing-dreamliner-production-problems.html; EDMONDSON, A. C. "Boeing and the Importance of Encouraging Employees to Speak up", *Harvard Business Review*, 1 maio 2019. Disponível em: https://hbr.org/2019/05/boeing-and-the-importance-of-encouraging-employees-to-speak-up.

269 Departamento de Justiça dos Estados Unidos. "Boeing Charged with 737 Max Fraud Conspiracy and Agrees to Pay over $2.5 Billion" (nota de imprensa). *Gabinete de Assuntos Públicos*, 7 jan. 2021. Disponível em: https://www.justice.gov/opa/pr/boeing-charged-737-max-fraud-conspiracy-and-agrees-pay-over-25-billion.

270 "Equifax Data Breach", *Electronic Privacy Information Center*, s.d. Disponível em: https://archive.epic.org/privacy/data-breach/equifax/.

271 *Prepared Testimony of Richard F. Smith before the U.S. House Committee on Energy and Commerce, Subcommittee on Digital Commerce and Consumer Protection* (depoimento de Richard Smith, CEO, Equifax), 2 out. 2017.

272 "Jogou fora um disco rígido de um computador antigo por acidente" é uma expressão que resume uma série de situações domésticas pequenas conforme relato de D. T. Max. Howells encontrou o disco rígido enquanto limpava a mesa e o colocou na sacola de lixo, que tinha itens que de fato deveriam ser jogados fora. Naquela noite, Howells conversou com a mulher e combinou que iria jogar a sacola no aterro da cidade. Embora tenha percebido que deveria tirar o disco rígido da sacola, ele viu que teria bastante tempo para isso. Na manhã seguinte, a esposa, sem avisá-lo, dirigiu até o aterro para jogar a sacola fora. Logo, um erro bem humano e, aparentemente, irreversível. Para obter mais informações, ver MAX, D. T. "Half a Billion in Bitcoin, Lost in the Dump", *The New Yorker*, 6 dez. 2021. Disponível em: www.newyorker.com/magazine/2021/12/13/half-a-billion-in-bitcoin-lost-in-the-dump.

273 MCGRATH, R. G. "The World Is More Complex Than It Used to Be", *Harvard Business Review*, 31 ago. 2011. Disponível em: https://hbr.org/2011/08/the-world-really-is-more-compl.

274 GAMIO, L.; GOODMAN, P. S. "How the Supply Chain Crisis Unfolded", *The New York Times*, seção Negócios, 5 dez. 2021. Disponível em: www.nytimes.com/2021/12/05/business/economy/supply-chain.html.

275 CLEARFIELD, C.; TILCSIK, A. *Melt-down*. Nova York: Penguin, 2018, p. 78.

276 EDMONDSON, A. C. "Learning from Failure in Health Care: Frequent Opportunities, Pervasive Barriers", *Quality and Safety in Health Care*, v. 13, supl. 2, 1 dez. 2004, pp. ii3–9.

277 LEAPE, L. L. "Error in Medicine", *Jama*, v. 272, n.º 23, 21 dez. 1994, pp. 1851-57. Disponível em: https://doi.org/10.1001/jama.1994.03520230061039; SPRAGUE, L. "Reducing Medical Error: Can You Be as Safe in a Hospital as You Are in a Jet?", *National Health Policy Forum*, n.º 740, 14 maio 1999, pp. 1-8.
278 PASTZOR, A. "Can Hospitals Learn about Safety from Airlines", *The Wall Street Journal*, 2 set. 2021. Disponível em: www.wsj.com/articles/can-hospitals-learn-about-safety-from-airlines-11630598112.
279 EDMONDSON, A. C. "Learning from Failure in Health Care: Frequent Opportunities, Pervasive Barriers", *Quality and Safety in Health Care*, v. 13, supl. 2, 1 dez. 2004, pp. ii3-9.
280 PERROW, C. *Normal Accidents: Living with High-Risk Technologies*. Princeton, Nova Jersey: Princeton University Press, 1999.
281 CLEARFIELD, C.; TILCSIK, A. *Meltdown*. Nova York: Penguin, 2018, p. 57.
282 PERROW, C. *Normal Accidents: Living with High-Risk Technologies*. Princeton, Nova Jersey: Princeton University Press, 1999. Ver também HOPKINS, A. "The Limits of Normal Accident Theory", *Safety Science*, v. 32, 1999, pp. 93-102.
283 EDMONDSON, A. C. "Learning from Mistakes Is Easier Said Than Done: Group and Organizational Influences on the Detection and Correction of Human Error", *Journal of Applied Behavioral Science*, v. 32, n.º 1, 1 mar. 1996.
284 EDMONDSON, A.; ROBERTO, M. E.; TUCKER, A. "Children's Hospital and Clinics (A)", *Harvard Business School*, Caso 302-050, nov. 2001 (revisado em set. 2007), pp. 1-2.
285 REASON, J. "Human Error: Models and Management", *BMJ*, v. 320, n.º 7237, 2000, pp. 768-70.
286 ROBERTS, K. H. "New Challenges in Organizational Research: High Reliability Organizations", *Industrial Crisis Quarterly*, v. 3, n.º 2, 1 jun. 1989, pp. 111-25; ROCHLIN, G. I. "Reliable Organizations: Present Research and Future Directions", *Journal of Contingencies and Crisis Management*, v. 4, n.º 2, jun. 1996, pp. 55-59. Disponível em: https://doi.org/10.1111/j.1468-5973.1996.tb00077.x.
287 WEICK, K. E.; SUTCLIFFE, K. M.; OBSTFELD, D. "Organizing for High Reliability: Processes of Collective Mindfulness", *in Research in Organizational Behavior*, v. 21, ed. R. I. Sutton e B. M. Staw. Amsterdã: Elsevier Science/JAI Press, 1999, pp. 81-123.
288 BELL, B.; CACCIOTTOLO, M. "Torrey Canyon Oil Spill: The Day the Sea Turned Black", *BBC News*, seção Inglaterra, 17 mar. 2017. Disponível em: www.bbc.com/news/uk-england-39223308.

289 "The Oil Pollution Act of 1990", *U.S. Environmental Protection Agency*, Direito público 101-380, 33 Código norte-americano §2701. Disponível em: www.law.cornell.edu/uscode/text/33/2701.

290 BELL, B.; CACCIOTTOLO, M. "Torrey Canyon Oil Spill: The Day the Sea Turned Black", *BBC News*, seção Inglaterra, 17 mar. 2017. Disponível em: www.bbc.com/news/uk-england-39223308.

291 Ibid.

292 HERNANDEZ, J. "The Fatal Shooting of Halyna Hutchins Is Prompting Calls to Ban Real Guns from Sets", *Morning Edition*, NPR, 24 out. 2021. Disponível em: https://www.northcountrypublicradio.org/news/npr/1048830998/the-fatal-shooting-of-halyna-hutchins-is-prompting-calls-to-ban-real-guns-from-ets.

293 LOCK, G. *If Only...* (documentário). The Human Diver, 2020, aos 34:03. Disponível em: https://vimeo.com/414325547.

294 História do ônibus espacial *Columbia* extraída de ROBERTO, M.; BOHMER, R. M. J.; EDMONDSON, A. C. "Facing Ambiguous Threats", *Harvard Business Review*, v. 84, n.º 11, nov. 2006, pp. 106–13.

295 ROCHA, R. "Accidental Case Study of Organizational Silence & Communication Breakdown: Shuttle *Columbia*, Mission STS-107" (presentation), HQ-E-DAA-TN22458, set. 2011. Disponível em: https://ntrs.nasa.gov/citations/20150009327.

296 MYNATT, C. R.; DOHERTY, M. E.; TWENEY, R. D. "Confirmation Bias in a Simulated Research Environment: An Experimental Study of Scientific Inference", *Quarterly Journal of Experimental Psychology*, v. 29, n.º 1, fev. 1977, pp. 85–95. Disponível em: https://doi.org/10.1080/00335557743000053.

297 Federal Deposit Insurance Corporation (FDIC). *Crisis and Response: A FDIC History, 2008–2013*. Washington, D.C.: FDIC, 2017.

298 *Columbia Accident Investigation Board Report*, v. 1. Washington, D.C.: National Aeronautics and Space Administration, ago. 2003.

299 ROBERTO, M. A. *Boeing 737 MAX: Company Culture and Product Failure*. Ann Arbor, Michigan: WDI Publishing, 2020.

300 "Rapid Response Teams: The Case for Early Intervention", *Improvement Stories*. Disponível em: www.ihi.org/resources/Pages/ImprovementStories/RapidResponseTeamsTheCaseforEarlyIntervention.aspx.

301 PARK, J. *Making Rapid Response Real: Change Management and Organizational Learning in Patient Care*. Lanham, Maryland: University Press of America, 2010.

302 SABAHI, M. et al. "Efficacy of a Rapid Response Team on Reducing the Incidence and Mortality of Unexpected Cardiac Arrests", *Trauma Monthly*, v. 17, n.º 2, 2012, pp. 270–74. Disponível em: https://doi.org/10.5812/traumamon.4170.

303 Ibid.

304 ROBERTO, M. A. *Know What You Don't Know: How Great Leaders Prevent Problems Before They Happen*. Upper Saddle River, Nova Jersey: Pearson Prentice Hall, 2009; PARK, J. *Making Rapid Response Real: Change Management and Organizational Learning in Patient Care*. Lanham, Maryland: University Press of America, 2010.

305 ROBERTO, M. A. *Know What You Don't Know: How Great Leaders Prevent Problems Before They Happen*, pp. 5–6.

Capítulo 5: Já conhecemos o inimigo

306 Bridgewater, um fundo hedge, enfrentou poucas restrições em relação às suas decisões de investimento. Os fundos hedge são organizações de serviços financeiros que usam sofisticadas técnicas de investimento para comprar e vender ativos financeiros para quem quiser se arriscar mais em busca de maiores retornos. Diferentemente dos bancos ou dos fundos mútuos, os fundos hedge têm pouca regulamentação governamental, e seus investidores são tipicamente pessoas e instituições ricas. Para obter mais informações, ver "Hedge Funds", *U.S. Securities and Exchange Commission*. Disponível em: https://www.investor.gov/introduction-investing/investing-basics/investment-products/private-investment-funds/hedge-funds.

307 MAROTTA, D. J. "Longest Economic Expansion in United States History", *Forbes*, 21 jan. 2020. Disponível em: www.forbes.com/sites/davidmarotta/2020/01/21/longest-economic-expansion-in-united-states-history/.

308 DALIO, R. "Billionaire Ray Dalio on His Big Bet That Failed: 'I Went Broke and Had to Borrow $4,000 from My Dad'", *CNBC*, 4 dez. 2019. Disponível em: www.cnbc.com/2019/12/04/billionaire-ray-dalio-was-once-broke-and-borrowed-money-from-his-dad-to-pay-family-bills.html.

309 Ibid.

310 Ibid.

311 GOLEMAN, D. *Vital Lies, Simple Truths: The Psychology of Self-Deception*. Nova York: Simon and Schuster, 1985.

312 LING, R. "Confirmation Bias in the Era of Mobile News Consumption: The Social and Psychological Dimensions", *Digital Journalism*, v. 8, n.º 5, 2020, pp. 596–604.

313 LIU, Y. et al. "Narcissism and Learning from Entrepreneurial Failure", *Journal of Business Venturing*, v. 34, n.º 3, 1 maio 2019, pp. 496–521. Disponível em: https://doi.org/10.1016/j.jbusvent.2019.01.003.

314 CHAMORRO-PREMUZIC, T. "Why We Keep Hiring Narcissistic CEOs", *Harvard Business Review*, 29 nov. 2016. Disponível em: hbr.org/2016/11/why-we-keep-hiring-narcissistic-ceos; TWENGE, J. M. et al. "Egos Inflating over Time: A Cross-Temporal Meta-Analysis of the Narcissistic Personality Inventory", *Journal of Personality*, v. 76, n.º 4, jul. 2008, pp. 875-902. Discussão em pp. 903-28. Disponível em: https://doi.org/10.1111/j.1467-6494.2008.00507.x.

315 LEDOUX, J. *O cérebro emocional: Os misteriosos alicerces da vida emocional*. Rio de Janeiro: Objetiva, 1998.

316 KAHNEMAN, D. *Rápido e Devagar: Duas formas de pensar*. Rio de Janeiro: Objetiva, 2011.

317 KISH-GEPHART, J. J. et al. "Silenced by Fear: The Nature, Sources, and Consequences of Fear at Work", *Research in Organizational Behavior*, v. 29, 31 dez. 2009, pp. 163-93.

318 ESKREIS-WINKLER, L.; FISHBACH, A. "Not Learning from Failure—the Greatest Failure of All", *Psychological Science*, v. 30, n.º 12, 1 dez. 2019, pp. 1733-44.

319 Ibid., 1733.

320 ESKREIS-WINKLER, L.; FISHBACH, A. "Hidden Failures", *Organizational Behavior and Human Decision Processes*, v. 157, 2020, pp. 57-67.

321 DIWAS, K. C.; STAATS, B. R.; GINO, F. "Learning from My Success and from Others' Failure: Evidence from Minimally Invasive Cardiac Surgery", *Harvard Business School*, Working Paper 12-065, 19 jul. 2012. Disponível em: https://hbswk.hbs.edu/item/learning-from-my-success-and-from-others-failure-evidence-from-minimally-invasive-cardiac-surgery.

322 Para obter mais exemplos, ver TINSLEY, C. H.; DILLION, R. L.; CRONIN, M. A. "How Near-Miss Events Amplify or Attenuate Risky Decision Making", *Management Science*, v. 58, n.º 9, set. 2012, pp. 1596-1613; KUNDU, P. et al. "Missing the Near Miss: Recognizing Valuable Learning Opportunities in Radiation Oncology", *Practical Radiation Oncology*, v. 11, n.º 2, 2021, pp. e256-62; JUNG, O. S. et al. "Resilience vs. Vulnerability: Psychological Safety and Reporting of Near Misses with Varying Proximity to Harm in Radiation Oncology", *Joint Commission Journal on Quality and Patient Safety*, v. 47, n.º 1, jan. 2021, pp. 15-22.

323 BROWN, B. "Listening to Shame", *TED2012*, aos 14:47. Disponível em: www.ted.com/talks/brene_brown_listening_to_shame?language=sc.

324 BROWN, B. "Shame Resilience Theory: A Grounded Theory Study on Women and Shame", *Families in Society*, v. 87, n.º 1, 2006, pp. 43-52. Disponível em: https://doi.org/10.1606/1044-3894.3483.

325 KAREN, R. "Shame", *Atlantic Monthly*, fev. 1992, pp. 40-70; TROUT, P. "Education & Academics", *National Forum*, v. 80, n.º 4, outono de 2000, pp. 3-7.

326 BROWN, B. "Listening to Shame", *TED2012*, aos 14:13. Disponível em: https://www.ted.com/talks/brene_brown_listening_to_shame?language=sc.

327 "Instagram Worsens Body Image Issues and Erodes Mental Health", *Weekend Edition Sunday*, 26 set. 2021. Disponível em: www.npr.org/2021/09/26/1040457891/instagram-worsens-body-image-issues-and-erodes-mental-health.

328 WETSMAN, N. "Facebook's Whistleblower Report Confirms What Researchers Have Known for Years", *Verge*, 6 out. 2021. Disponível em: www.theverge.com/2021/10/6/22712927/facebook-instagram-teen-mental-health-research.

329 WELLS, G.; HORWITZ, J.; SEETHARAMAN, D. "Facebook Knows Instagram Is Toxic for Teen Girls, Company Documents Show", *The Wall Street Journal*, 14 set. 2021.

330 KHAMSI, N. "Opinion: Social Media and the Feeling of Inadequacy", *Ryersonian.Ca* (blog), 25 set. 2017. Disponível em: https://ryersonian.ca/opinion-social-media-and-the-feeling-of-inadequacy/.

331 HUNT, M. G. *et al.* "No More FOMO: Limiting Social Media Decreases Loneliness and Depression", *Journal of Social and Clinical Psychology*, v. 37, n.º 10, dez. 2018, pp. 751-68. Disponível em: https://doi.org/10.1521/jscp.2018.37.10.751.

332 WALTON, A. G. "New Studies Show Just How Bad Social Media Is for Mental Health", *Forbes*, 16 nov. 2018. Disponível em: www.forbes.com/sites/alicegwalton/2018/11/16new-research-show-just-how-bad-social-media-can-be-for-mental-health/.

333 Para saber mais sobre a teoria da comparação social, ver este excelente artigo: BUUNK, A. P.; GIBBONS, F. X. "Social Comparison: The End of a Theory and the Emergence of a Field", *Organizational Behavior and Human Decision Processes*, v. 102, n.º 1, jan. 2007, pp. 3-21.

334 WALTON, A. G. "New Studies Show Just How Bad Social Media Is for Mental Health", *Forbes*, 16 nov. 2018. Disponível em: https://www.forbes.com/sites/alicegwalton/2018/11/16/new-research-show-just-how-bad-social-media-can-be-for-mental-health/.

335 LONGMAN, J. "Simone Biles Rejects a Long Tradition of Stoicism in Sports", *The New York Times*, 28 jul. 2021, seção Esporte. Disponível em: www.nytimes.com/2021/07/28/sports/olympics/simone-biles-mental-health.html.

336 FELIX, C. "Simone Biles Chose Herself", *Cut*, 27 set. 2021. Disponível em: www.thecut.com/article/simone-biles-olympics-2021.html.

337 Ibid.

338 Ibid. "'Peço desculpa, adoro vocês, mas vocês vão ficar bem', em que Biles tranquilizou suas colegas de equipe, abraçando uma a uma."
339 BROWN, B. *The Power of Vulnerability*, TEDxHouston, Houston, TX, 2010, aos 17:00. Disponível em: www.ted.com/talks/brene_brown_the_power_of_vulnerability.
340 GRANT, A. *Pense de novo: O poder de saber o que você não sabe*. Rio de Janeiro: Sextante, 2021.
341 FRANKL, V. E. *Em busca de sentido*. Petrópolis: Vozes, 1991.
342 DWECK, C. "Developing a Growth Mindset with Carol Dweck" (vídeo), *Stanford Alumni*, 9 out. 2014, aos 9:37. Disponível em: www.youtube.com/watch?v=hiiEeMN7vbQ. Ver também DWECK, C. "The Power of Believing That You Can Improve", *TEDxNorrkoping*, 17 dez. 2014, aos 10:11. Disponível em: www.ted.com/talks/carol_dweck_the_power_of_believing_that_you_can_improve?language=en.
343 Entrevista pelo Zoom com Satya Nadella concedida a mim, SIP (Short Intensive Program, Programa Intensivo de Curta-duração): Putting Purpose to Work 5033, Harvard Business School, 14 dez. 2021.
344 Escrevi com mais profundidade sobre o trabalho de Chris Argyris em EDMONDSON, A. C. "Three Faces of Eden: The Persistence of Competing Theories and Multiple Diagnoses in Organizational Intervention Research", *Human Relations*, v. 49, n.º 5, 1996, pp. 571-95. Recomendo também o livro de ARGYRIS, C. *Reasoning, Learning and Action*. São Francisco: Jossey-Bass, 1982, o qual me introduziu aos brilhantes insights a respeito de comportamento interpessoal.
345 COHEN, J. (@JonathanCohenMD). "One of My Favorite Parts of GRs: Sharing #PsychologicalSafety Lessons", X, 9 jan. 2022, às 11h07. Disponível em: https://x.com/JonathanCohenMD/status/1480209559159513091.
346 Para obter mais informações sobre Larry Wilson, ver WILSON, L.; WILSON, H. *Play to Win: Choosing Growth over Fear in Work and Life*. Austin, Texas: Bard Press, 1998.
347 MAULTSBY JR., M. C. *Rational Behavior Therapy*. Seaton Foundation, 1990.
348 ELLIS, A.; ELLIS, D. J. *All Out! An Autobiography*. Amherst, Nova York: Prometheus Books, 2010.
349 WIRGA, M.; DEBERNARDI, M.; WIRGA, A. "Our Memories of Maxie C. Maultsby Jr., 1932–2016", *Journal of Rational-Emotive & Cognitive Behavior Therapy*, v. 37, 2019, pp. 316-24. Disponível em: https://doi.org/10.1007/s10942-018-0309-3.
350 Ibid.

351 Ibid. p. 319, retirado de EPPS, C. H.; JOHNSON, D. G.; VAUGHAN, A. L. *African American Medical Pioneers*. Betz Publishing, 1994.

352 WIRGA, M.; DEBERNARDI, M.; WIRGA, A. "Our Memories of Maxie C. Maultsby Jr., 1932–2016", *Journal of Rational-Emotive & Cognitive Behavior Therapy*, v. 37, 2019, p. 319. Retirado de MAULTSBY JR., M. C. "Rational Behavior Therapy", in *Behavior Modification in Black Populations*, ed. TURNER, S. S.; JONES, R. T. Nova York: Plenum Press, 1982, pp. 151–70. Disponível em: https://doi.org/10.1007/s10942-018-0309-3.

353 WIRGA, M.; DEBERNARDI, M.; WIRGA, A. "Our Memories of Maxie C. Maultsby Jr., 1932–2016", *Journal of Rational-Emotive & Cognitive Behavior Therapy*, v. 37, 2019. Disponível em: https://doi.org/10.1007/s10942-018-0309-3.

354 MAULTSBY JR., M. C. *Help Yourself to Happiness: Through Rational Self-Counseling*. Nova York: Institute for Rational Living, 1975, pp. 22–23.

355 WILSON, L.; WILSON, H. *Play to Win: Choosing Growth over Fear in Work and Life*. Austin, Texas: Bard Press, 1998.

356 Ibid.

357 Para obter um exemplo do estudo, ver ARGYRIS, C. *Knowledge for Action: A Guide to Overcoming Barriers to Organizational Change*. São Francisco: Jossey-Bass, 1993.

358 DALIO, R. *Principles: Life and Work*. Nova York: Simon and Schuster, 2017, p. 36.

359 Ibid.

360 Ibid.

361 VESELY, F. J. "Alleged Quote". Disponível em: https://www.viktorfrankl.org/quote_stimulus.html.

Capítulo 6: Contextos e consequências

362 PARTON, D. (@DollyParton). "We Cannot Direct the Wind, but We Can Adjust the Sails!". X, 25 set. de 2014, às 12h59. Disponível em: https://x.com/dollyparton/status/515183726918389761.

363 WATKINS, B. "Guest Gamer: An Interview with Boyd Watkins." Entrevista concedida a Sivasailam "Thiagi" Thiagarajan e Raja Thiagarajan. Thiagi Gameletter, 2009. Disponível em: https://thiagi.net/archive/www/pfp/IE4H/september2009.html#GuestGamer.

364 LEE, F. *et al.* "The Mixed Effects of Inconsistency on Experimentation in Organizations," *Organization Science*, v. 15, nº 3, maio–jun. 2004, pp. 310–26. Disponível em: https://doi.org/10.1287/orsc.1040.0076.

365 EDMONDSON, A. C. *Teaming: How Organizations Learn, Innovate, and Compete in the Knowledge Economy*. São Francisco: Jossey-Bass, 2012, cap. 1.
366 "'I'm Not Wrong': Taxi Driver Says He's Not Responsible for Sleeping Boy Left Alone in Cab," *WBZ-CBS Boston*, 3 mar. 2022. Disponível em: boston.cbslocal.com/2022/03/03/child-left-alone-in-taxi-weston-dorchester-massachusetts-state-police-logan-airport/.
367 NILSSON, J. "'It Doesn't Have to Be Perfect': Honoring the Julia Child Centennial," *The Saturday Evening Post*, 11 ago. 2012. Disponível em: www.saturdayeveningpost.com/2012/08/julia-child/.
368 ROSS, L.; WARD, A. "Naïve Realism: Implications for Social Conflict and Misunderstanding," *in Values and Knowledge*, ed. Terrance Brown, Edward S. Reed, e Elliot Turiel. Mahwah, Nova Jersey: Lawrence Erlbaum Associates, jan. 1996, pp. 103–35.
369 GARRETT, B. "Coke's Water Bomb," *BBC News Online*, 1 jun. 2004, seção BBC Money Programme. Disponível em: news.bbc.co.uk/2/hi/business/3809539.stm.
370 MCCARTHY, M. "Pure? Coke's Attempt to Sell Tap Water Backfires in Cancer Scare," *Independent*, 20 mar. 2004, seção Ambiente. Disponível em: https://web.archive.org/web/20080522154932/http:/www.independent.co.uk/environment/pure-cokes-attempt-to-sell-tap-water-backfires-in-cancer-scare-567004.html.
371 SCOTT, T. "Why You Can't Buy Dasani Water in Britain" (vídeo), 9 mar. 2020, aos 9:58. Disponível em: www.youtube.com/watch?v=wD79NZroV88.
372 "Water World Braced for Dasani," *Grocer*, 5 set. 2003.
373 "Coke Recalls Controversial Water," *BBC News*, 19 mar. 2004. Disponível em: news.bbc.co.uk/2/hi/business/3550063.stm.
374 SCOTT, T. "Why You Can't Buy Dasani Water in Britain" (vídeo), 9 mar. 2020, aos 9:58. Disponível em: www.youtube.com/watch?v=wD79NZroV88.
375 Ibid.
376 WAYNE, A. "Obamacare Website Costs Exceed $2 Billion, Study Finds," *Bloomberg*, 24 set. 2014. Disponível em: www.bloomberg.com/news/articles/2014-09-24/obamacare-website-costs-exceed-2-billion-study-finds.
377 SCHLESINGER, L. A.; BHAYANI, P. D. "HealthCare.gov: The Crash and the Fix (A)," Harvard Business School, Caso 315-129, 9 jun. 2015 (revisado em 1 nov. 2016).
378 KENNY, B. "The Crash and the Fix of HealthCare.gov," *Cold Call* (podcast), n.d. Disponível em: https://hbr.org/podcast/2016/11/the-crash-and-the-fix-of-healthcare-gov.

379 SAFIAN, R. "President Obama: The Fast Company Interview," *Fast Company*, 15 jun. 2015. Disponível em: www.fastcompany.com/3046757/president-barack-obama-on-what-we-the-people-means-in-the-21st-century.
380 GOLDSTEIN, A. "HHS Failed to Heed Many Warnings That HealthCare.gov Was in Trouble," *The Washington Post*, 23 fev. 2016, seção Saúde & Ciência. Disponível em:https://www.washingtonpost.com/national/health-science/hhs-failed-to-heed-many-warnings-that-healthcaregov-was-in-trouble/2016/02/22/dd344e7c-d67e-11e5-9823-02b905009f99story.html..
381 SCHLESINGER, L. A.; BHAYANI, P. D. "HealthCare.gov: The Crash and the Fix (B)," Harvard Business School, 9 jun. 2015, p. 4.
382 BRILL, S. *America's Bitter Pill: Money, Politics, Backroom Deals, and the Fight to Fix Our Broken Healthcare System*. Nova York: Random House, 2015, p. 362.
383 Ibid. p. 2. Ver também BRILL, S. *America's Bitter Pill*, pp. 361–62.
384 MULLARD, A. "Parsing Clinical Success Rates," *Nature Reviews Drug Discovery*, v. 15, nº 447, 2016.

Capítulo 7: Compreensão de sistemas

385 DEMING, W. E. *Dr. Deming's Four Day Seminar*, Phoenix, Arizona, fev. 1993. Disponível em:https://deming.org/a-bad-system-will-beat-a-good-person-every-time/.
386 SANDOMIR, R. "Spencer Silver, an Inventor of Post-it Notes, Is Dead at 80," *The New York Times*, 13 maio 2021, seção Negócios. Disponível em: www.nytimes.com/2021/05/13/business/spencer-silver-dead.html.
387 FLAVELL-WHILE, C. "Spencer Silver and Arthur Fry: In Search of an Application," *Chemical Engineer*, 9 mar. 2018.
388 EDMONDSON, A. C. *A Fuller Explanation: The Synergetic Geometry of R. Buckminster Fuller*, Design Science Collection. Boston: Birkhäuser, 1987, cap. 2.
389 KATZ, E. A. "Chapter 13: Fullerene Thin Films as Photovoltaic Material," *in Nanostructured Materials for Solar Energy Conversion*, ed. Tetsuo Soga. Amsterdam: Elsevier, 2006, p. 363.
390 Alguns dos trabalhos que me influenciaram são KANTOR, D. e WILLIAM, L., *Inside the Family*. HarperCollins, 1976; FORRESTER, J. W., "Industrial Dynamics—after the First Decade," *Management Science*, v. 14, nº 7, 1968, pp. 398–415; SENGE, P. M., *A quinta disciplina: Arte e prática da organização que aprende*. Rio de Janeiro: BestSeller, 2013; SCOTT, W. R. e DAVIS, G. F., *Organizations and Organizing: Rational, Natural and Open Systems Perspectives*. Abingdon-on-Thames,

Oxfordshire, Reino Unido: Routledge, 2015; OSTROM, E., "A General Framework for Analyzing Sustainability of Social-Ecological Systems," *Science*, v. 325, nº 5939, 2009, pp. 419–22.

391 DIZIKES, P. "The Secrets of the System", *MIT News*, 3 maio 2012. Disponível em: https://news.mit.edu/2012/manufacturing-beer-game-0503.

392 LEE, H. L.; PADMANABHAN, V.; WHANG, S. "The Bullwhip Effect in Supply Chains," *MIT Sloan Management Review*, primavera de 1997, p. 11.

393 SENGE, P. M. *A quinta disciplina: Arte e prática da organização que aprende*. Rio de Janeiro: BestSeller, 2013.

394 Ibid.

395 WATERS, M. "Supply Chain Container Ships Have a Size Problem", *Wired*, 12 dez. 2021. Disponível em: https://www.wired.com/story/supply-chain-shipping-logistics/.

396 EBRAHIM, N. "Ever Given Container Ship Leaves Suez Canal 106 Days after Getting Stuck," *Reuters*, 7 jul. 2021. Disponível em: https://www.reuters.com/world/ever-given-container-ship-set-leave-suez-canal-2021-07-07/.

397 WATERS, M. "Supply Chain Container Ships Have a Size Problem," *Wired*, 12 dez. 2021. Disponível em: https://www.reuters.com/world/ever-given-container-ship-set-leave-suez-canal-2021-07-07/.

398 Ibid.

399 TUCKER, A. L.; EDMONDSON, A. C. "Why Hospitals Don't Learn from Failures: Organizational and Psychological Dynamics That Inhibit System Change," *California Management Review*, v. 45, nº 2, inverno de 2003, pp. 55–72. Disponível em: https://doi.org/10.2307/41166165.

400 SENGE, P. M. *A quinta disciplina: Arte e prática da organização que aprende*. Rio de Janeiro: BestSeller, 2013.

401 TUCKER, A. L.; EDMONDSON, A. C. "Why Hospitals Don't Learn from Failures: Organizational and Psychological Dynamics That Inhibit System Change," *California Management Review*, v. 45, nº 2, inverno de 2003, pp. 55–72. Disponível em: https://doi.org/10.2307/41166165.

402 U.S. Department of State. "Green Shipping Corridors Framework" (ficha informativa), 12 abr. 2022, *Gabinete do Porta-voz*. Disponível em: www.state.gov/green-shipping-corridors-framework/.

403 TON, Z. "The Case for Good Jobs," *Harvard Business Review*, 30 nov. 2017. Disponível em: https://hbr.org/2017/11/the-case-for-good-jobs.

404 ROSENTHAL, P. *Art Fry's Invention Has a Way of Sticking Around* (podcast), Smithsonian Lemelson Center, 13 jun. 2008. Disponível em: https://invention.si.edu/podcast-art-frys-invention-has-way-sticking-around.

405 FLAVELL-WHILE, C. "Spencer Silver and Arthur Fry: In Search of an Application," *Chemical Engineer*, 9 mar. 2018.

406 SANDOMIR, R. "Spencer Silver, an Inventor of Post-it Notes, Is Dead at 80," *The New York Times*, 13 maio 2021, seção Negócios. Disponível em: https://www.nytimes.com/2021/05/13/business/spencer-silver-dead.html.

407 ROSENTHAL, P. *Art Fry's Invention Has a Way of Sticking Around* (podcast), Smithsonian Lemelson Center, 13 jun. 2008. Disponível em: https://invention.si.edu/podcast-art-frys-invention-has-way-sticking-around.

408 LEHRER, J. *Imagine: How Creativity Works*, 1. ed. Nova York: Houghton Mifflin, 2012.

409 ROSENTHAL, P. *Art Fry's Invention Has a Way of Sticking Around* (podcast), Smithsonian Lemelson Center, 13 jun. 2008. Disponível em: https://invention.si.edu/podcast-art-frys-invention-has-way-sticking-around.

410 Ibid.

411 Ibid.

412 DUGUID, S. "First Person: 'We Invented the Post-it Note,'" *Financial Times*, 3 dez. 2010.

413 "Arthur L. Fry: How Has He Transformed the Scene?," *Minnesota Science & Technology Hall of Fame*. Disponível em: https://www.msthalloffame.org/arthur_l_fry.htm. Acesso em: 18 jun. 2022.

414 SPEAR, S.; BOWEN, H. K. "De-coding the DNA of the Toyota Production System", *Harvard Business Review*, 1 set. 1999, p. 3. Disponível em: https://hbr.org/1999/09/decoding-the-dna-of-the-toyota-production-system.

415 FISHMAN, C. "No Satisfaction at Toyota," Fast Company, 1 dez. 2006. Disponível em: https://www.fastcompany.com/58844/no-satisfaction-toyota.

416 Ibid.

417 Ibid.

418 EDMONDSON, A. C. "The Role of Psychological Safety: Maximizing Employee Input and Commitment," *Leader to Leader 2019*, nº 92, primavera de 2019, pp. 13–19.

419 MORATH, J. M.; TURNBULL, J. E. *To Do No Harm: Ensuring Patient Safety in Health Care Organizations*, com o prefácio de Lucian L. Leape. São Francisco: Jossey-Bass, maio 2005.

420 "Julianne M. Morath," *MedStar Health: Advisory Board Bios*. Disponível em: https://www.medstarhealth.org/innovation-and-research/institute-for-quality-and-safety/about-us/advisory-board/julianne-m-morath. Acesso em: 17 jun. 2022.

421 EDMONDSON, A. C.; ROBERTO, M. E.; TUCKER, A. "Children's Hospital and Clinics (A)", Harvard Business School, Caso 302-050, nov. 2001 (revisado em set. 2007), p. 7.

422 Ibid.

423 Ibid.

424 EDMONDSON, A. C. "The Role of Psychological Safety: Maximizing Employee Input and Commitment", *Leader to Leader*, nº 92, primavera de 2019, p. 14.

425 EDMONDSON, A. C. *A organização sem medo: Criando segurança psicológica no local de trabalho para aprendizado, inovação e crescimento*. Rio de Janeiro: Alta Books, 2021.

426 EDMONDSON, A. C.; ROBERTO, M. E.; TUCKER, A. "Children's Hospital and Clinics (A)", Harvard Business School, Caso 302-050, nov. 2001 (revisado em set. 2007), p. 4.

427 Ibid.

428 Ibid.

429 Ibid.

Capítulo 8: Prosperando como um ser humano falível

430 Esta história foi retirada da biografia excelente escrita por Tilar J. Mazzeo de *A viúva Clicquot: A história de um império do champanhe e da mulher que o construiu*. Rio de Janeiro: Rocco, 2009.

431 Ibid. p. 239.

432 GEILING, N. "The Widow Who Created the Champagne Industry", *Smithsonian Magazine*, 5 nov. 2013. Disponível em: https://www.smithsonianmag.com/arts-culture/the-widow-who-created-the-champagne-industry-180947570/.

433 BRADLEY, A. "The Privilege of Mediocrity," *The New York Times*, 30 set. 2021. Disponível em: https://www.nytimes.com/2021/09/30/t-magazine/mediocrity-people-of-color.html.

434 Ibid.

435 "James West: Digital Archive", *HistoryMakers*. Disponível em: www.thehistorymakers.org/biography/james-west. Acesso em: 23 out. 2023.

436 CHEPLYGINA, V. "How I Fail S02E08—Jen Heemstra (PhD'05, Chemistry)", *Dr Veronika CH* (blog), 8 jan. 2021. Disponível em: https://veronikach.com/how-i-fail/how-i-fail-s02e08-jen-heemstra-phd05-chemistry/.

437 Ibid.

438 Ibid.

439 NELSON, N.; MALKOC, S. A.; SHIV, B. "Emotions Know Best: The Advantage of Emotional versus Cognitive Responses to Failure", *Journal of Behavioral Decision Making*, v. 31, nº 1, jan. 2018, pp. 40–51. Disponível em: https://doi.org/10.1002/bdm.2042.

440 HEEMSTRA, J. M. *et al.* "Throwing Away the Cookbook: Implementing Course--Based Undergraduate Research Experiences (CUREs) in Chemistry", *in ACS Symposium Series 1248*, eds. Rory Waterman e Andrew Feig. Washington, D.C.: American Chemical Society, 2017, pp. 33–63. Disponível em: https://doi.org/10.1021/bk-2017-1248.ch003.

441 HALBERSTAM, J. *The Queer Art of Failure*. Durham, Carolina do Norte: Duke University Press, 2011.

442 Ibid. p. 51.

443 Ibid. p. 60.

444 CANFIELD, D. "There Has Never Been a Show Like *RuPaul's Drag Race*", *Vanity Fair*, 27 ago. 2021. Disponível em: www.vanityfair.com/hollywood/2021/08/awards-insider-rupauls-drag-race-emmy-impact.

445 RAMOS, D.-R. "'*RuPaul's Drag Race*' Season 13 Premiere Slays as Most-Watched Episode in Franchise's History", *Deadline* (blog), 4 jan. 2021. Disponível em: https://deadline.com/2021/01/rupauls-drag-race-season-13-premiere-vh1-ratings-most-watched-episode-1234664587/; ADGATE, B. "Ratings: The 2020–21 NBA Season in Review and a Look Ahead", *Forbes*, 21 jul. 2021. Disponível em: https://www.forbes.com/sites/bradadgate/2021/07/21/the-2020-21-nba-season-in-review-and-a-look-ahead/.

446 BURNELL, S. J. B. "PETIT FOUR", *Annals of the New York Academy of Sciences*, v. 302, nº 1 (Eighth Texas Symposium on Relativistic Astrophysics, dez. 1977), pp. 685–89. Disponível em: https://doi.org/10.1111/j.1749-6632.1977.tb37085.x.

447 PINK, D. H. *O poder de se arrepender: Como avaliar o passado para seguir adiante*. Rio de Janeiro: Objetiva, 2022.

448 Ibid.

449 CURRAN, T.; HILL, A. P. "Perfectionism Is Increasing over Time: A Meta-Analysis of Birth Cohort Differences from 1989 to 2016", *Psychological Bulletin*, v. 145, nº 4, abr. 2019, pp. 410–29. Disponível em: https://doi.org/10.1037/bul0000138.

450 GRANT, A. "Breaking Up with Perfectionism", entrevista com Thomas Curran e Eric Best, *WorkLife with Adam Grant* (TED podcast), 3 maio 2022. Disponível em: https://www.ted.com/podcasts/worklife/breaking-up-with-perfectionism-transcript.

451 Ibid.
452 NELSON, N.; MALKOC, S. A.; SHIV, B. "Emotions Know Best: The Advantage of Emotional versus Cognitive Responses to Failure", *Journal of Behavioral Decision Making*, v. 31, nº 1, jan. 2018, pp. 40–51. Disponível em: https://doi.org/10.1002/bdm.2042.
453 DALIO, R. (@RayDalio). "Everyone Fails. Anyone You See Succeeding Is Only Succeeding at the Things You're Paying Attention To", X, 20 out. 2022, às 10h06. Disponível em: https://x.com/RayDalio/status/1583097312163004417.
454 SUKEL, K. *The Art of Risk: The New Science of Courage, Caution, and Change*. Washington, D.C.: National Geographic Society, 2016.
455 BLAKELY, S. "How Spanx Got Started," *Inc*. Disponível em: www.inc.com/sara-blakely/how-spanx-got-started-spanx.html.
456 ELKINS, K. "The Surprising Dinner Table Question That Got Billionaire Sara Blakely to Where She Is Today", *Business Insider*, 3 abr. 2015. Disponível em: https://www.businessinsider.com/the-blakely-family-dinner-table-question-2015-.
457 DUCKWORTH, A. *Garra: O poder da paixão e da perseverança*. Rio de Janeiro: Intrínseca, 2016.
458 MAKINSON, R. "How Spanx Founder Sara Blakely Created a Billion-Dollar Brand", *CEO Today* (blog), 28 out. 2021. Disponível em: www.ceotodaymagazine.com/how-spanx-founder-sara-blakely-created-a-billion-dollar-brand/.
459 "About", *Spanx by Sara Blakely Foundation* (blog). Disponível em: www.spanx.com/about/. Acesso em: 27 jun. 2022.
460 DUCKWORTH, A. L. et al. "Grit: Perseverance and Passion for Long-Term Goals", *Journal of Personality and Social Psychology*, v. 92, nº 6, 2007, pp. 1087–101. Disponível em: https://doi.org/10.1037/0022-3514.92.6.1087.
461 KNOPPER, R. "About." Disponível em: www.robknopper.com/about-3.
462 KNOPPER, R. "What My Practice Journal Looks Like", *Auditionhacker* (blog), 25 jun. 2016. Disponível em: www.robknopper.com/blog/2016/6/25/what-my-practice-journal-looks-like.
463 KNOPPER, R. "What to Do When You Have a Disastrous Snare Drum Performance", *Percussionhacker* (blog), 4 mar. 2018. Disponível em: www.robknopper.com/blog/2018/3/4/pg0qmqdy07akmm6cmh8q8i1ysus4s1.
464 WITVLIET, C. V. O. et al. "Apology and Restitution: The Psychophysiology of Forgiveness after Accountable Relational Repair Responses", *Frontiers in Psychology*, v. 11, 13 mar. 2020, p. 284. Disponível em: https://doi.org/10.3389/fpsyg.2020.00284.

465 SCHUMANN, K. "The Psychology of Offering an Apology: Understanding the Barriers to Apologizing and How to Overcome Them", *Current Directions in Psychological Science*, v. 27, nº 2, 2018, pp. 74-78. Disponível em: https://doi.org/10.1177/0963721417741709.

466 Ibid.

467 Ibid.

468 CARTER, C. "The Three Parts of an Effective Apology", *Greater Good*, 12 nov. 2015. Disponível em: https://greatergood.berkeley.edu/article/item/the_three_parts_of_an_effective_apology.

469 DOLLINGER, M. "Starbucks, 'the Third Place,' and Creating the Ultimate Customer Experience", *Fast Company*, 11 jun. 2008. Disponível em: https://www.fastcompany.com/887990starbucks-third-place-and-creating-ultimate-customer-experience.

470 HAUSER, C. "Starbucks Employee Who Called Police on Black Men No Longer Works There, Company Says", *The New York Times*, 16 abr. 2018, seção Estados Unidos. Disponível em: www.nytimes.com/2018/04/16/us/starbucks-philadelphia-arrest.html.

471 WEISSMAN, C. G. "Equifax Wants You to Enter Your Social Security Number Here to Find Out If It Was Hacked", *Fast Company*, 7 set. 2017. Disponível em: www.fastcompany.com/40464504/equifax-wants-you-to-enter-your-social-security-number-here-to-find-out-if-it-was-hacked.

472 OREMUS, W. "Marissa Mayer Personally Apologizes for Yahoo Mail Debacle", *Slate*, 16 dez. 2013. Disponível em: https://slate.com/technology/2013/12/marissa-mayer-apology-yahoo-mail-ceo-says-she-was-sorry-for-the-email-outage.html; Veja também MAYER, M. (@marissamayer). "An Important Update for Our Users", 11 dez. 2013, às 14h31. Disponível em: https://x.com/marissamayer/status/410854397292593153.

473 BENDERY, J. "Kathleen Sebelius Takes Blame for Obamacare Glitches While Being Grilled by Marsha Blackburn", *HuffPost*, 30 out. 2013. Disponível em: www.huffpost.com/entry/kathleen-sebelius-marsha-blackburn_n_4177223.

474 TODD, C. "Exclusive: Obama Personally Apologizes for Americans Losing Health Coverage", *NBC News*, 7 nov. 2013. Disponível em: https://www.nbcnews.com/news/us-news/exclusive-obama-personally-apologizes-americans-losing-health-coverage-flna8c11555216.

475 HSU, T. "Neiman Marcus Says Social Security Numbers, Birth Dates Not Stolen", *The Los Angeles Times*, 16 jan. 2014. Disponível em: www.latimes.com/business/la-xpm-2014-jan-16-la-fi-mo-neiman-marcus-breach-20140116-story.html.

476 MCCLUSKEY, M. "Dan Harmon Gives 'Full Account' of Sexually Harassing Community Writer Megan Ganz", *Time*, 11 jan. 2018. Disponível em: https://time.com/5100019/dan-harmon-megan-ganz-sexual-harassment-apology/.

477 TELLER, A. "Tips for Unleashing Radical Creativity", *X, the moonshot factory* (blog), 12 fev. 2020. Disponível em: https://blog.x.company/tips-for-unleashing-radical-creativity-f4ba55602e17.

478 TELLER, A. "The Unexpected Benefit of Celebrating Failure," *TED Talk*. Disponível em: www.ted.com/talks/astro_teller_the_unexpected_benefit_of_celebrating_failure.

479 "Waymo: Transforming Mobility with Self-Driving Cars." Disponível em: https://x.company/projects/waymo/. Acesso em: 16 jun. 2022.

480 TELLER, A. "Tips for Unleashing Radical Creativity", *X, the moonshot factory* (blog), 12 fev. 2020. Disponível em: https://blog.x.company/tips-for-unleashing-radical-creativity-f4ba55602e17. Acesso em: 16 jun. 2022.

481 BROOKS, A. W. et al. "Mitigating Malicious Envy: Why Successful Individuals Should Reveal Their Failures", *Journal of Experimental Psychology: General*, v. 148, nº 4, abr. 2019, pp. 667–87. Disponível em: https://doi.org/10.1037/xge0000538.

482 STEFAN, M. "A CV of Failures", *Nature*, v. 468, nov. 2010, p. 467. Disponível em: https://doi.org/10.1038/nj7322-467a.

483 HAUSHOFER, J. "Johannes Haushofer Personal Page." Disponível em: https://haushofer.ne.su.se/. Acesso em: 18 jun. 2022.

484 YOUNG, J. R. "Encouraging Teachers to Share Their Mistakes on Stitcher," *EdSurge* (podcast), 19 out. 2021. Disponível em: https://listen.stitcher.com/yvap/?af_dp=stitcher://episode/87639474&af_web_dp=https://www.stitcher.com/show/edsurge-on-air/episode/encouraging-teachers-to-share-their-mistakes-87639474.

485 HARPER, J. "Pandemic Lesson #2: I Pushed My Teachers Too Hard; in Fact, I Pushed Some over the Edge", *My BAD* (podcast). Disponível em: https://podcasts.apple.com/us/podcast/pandemic-lesson-2-i-pushed-my-teachers-too-hard-in/id1113176485?i=1000508349340. Acesso em: 27 jun. 2022.

486 "Failure Institute: About Us", *Failure Institute*. Disponível em: https://www.thefailureinstitute.com/about-us/. Acesso em: 18 jun. 2022.

487 MORAN, G. "Fostering Greater Creativity by Celebrating Failure", *Fast Company*, 4 abr. 2014. Disponível em: www.fastcompany.com/3028594/a-real-life-mad-man-on-fighting-fear-for-greater-creativity.

488 SHELLENBARGER, S. "Better Ideas through Failure", *The Wall Street Journal*, 27 set. 2011, seção Carreiras. Disponível em: https://online.wsj.com/article/SB10001424052970204010604576594671572584158.html.

489 MUKUNDAN, R.; NANDY, S.; ARORA, R. "'Dare to Try' Culture Change at Tata Chemicals", *HQ Asia*, v. 3, 2012, pp. 38–41.
490 "Building a Better Workplace", *Partnership for Public Service*. Disponível em: https://ourpublicservice.org/about/impact/building-a-better-workplace.

Índice

Os números de página em *itálico* se referem às ilustrações. Os números de página a partir da 297 se referem às notas.

A
A arte queer do fracasso (Halberstam), 266-267
A quinta disciplina (Senge), 233
ação iterativa, 75, 76-79, 88
acidentes de avião, 97-98, 124, 125-126, 143-147, 160-161, 166, 223
acidentes de ônibus, 100
acidentes nas estradas, 104-105
acidentes normais, 149-150
ácido fólico, 92
acoplamento, 229
    em hospitais, 152-153
    no modelo de Perrow, 150-152, *151*
adaptações, 272-274
adesivos, 227-228
Adewumi, Tanitoluwa, 118
adolescentes, 47, 161, 183, 289-290
Affordable Care Act (ACA), 217-219
Ager, David, 162
água Dasani, 215-216
água engarrafada, 215-216
Airbus, 145
"ajuste que falha", 235-237, 243
alarmes falsos, 161-164

Alcoa, 114-116, 167
Alcott, Louisa May, 7
Alexandre I, czar da Rússia, 262
Alimta, 92
Alphabet (empresa), 71, 284-285
Amazon.com, 108
ameaças ambíguas, 157, 158, 159, 161
    amplificação, 162-163, 166-167
    vigilância *versus* amplificação de, 163
amígdala, 42-43, 46, 92, 176-177, 192
análise de falhas:
    egocêntrica, *76*
    ignorar a, *76*
    superficial, 75, *76*, 105
Anderson, Patty, 33-34
anonimato ao relatar erros, 115
ansiedade, 41
Apple, 87, 231
aprender *versus* saber, 173, 186-187, 196, 199
Argyris, Chris, 189, 196, 198-199
arrependimentos, 268-269
arriscar, 25, 46-47, 80, 176, 177-178, 187
assistente de vagão, Brotherhood of Sleeping Car Porters, 79

AstraZeneca, 102
Atal, Bishnu, 70
atendimentos telefônicos, 70
atletas, 39-40, 118
Attrill, Martin, 156-157
autoconsciência, 41, 200
autocrítica, 40
autoestima, 39, 176, 181, 182-183, 186, 194, 280
autoflagelação, 40
autogestão, 27
autoimagem, 112, 280
autoproteção, 174, 176, 186, 189, 280, 284
avaliação, sistemas de *versus* sistemas de aprendizagem, 119
aversão, 35-42, *50*
aversão à perda, 37, 176
Awbery, Sarah, 68

B
Baldwin, Alec, 136-137, 138
Bell Burnell, Jocelyn, 64-65, 69, 82, 267-268
Bell Labs, 70, 81-83, 89, 265
Berman, Ben, 166, 224-226, 284
Best, Eric, 270
Bezos, Jeff, 108
Biles, Simone, 185
bitcoin, 148, 315
Blakely, Sara, 275-276
Bloomberg, 95-96
Boeing 737 MAX, 143-147, 161, 166
Boeing, empresa de aeronaves, 143-147, 159, 166
Boer, Giny, 286
Bohmer, Richard, 159
Bohne, Louis, 260, 262

bônus de falha, 71
Bowen, Kent, 248-249
Bradley, Adam, 264-265
branquitude, 264
Breault, Henri, 126
Breeden, Jake, 272-273
bridge (jogo de cartas), 193-194, 270, 272
Bridgewater Associates, 171-173, 318
Brighton College, 67-68
British Petroleum, 142
Brown, Annie, 54
Brown, Brené, 181-182, 185
Brown, Joseph, 54
Brown, Tim, 88
buckminsterfulereno (buckyballs), 228-229
Bugge, Ashley, 140
Bugge, Brian, 139-140, 157
Bulli, El, 83

C
C&A, 286
cadeias de suprimentos, 109, 147, 223, 231-235, 239
Cadillac, 288
"caixas-pretas" em aviões, 125
camarão, 84-85
campos de concentração, 186-187
cânulas, 53
carros, 122-123
carros autônomos, 285
causa e efeito, 236
cenário das falhas, *224*
Centro Nacional de Fatores Humanos em Saúde, 124
Centros de Controle e Prevenção de Doenças (CDC), Estados Unidos, 104
certeza, 49-50, 206

Chamorro-Premuzic, Tomas, 176
champanhe, 260-263, 291
Checklist: Como fazer as coisas bem-feitas (Gawande), 97, 124
Cheplygina, Veronika, 265
Child, Julia, 210
Children's Hospital and Clinics (Mineápolis), 252-256, 284
Cho, Fujio, 249-250
Churchill, Winston, 15
ciência, tecnologia, engenharia e matemática (STEM), 67, 266
cientistas:
    comunidades de, 249
    falha inteligente e, 59-63
circulação cruzada, 53-54
cirurgia cardíaca, 33-35, 52-57, 180
Citibank, 95-96
clampe do balão, 55-56
Clearfield, Chris, 149, 150
Clicquot, Barbe-Nicole Ponsardin, 259-263, 275, 290-291
Clicquot, François, 259-260
Clicquot, Philippe, 261
Coca-Cola, 215-216
codificação, 123-125, 127
codificação preditiva linear, 70
código azul, 162-164
Cohen, Jonathan, 189-190, 198
colapsos de edifícios, 105-107, 138-139, 141, 158
Columbia Accident Investigation Board (CAIB), 159
Community (programa de TV), 283
complexidade interativa, 229
    em hospitais, 152-153
    no modelo de Perrow, 150-152, *151*

comportamento organizacional, 11, 12, 16, 24, 107, 178
condomínio Champlain Towers South, 107, 138-139, 141, 158
confiança, 41, 207
ver também excesso de confiança
confiança, erros e, 113
confusão, 35, 42-46, *51*, 56-57
consciência contextual, 205, 223
consciência sistêmica, 200, 228, 230-231
consciência situacional, 200, 213-219, 226, 260-261
consequencialidade, três dimensões da, *212*
contextos, 42-43, 201-209, 213-226, *213*
    certeza e incerteza em, 49-50, 204-206, 260-261
    chamando a atenção para, 284-285
    consistentes, 42-43, *44*, 206-208, *213*, 220, 222-223, *224*
    má interpretação de, 203
    novos, 42-43, *44*, 206-208, 209, *213*, 217-219, 221-223, *224*
    o que é conhecido, 204
    o que está em jogo, 204
    preparação e, 224-226
    relação com falhas, 219-224, *224*
    transitando por, *213*
    variáveis, 42-43, *44*, 206-208, *213*, 215-216, 218, 220-221, 223, *224*
contratos garantidos por hipotecas, 158-159
córtex, 192
Cozinha Seca, 86
cozinhando, 83-86, 123
crianças, 15, 37-38, 67-68, 76-77, 101, 119-120, 123, 134, 163, 187-188, 229-230, 237, 239, 244, 251, 270, 275, 277-278

Crown Center Redevelopment Corporation, 107
Crystal Pepsi, 69
cuidado, 110
Culinária de Reaproveitamento, 86
culpa, 51-52, *51*, 60, 92, 133-135, 173-174, 219, 253
   erros fundamentais de atribuição e, 112, 278
   esquivar-se da, 37-38
   prevenção de falhas e, 139-141
   responsabilidade *versus*, 135, 278-279
culpa *versus* vergonha, 181-182
cultura heteronormativa, 267-268
curiosidade, 70, 80-81, 92, 172, 186, 189
Curl, Robert, 229
Curran, Thomas, 269-270

D

Dalio, Ray, 171-173, 175, 198, 271
Dare to Try Award, 289
Dayton, Douglas, 87-91
declaração de enquadramento, 225
defeito do septo ventricular (DSV), 53-54
defensividade, 186, 189, 254, 280
Deming, W. Edwards, 227
Dennis, Clarence, 33-36, 52, 54
Departamento de Defesa, Estados Unidos, 158
Departamento de Justiça, Estados Unidos, 146
departamentos de pesquisa e desenvolvimento, 43, 63, 206
depressão, 41, 185, 269
derramamentos de óleo, 131-134, 136, 137, 141-142, 149, 156-157
derrame, 195-196

desafio, 51, *51*
desatenção, 51, *51*, 96, 101, 102-105, 126-127
desconto hiperbólico, 122-123, 127, 235
desculpas, 279-284
designers de software, 127
Detert, James, 177-178
Dickerson, Mickey, 219
dignidade, funcionários tratados com, 115
Dimmock, Aaron, 164-166
dinâmica de solução simples, 240, *240*
dinâmica sistêmica, 236
direção, álcool e, 119-120, 161
discernimento, 290-292
diversidade, equidade e inclusão, 264-268, 281-282
DNA, 59-62
dor, social e física, 46
Dubner, Stephen, 122
Duckworth, Angela, 275-276, 289-290
Duhigg, Charles, 114, 116
Duncan, Arne, 188
Dweck, Carol, 77, 187-188, 250, 280

E

E*Trade, 288
Edison, Thomas A., 59, 63-64
efeito chicote, 232-233
Eisenberger, Naomi, 46
Eisenmann, Thomas, 68
Eli Lilly, 71, 88, 92, 288
Ellis, Albert, 191
Em busca de sentido (Frankl), 186-187
Emergent BioSolutions, 102, 104
emoções, aprendendo com, 266

Índice

empresas do Vale do Silício, 21, 42, 87, 219, 246
encontros arranjados, 21, 51, 65-67, 70-71, 74
enfermeiros, 238-240, 252-256
enquadramento, *ver* reenquadramento/reformulação
equidade, 264-268, 281-282
Equifax, 147, 282
erros:
    abraçando os, 111-113
    anonimato nos relatórios, 121
    aprendendo com, 97, 118-119
    assumindo, 113
    aversão a, 111-112
    conhecimento e, 202, 204
    definição de, 26, 62, 96-97
    design e, 127
    e construção de confiança, 113
    erros fundamentais de atribuição, 112, 278
    identificando, 116-118
    julgamento, 109-110
    natureza não intencional de, 99
    poka-yoke e, 126-127
    punição de, 99
    reais *versus* detectados, 24*n*
    repercussões de, 97
    segurança psicológica e relatos de, 21-26, 47-48, 113, 114-116
erros de julgamento *versus* pressupostos equivocados, 109-110
erros fundamentais de atribuição, 112, 278
erros médicos, 13, 17-20, 120, 149-150, 152
esforço, relação com o sucesso, 45

esgotamento (burnout), 24-25, 241, *242*
Eskreis-Winkler, Lauren, 178-180
esmerilhadeiras angulares, 214-215
Esopo, 163
especialização e, 229, 256
esqui, 76-77
esquivar-se, *49*
esternotomia mediana, 55, 56
estresse, 49
evitabilidade, incerteza e, 96
evolução, 46
excesso de confiança, 96, 101, 107-109, 126-127, 137
exersidrador, 78
experimentação, *51*, 79-91, 203-204, 210-211, *213*

F

fabricante de colchões Simmons, 87, 89-91
fábricas, 151, *151*
Facebook, 183
fadiga, 50-51, 104-105
em pilotos, 17-18, 226
Failure Fridays, 286
Failure Institute, 287-288
falácia dos custos irrecuperáveis, 71, 175-176
falhas:
    alívio quando alguém falha, 38
    análise de, 39, 74-79, *76*, 105
    aprender com, 27, 49-50, 74-79, *76*, 97, 178-181, 198-199
    aversão emocional a, 27, 35-42, 43-44, 46-48, 57, 88, 92, 174-178, 179-180, 182, 197, *197*, 202-203, 278
    boas, definição de, 26

causas de, *51*
coletando dados de, 74-75
como combustível, 39-40
compartilhando lições das, 49-50, 179-180, 285-288
culpáveis, 50-52, *51*, 60, 92, 133-135
culturas saudáveis de, *290*
CV de, 286-287
da autora, 11-13, 19-20, 21-24
definição de, 26
desestigmatizando, 49
escondendo, *39*
estigma social das, 35, 49
evitáveis, 16, 25, 28, 48, 91-92, 96, 99, 104, 108, 111, 143-144, 177-178, 204, 207, 213-219, 234-235, 252, 256, 277, 278
fora da diagonal, 222-224, *224*
humor e, 62
louváveis, 50-52, *51*, 60
normalizando, 60
novas, 52-53
padrões altos e, 48-49, *49*
pensamento flexível e, 82
poder e, 38
privilégio e, 264-268
proibições de, 43-46
recompensando, 288-290
reenquadramento/reformulação de, 40-41, *50*, 57, 74, 166, 181, 182, 186-190
relação de contextos com, 219-224, *224*
reputação e, 71
tempo e recursos consumidos por, 71
tipologia das, 16, 43
tipos de, distinguindo, 35, 49-50, *50*

falhas bancárias, 95-96
falhas básicas, 44, *44*, 45, 95-129, *96*, 220, *224*
à prova de falhas, 126-127
aprendendo com, 97
causas únicas de, 101-102
codificação e, 123-125, 127
como mais evitáveis, 111
contextos previsíveis e, 220
desatenção e, 96, 101, 102-105, 126-127
erros e, 99-100
excesso de confiança e, 96, 101, 107-109, 126-127, 137
falhas complexas *versus*, 102, 107, 134-135
falhas inteligentes *versus*, 75, 78-79, 96, 101, 110-111
levando ao sucesso, 128
listas de verificação e, 97-98, 124
manutenção preventiva de, 122-124
negligência e, 96, 101, 105-107
pressupostos equivocados e, 96, 109-110, 127
prevenção de, 95-96, 97-98, 111-129, 277
reconhecendo, 100-102
segurança psicológica e, 48-50, 50
sistemas de prevenção de, 119-127
território conhecido e, 100-101
falhas complexas, *44*, 45, *96*, 124, 131-167, 207, 220-221, *224*
acoplamento e, 150-153, *151*
alarmes falsos e, 161-164
aprendendo com, 156-157
complexidade interativa e, 150-152, *151*, 229

configurações familiares e, 136-137, 143-144
culpa e prevenção de, 139-140
desdobramento lento de, 143-147
excesso de confiança e, 137
falhas básicas versus, 102, 107, 135
falhas inteligentes vs., 136
fatores externos e, 139-140
identificação e correção de, 164-166
janelas de recuperação e, 160-161
modelo do queijo suíço e, 154-155
natureza multicausal de, 138-139, 144, 229
número crescente de, 147-149
praticando para, 167
prevenção e redução de, 38-39, 143-144, 155-167, 277
sinais de alerta de, 140-141
sinais de alerta precoces de, 157-160
sistemas e, 149-155
falhas inteligentes, 20-21, 44-45, *44*, 62-76, *96*, 221-222, 223, *224*, 247, 263
ação e, 76-79
aprendendo com, 38-39, 74-79, *73*, 76
brincadeira e, 68
cientistas e, 59-63
como base para a ação iterativa, 75, 76-79, 88
como não evitáveis, 91-92
custos irrecuperáveis e, 71
em ambientes educacionais, 67-68
erros versus, 21
estratégia de falha inteligente, 76-79
falhas básicas versus, 20, 75, 79, 96, 100-102
falhas complexas versus, 135

guiadas por oportunidades, 67-68, *73*, 172
inovação e, 21, 84
mindset de crescimento e, 77
natureza que não se repete, 48-50, 71-72
pensamento original e, 66
preparação guiada por hipóteses e, 59-63, 68-70
quatro atributos principais de, 62-73, *73*, 172
segurança psicológica e, 48-50, *50*
tamanho pequeno de, 63, 70-73, *73*, 172
território novo/desconhecido e, 62-67, *73*, 136, 172, 202-203
testes com projetos-piloto e, 72-73
falhas processuais, 238-240, *242*, 243
"falhe rápido, falhe com frequência", 42, 68-69, 87-88, 110-111
falibilidade de humanos, 16, 25-26, 27, 29, 42, 111, 113, 118, 154, 264-276, 278, 279, 286, 291
famílias, segurança psicológica em, 48, 119-120, 161
Fast Company, 249
Federal Aviation Administration (FAA), 121, 143
Ferraro, Stefano, 84
ferrovias, *151*
festas para comemorar falhas, 71-72, 92, 288
Field, Mark, 120
Finkelstein, Sydney, 38
Fishbach, Ayelet, 178-180
fones de ouvido, 81-82
Forbes, 74, 108, 184, 275

Força Aérea, Estados Unidos, 119, 192
Ford Edge, 120
Ford Motor Company, 120-121
Forrester, James, 35
Forrester, Jay, 231, 233
Fourneaux, Alexandre Jérôme, 261
Foushee, H. Clayton, 18, 223
Frankl, Viktor E., 171, 186-187, 198
frasco de comprimidos, 126
Freakonomics (podcast), 122
Frebel, Thomas, 85
Frost, Natasha, 144-145
Fry, Arthur, 245-248
Fuckup Nights, 287-288
Fuller, Buckminster, 12, 229
função de desfazer, 127
função de salvamento automático, 127
fundos hedge, 318

G
gabar-se, 250, 286
Ganz, Megan, 283
garra, 275-276, 289-290
gastronomia molecular, 83
Gattaca (filme), 60, 301
Gawande, Atul, 97, 124
General Electric, 78
gerenciamento de recursos de tripulação (CRM), 18-19, 125-126
Gibbon, John, 54
Gillum, Jack, 106-107
Gino, Francesca, 180
Glaeser, Edward, 122-123
Glidden, Gregory, 53-54
Glidden, Lyman, 53
glioxal, 61
Goleman, Daniel, 174

Good Catch Logs, 255
Google, 71, 219, 246, 289
Grã-Bretanha, 142
Grant, Adam, 186, 270
Gretzky, Wayne, 39
Grey Advertising, 288-289
Grocer (revista), 216
Gutierrez-Reed, Hannah, 136-137

H
Hackman, Richard J., 19, 22, 23
Halberstam, Jack, 266-267
Halls, David, 136-137
Harmon, Dan, 283
Harmontown (podcast), 283
Harper, Jon, 287
Harvard Business School, 38, 87, 231
Harvey, Sam, 67
Haushofer, Johannes, 286-287
Havens Steel Company, 106
Hawkins, Stephen J., 141
HealthCare.gov, 217-219, 282
Heemstra, Jennifer, 59-62, 67, 89, 223, 265-266
Heroic Failure Award, 288-289
Hewish, Antony, 55, 267-268
hipóteses, falha inteligente e, 59-63
hobbies, 272
Hoge, James, 78
Holmes, Elizabeth, 110
horário de verão, 105
hospitais:
    acoplamento fraco em, 152-153
    erros em, 17-20, 120, 124, 149-150, 152, 238-240, 252-256
    times de resposta rápida (TRR) em, 162-164

pensamento sistêmico em, 252-256
Hospital Universitário (Minnesota), 33
Howells, James, 147-148, 315
humildade, 29, 172-173
Hunt, Melissa, 184
Hutchins, Halyna, 136, 138, 157, 160
Hyatt Regency Hotel, Kansas City, Missouri, 106-107

I
IBM, 54
identificar e corrigir, 164-166
IDEO, 87-91, 209, 246, 249, 286, 305
Ilhas Sorlingas, 132
incapacidade, 51, *51*
incerteza, *51*, 51-52, 204-206, 220, 260-261
    evitabilidade e, *96*
inclusão, 264-268, 281-282
injetores de insulina, 88
inovação:
    falhas inteligentes e, 20-21, 83
    segurança psicológica e, 25, 47-48
    sistemas corporativos e, 88-91, 289
Instagram, 183
Institutos Nacionais da Saúde (NIH), 17
insuficiência cardíaca, 162-164, 277
interação polegar para cima/polegar para baixo, 87-88
interdependência, 45-46, 148
inveja maliciosa, 285-286

J
janelas de recuperação, 160-161
jardineiros, 70
Jennings, John, 265
jidoka, 116-117

jogar para ganhar, 194-195, 261, 271, 284
Jogo da Cerveja, 231-235, 241, 248, 256
Johnson & Johnson, 102-104
Jones, Jacqueline, 53
Journal of Social and Clinical Psychology, 184
Judge, Sheryl, 34-35

K
Kahneman, Daniel, 37, 176
Katz, Karen, 283
Kelley, David, 87-88, 305
Kennedy, Robert F., 33, 35
Kickstarter, 68
King, Billie Jean, 259
Kitslaar, Benjamin, 287
Knight, John Peake, 77
Knopper, Rob, 277
Know What You Don't Know (Roberto), 164
Knutson, Steve, 61-62, 69-70
Kroto, Harold, 229

L
Labirinto Elétrico, 201-204, 210, 212
laboratórios, 21, 43-44, *44*, 59-64, 223
laboratórios X, 71, 284-285, 289
lâmpadas incandescentes, 63
Lancet, 108
Langley Research Center, 79
Lean Forward, Fail Smart Award, 289
Leape, Lucian, 17-19, 22, 23, 281
"Learning from Mistakes Is Easier Said Than Done" (Edmondson), 13
Lee Kum Kee, 128
Lee Kum Sheung, 128
Lee, Fiona, 203-204

Lewis, F. John, 53
liderança:
    não hierárquica, 55-57
    segurança psicológica e, 55-57
Lieberman, Matthew, 46
Lillehei, Clarence Walton "Walt", 34, 52-54
linhas de montagem, 42-44, *44*, 49
listas de verificação, 97-98, 123-124
listas de viagem, 123
London Design Museum, competição Design Ventura do, 68
loops de equilíbrio, *240*
Lucian Leape Institute, 252

M
má conduta sexual, 283-284
malícia, má conduta, 50, 99-100
máquina de circulação extracorpórea, 53-54
Marinha, Estados Unidos, 164
Marinha Real Britânica, 142
Maultsby, Maxie, 189, 191-194, 195, 198-199, 264
Mayer, Marissa, 282
McDonnell Douglas, 144
McGrath, Rita, 148
medalhas olímpicas, 39-40
medicamento para quimioterapia, 92
medos, 35, *50*, 61, 177, 186
    aprendizagem inibida por, 47
    interpessoais, 37, 46-50
    preparados, 177-178
    segurança psicológica e, 47-48, 55-57
MedStar Health, 124
Meltdown (Clearfield e Tilcsik), 148-149, 150

Menlo Park, Nova Jersey, laboratório de Edison em, 63
mercado de ações, 171-173, 175, 198
mergulho, 139-140, 157, 270
Metropolitan Opera Orchestra, 277
Meyer, Claus, 83
Miami Beach, 138
microfones de eletreto, 80-83, 265
Microsoft, 188
Miller, G. Wayne, 52-53
mindset de crescimento, 77, 187-189, 250
mindset fixo, 187-188
minorias, falha e, 265
modelo do queijo suíço, 154-155, 253
modelos mentais, 236
Moggridge, Bill, 87
molho de ostra, 128
Molinsky, Andy, 23-24
Moltke, Helmuth von, 46
Morath, Julianne, 252-256, 284
morfina, 152-153
Morgan, Garrett, 78
motoristas de caminhão, 105
mouse de computador, 87
movimento ambiental, 156-157
mudança climática, 175, 178, 271
Mulally, Alan, 120-121
mulheres, falha e, 61-62, 264-266
Mullard Radio Astronomy Observatory, 65
My BAD (podcast), 287
Myhren, Tor, 288-289

N
NAACP, 71
Nadella, Satya, 188
Napoleão I, Imperador dos franceses, 261
narcisismo, 176

NASA, 18-19, 80, 121, 224-225, 289
    programa de ônibus espaciais da, 38, 157-161
National Patient Safety Foundation, Instituto Lucian Leape de, 252
National Transportation Safety Board, 104, 224-225
Nature, 286-287
navios porta-contêineres, 148, 237-238, 243
NBC News, 282
negligência, 96, 101, 105-107
Neiman Marcus, 282-283
Nelson, Noelle, 266
Niebuhr, Reinhold, 291
Nightline, da ABC, 305
Noma, 84-86
Normal Accidents (Perrow), 149, 150
Norman, Don, 127
normas:
    falha e, 48-50, *49*
    irreais, 41
    segurança psicológica e, 47-50, *49*, 134
notas adesivas Post-it®, 227-228, 245-248

O

"O menino e o lobo" (Esopo), 163
O poder do hábito (Duhigg), 114
O'Neill, Paul, 114-116, 167
Obama, Barack, 188, 218-219, 282
Obstfeld, David, 155
odontologia, 122-123
Oil Pollution Act, 156
ônibus espacial *Columbia*, 157-161, 166, 289
Only Fools and Horses (programa de TV), 215

Oração da Serenidade, 291
organizações de alta confiabilidade (OACs), 155
overdoses acidentais, 152-153

P

Palm N Turn, tampas, 126
pandemia da Covid-19, 43-45, 102-104, 160
    falhas durante a, 108-109, 137, 148-149, 223, 233, 235, 237-238
Park, Jason, 162
Parton, Dolly, 201
Pasztor, Andy, 122
Patel, Shiven, 69
pausas para interromper respostas emocionais automáticas, 192-197, *197*, 236
Paz Linares, Matias, 69
pensamento contrafactual, 40
pensamento flexível, 82
pensamento sistêmico, 105, 234, 235-244
    em famílias, 244-245, 251, 256-257
Pense de novo (Grant), 186
Pepsi, Crystal, 69
perdão, 279
perfeccionismo, 41, 226, 269-270
performance drag, 267
perguntas, liberdade para fazer, 49
Perrow, Charles, 131, 149-152, *151*, 253
    modelo de acoplamento/interação de, *151*
persistência, 275-276
pertencimento *versus* segurança psicológica, 268
pessoas de fora, 70
pessoas LGBTQIAP+, 266-267
Pets.com, 108

Phelps, Michael, 185
Pignatti, Pietro, 69
Pink, Daniel, 268-269
pipetas, 62
Planetário Armagh, 64
Platt Brothers, 116
Pogo (história em quadrinhos), 200
polímeros, 82
Powell, Colin, 112-113
prateleiras *pupitres* para garrafas, 262-263
praticando para falhas, 167
práticas de segurança, 114-116, 151
    violação de, 50-51
Prêmio Nobel, 267
pressupostos, equivocados, 96, 109-110, 126-127
    erros de julgamento *versus*, 109-110
privação de sono, *ver* fadiga
processo *versus* resultado, 77
produção just-in-time (JIT), 248
professores, 70
programa de ônibus espaciais, 38, 157-160, 160-161
Pronovost, Peter, 124
psicologia positiva, 41
pulsares, 64-65, 267

Q
quase acidente, 181, 223, 277-278

R
rádios, 80
Rancho Bonanza Creek, 136, 138
Rápido e devagar: Duas formas de pensar (Kahneman), 176
rastreamento de contato, 148-149
Ratwani, Raj, 124
realismo ingênuo, 213
Reason, James, 154
recife Seven Stones, 132, 141
reconhecimento para funcionários, 115
recursos para funcionários, 115
redes sociais, 47, 148, 173, 182-184, 185
redesenhando limites, 241-244, *242*, 256-257
Redzepi, René, 83-86
reenquadramento/reformulação, 40-41, *50*, 57, 74, 166, 181, 182, 186-190
reflexão, 276-278
rejeição, medo de, 37, 46-48, 50, 57
rejeição social, 46
relação médico-paciente, 281
relatos sem punição, 118, 119-123, 126, 134-135, 254-255
residentes de medicina, 105
resiliência, 41, 60, 82, 155, 187, 220, 263
resolução de problemas:
    de primeira ordem, 238-243, *240*, *242*
    de segunda ordem, 239, 241, *242*, 254
    segurança psicológica e, 47-48, 243
respeito, funcionários tratados com, 115
responsabilidade, 155, 182, 278-279
    culpa *versus*, 134-135
    mútua, 121
resposta de luta ou fuga, 42, 46-47
resultado, processo *versus*, 77
Revlon, 95
Rick e Morty (programa de TV), 283
Rickard, Seth, 69
risco:
    alto, 211-212, *213*
    baixo, 210-211, *213*
    interpessoal, 25, 46-50, 177
    mitigação de, *49*, 80, 89, 91

RNA, 61-62
Roberto, Mike, 159, 162, 164, 255-256
Roberts, Karlene, 155
Rocha, Rodney, 158, 159, 166
Roma Antiga, 123
Roosevelt, Theodore, 95
Ross, Lee, 112, 213
Rugiati, Anna, 134
Rugiati, Pastrengo, 131-133, 134, 136, 137, 150
ruminação, 40
Ru-Paul's Drag Race (programa de TV), 267
Rust (filme), 136-137, 140, 160, 166, 230

S

saber *versus* aprender, 173, 186-187, 196, 199
sabotagem, 50, 51, *51*, 99
Safety Action Teams, 255
salas de cirurgia, 33-35, *44*, 52-57, 180
Scott, Tom, 216
Sebelius, Kathleen, 282
segregação, 192
seguradoras, 112
segurança psicológica, 24-25, 166, 188, 254-255
    diversidade, equidade e inclusão e, 268
    em famílias, 48, 119-120, 161
    em salas de cirurgia, 55-57
    evitando falhas complexas com, 38-39, 47-48, *50*, 144-145, 146-147, 160-161
    importância de falhar bem, 25
    inovação e, 47-48, 55-57, 83-84, 87-89
    medo e, 47-48, *50*, 55-57

    padrões e, 47-49, *49*
    pertencimento *versus*, 268
    relatório de erros e, 21-26, 47-48, 113, 114-116, 119-120, 135, 218-219
    resolução de problemas e, 47-48, 243, 250-251
    trabalho em equipe e, 47-48, 88-89
Seligman, Martin, 41, 92
semáforos, 77-78
Senge, Peter, 233, 236, 240
serviços de estratégia de inovação, 89-91
Sessler, Gerhard, 82
setor da aviação, 17-18, 97-98, 121, 124, 125-126, 143-147, 277
setor de restaurantes, 83-86, 123
setor financeiro, 158-159
sets de filmagem, acidentes em, 136-137, 140-141, 157, 160, 166, 230
sidra de maçã, 69
Silver, Spencer, 227-228, 245-246
simuladores de voo, 18, 145-146
síndrome do impostor, 189
sistema de alerta Andon, 117, 161-162, 163-165, 248-249, 251
Sistema de Relatos de Segurança da Aviação (ASRS), 121, 161
sistemas, 227-257
    projetados para a inovação, 245-248, 289
    projetando, 244-252
    redesenhando os limites de, 241-243, 242, 256
    sinergia em, 228-231, 255-256
Sistemas Toyota de Produção (TPS), 248-251
sites de relacionamento, 68, 74-75
Sitkin, Sim, 20

situações de baixo risco, 210-211
Smalley, Richard, 229
Smith, Richard, 147
soluções alternativas, *ver* resolução de problemas, de primeira ordem
Sony, 82
sorte, 28, 45, 139, 216, 252
Souza, Joel, 136
Spanx, 275-276
Spear, Steven, 248-249
Staats, Bradley, 180
Starbucks, 282
Stark, Chris, 78
status quo, 49
Stefan, Melanie, 286-287
STEM (ciência, tecnologia, engenharia e matemática), 67, 266
sucesso, relação com o fracasso, 45
SUNY Downstate Medical Center, 36
Super Bowl, anúncios para o, 288
Sutcliff, Kathie, 155

T

Taittinger, Pierre, 261
Takeda, 272-274
tálamo, 192
tampa para a segurança das crianças, 126
Tata Group, 289
táxis, 206-208
teares a vapor, 116-117
técnica Pare — Desafie — Escolha, 194-196, *197*, 205
tecnologia da informação (TI), 147-149
telescópios, 65
Teller, Astro, 71, 284-285, 289
tempo de atraso interaural, 81-82
tentativa e erro, termo impróprio, 21, 92

teorias em uso da não aprendizagem, 198
teorias em uso dos Modelos 1 e 2, 189
terapia cognitivo-comportamental, 191
terapia do comportamento racional (TCR), 189, 191-193
testes com projetos-piloto, lançamentos em grande escala vs., 72-73
Texas News Today, 112
The Channel Pilot (manual marítimo), 132, 134
The New York Times, 102, 264
Theranos, 110
Thompson, W. Leigh, 71-72
Tilcsik, András, 149, 150
times de beisebol, 244
times de resposta rápida (TRR), 162-164
TiVo, 87-88
3M, 227-228, 245-248, 249
To Do No Harm (Morath), 252
Torrey Canyon, SS, 131-133, 139, 141-142, 156-157
Toyoda Automatic Loom Works, 116
Toyoda, Kiichiro, 116
Toyoda, Sakichi, 116, 248
Toyota Motor Company, 116-117, 126-127, 161, 164, 248-251
trabalho em equipe, 17-20
  segurança psicológica e, 47-49, 88
transtornos de imagem corporal, 183
treinamento, 101, 145-146, 159
Triangulate (site de namoro), 68
Truman, Harry, 38
Tseng, Yani, 118
Tucker, Anita, 238-239, 255-256
twisties, 185

U

Universidade de Cambridge, 65
Universidade Harvard, 11-13, 162, 194, 249, 285-286
Universidade Stanford, 163
universidades, *151*, 152
usinas nucleares, 150-151, *151*, 155
    usina nuclear de Three Mile Island, 150-151
utensílio da Avogo para cortar abacate, 68

V

vacinas, 102-104
vaga permanente de professor, 265-266
veleiros, 103, 111-112
vergonha, 41, 92, 111-112, 181-185, 211, 278
    culpa *versus*, 181-182
Veuve Clicquot, 259-263
viés de confirmação, 158, 172-173, 175-176, 178
viés de negatividade, 36
vigilância, 155, 164-165, 220
    amplificando ameaças ambíguas *versus*, 162-163
    quantificando, 211-212
vinho, 259-263
violações, definição de, 26-27
violações de dados, 147
Vital Lies, Simple Truths (Goleman), 174
voo 90 da Air Florida, 98, 124, 223
voo 401 da Eastern Air Lines, 125
voo 302 da Ethiopian Airlines, 143

voo 610 da Lion Air, 143, 146
vulnerabilidade, 113, 182, 269

W

Wainwright, Julie, 108
Wambach, Abby, 39-40
Waters, Michael, 238
Watkins, Boyd, 201
Watson, Thomas, 54
Webb, Amy, 74-75
Weick, Karl, 155
West, James, 59, 79-83, 89, 265
West, Matilda, 79
West, Samuel, 79-80
Wilson, Larry, 190-191, 194-195, 199, 221, 271
    ver também técnica Pare —Desafie— Escolha
Winstanley, Felix, 69
Wired, 238
Wiseman, James, 249-250
WorkLife (podcast), 270
Workshop Industrial da NASA, 125-126

X

X, 127
xadrez, 118

Y

Yahoo!, 282

Z

Zolten, Amanda, 288-289

1ª edição	OUTUBRO DE 2024
impressão	IMPRENSA DA FÉ
papel de miolo	LUX CREAM 60G/M²
papel de capa	CARTÃO SUPREMO ALTA ALVURA 250G/M²
tipografia	MINION PRO